“十四五”职业教育国家规划教材　　高等职业教育电类基础课新形态一体化教材

U0736429

电子技术

（第7版）

付植桐　张永飞　主编

DIANZI JISHU

中国教育出版传媒集团

高等教育出版社·北京

内容提要

本书是"十四五"职业教育国家规划教材。

本书在编写中注重学生应用能力和基本技能的培养，注重职业技能和工作过程创新能力的培养，更适应高等职业教育发展的需要。

全书共 15 章，分上、下两篇。上篇为模拟电子技术，内容包括半导体元件及其特性、基本放大电路、负反馈放大器与集成运算放大器、功率放大器及其应用、振荡器、直流稳压电源、电力电子技术；下篇为数字电子技术，内容包括逻辑代数基础、基本门电路、组合逻辑电路、集成触发器与时序逻辑电路、脉冲信号的产生与整形、半导体存储器与可编程逻辑器件、数 / 模转换与模 / 数转换、课程设计与制作。本书各章后配有习题、实验技能操作训练。

为了学习者能够快速且有效地掌握核心知识和技能，也方便教师采用更有效的传统方式教学，或者更新颖的线上线下的翻转课堂教学模式，本书配有微课、动画，学习者可以通过扫描书中的二维码进行观看。与本书配套的数字课程将在"智慧职教"（www.icve.com.cn）网站上线，读者可登录网站学习，授课教师可以调用本课程构建符合自身教学特色的 SPOC 课程。此外，本书还提供了其他丰富的数字化课程教学资源，包括教学课件、微课、动画等教学资源，教学课件请登录"高等教育出版社产品信息检索系统"（https://xuanshu.hep.com.cn）免费下载。

本书可作为高等职业院校电气自动化类、机电类和电子类等相关专业教材，也可供自学者和技术人员参考。

图书在版编目（CIP）数据

电子技术 / 付植桐, 张永飞主编 . --7 版 . -- 北京：高等教育出版社 , 2025.2 . --ISBN 978-7-04-063610-9

I. TN

中国国家版本馆 CIP 数据核字第 20246CP407 号

策划编辑　曹雪伟	责任编辑　曹雪伟	封面设计　李树龙		版式设计　徐艳妮
责任校对　胡美萍	责任印制　存　怡			

出版发行	高等教育出版社	网　　址	http://www.hep.edu.cn
社　　址	北京市西城区德外大街4号		http://www.hep.com.cn
邮政编码	100120	网上订购	http://www.hepmall.com.cn
印　　刷	北京市密东印刷有限公司		http://www.hepmall.com
开　　本	889mm×1194mm　1/16		http://www.hepmall.cn
印　　张	18.25	版　　次	2003 年 9 月第 1 版
字　　数	540千字		2025 年 2 月第 7 版
购书热线	010-58581118	印　　次	2025 年 2 月第 1 次印刷
咨询电话	400-810-0598	定　　价	49.80 元

本书如有缺页、倒页、脱页等质量问题，请到所购图书销售部门联系调换

版权所有　侵权必究

物 料 号　63610-00

前言

本书是"十四五"职业教育国家规划教材,在第 5 版的基础上,经多方征求意见后修订而成的。党的二十大报告指出,"坚持为党育人,为国育才,全面提高人才自主培养。"考虑到高等职业教育的培养目标是技术应用专门人才,在本次修订中更注重技能和工作过程适应能力的培养,注重职业素质和创新能力的培养,更适应新的高等职业教育发展的需要。本书具有以下特点:

1. 本书为方便读者学习和应用,专门设立了对应的网站,教学课件、学习指导、自我检测、EDA 仿真实验等内容都放在网站上。相信这会给读者学习带来很大方便。

2. 在重点保证基础理论和基本知识够用的前提下,注重实践和应用,并突出了基本技能的培养。书中增加了许多应用实例,每章均有实验与技能操作训练,第 15 章为课程设计与制作。

3. 努力反映现代电子技术的新技术、新成果。书中增加了电力电子技术和可编程器件的内容,同时适当加重了集成器件的内容,使其尽可能跟上电子技术领域的新发展。

4. 突出高等职业教育的特色,注重职业素质和创新精神的培养,把职业岗位所必需的知识、技能编入书中,便于激发学生的学习兴趣,使读者倍感亲切,有利于教与学。

5. 每章后配有练习题、课件,帮助读者复习所学内容,了解自己对本章掌握的情况。

本书是以电类各专业的需要为基础编写的,内容较全,能为教师和学生提供较大的信息量。教师在实际教学中可结合具体情况选择取舍。

本次修订将原有配套的 Abook 数字课程全新升级为"智慧职教"(www.icve.com.cn)在线课程,依托"智慧职教教学平台"可方便教师采用"线上线下"翻转课堂教学模式,提升教师信息化教学水平。学习者可登录网站进行在线学习,也可通过扫描书中的二维码观看微课视频,书中配套的教学资源可在智慧职教课程页面进行在线浏览或下载。

本书由天津职业大学、沈阳工程学院、天津渤海职业技术学院和天津现代职业技术学院教师共同编写,其中付植桐、王秀时编写第 1、15 章,张金环编写第 2、5、6 章,张永飞编写第 3、4、7 章,韩睿群编写第 8、9、10、14 章,尹常永编写第 11、12、13 章,全书由张永飞统稿。周定文教授对全书进行了审查,对初稿提出了很多宝贵的意见和建议;高等教育出版社的同志给予了大力支持,在此一并表示衷心的感谢。

由于编者水平所限,书中难免存在一些问题,希望读者批评指正。

编者

2024 年 10 月于天津

目录

上篇　模拟电子技术

下篇 数字电子技术

半导体元件是电子线路的核心元件，只有掌握半导体元器件的结构、性能、工作原理和特点，才能正确分析电子电路的工作原理，正确选择和合理使用半导体元器件。本章主要介绍半导体特点，PN 结的形成及特性，二极管、晶体管、场效应晶体管的结构、工作原理、主要参数以及它们的外部特性和简单的应用电路等。

上篇
模拟电子技术

第 1 章
半导体元件及其特性

1.1 半导体基础知识与 PN 结

1.1.1 半导体的特点

1. 半导体的特点

自然界的物质就其导电性能可分为导体、绝缘体和半导体。半导体的导电能力介于导体和绝缘体之间，其电阻率约为导体的 1 000 亿倍。

半导体是制造晶体管的原料，之所以能得到广泛应用，主要原因并不在于它的电阻率大小，而在于其电阻率随温度、光照以及所含杂质的种类、浓度等条件的不同而出现显著的差别。半导体的导电性能有如下一些显著特点：

① 半导体的电阻率随温度上升而明显下降，呈负温度系数的特性。半导体的导电能力随温度上升而显著增加。利用半导体的温度特性，可以把它作为热敏材料制成热敏元件。

② 半导体的电阻率随光照的不同而改变。利用半导体的这一特性，可以把它作为光敏材料制成光电器件。

③ 半导体的电阻率与所含微量杂质的浓度有很大关系。利用半导体的这一特性，通过工艺手段，可以生产各种性能和用途的半导体器件。

半导体一般分为本征半导体和杂质半导体两种类型。

2. 本征半导体

常用的半导体材料有硅 (Si) 和锗 (Ge)。高纯度的硅和锗都是单晶结构，它们的原子整齐地按一定的规律排列着，原子之间的距离不仅很小，而且是相等的。这种非常纯净的且原子排列整齐的半导体称为本征半导体，图 1.1.1(a)、(b) 所示分别为锗和硅的原子结构示意图。从图中看出，它们最外层电子数都是 4，故称为 4 价元素。正常情况下，它们的原子都呈中性。

在硅、锗制成单晶后，最外层的 4 个价电子不仅受自身原子核束缚，还与其相邻的 4 个原子核相吸引，2 个相邻原子之间共有 1 对价电子，这种结构称为共价键结构，如图 1.1.2 所示。

如果共价键中的价电子受热激发获得足够能量，则可摆脱共价键的束缚而成为自由电子。这个电子原来所在的共价键的位置上就留下一个缺少负电荷的空位，这个空位称为空穴。显然，空穴带正电荷。

在本征半导体中，自由电子和空穴的数量是相司的，称为电子空穴对，本征半导体靠热激发的电子空穴对很少。综上所述，本征半导体有如下特点：

教学课件：
半导体基础知识
与 PN 结

微课：本征半导体

动画：
本征半导体中的
两种载流子

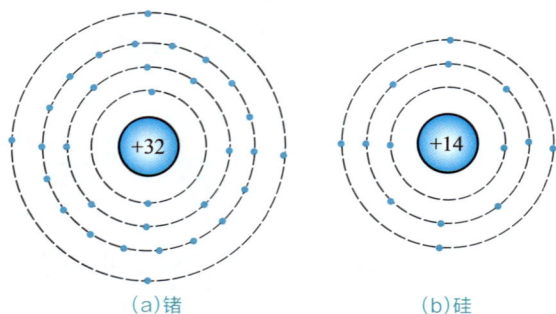

图 1.1.1
锗和硅的原子结构示意图

（a）锗　　　　　　　（b）硅

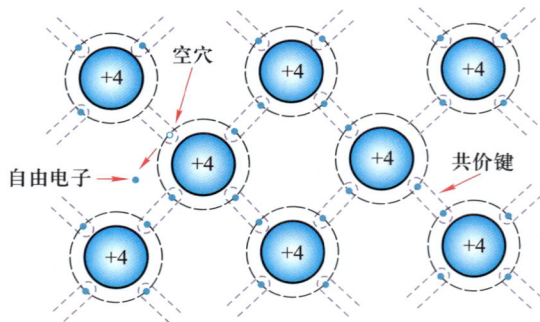

图 1.1.2
锗（硅）原子在晶体中的共价键排列

① 温度越高，电子空穴对越多。

② 电子空穴对的热运动是杂乱无章的，就整体而言，对外不显电性。只有在外电场作用下，
　　电子和空穴运动才具有方向性。

3. 杂质半导体

本征半导体实际使用价值不大，但如果在本征半导体中掺入微量的某种杂质元素，就形成 N 型和 P 型半导体。

（1）N 型半导体

在本征半导体（以硅为例）中掺入少量的 5 价元素，如磷 (P)、砷 (As) 等。磷原子的最外层有 5 个价电子，其中 4 个价电子与相邻硅原子的最外层价电子组成共价键形成稳定结构，多余的电子很容易受激发成为自由电子。掺入磷元素越多，自由电子就越多。这种掺入 5 价元素的半导体称为 N 型半导体，如图 1.1.3 所示。N 型半导体主要靠自由电子导电，因此在这种半导体中，将自由电子称为多数载流子，而空穴数量远少于电子数量，称为少数载流子。

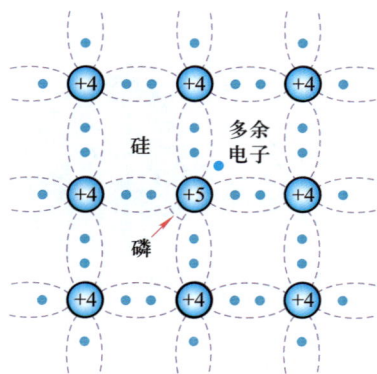

图 1.1.3
N 型半导体

（2）P 型半导体

在本征半导体中掺入 3 价元素如硼 (B)，硼原子最外层只有 3 个电子，3 个价电子和相邻的 3 个硅原子形成共价键后，就留下一个空穴，空穴数量增多，自由电子则相对很少，故掺入 3 价元素的半导体称为 P 型半导体，如图 1.1.4 所示。P 型半导体主要靠空穴导电，因此空穴称为多数载流子，而自由电子远少于空穴的数量，称为少数载流子。

注意：不论 N 型半导体还是 P 型半导体都是电中性，对外不显电性。

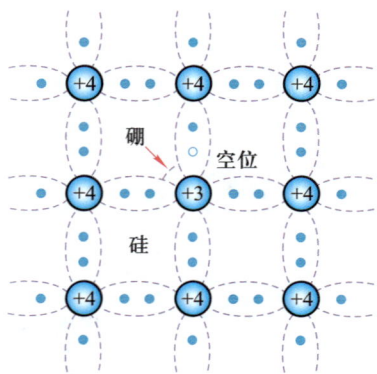

图 1.1.4
P 型半导体

1.1.2　PN 结的形成与特性

1. PN 结的形成

当 P 型半导体和 N 型半导体接触以后，由于交界两侧半导体类型不同，存在电子和空穴的浓度差。这样，P 区的空穴向 N 区扩散，N 区的电子向 P 区扩散。由于扩散运动，在 P 区和 N 区的接触面就产生正、负离子层。N 区失掉电子产生正离子，P 区得到电子产生负离子。通常称这个正、负离子层为 PN 结，如图 1.1.5(a) 所示。

在 PN 结的 P 区一侧带负电，N 区一侧带正电。PN 结便产生了内电场，内电场的方向从 N 区指向 P 区。内电场对扩散运动起到阻碍作用，电子和空穴的扩散运动随着内电场的加强而逐步减弱，直至达到平衡，在界面处形成稳定的空间电荷区，如图 1.1.5(b) 所示。

动画：半导体材料
中的两种载流子

动画：PN 结的形成

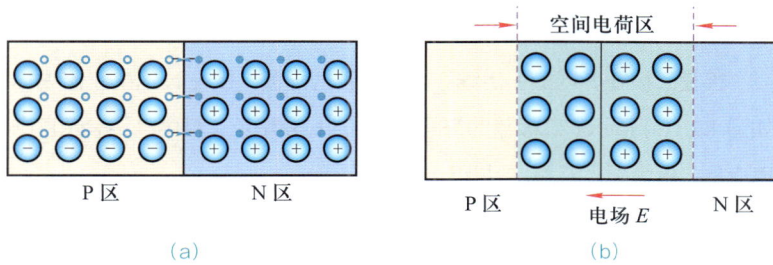

图 1.1.5
PN 结的形成

2. PN 结的特性

（1）PN 结的正向导通特性

给 PN 结加正向电压，即 P 区接正电源，N 区接负电源，此时称 PN 结为正向偏置，如图 1.1.6(a) 所示。

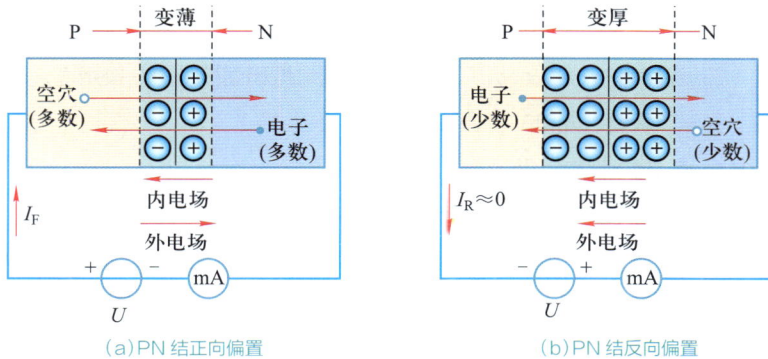

（a）PN 结正向偏置　　　　　（b）PN 结反向偏置

图 1.1.6
PN 结的正向导通特性

这时 PN 结外加电场与内电场方向相反。外加电场抵消内电场使空间电荷区变薄，有利于多数载流子运动，形成正向电流。外加电场越强，正向电流越大，这意味 PN 结的正向电阻变小。

（2）PN 结的反向截止特性

给 PN 结加反向电压，即电源正极接 N 区，负极接 P 区，称 PN 结反向偏置，如图 1.1.6(b) 所示。这时外加电场与内电场方向相同，使内电场的作用增强，PN 结变厚，多数载流子运动难以进行，有助于少数载流子运动，形成电流 I_R，少数载流子很少，所以电流很小，接近于零，即 PN 结反向电阻很大。

综上所述，PN 结具有单向导电性，加正向电压时 PN 结电阻很小，电流 I_F 较大，由多数载流子的扩散运动形成；加反向电压时 PN 结电阻很大，电流 I_R 很小，由少数载流子漂移运动形成。

微课：PN 结的
单向导电性

1.2　二极管

一个 PN 结加上相应的外引线，然后用塑料、玻璃或金属等材料做外壳封装就可以构成最简单的二极管。二极管按所用材料不同分为锗管和硅管。

教学课件：
二极管

微课：二极管结构、
类型和应用

1.2.1 二极管的结构和类型

接在二极管 P 区的引出线称为二极管的阳极，接在 N 区的引出线称为二极管的阴极，如图 1.2.1(a) 所示。二极管的符号如图 1.2.1(b) 所示，其中箭头表示正向电流的方向，正向电流从二极管阳极流入，阴极流出。

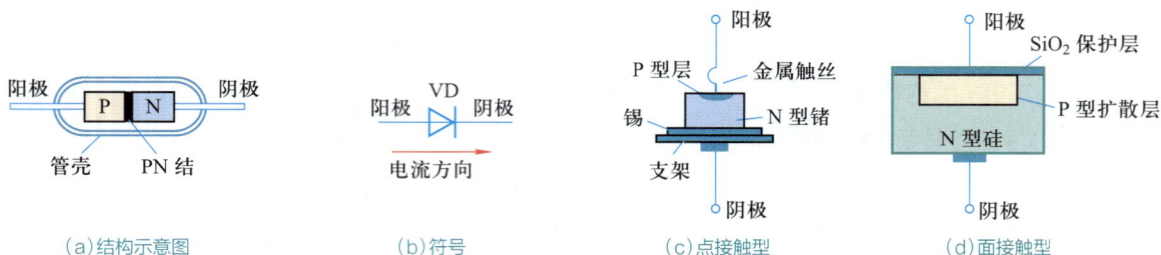

图 1.2.1
二极管的结构和符号

（a）结构示意图   （b）符号   （c）点接触型   （d）面接触型

二极管有许多类型：从工艺上分为点接触型和面接触型；按用途分有整流管、检波二极管、稳压二极管、光电二极管和开关二极管等。

1. 点接触型二极管

如图 1.2.1(c) 所示，它是用一根含杂质元素的金属丝压在半导体晶片上，经特殊工艺、方法，使金属触丝上的杂质掺入到晶体中，从而形成导电类型与原晶体相反的区域而构成 PN 结。因为结面积小，所以允许通过的电流小，但结电容小，工作频率高，适合用作高频检波器件。

2. 面接触型二极管

如图 1.2.1(d) 所示，由于面接触型二极管的 PN 结接触面积较大，PN 结电容较大，一般适于在较低的频率下工作。由于接触面积大，允许通过较大电流和具有较大功率容量，适合用作整流器件。

1.2.2 二极管的特性及参数

1. 二极管的伏安特性

既然二极管内部是一个 PN 结，那么它一定具有 PN 结的特性。实际的二极管伏安特性曲线如图 1.2.2 所示。

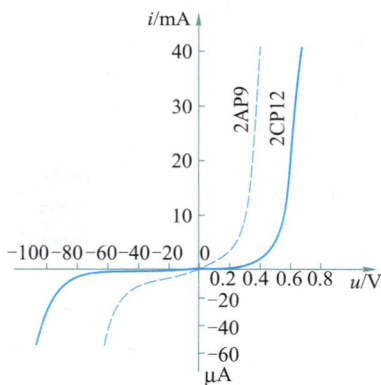

图 1.2.2
二极管伏安特性曲线

（1）正向特性

当二极管承受正向电压很低时，还不足以克服 PN 结内电场对多数载流子运动的阻挡作用，在这一区段上二极管正向电流 I_F 很小，该区段称为死区。通常，硅材料二极管的死区电压约为 0.5 V，锗材料二极管的死区电压约为 0.2 V。

当正向电压超过死区电压值时，外电场抵消了内电场，正向电流 I_F 随外加电压的增加而明显增大，二极管正向电阻变得很小。当二极管完全导通后，正向压降基本维持不变，称为二极管正向导通压降 U_F，一般硅管的 U_F 为 0.7 V，锗管的 U_F 为 0.3 V。以上是二极管的正向特性。

动画：二极管的正
向特性

（2）反向特性

当二极管承受反向电压时，外电场与内电场方向一致，只有少数载流子的漂移运动，形成漏电流 I_R 极小，一般硅管的 I_R 为几微安以下，锗管 I_R 较大，通常为几十微安到几百微安。这种特性称为反向截止特性。

当反向电压增大到某一数值时，反向电流将随反向电压增加而急剧增大，这种现象称为二极管反向击穿，击穿时对应的电压称为反向击穿电压。普通二极管发生反向击穿后，会造成二极管永久性损坏，失去单向导电性。以上是二极管的反向特性。

二极管伏安特性可以用以下公式表示：

$$I=I_s(e^{U/U_T}-1) \tag{1.2.1}$$

式中，U_T 为二极管电压当量，常温下 $U_T \approx 26\ \mathrm{mV}$，$U>0$ 为正向特性，$U<0$ 为反向特性。

2. 二极管的主要参数

二极管的参数是反映二极管性能质量的指标，在选用二极管时，必须根据二极管参数合理使用二极管。

二极管的主要参数有：

（1）最大整流电流 I_{FM}

它是指二极管长期工作时允许通过的最大正向平均电流值，用 I_{FM} 表示。工作时，管子通过的电流不应超过这个数值，否则将导致管子过热而损坏。

（2）最高反向工作电压 U_{RM}

它是指二极管不击穿时所允许加的最高反向电压。U_{RM} 通常为反向击穿电压的 1/2~2/3，以确保二极管安全工作。

（3）最大反向电流 I_{RM}

它是指二极管在常温下承受最高反向工作电压 U_{RM} 时的反向电流，一般很小，但其受温度影响较大，当温度升高时，I_{FM} 显著增大。

（4）最高工作频率 f_M

它是指保持二极管单向导通性能时外加电压的最高频率。二极管工作频率与 PN 结的极间电容大小有关，容量越小，工作频率越高。

二极管的参数很多，除上述参数外还有结电容、正向压降等，在实际应用时，可查阅半导体元器件手册。

1.2.3　二极管应用电路的举例

二极管是电子电路中最常用的半导体元器件之一。利用其单向导电性及导通时正向压降很小的特点，可应用于整流、检波、钳位、限幅、开关以及元件保护等各种电路。

1. 整流

所谓整流就是将交流电变为单方向脉动的直流电。利用二极管的单向导电性可组成单相、三相等各种形式的整流电路。交流电经过整流、滤波、稳压便可获得平稳的直流电。这些内容将在第 6 章详细介绍。

动画：二极管的反向特性

笔 记

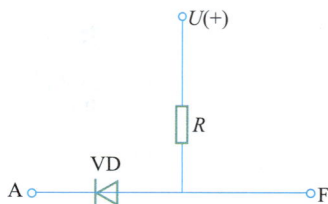

图 1.2.3
二极管钳位电路

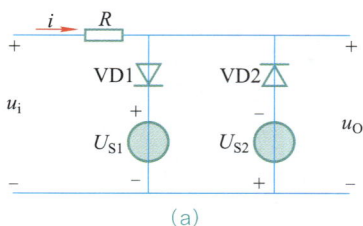

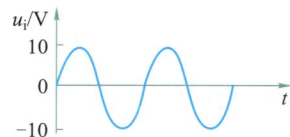

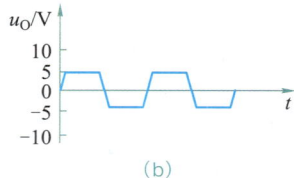

(a)

(b)

图 1.2.4
二极管限幅电路及波形

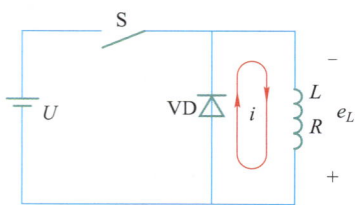

图 1.2.5
二极管保护电路

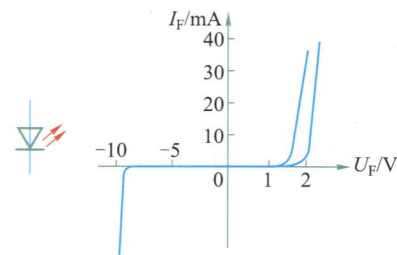

（a）符号　　　（b）伏安特性曲线
图 1.2.6
发光二极管符号和伏安特性曲线

2. 钳位

利用二极管正向导通时压降很小的特性，可组成钳位电路，如图 1.2.3 所示。

图 1.2.3 中，若 A 点 $U_A=0$，二极管 VD 可正向导通，其压降很小，故 F 点的电位也被钳制在 0 V 左右，即 $U_F \approx 0$。

3. 限幅

利用二极管正向导通后其两端电压很小且基本不变的特性，可以构成各种限幅电路，使输出电压限幅在某一电压值以内。图 1.2.4(a) 所示为一正负对称限幅电路，设 $u_i=10\sin\omega t$ V，$U_{S1}=U_{S2}=5$ V。

当 $-U_{S2}<u_i<U_{S1}$ 时，VD1、VD2 都处于反向偏置而截止，因此 $i=0$，$u_O=u_i$。当 $u_i>U_{S1}$ 时，VD1 处于正向偏置而导通，使输出电压保持在 U_{S1}。当 $u_i<-U_{S2}$ 时，VD2 处于正向偏置而导通，输出电压保持在 $-U_{S2}$。由于输出电压 u_O 被限制在 $+U_{S1}$ 与 $-U_{S2}$ 之间，即 $|u_O| \leq 5$ V，好像将输入信号的高峰和低谷部分削掉一样，因此这种电路又称为削波电路。输出波形如图 1.2.4(b) 所示。

4. 元件保护

在电子线路中，常用二极管来保护其他元器件免受过高电压的损害。如图 1.2.5 所示电路，L 和 R 是线圈的电感和电阻。

在开关 S 接通时，电源 U 给线圈供电，L 中有电流流过，储存了磁场能量。在开关 S 由接通到断开的瞬时，电流突然中断，L 中将产生一个高于电源电压很多倍的自感电动势 e_L，e_L 与 U 叠加作用在开关 S 的端子上，在 S 的端子上产生电火花放电，这将影响设备的正常工作，开关 S 寿命缩短。接入二极管 VD 后，e_L 通过二极管 VD 产生放电电流 i，使 L 中储存的能量不经过开关 S 放掉，从而保护了开关 S。

除以上用途外，还有许多特殊结构的二极管，例如发光二极管、热敏二极管等。随着半导体技术发展，二极管应用范围越来越广，其中发光二极管是应用较多的一种二极管。

1.2.4 发光二极管及其应用

1. 发光二极管的符号及特性

发光二极管的符号如图 1.2.6(a) 所示。它是一种将电能直接转换成光能的固体器件，简称 LED(Light Emitting Diode)。发光二极管和普通二极管相似，也是由一个 PN 结组成，发光二极管在正向导通时，由于空穴和电子的复合而放出能量，发出一定波长的可见光，光的波长不同，颜色也不同，常见的有红、绿、黄等颜色。发光二极管的驱动电压低、工作电流小，具有很强的抗振动和抗冲击能力、体积小、可靠性高、耗电省和寿命长等优点，广泛用于信号指示等电路中。

发光二极管的伏安特性如图 1.2.6(b) 所示。它和普通二极管的伏安特性相似。只是在开启电压和正向特性的上升速率上略有差异。当所施加正向电压 U_F 未达到开启电压时，正向电流几乎为零，但电压一旦超过开启电压时，电流急剧上升。发光二极管的开启电压通常称为正向电压，它取决于制作材料的禁带宽度。例如 GaAsP 红色的 LED 约为 1.7 V，而 GaP

绿色的 LED 则约为 2.3 V。几种常见的发光材料的三要参数如表 1.2.1 所示。LED 的反向击穿电压一般大于 5 V，但为使器件长时间稳定而又可靠地工作，安全使用电压选择在 5 V 以下。

表 1.2.1　发光二极管的主要参数

颜色	波长/nm	基本材料	正向电压/V(10 mA)	光强/mcd（10 mA时，张角 ± 45°）	光功率/μW
红外	900	GaAs	1.3~1.5		100~500
红	655	GaAsP	1.6~1.8	0.4~1	1~2
鲜红	635	GaAsP	2.0~2.2	2~4	5~10
黄	583	GaAsP	2.0~2.1	1~3	3~8
绿	565	GaP	2.2~2.4	0.5~3	1.5~8

2. 发光二极管的应用

（1）电源通断指示电路

电源通断指示电路如图 1.2.7 所示。在指示电路中发光二极管通常称为指示灯，在实际应用中给人们提供了很大的方便。发光二极管的供电电源既可以是直流，也可以是交流，但必须注意的是，发光二极管是一种电流控制器件，应用中只要保证发光二极管的正向工作电流在所规定的范围之内就可以正常发光。具体的工作电流可查阅有关资料。

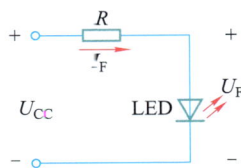

图 1.2.7
电源通断指示电路

（2）数码管

数码管是电子技术应用的主要显示器件，数码管就是用发光二极管经过一定的排列组成的，如图 1.2.8(a) 所示。这是最常用的七段数码显示。要使它显示 0~9 的一系列数字只要点亮其内部相应的显示段即可。七段数码显示有如图 1.2.8(b) 所示的共阳极和如图 1.2.8(c) 所示的共阴极之分。数码管的驱动方式有直流驱动和脉冲驱动两种，应用中可任意选择。数码管应用十分广泛，凡是需要指示或读数的场合都可采用数码管显示。

其他的光电器件还有光电二极管、激光二极管等，读者可以参阅有关资料。

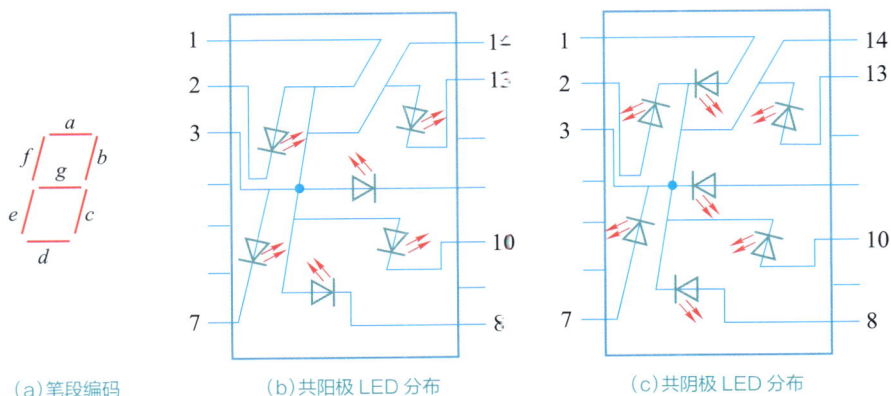

(a) 笔段编码　　(b) 共阳极 LED 分布　　(c) 共阴极 LED 分布

图 1.2.8
七段数码管

1.3   晶体管

晶体管是由两个 PN 结、三个电极组成。这两个结靠得很近，工作时相互联系、相互影响，表现出两个单独的 PN 结完全不同的特性，与二极管相比，其功能不同，在电子线路中得到广泛的应用。

教学课件：
晶体管

1.3.1   晶体管的结构和类型

晶体管是由形成两个 PN 结的三块杂质半导体组成，因杂质半导体仅有 P、N 型两种，所以晶体管的组成形式只有 NPN 型和 PNP 型两种。其结构示意图和符号如图 1.3.1 所示。

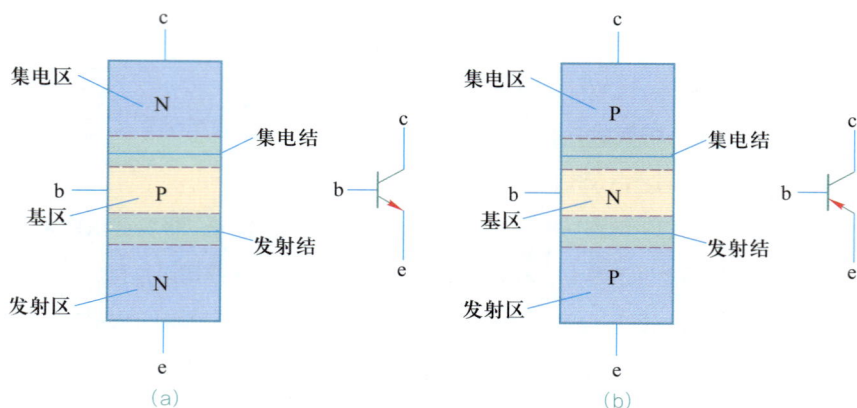

图 1.3.1
晶体管结构示意图和表示符号

无论是 NPN 型还是 PNP 型晶体管，都有三个区，即发射区、基区和集电区。分别从这三个区可以引出发射极 e、基极 b 和集电极 c 三个电极，两个 PN 结分别为发射区与基区之间的发射结和集电区与基区之间的集电结。

晶体管的基区很薄，一般仅有 1 μm 至几十微米厚，发射区浓度很高，集电结截面积大于发射结截面积。

注意：PNP 型和 NPN 型晶体管表示符号的区别是发射结的箭头方向不同，它表示发射结加正向偏置时的电流方向。使用中注意电源的极性，确保发射结加正向偏置电压，晶体管才能正常工作。

晶体管根据基片的材料不同，可以分为锗管和硅管两大类，目前国内生产的硅管多为 NPN 型（3D 系列），锗管多为 PNP 型（3A 系列）；根据频率特性，可以分为高频管和低频管；根据功率大小，可以分为大功率管、中功率管和小功率管。实际应用中采用 NPN 型晶体管较多，所以下面以 NPN 型晶体管为例讨论，所得结论对于 PNP 型晶体管同样适用。

1.3.2   晶体管电流分配和放大作用

为了定量地分析晶体管的电流分配关系和放大原理，下面先介绍一个实验，实验电路如图 1.3.2 所示。

加电源电压 U_{BB} 时发射结承受正向偏置电压，而电源 $U_{CC} > U_{BB}$，使集电结承受反向偏置

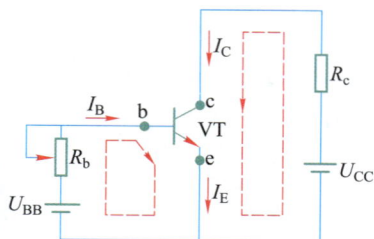

图 1.3.2
晶体管实验电路

电压，这样可以使晶体管具有正常的电流放大作用。

改变电阻 R_b，基极电流 I_B、集电极电流 I_C 和发射极电流 I_E 都会发生变化，表 1.3.1 为实验所得的一组数据。

表 1.3.1　晶体管各极电流实验数据

$I_B/\mu A$	0	20	30	40	50	60
I_C/mA	≈0	1.4	2.3	3.2	4	4.7
I_E/mA	≈0	1.42	2.33	3.24	4.05	4.76
I_C/I_B	0	70	76	80	80	78

将表中数据进行比较分析，可得出如下结论：

① $I_E=I_C+I_B$，三个电流之间的关系符合基尔霍夫电流定律。

② $I_C \approx I_E$，I_B 虽然很小，但对 I_C 有控制作用，I_C 随 I_B 改变而改变。例如，当 I_B 由 40 μA 增加到 50 μA 时，I_C 从 3.2 mA 增加到 4 mA，即

$$\beta=\frac{\Delta I_C}{\Delta I_B}=\frac{(4-3.2)\times 10^{-3}\text{ A}}{(50-40)\times 10^{-6}\text{ A}}=80$$

β 称为晶体管电流放大系数，它反映晶体管电流放大能力，也可以说电流 I_B 对 I_C 的控制能力。

晶体管电流之间为什么具有这样的关系呢？可以通过晶体管内部载流子的运动规律来解释。

1. 发射区向基区发射电子

由图 1.3.3 可知，电源 U_{BB} 经过电阻 R_b 加在发射结上，发射结正偏，发射区的多数载流子——自由电子不断地越过发射结而进入基区，形成发射极电流 I_E。同时基区多数载流子也向发射区扩散，但由于基区多数载流子浓度远远低于发射区载流子浓度，可以不考虑这个电流。因此，可以认为晶体管发射结电流主要是电子流。

2. 基区中电子的扩散与复合

电子进入基区后，先在靠近发射结的附近密集，渐渐形成电子浓度差，在浓度差的作用下，促使电子流在基区中向集电结扩散，被集电结电场拉入集电区，形成集电极电流 I_C。也有很小一部分电子（因基区很薄）与基区的空穴复合。扩散的电子流与复合电子流之比例决定了晶体管的放大能力。

3. 集电区收集电子

由于集电结外加反向电压很大，这个反向电压产生的电场力将阻止集电区电子向基区扩散，同时将扩散到集电结附近的电子拉入集电区而形成集电极主电流 I_{CN}。另外集电区的少数载流子——空穴也会产生漂移运动，流向基区形成反向饱和电流，用 I_{CBO} 来表示，其数值很小，但对温度却非常敏感。

以上分析的是 NPN 型晶体管的电流放大原理，对于 PNP 型晶体管，其工作原理相同，

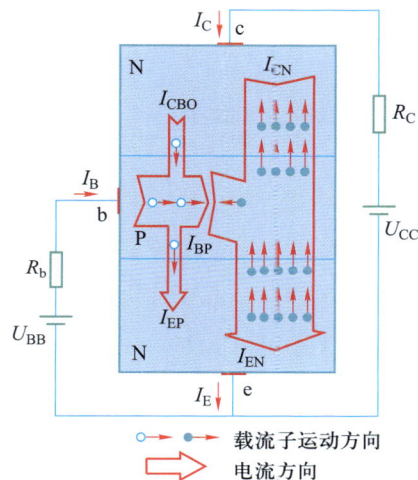

载流子运动方向
电流方向

图 1.3.3
晶体管内部载流子运动规律

动画：晶体管
内部载流子运
动与电流放大
作用

笔 记

只是晶体管各极所接电源极性相反，发射区发射的载流子是空穴而不是电子。

1.3.3 晶体管的特性曲线

晶体管的特性曲线全面反映了晶体管各极电压与电流之间的关系，是分析晶体管各种电路的重要依据。由于晶体管有三个电极，输入、输出各占一个电极，一个公共电极，因此要用两种特性曲线来表示，即输入特性曲线和输出特性曲线。图 1.3.4 是测试晶体管共射极接法特性的电路图。

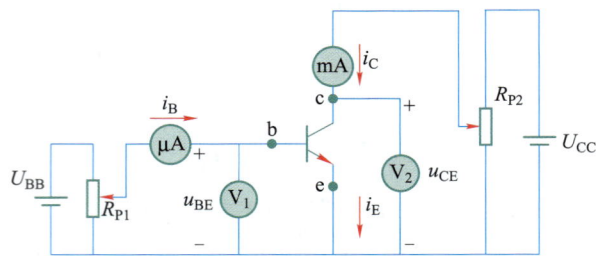

图 1.3.4
晶体管共射极的测试电路

1. 输入特性曲线

输入特性是指晶体管的集、射极间电压 u_{CE} 一定时，基极电流 i_B 与基极和发射极间电压 u_{BE} 之间的关系曲线，其表达式为

$$i_B = f(u_{BE})\big|_{u_{CE} = 常数}$$

测量输入特性时，先固定 $u_{CE} \geqslant 0$，调节 R_{P1}，测出相应的 i_B 和 u_{BE} 值，便可得到一条输入特性曲线，如图 1.3.5 所示。

当 $u_{CE} \geqslant 1$ V 时，就能保证集电结处于反向偏置，电场足以把从发射区扩散到基区的绝大部分电子吸收到集电区。如果再增加 u_{CE}，对 i_B 影响很小，也就是和 $u_{CE} \geqslant 1$ V 时的输入特性曲线重合。图 1.3.5 是晶体管 3DG4 的输入特性曲线，与二极管的正向伏安特性很相似，也存在一段死区。硅管死区电压约为 0.5 V，锗管死区电压为 0.2 V，正常导通后，硅管的 u_{BE} 为 0.6~0.7 V，而锗管在 0.3 V 左右。

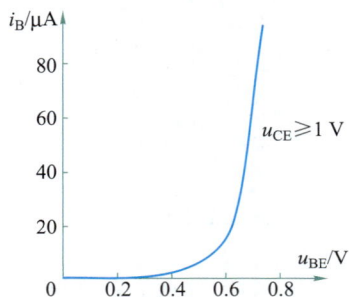

图 1.3.5
晶体管输入特性曲线

2. 输出特性曲线

输出特性曲线是指当晶体管基极电流 i_B 为常数时，集电极电流 i_C 与集电极和发射极间电压 u_{CE} 之间的关系，即

$$i_C = f(u_{CE})\big|_{i_B = 常数}$$

在图 1.3.4 所示的电路中，先调节 R_{P1} 为一定值，例如 $i_B = 40$ μA，然后调节 R_{P2} 使 u_{CE} 由零开始逐渐增大，就可做出 $i_B = 40$ μA 时的输出特性。同样，把 i_B 调到 0 μA、20 μA、40 μA、60 μA……就可以得到一组输出特性曲线，如图 1.3.6 所示。

根据晶体管的工作状态不同可将输出特性分为三个区域。

（1）截止区

在 $i_B = 0$ 特性曲线以下的区域称为截止区，这时 $i_C = I_{CEO} \approx 0$。集电极到发射极只有很微

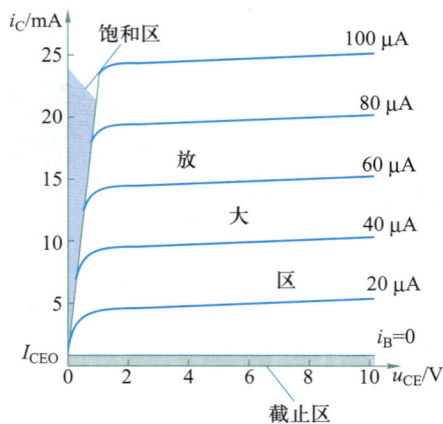

图 1.3.6
晶体管输出特性曲线

微课：晶体管输出特性

小的电流，称为穿透电流。晶体管集电极与发射极之间接近开路，类似开关断开状态，没有起放大作用，呈高阻状态。此时 u_{BE} 低于死区电压或 $u_{BE} \leq 0\ V$，晶体管可靠截止，发射结和集电结都处于反向偏置。

（2）放大区

在 $i_B = 0$ 的特性曲线上方，各条输出特性曲线近似平行于横轴的曲线簇部分。u_{CE} 在 1 V 以上，i_C 不随着 u_{CE} 变化，呈现恒流特性。在放大区，i_C 的大小随 i_B 变化，$i_C = \beta i_B$。此时发射结处于正向偏置，集电结处于反向偏置，晶体管处于放大状态。

（3）饱和区

输出特性曲线近似直线上升的部分称为饱和区，$u_{CE} \leq 1\ V$，晶体管饱和时 u_{CE} 值称为饱和压降，用 U_{CES} 来表示。因 U_{CES} 值很小，晶体管的 c、e 两极之间接近短路，此时发射结和集电结都处于正偏。

综上所述，晶体管工作在放大区具有电流放大作用，常用来构成各种放大电路；晶体管工作在截止区和饱和区，相当于开关的断开和接通，常用于开关控制和数字电路。

1.3.4　晶体管的主要参数

1. 电流放大系数 β

动态（交流）电流放大系数 β（h_{fe}）：当集电极电压 u_{CE} 为定值时，集电极电流变化量 Δi_C 与基极电流变化量 Δi_B 之比，即

$$\beta = \frac{\Delta i_C}{\Delta i_B}\bigg|_{u_{CE} = 常数} \tag{1.3.1}$$

静态（直流）电流放大系数

$$\bar{\beta} = \frac{I_C - I_{CEO}}{I_B} = \frac{I_C}{I_B} \tag{1.3.2}$$

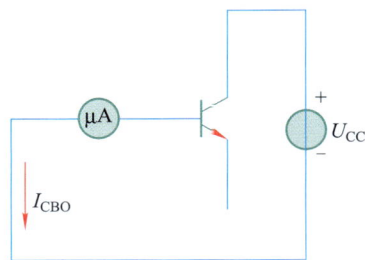

图 1.3.7
I_{CBO} 测试电路

β 和 $\bar{\beta}$ 含义不同，但通常在输出特性线性较好的情况下，两个数值差别很小，一般不严格区分。注意，晶体管是非线性器件；在 i_C 较大或者较小时 β 值都会减小，只有在特性曲线等距、平行部分，β 值才基本不变。常用的小功率晶体管，β 的取值范围为 20~150，大功率的 β 值一般较小 (10~30)。选用晶体管时，注意既要考虑 β 值大小，又要考虑晶体管的稳定性能。

2. 极间反向电流

集电极和基极间反向饱和电流 I_{CBO} 指发射极开路时，集电结在反向电压作用下，集电极和基极间的反向电流。I_{CBO} 的测试电路如图 1.3.7 所示。和二极管一样，I_{CBO} 越小越好。I_{CBO} 受温度影响较大，硅材料晶体管的 I_{CBO} 是锗材料晶体管的几分之一到几十分之一，所以在温度较高时，一般选用硅材料晶体管。

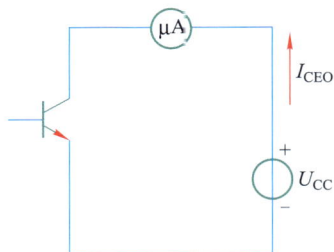

图 1.3.8
I_{CEO} 测试电路

集电极、发射极间反向电流 I_{CEO} 也称为穿透电流。I_{CEO} 的测试电路如图 1.3.8 所示。

在基极开路，集电极、发射极间产生的电流为穿透电流。一般情况下，

$$I_{CEO} = (1 + \bar{\beta})I_{CBO} \tag{1.3.3}$$

I_{CBO}、I_{CEO} 都受温度影响很大，它们都随温度升高而增大，由式 (1.3.3) 得知，I_{CEO} 对晶体管影响更大，一般希望 I_{CEO} 越小越好。

3. 极限参数

（1）集电极最大允许电流 I_{CM}

当 i_C 超过一定数值时，β 下降，β 下降到正常 β 的 2/3 时所对应的 i_C 值为 I_{CM}。当 $i_C > I_{CM}$ 时，长时间工作可导致晶体管损坏。

（2）反向击穿电压 $U_{(BR)CEO}$

基极开路时，集电极、发射极之间的最大允许电压称为反向击穿电压 $U_{(BR)CEO}$，当 $U_{CEO} > U_{(BR)CEO}$ 时晶体管 i_C、i_E 剧增，使晶体管击穿损坏。为可靠工作，使用中取

$$U_{CC} \leq \left(\frac{1}{2} \sim \frac{2}{3}\right) U_{(BR)CEO}$$

（3）集电极最大允许耗散功率 P_{CM}

集电极电流流过集电结时，产生的功耗使结温升高。结温太高时会使晶体管烧毁，因此规定 $P_C = i_C u_{CE} \leq P_{CM}$。根据给定的 P_{CM} 值可以做出一条 P_{CM} 曲线如图 1.3.9 所示，由 P_{CM}、I_{CM} 和 $U_{(BR)CEO}$ 包围的区域为晶体管安全工作区。

晶体管除上述主要参数外，还有其他参数，使用中可以查阅有关手册。

例 1.3.1　在图 1.3.2 所示电路中，若选用 3DG6D 型号的晶体管，问：① 电源电压 U_{CC} 最大不得超过多少伏？② 根据 $I_C \leq I_{CM}$ 要求，R_c 电阻最小不得小于多少？

解　查表，3DG6D 参数是

$$I_{CM} = 20 \text{ mA}, \quad U_{(BR)CEO} = 30 \text{ V}, \quad P_{CM} = 100 \text{ mW}$$

①
$$U_{CC} < \frac{2}{3} U_{(BR)CEO} = \frac{2}{3} \times 30 \text{ V} = 20 \text{ V}$$

②
$$u_{CE} = U_{CC} - i_C R_c$$

$$i_C = \frac{U_{CC} - u_{CE}}{R_c} \approx \frac{U_{CC}}{R_c}$$

U_{CE} 最低一般为 0.5 V，又

$$i_C < I_{CM}, \frac{U_{CC}}{R_c} < I_{CM}$$

$$R_c > \frac{U_{CC}}{I_{CM}} = \frac{20 \text{ V}}{20 \text{ mA}} = 1 \text{ k}\Omega$$

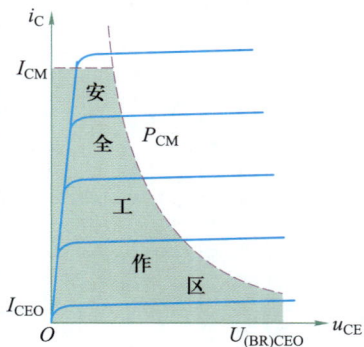

图 1.3.9
晶体管安全工作区

笔记

1.4　场效应晶体管

场效应晶体管是利用电场效应控制多数载流子运动的一种半导体器件，由于参与导电的只有多数载流子，又称为单极型晶体管。而前面介绍的晶体管为双极型晶体管。它的特点是控制端基本不需要电流，输入电阻很高（可高达 $10^9 \sim 10^{14}$ Ω），便于集成化，故在集成电路中得到广泛应用。场效应晶体管分为结型和绝缘栅型两大类。绝缘栅型场效应晶体管以二氧

教学课件：
场效应晶体管

化硅为绝缘层，一般由金属、氧化物和半导体组成，因而又称为金属氧化物半导体场效应晶体管，简称 MOS 管。MOS 管有 N 沟道和 P 沟道两种，每种又分为增强型和耗尽型，这里主要介绍 N 沟道 MOS 管。

图 1.4.1
N 沟道增强型 MOS 管

1.4.1　N 沟道增强型 MOS 管

1. N 沟道增强型 MOS 管的结构

N 沟道增强型 MOS 管的结构和符号如图 1.4.1(a)、(b) 所示。它是以一块掺杂浓度较低的 P 型硅片为衬底，其上扩散两个相距很近的高掺杂浓度的 N 型半导体，并引出两个电极，一个为源极 (S)，另一个为漏极 (D)，在硅片表面生成一层薄薄的二氧化硅 SiO_2 绝缘层，并在其上置以电极，称为栅极 (G)。

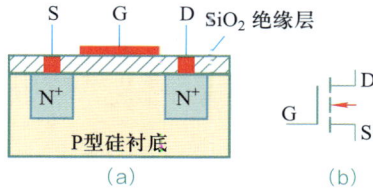

由于二氧化硅是绝缘体，所以栅极和源极、漏极及衬底之间是互相绝缘的，故称为绝缘栅场效应晶体管。

2. N 沟道增强型 MOS 管的工作原理

N 沟道增强型 MOS 管的 N 型漏区和源区之间被 P 型硅衬底隔开，形成两个 PN 结，当栅极不加电压时，S 和 D 之间不会有电流。如图 1.4.2 所示，在 G 和 S 之间加正向偏压 U_{GS} 时，栅极吸引电子，在绝缘层下面的 D 和 S 之间形成电子层，称为"反型层"，也称为"导电沟道"即 N 沟道。开始形成反型层时的电压 U_{GS} 称为开启电压 $U_{GS(th)}$。导电沟道形成后，加上 U_{DS} 就有电流 I_D 产生。改变 U_{GS} 的大小可控制导电沟道的宽度，从而有效地控制 I_D 的大小。

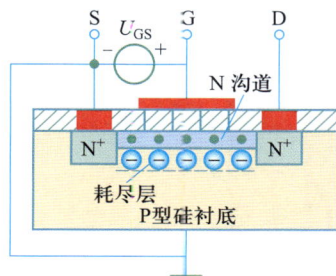

综上所述：$U_{GS}=0$ 时，无导电沟道，当加正栅压 $U_{GS}>U_{GS(th)}$ 时，才形成导电沟道，这种场效应晶体管称为增强型 MOS 管。

图 1.4.2
MOS 管 N 沟道的形成

3. N 沟道增强型 MOS 管特性曲线

N 沟道增强型 MOS 管的特性曲线分为输出特性曲线（如图 1.4.3 所示）和转移特性曲线（如图 1.4.4 所示）。

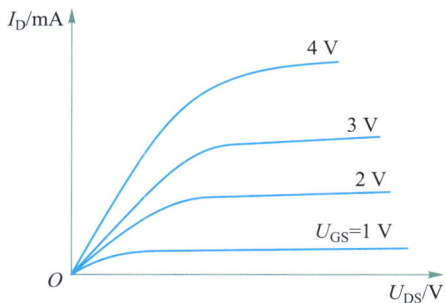

图 1.4.3
N 沟道增强型 MOS 管的输出特性曲线

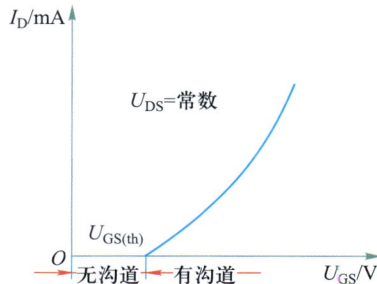

图 1.4.4
N 沟道增强型 MOS 管的转移特性曲线

（1）输出特性曲线

在 $U_{GS}=$ 常数时，表示 $I_D=f(U_{DS})$ 的关系曲线称为输出特性曲线（也称漏极特性曲线），分为三个区：

① 可变电阻区。在此区内 I_D 几乎与 U_{DS} 呈线性关系增加，N 沟道增强型 MOS 管的 D、S

之间可视为一个由电压 U_{GS} 控制的电阻。

② 恒流区。在此区内 I_D 的大小受 U_{GS} 控制，I_D 可视为 U_{GS} 控制的电流源。N 沟道增强型 MOS 管作放大用时工作在此区内。

③ 夹断区。$U_{GS} < U_{GS(th)}$ 时，沟道夹断，$I_D = 0$。

（2）转移特性曲线

描述 $I_D = f(U_{GS})|_{U_{DS}=常数}$ 的关系曲线称为转移特性曲线。它表示 U_{GS} 对 I_D 的控制作用。

当 $U_{DS} > U_{GS} - U_{GS(th)}$ 时，MOS 管工作在恒流区，U_{DS} 对 I_D 影响很小，这时 I_D 可用下式表示，即

$$I_D = I_{D0}\left(1 - \frac{U_{GS}}{U_{GS(th)}}\right)^2 \tag{1.4.1}$$

式中，I_{D0} 为 $U_{GS} = 2U_{GS(th)}$ 时的 I_D 值。

1.4.2　N 沟道耗尽型 MOS 管

1. N 沟道耗尽型 MOS 管的结构

N 沟道耗尽型 MOS 管的结构与符号如图 1.4.5 所示。

N 沟道耗尽型 MOS 管在制造过程中，在 SiO_2 绝缘层中掺入金属正离子，$U_{GS} = 0$ 时，由正离子产生的电场可使栅极下 P 型硅表面感生出 N 型反型层，出现 N 型原始导电沟道。与 N 沟道增强型相比，结构相似，控制特性却有明显不同。

2. N 沟道耗尽型 MOS 管的工作原理

在 U_{DS} 为常数的情况下，当 $U_{GS} = 0$ 时，D 和 S 之间已可导通，流过的是原始导电沟道的漏极电流 I_{DSS}。当 $U_{GS} > 0$ 时，在 N 沟道内感应出更多的电子，使沟道变宽，I_D 随 U_{GS} 的增大而增大。当 $U_{GS} < 0$ 时，即加反向电压时，在沟道内感应出一些正电荷与电子复合，使沟道变窄，I_D 减小；U_{GS} 负值越高，沟道越窄，I_D 也越小。当 U_{GS} 达到一定负值时，导电沟道内的载流子（电子）因复合而耗尽，沟道被夹断，$I_D \approx 0$，这时的 U_{GS} 称为夹断电压，用 $U_{GS(off)}$ 表示。可见，N 沟道耗尽型 MOS 管无论 G 和 S 之间电压 U_{GS} 是正是负或零，都能控制漏极电流 I_D，这使它的应用具有较大的灵活性。

3. N 沟道耗尽型 MOS 管的特性曲线

它一般工作在 $U_{GS} < 0$ 的状态，其特性曲线如图 1.4.6 所示。

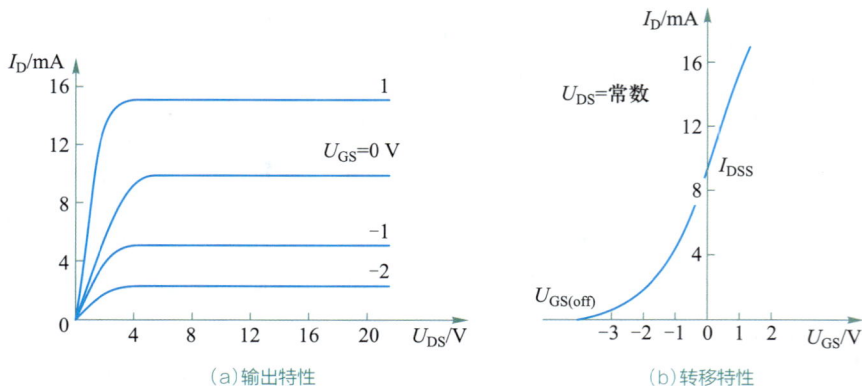

图 1.4.5
N 沟道耗尽型 MOS 管的结构和符号

图 1.4.6
N 沟道耗尽型 MOS 管特性曲线

（a）输出特性　　　　　（b）转移特性

N 沟道耗尽型 MOS 管在饱和区的转移特性可以表示为

$$I_D = I_{DSS} \left[1 - \frac{U_{GS}}{U_{GS(off)}} \right]^2 \tag{1.4.2}$$

式中，I_{DSS} 为 $U_{GS} = 0$ 时的 I_D 值。

1.4.3　场效应晶体管的主要参数

1. 直流参数

① 开启电压 $U_{GS(th)}$，指 U_{DS} 为定值时，产生 I_D 需要的最小 $|U_{GS}|$ 值。它是 N 沟道增强型 MOS 管的参数。

② 夹断电压 $U_{GS(off)}$，指 U_{DS} 为某一固定值时，使 I_D 减小到某一微小值所对应的 U_{GS} 值。它为 N 沟道耗尽型 MOS 管的参数。

③ 饱和漏电流 I_{DSS}，指 $U_{GS} = 0$ 时，N 沟道耗尽型 MOS 管的漏极电流。

④ 直流输入电阻 R_{GS}，在 $U_{DS} = 0$ 时，U_{GS} 与栅极电流的比值，即

$$R_{GS} = \left. \frac{U_{GS}}{I_G} \right|_{U_{DS}=0} \tag{1.4.3}$$

结型场效应晶体管的 $R_{GS} > 10^7\ \Omega$，绝缘栅型场效应晶体管的 $R_{GS} > 10^9\ \Omega$。

2. 交流参数

① 低频跨导 g_m，在 $U_{DS} =$ 常数时，I_D 的微变量与相应的 U_{GS} 的微变量之比，即

$$g_m = \left. \frac{\mathrm{d}I_D}{\mathrm{d}U_{GS}} \right|_{U_{DS}=常数} \tag{1.4.4}$$

它反映了栅压对漏极电流的控制能力，即放大能力。通过对式 (1.4.2) 求导数可得

$$g_m = -\frac{2I_{DSS}}{U_{GS(off)}} \left[1 - \frac{U_{GS}}{U_{GS(off)}} \right] \tag{1.4.5}$$

② 极间电容，存在于场效应晶体管 PN 结之间，即 C_{GS} 和 C_{DS}，用于高频时应考虑极间电容的影响。

③ 交流输出电阻 r_{ds}，定义为

$$r_{ds} = \left. \frac{\mathrm{d}U_{DS}}{\mathrm{d}I_D} \right|_{U_{GS}=常数} \tag{1.4.6}$$

r_{ds} 为输出特性上静态工作点处切线斜率的倒数，在恒流区内数值最大，一般在几十千欧到几百千欧之间，故在小信号模型电路中视为开路（图中未画出）。

3. 极限参数

① 最大漏源电压 $U_{(BR)DS}$，漏极附近发生雪崩击穿时的 U_{DS}。

② 栅源击穿电压 $U_{(BR)GS}$，栅极与沟道间的 PN 结的反向击穿电压。

③ 最大耗散功率 P_{DSM}，$P_{DSM} = U_{DS}I_D$，与双极晶体管的 P_{CM} 意义相同，受管子的最高工作温度和散热条件的限制。

笔 记

....

....

....

....

....

....

1.4.4　场效应晶体管与双极型晶体管的比较

① 场效应晶体管是电压控制器件，而双极型晶体管是电流控制器件，但都可获得较大的电压放大倍数。

② 场效应晶体管温度稳定性好，双极晶体管受温度影响较大。

③ 场效应晶体管制造工艺简单，便于集成化，适合制造大规模集成电路。

④ 场效应晶体管存放时，各个电极要短接在一起，防止外界静电感应电压过高时击穿绝缘层使其损坏。焊接时，电烙铁应有良好的接地线，防止感应电压对管子的损坏。一般应在拔下电烙铁电源插头时快速焊接。

习题

1.1　什么是 P 型半导体和 N 型半导体？其多数载流子和少数载流子各是什么？能否说 P 型半导体带正电，N 型半导体带负电？

1.2　计算题 1.2 图所示电路的输出电压 U_O：(1) $U_1=U_2=0$ 时；(2) $U_1=U$, $U_2=0$ 时；(3) $U_1=U_2=U$ 时。

1.3　在题 1.3 图所示电路中，$U=5$ V，$u_i=10\sin\omega t$ V，二极管正向压降可忽略不计。试画出输出电压 u_O 的波形。

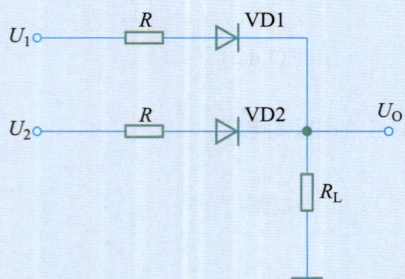

题 1.2 图

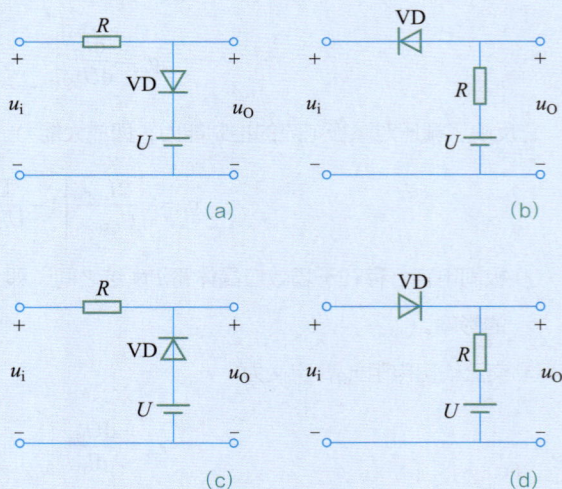

题 1.3 图

1.4　在题 1.4 图中，设 VD 为理想二极管，已知输入电压 u_I 的波形。试画出输出电压 u_O 的波形。

1.5　在题 1.5 图所示电路中，u_I 是波形不整齐的输入电压，设 VD 为理想二极管。试画出输出电压 u_O 的波形。

1.6　两个相同型号和特性的二极管负极接在一起，然后正极接在 1.5 V 电池的两端，如题 1.6 图所示，每个二极管上压降各是多少？

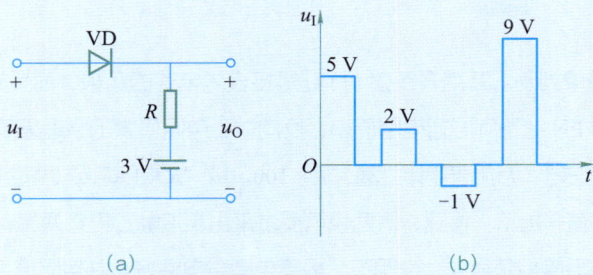

题 1.4 图

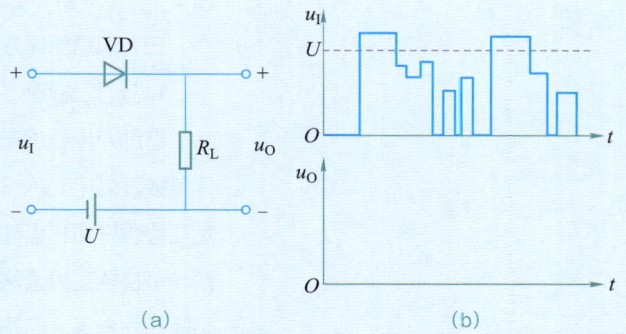

题 1.5 图

1.7 在一放大电路中，测得一晶体管的三个电极的对地电位分别为 −6 V、−3 V、−3.2 V，试判断该晶体管是 NPN 型还是 PNP 型，是锗管还是硅管，并确定三个电极。

1.8 如题 1.8 图所示，已知：R_b=10 kΩ，R_c=1 kΩ，U_{CC}=10 V，晶体管 β=50，U_{BE}=0.7 V，试问在下列情况时，晶体管工作在何种工作状态？ (1) U_I=0 V； (2) U_I=2 V； (3) U_I=3 V。

1.9 某场效应晶体管漏极特性曲线如题 1.9 图所示。(1) 试判断该管类型，并画出其符号；(2) 求夹断电压 $U_{GS(off)}$。

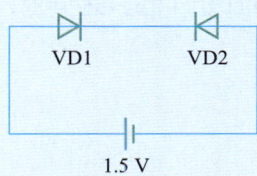

题 1.6 图

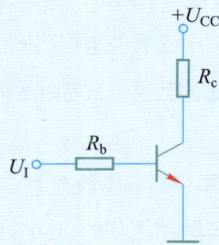

题 1.8 图

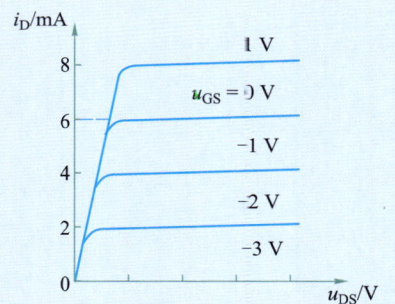

题 1.9 图

1.10 已知一个晶体管发射极电流变化 Δi_E=9 mA，集电极电流变化 Δi_C=8.8 mA，问基极电流 Δi_B 为多少？这时 β 是多少？

1.11 在室温下，某晶体管 ΔI_{CBO}=5 μA，β=60，求它的穿透电流。

实验与技能操作训练

实验　二极管、晶体管的识别与简单测试

一、实验目的

1. 学会用万用表判别二极管极性和晶体管的管脚。

2. 熟悉用万用表判别二极管和晶体管质量。

二、设备与器件

万用表 1 只；二极管 2AP 型、2CP 型各 1 个；发光二极管 2 个；晶体管 3AX31、3DG6

笔 记

各 1 个；100 kΩ 电阻 1 个；质差和废次的各类二极管、晶体管若干个。

三、识别原理方法

1. 普通二极管

借助万用表的电阻挡作简单判别。万用表正端 (+) 红笔接表内电池的负极，而负端 (−) 黑笔接表内电池的正极。根据 PN 结正向导通电阻值小、反向截止电阻值大的原理来简单确定二极管好坏和极性。具体做法是：万用表电阻挡置 "$R \times 100$" 或 "$R \times 1\,k$" 处，将红、黑两表笔接触二极管两端，表头有一指示；将红、黑两表笔反过来再次接触二极管两端，表头又将有一指示。若两次指示的阻值相差很大，说明该二极管单向导电性好，并且阻值大（几百千欧以上）的那次红笔所接的为二极管阳极；若两次指示的阻值相差很小，说明该二极管已失去单向导电性；若两次指示的阻值均很大，说明该二极管已经开路。

2. 发光二极管 (LED)

发光二极管通常是用砷化镓、磷化镓等制成的一种新型器件。它具有工作电压低、耗电少、响应速度快、抗冲击、耐振动、性能好以及轻而小的特点。

发光二极管和普通二极管一样具有单向导电性，正向导通时才能发光。发光二极管发光颜色有多种，例如红、绿、黄等，形状有圆形和长方形等。发光二极管在出厂时，一根引线做得比另一根引线长，通常，较长引线表示阳极 (+)，另一根为阴极 (−)。发光二极管正向工作电压范围一般为 1.5~3 V，允许通过的电流范围为 2~20 mA。电流的大小决定发光的亮度。电压、电流的大小依器件型号不同而稍有差异。若与 TTL 组件相连接使用时，一般需串接一个 470 Ω 的降压电阻，以防止器件的损坏。

3. 晶体管

(1) 先判断基极和晶体管类型

将万用表电阻挡置 "$R \times 100$" 或 "$R \times 1\,k$" 处，先假设晶体管某极为基极，并将黑表笔接在假设的基极上，再将红表笔先后接到其余两个电极上，如果两次测得的电阻值都很大（或者都很小），为几千欧至十几千欧（或为几百欧至几千欧），而对换表笔后测得的两个电阻值都很小（或很大），则可确定假设基极是正确。如果两次得到电阻值是一大一小，则可肯定原假设的基极是错误的，这时就必须重新假设另一电极为基极，再重复上述的测试。最多重复两次就可找到真正的基极。

当基极确定以后，将黑表笔接基极，红表笔分别接其他两极。此时，若测得的电阻值都很小，则该晶体管为 NPN 型晶体管；反之，则为 PNP 型晶体管。

(2) 再判断集电极和发射极

以 NPN 型管为例。把黑表笔接到假设的集电极上，红表笔接到假设发射极上，并且用手捏住基极和集电极（不能使基极和集电极直接接触），通过人体，相当于在基极和集电极之间接入偏置电阻。读出表头所示集电极、发射极间的电阻值，然后将红、黑两表笔反接重测。若第一次电阻值比第二次小，说明原假设成立，黑表笔所接为晶体管集电极，红表笔所接为晶体管发射极，因为集电极、发射极间的电阻值小，正说明通过万用表的电流大，偏置正常。

四、预习内容

1. 预习 PN 结外加正、反向电压时的工作原理和晶体管电流放大原理。

2. 预习万用表电阻挡表面电阻刻度中心阻值含义和使用电阻挡时的测量方法，并估算所用万用表"$R \times 100$"和"$R \times 1\,k$"挡的短路输出电流值。

3. 能否用双手分别将表测量端与管脚捏住进行测量？这将会发生什么问题？

4. 为何不能用"$R \times 1$"或"$R \times 100\,k$"挡测试小功率管？

五、思考题

1. 能否用万用表测量大功率晶体管？测量时用哪一挡较为合理？为什么？

2. 为什么用万用表不同电阻挡测二极管的正向（或反向）电阻值时，测得的阻值不同？

注：EDA(Electronic Design Automation) 技术，也称为电子设计自动化技术，是在电子 CAD 技术基础上发展起来的计算机设计软件系统，EDA 技术的发展和推广极大地推动了电子工业的发展，EDA 教学和产业界的技术推广是当今业界的一个技术热点，学习掌握 EDA 技术是电子信息类、电气类和机电类等专业学生就业的一个基本条件。所以每章实验与技能操作训练中增加一个 EDA 仿真实验，希望初学者可参考本教材配套网站和有关教材。

EDA 仿真实验：
——用逐点法测试双极晶体管的特性曲线

本章重点学习基本放大电路的工作原理和分析方法，以及放大电路的重要性能指标和频率特性，并介绍多级放大电路及应用举例。

本章以共射极基本放大电路为基础，分析放大电路的原理和实质，讲述电压偏置电路的意义。通过微变等效电路法讨论如何设置工作点，计算输入电阻、输出电阻和电压放大倍数。了解多级放大电路的级间耦合方式及放大电路的频率特性。

2.1 基本放大电路的组成及工作原理

2.1.1 放大器的电路组成

人们在生产和技术工作中，需要通过放大器对微弱的信号加以放大，以便进行有效地观察、测量和利用。例如，电视机天线接收到的信号只有微伏数量级，经过放大后才能推动扬声器和显像管工作；自动控制设备把反映压力、温度或转速等微弱的电信号加以放大后，推动各种继电器达到自动调节的目的。基本放大电路是构成多种多级放大器的单元电路。

放大器的作用就是把微弱的电信号不失真地加以放大。所谓失真就是输入信号经放大器输出后，发生了波形畸变。

为了达到一定的输出功率，放大器往往由多级放大电路组成。放大器一般可分为电压放大器和功率放大器两部分，图 2.1.1 所示为放大器的方框图，其中的传感器把物理量的变化转换成电压的变化，如话筒把声波转换为交流电压，热敏电阻把温度的变化转换为电压的变化；电压放大器的作用主要是把信号电压加以放大；功率放大器除了要求输出有一定的电压外，还要求输出较大的电流；执行元件把电信号转换成其他形式的能量，执行所需工作任务；电源提供放大器工作所需的电功率、工作电压及工作电流。

教学课件：
基本放大电路的组成及工作原理

微课：晶体管放大电路组成及其工作原理

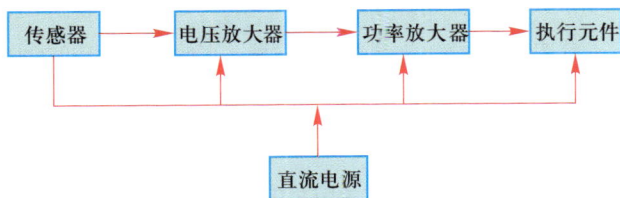

图 2.1.1
放大器的方框图

按放大目的的不同，放大器又分为交流放大器、直流放大器、脉冲放大器等。在这一节只讨论共射极交流基本放大电路。

在图 2.1.2(a) 所示电路中，电源 U_{BB} 的作用是提供双极型晶体管发射结的正向电压、正向电流；U_{CC} 提供集电结的反向电压和放大电路的电能需要。把 U_{BB} 用 U_{CC} 通过电阻的降压来代替，并采用单电源和点电位的画法就成了如图 2.1.2(b) 所示的基本放大电路。图中，u_i 为输入交流信号电压，u_o 为输出交流电压。u_i、C_1、晶体管的基极 b 和发射极 e 组成输入回路；u_o、C_2、晶体管的集电极 c 和发射极 e 组成输出回路。因为发射极是输出回路和输入回路的

动画：基本放大电路的组成

公共端，所以称这种电路为共射极电路。

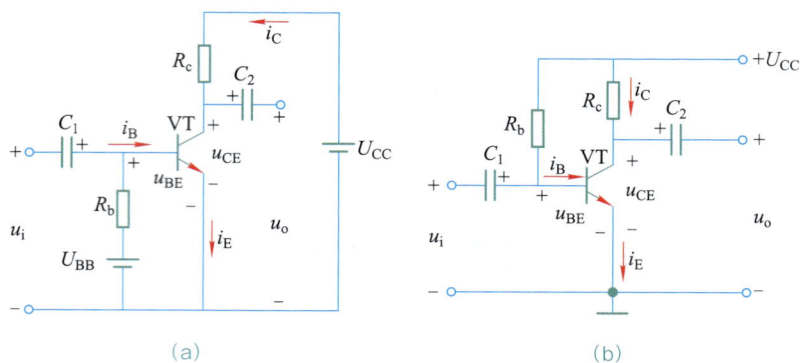

图 2.1.2
基本放大电路

笔 记

动画：
基本放大电路
的放大作用

晶体管 VT 具有放大作用，是放大器的核心。不同的晶体管有不同的放大性能，产生放大作用的外部条件是：发射结为正向电压偏置，集电结为反向电压偏置。

电阻 R_b 串接在 U_{CC} 和基极之间，称为基极电阻，因为它的大小与基极电流 i_B、集电极电流 i_C 和晶体管的电压偏置有密切的关系，所以又称偏置电阻；R_c 串接在 U_{CC} 和集电极之间，称为集电极电阻，当放大了的电流经过 R_c 时，R_c 上就产生了电压降，从而把放大了的电流转化为放大了的电压输出，所以又称转换电阻或集电极负载电阻。

电容 C_1 和 C_2 具有通交流的作用，交流信号在放大器之间的传递称为耦合，C_1 和 C_2 正是起到这种作用，所以称为耦合电容。因为 C_1 在输入端，因此称为输入耦合电容；C_2 在输出端，因此称为输出耦合电容。电容的另一个作用是隔直流，因为有 C_1 和 C_2，放大器的直流电压和直流电流才不会受到信号源和输出负载的影响。综上所述，C_1 和 C_2 统称为隔直流耦合电容。

2.1.2　放大器的工作原理

在分析放大器原理以前，先对有关符号进行说明，以基极电流为例，i_B 代表基极电流的瞬时值，I_B 代表直流分量，i_b 代表交流分量，其他各极电流亦如此。对电压，如基极与发射极之间的电压，u_{BE} 代表电压瞬时值，U_{BE} 代表直流压降，u_{be} 代表交流压降，其他各极间的电压亦如此。而交流电流和电压的有效值分别用 I_b 和 U_{be} 表示，复数量用 $\dot{I}_b$ 和 $\dot{U}_{be}$ 表示。

在图 2.1.2(b) 所示的基本放大电路中，只要适当选取 R_b、R_c 和 U_{CC} 的值，晶体管就能够工作在放大区。因此，在输入回路中有

$$\Delta i_B = \frac{\Delta u_{BE}}{r_{be}} \tag{2.1.1}$$

式中，r_{be} 为晶体管射基极等效动态电阻，设未加输入信号，则 $i_B=I_B$；当加入交流信号电压 u_i 时，因为有 C_1 隔直流作用，原来的 I_B 不变，只是增加了交流成分，所以

$$i_B = I_B + i_b \tag{2.1.2}$$

i_B 和 u_i 的波形如图 2.1.3 所示。

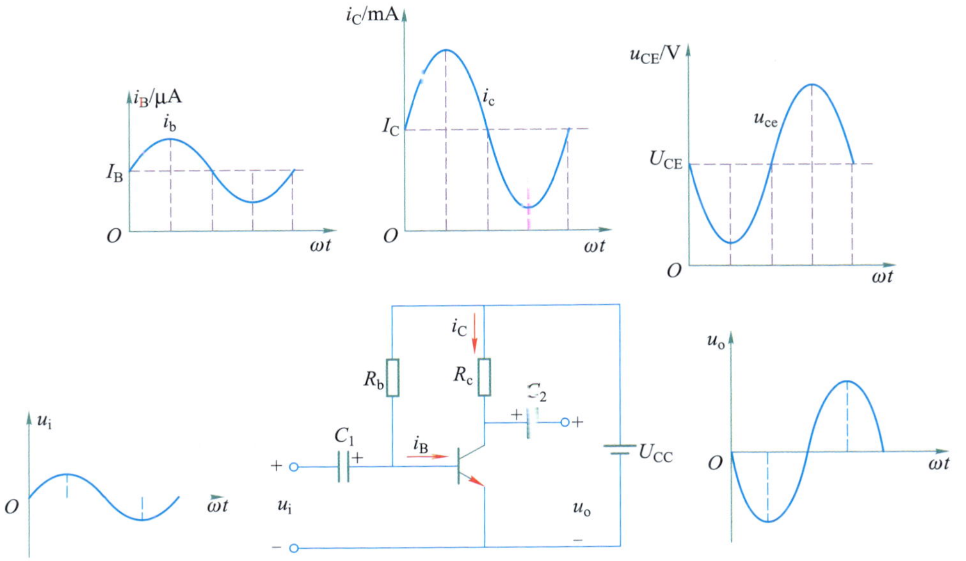

图 2.1.3
放大器各电压、电流波形

在输出回路中，因为晶体管工作在放大区，所以

$$i_C \approx \beta i_B = \beta I_B + \beta i_b \qquad (2.1.3)$$

显然 Δi_C 是 Δi_B 的 β 倍。

依据基尔霍夫电压定律（KVL），在输出回路中有

$$U_{CC} = u_{CE} + i_C R_c \qquad (2.1.4)$$

经过电容 C_2 的输出电压

$$u_o = u_{ce} = -\beta i_b R_c = -i_c R_c$$

u_{CE} 和 u_o 的波形如图 2.1.3 所示，从图中可见 u_o 与 u_i 相位相反（式中负号就说明这一点），这种现象称为放大器的倒相作用，只要适当选取 R_c，u_o 就会比 u_i 大得多，收到电压放大的效果。

由以上分析（参照图 2.1.3）可以得到放大电路的工作原理：u_i 经过输入电容 C_1 与 U_{BE} 叠加后加到晶体管的输入端，使基极电流 i_B 发生变化　i_B 又使集电极电流 i_C 发生变化，i_C 在 R_c 的压降使晶体管输出端电压发生变化，最后经过电容 C_2 输出交流电压 u_o，所以放大器的放大原理实质是用微弱的信号电压 u_i 通过晶体管的控制作用，去控制晶体管集电极的电流 i_C，i_C 又在 R_c 的作用下转换成电压 u_o 输出。I_C 是直流电源提供的，因此晶体管的输出功率实际上是利用晶体管的控制作用，把直流电能转化成交流电能。这里，输入信号是控制源，晶体管是控制元件，直流电为受控对象。

以上分析的是共射极放大电路的情况，除了共射极电路外还有共集电极电路和共基极电路，它们的放大特性各有不同。

2.1.3　直流通路和静态工作点

晶体管是放大电路的核心，但要使晶体管正常地发挥作用，还必须具备一定的外部条件，即合适的静态工作点。

笔 记

动画：
Q 点与波形
失真

笔 记

1. 静态工作点的意义

当输入信号电压 u_i=0 时，放大电路称为静态，或称为直流工作状态，静态工作点可以用晶体管的电流、电压的一组数值来表示，分别是基极电流 I_{BQ}、集电极电流 I_{CQ} 和集射极电压 U_{CEQ}，它们在晶体管输出特性曲线上所确定的一个点，就称为静态工作点，习惯上用 Q 表示，故又称为 Q 点。

从减少电能损耗的角度来看，总希望静态值越小越好，例如，为了减少电流，依据

$$I_{CQ}=\beta I_{BQ}$$

可以减小 I_{BQ}，但是，当 I_{BQ} 太小时，交流信号电压 u_i 的负半波的全部或部分会使晶体管的发射结进入"死区"，电路处于截止状态，失去对负半波的正常放大作用，如图 2.1.4 所示。相反，I_{BQ} 太大，除了增加功率损耗外，更严重的是，当输入信号正半波到来时，电路会进入饱和区，i_B 对 i_C 失去控制作用，同样不能正常放大。I_{BQ} 的值对放大电路工作好坏起着十分重要的作用，通常 I_{BQ} 称为晶体管的偏置电流，产生 I_{BQ} 的电路为偏置电路。另外，U_{CEQ} 和 I_{CQ} 对放大电路的工作影响也不能忽视，Q 点是由它们三者共同确定的，理想的 Q 点应该处在放大区，并且当外加信号 u_i 到来时，i_B 与 u_{BE} 呈线性变化，在 i_B 的变化范围内，输出特性曲线间隔均匀，当然也不能脱离安全工作区。

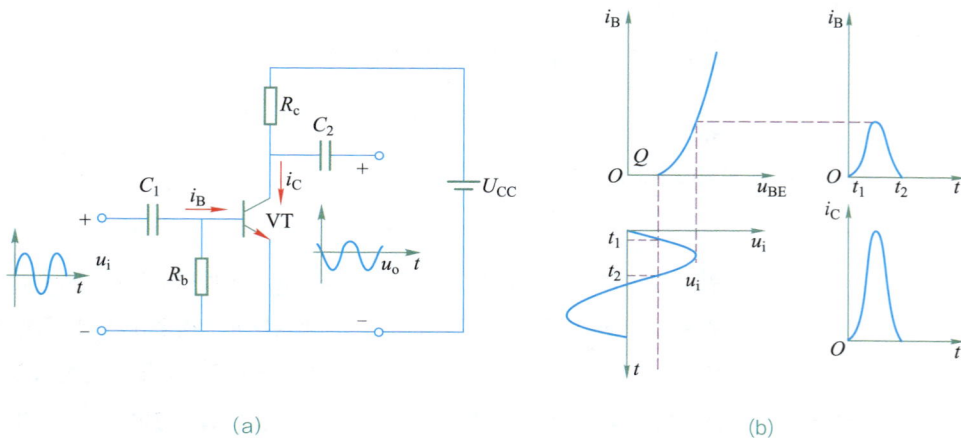

图 2.1.4
I_{BQ} 太小时各电流、电压波形

(a)　　　　　　　　　　　(b)

2. 求静态工作点

处于静态状况下的电路，只有直流成分而无交流成分。把图 2.1.5(a) 所示的基本放大电路删去电容电路，就变为如图 2.1.5(b) 所示的直流通路了。

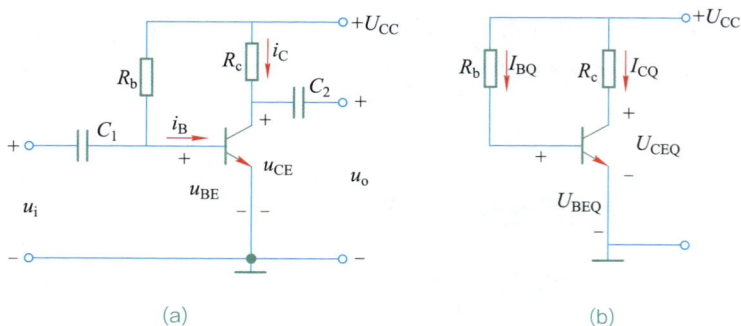

图 2.1.5
放大电路和直流通道

(a)　　　　　　　　　　　(b)

在图 2.1.5(b) 中，依据 KVL 有

$$I_{BQ}R_b + U_{BEQ} - U_{CC} = 0$$

$$I_{BQ} = \frac{U_{CC} - U_{BEQ}}{R_b} \tag{2.1.5}$$

电压 U_{BEQ} 近似等于二极管的正向电压值，对于小功率晶体管有

$$U_{BEQ} \approx \begin{cases} 0.3\ \text{V（锗管）} \\ 0.7\ \text{V（硅管）} \end{cases}$$

当 $U_{CC} \gg U_{BEQ}$ 时

$$I_{BQ} \approx U_{CC}/R_b$$

同理

$$I_{CQ}R_c + U_{CEQ} - U_{CC} = 0 \tag{2.1.6}$$

$$U_{CEQ} = U_{CC} - I_{CQ}R_c$$

式中

$$I_{CQ} = \beta I_{BQ}$$

例 2.1.1　求图 2.1.6 所示电路的静态工作点。

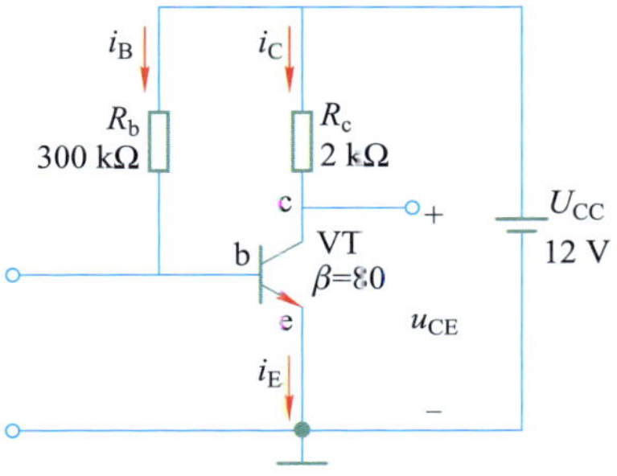

解

$$I_{BQ} = \frac{U_{CC} - U_{BEQ}}{R_b} \approx \frac{12\ \text{V} - 0.7\ \text{V}}{300\ \text{k}\Omega} = 0.04\ \text{mA}$$

$$= 40\ \mu\text{A}$$

$$I_{CQ} = \beta I_{BQ} = 80 \times 0.04\ \text{mA} = 3.2\ \text{mA}$$

$$U_{CEQ} = U_{CC} - I_{CQ}R_c = (12 - 3.2 \times 2)\ \text{V} = 5.6\ \text{V}$$

图 2.1.6
例 2.1.1 图

注意：上述求静态工作点的方法是假设晶体管工作在放大区的，如果按此法求出 U_{CEQ} 太小，接近零或负值时（原因可能是 R_b 太小），说明集电结失去正常的反向电压偏置，晶体管接近饱和区或已进入饱和区，这时 β 将逐渐减小或根本无放大作用，$i_C = \beta i_B$ 不再成立，只能是 $I_{CQ} \approx U_{CC}/R_c$，$U_{CEQ} \approx 0$。

以上分析的是晶体管为 NPN 型的情况，当晶体管为 PNP 型时，U_{CC} 应为负值，分析方法相同。

2.1.4　放大器的主要性能指标

从外部来看，放大器可理解为如图 2.1.7 所示的等效网络。

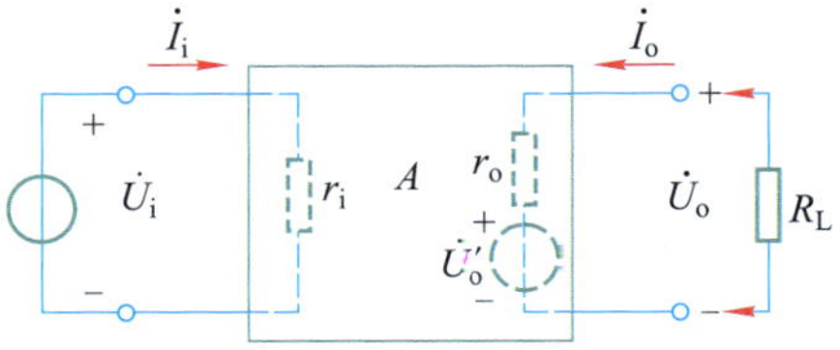

图 2.1.7
放大器的等效网络

1. 放大倍数或增益

为了衡量放大器的放大能力，规定输出量与输入量之比为放大器的放大倍数。

（1）电压放大倍数　　　　$\dot{A}_u = \dot{U}_o / \dot{U}_i$ 　　　　(2.1.7)

式中，$\dot{U}_o$ 和 $\dot{U}_i$ 分别为输出和输入电压的有效值。

（2）电流放大倍数　　　　$\dot{A}_i = \dot{I}_o / \dot{I}_i$ 　　　　(2.1.8)

（3）功率放大倍数　　　　$A_p = P_o / P_i$ 　　　　(2.1.9)

可以证明　　　　　　　　$A_p = |\dot{A}_u| |\dot{A}_i|$ 　　　　(2.1.10)

若用电流、电压峰值表示，结果相同。

笔 记

在工程上，放大倍数单位用分贝（dB）来表示，规定功率放大倍数（或称增益）为

$$20 \lg(P_o/P_i) \ (\text{dB}) \tag{2.1.11}$$

对于一定负载而言，输出功率与电流二次方成正比，与电压二次方成正比，所以电流和电压增益分别为

$$20 \lg |\dot{I}_o/\dot{I}_i| \ (\text{dB}) \tag{2.1.12}$$

$$20 \lg |\dot{U}_o/\dot{U}_i| \ (\text{dB}) \tag{2.1.13}$$

必须注意，输出电压和电流基本上仍是正弦波时，放大倍数才有意义，这点同样适用于其他指标。

2. 最大输出幅度

最大输出幅度表示放大器能供给的最大输出电压（或输出电流）的大小，用 U_{omax} 和 I_{omax} 表示。

3. 非线性失真

由于晶体管输入、输出特性在动态范围内不可能保持完全的线性，输出波形不可避免地发生线性失真，当对应于某一频率的正弦电压输入时，输出波形将含有一定数量的谐波。它们的总量与基波成分之比，称为非线性失真系数。

4. 输入电阻

从输入端来看，放大器的等效电阻称为放大器的输入电阻，如图 2.1.7 所示，有

$$r_i = \dot{U}_i/\dot{I}_i \tag{2.1.14}$$

一般用恒压源时，总是希望放大器输入电阻越大越好，因此可以减小输入电流，减小信号源内阻的压降，增加输出电压的幅值。

5. 输出电阻

从输出端来看，放大器相当于一个电压源和一个电阻串联的电路，从等效电阻的意义可知，该电阻就是放大器输出端的等效电阻，称为放大器的输出电阻，如图 2.1.7 中的 r_o。

r_o 的测量方法与求电池内阻的方法相同，空载时测量得到输出电压为 $\dot{U}'_o$，接上已知的负载电阻 R_L 时，测量得到输出电压为 U_o，则有

$$\dot{U}_o = \frac{R_L}{r_o + R_L} \dot{U}'_o \tag{2.1.15}$$

由式 (2.1.15) 可求得

$$r_o = (\dot{U}'_o/\dot{U}_o - 1)R_L \tag{2.1.16}$$

当用恒压源时，放大器的输出电阻越小越好，就如希望电池的内阻越小越好一样，可以增加输出电压的稳定性，即改善负荷性能。

6. 通频带

因为放大器电路中有电容元件，晶体管极间也存在电容，有的放大电路还有电感元件。电容和电感对不同频率的交流电有不同的阻抗，所以放大器对不同频率的交流信号有着不同的放大倍数。一般来说，频率太高或太低放大倍数都要下降，只有对某一频率段放大倍数才

较高且基本保持不变，设这时放大倍数为 $|\dot{A}_{um}|$，当放大倍数下降为 $|\dot{A}_{um}|/\sqrt{2}$ 时，所对应的频率分别称为上限频率 f_H 和下限频率 f_L。上下限频率之间的频率范围称为放大器的通频带，如图 2.1.8 所示。

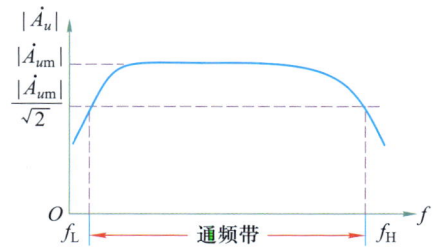

7. 最大输出功率与效率

放大器的最大输出功率是指它能向负载提供的最大交流功率，用 P_{omax} 表示。在前面已讨论过，放大器的输出功率是通过晶体管的控制作用，把直流电转化为交流电输出的。这样就必须讨论其转化的效率问题，放大器输出的最大功率与所消耗的直流电的总功率 P_E 之比称为放大器的效率 η，即

$$\eta = P_{omax}/P_E$$

如何提高放大器的效率，将在以后的功率放大器中进行讨论。

放大器的主要性能指标就是上述的 7 个方面，以上也只是做个简单的说明，有的要在进一步学习的基础上才能讨论。此外，因不同的使用目的，晶体管还有其他方面的性能指标，诸如信号噪声比、抗干扰能力、防振性能、重量和体积等方面。

图 2.1.8
放大器的通频带

2.2　放大器的分析方法

在放大电路分析方法上用作图的方法分析放大电路比较直观，但不易进行定量分析，在计算交流参数时较困难，因此用微变等效电路法分析比较容易。本节主要介绍微变等效电路法。

2.2.1　微变等效电路分析法

微变等效电路法就是在小信号条件下，在给定的工作范围内，将晶体管看成一个线性元件，把晶体管放大电路等效成一个线性电路来进行分析、计算。

1. 晶体管的微变等效电路

（1）晶体管的输入回路

晶体管的输入特性曲线是非线性的，但在小信号输入情况下，静态工作点 Q 附近的工作段可认为是一条直线，如图 2.2.1(a) 所示。

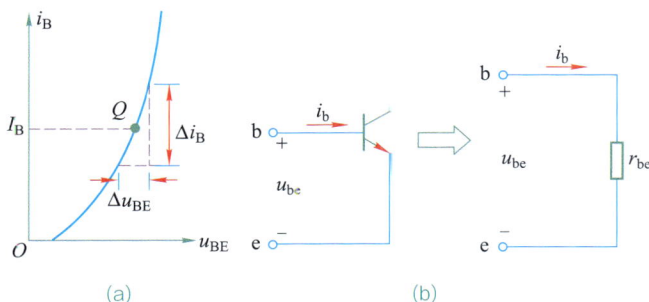

教学课件：
放大器的分析
方法

微课：放大电路的直流、
交流通路及微变等效电路

图 2.2.1
输入回路等效电路

定义

$$r_{be} = \frac{\Delta u_{BE}}{\Delta i_B} = \frac{u_{be}}{i_b}$$

式中，u_{be}、i_b 是交流量，r_{be} 称为晶体管的输入电阻，它是一个动态电阻，这样就可以把晶体管的输入回路等效成如图 2.2.1(b) 所示电路。对低频小功率晶体管，r_{be} 常用下面的公式来估算

$$r_{be} = 300\ \Omega + (1+\beta)\ \frac{26\ mV}{I_E} \tag{2.2.1}$$

式中，I_E 是发射极电流的静态值，近似为 I_{CQ}。

（2）晶体管输出端的等效电路

在晶体管输出特性曲线中可以看出，在放大区内，输出特性曲线是一组近似水平平行和等间隔的直线，如图 2.2.2(a) 所示。

忽略 u_{CE} 对 i_C 的影响，则 Δi_C 与 Δi_B 之比为

$$\beta = \frac{\Delta i_C}{\Delta i_B} = \frac{i_c}{i_b}$$

在小信号条件下，β 是常数。因此晶体管输出端可用一个电流源来等效代替，即 $i_c = \beta i_b$，i_c 受 i_b 控制，所以是一个受控源，如图 2.2.2(b) 所示。

综上所述，可以作出晶体管的微变等效电路，如图 2.2.3 所示。

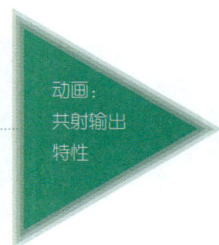

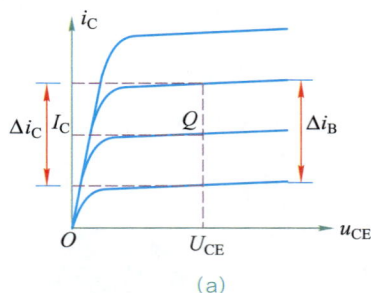

图 2.2.2
输出回路等效电路

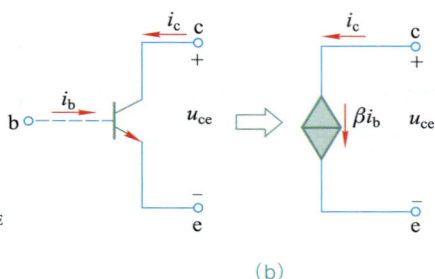

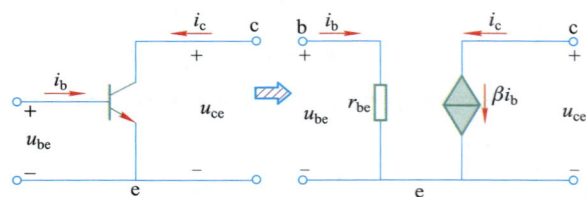

图 2.2.3
晶体管的微变等效电路

2. 放大电路的微变等效电路

在晶体管微变等效电路的基础上，以共射极放大电路为例，如图 2.2.4(a) 所示。

在交流情况下，由于直流电源内阻很小，常常忽略不计，故整个直流电源可视为短路。电路中耦合电容 C_1 和 C_2，在一定的频率范围内，容抗 X_C 很小，故也可视为短路，就可得到放大电路的微变等效电路，如图 2.2.4(b) 所示。设输入信号是正弦量，故电路中电压、电流都可用相量表示。

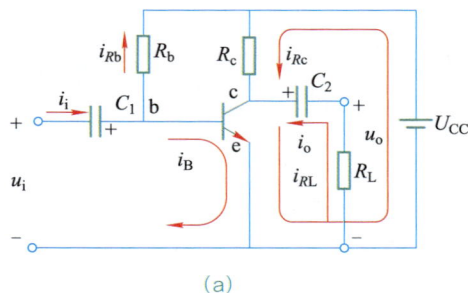

图 2.2.4
共射极放大电路及微变等效电路

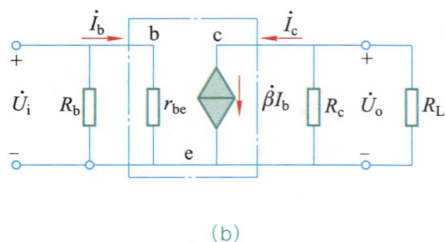

（a）

（b）

动画：
共射输出
特性

动画：
微变等效电
路的画法

3. 参数的计算

（1）电压放大倍数

放大电路的电压放大倍数定义为输出电压与输入电压的比值，用 $\dot{A}_u$ 表示，即

$$\dot{A}_u = \frac{\dot{U}_o}{\dot{U}_i}$$

由图 2.2.4(b) 可知

$$\dot{U}_i = \dot{I}_b r_{be}$$

$$\dot{U}_o = -\dot{I}_c R'_L = -\beta \dot{I}_b R'_L$$

式中

$$R'_L = R_c \mathbin{/\mkern-5mu/} R_L = \frac{R_c R_L}{R_c + R_L}$$

所以

$$\dot{A}_u = \frac{\dot{U}_o}{\dot{U}_i} = \frac{-\beta \dot{I}_b R'_L}{\dot{I}_b r_{be}} = -\beta \frac{R'_L}{r_{be}} \qquad (2.2.2)$$

如果输出端未接负载，则 $R_L = \infty$，有

$$R'_L = R_c$$

$$\dot{A}_u = -\beta \frac{R_c}{r_{be}} \qquad (2.2.3)$$

式中，负号表示 $\dot{U}_o$ 与 $\dot{U}_i$ 反相。因 $R'_L < R_c$，可见接上负载电阻后，放大倍数降低了。

（2）输入电阻和输出电阻

① 输入电阻。放大电路的输入电阻是从放大电路的输入端看进去的等效电阻，定义为输入电压 $\dot{U}_i$ 与输入电流 $\dot{I}_i$ 的比值，用 r_i 来表示，如图2.2.5所示。

$$r_i = \frac{\dot{U}_i}{\dot{I}_i}, \quad r_i = R_b \mathbin{/\mkern-5mu/} r_{be}, \quad R_b \gg r_{be}$$

所以

$$r_i \approx r_{be} \qquad (2.2.4)$$

对于共射极低频电压放大电路，r_{be} 为 1 kΩ 左右，输入电阻不高。但有些电路需要较高输入电阻，在图 2.2.5 中

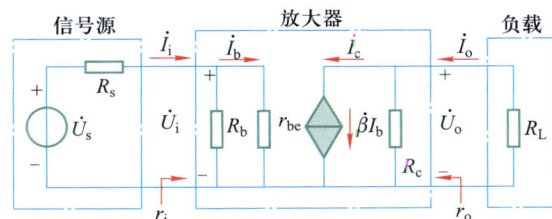

图 2.2.5
放大电路的输入电阻和输出电阻

$$\dot{I}_i = \frac{\dot{U}_s}{r_i + R_s}, \quad \dot{U}_i = \dot{U}_s - \dot{I}_i R_s$$

r_i 越大，放大电路从信号源取得的信号也越大。

② 输出电阻。放大电路的输出电阻是从输出端看进去的等效电阻，用 r_o 表示，因电流源内阻无穷大，所以

$$r_o = R_c \qquad (2.2.5)$$

R_c 一般为几千欧，因此共发射极放大电路的输出电阻是较高的，为使输出电压平稳，有较强的带负载能力，应使输出电阻低一些。

注意：r_i、r_o 都是对交流信号而言的，所以都是动态电阻，它们是衡量放大电路性能的重要指标。

4. 微变等效电路法分析举例

微变等效电路法分析电路，只是分析放大电路的动态情况，画出整个放大电路的微变等效电路。根据微变等效电路，分别对输入回路和输出回路用线性电路进行分析和计算，同时要用到输入对输出的控制关系。

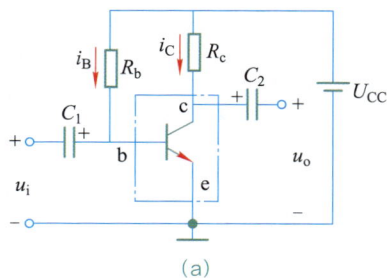

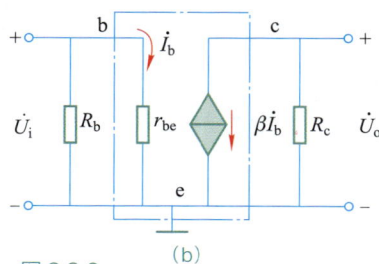

例 2.2.1　电路如图 2.2.6(a) 所示，已知：U_{CC}=20 V，R_c=6 kΩ，R_b=470 kΩ，β=45。① 求输入电阻和输出电阻；② 求不接负载 R_L 时的电压放大倍数；③ 求当接上负载 R_L= 4 kΩ 时的电压放大倍数。

解　① 画出微变等效电路，如图 2.2.6（b）所示。

$$I_{BQ}=\frac{U_{CC}-U_{BEQ}}{R_b}=\frac{20\text{ V}-0.7\text{ V}}{470\text{ k}\Omega}=0.041\text{ mA}=41\text{ μA}$$

$$r_{be}\approx 300\ \Omega+\frac{26\text{ mV}}{I_{BQ}}=300\ \Omega+\frac{26\text{ mV}}{0.041\text{ mA}}=934\ \Omega=1\text{ k}\Omega$$

$$r_i=R_b\ //\ r_{be}\approx r_{be}=1\text{ k}\Omega$$

$$r_o=R_c=6\text{ k}\Omega$$

② 由 $\dot{U}_i=\dot{I}_b r_{be}$ 和 $\dot{U}_o=-\beta\dot{I}_b R_c$ 可得

$$\dot{A}_u=\frac{\dot{U}_o}{\dot{U}_i}=-\beta\frac{R_c}{r_{be}}=-45\times\frac{6}{1}=-270$$

③ 当接入负载 R_L 时

$$\dot{U}_o=-\dot{I}_c R_L'=-\beta\dot{I}_b R_L'$$

$$R_L'=R_L\ //\ R_c=\frac{R_L R_c}{R_L+R_c}=\frac{4\times 6}{4+6}\text{ k}\Omega=2.4\text{ k}\Omega$$

$$\dot{A}_u=\frac{\dot{U}_o}{\dot{U}_i}=-\beta\frac{R_L'}{r_{be}}=-45\times\frac{2.4}{1}=-108$$

必须注意，输入电阻是从输入端看放大电路的等效电阻，输出电阻是从输出端看放大电路的等效电阻。因此，输入电阻要包括 R_b，而输出电路就不能把负载电阻算进去。

2.2.2　放大器的偏置电路

从分析放大电路中看出，合理设置静态工作点是保证放大电路正常工作的先决条件，Q点位置过高过低都可能使信号产生失真。但是前面分析时只考虑放大电路的内部因素，而没有考虑外部条件，在外界条件发生变化时，会使设置好的静态工作点 Q 移动，使原来合适的静态工作点变得不合适而产生失真。因此，设法稳定静态工作点是一个重要问题。

1. 静态工作点不稳定的原因

静态工作点不稳定的原因较多，如温度变化、电源波动、元件老化而使参数发生变化等，其中最重要的原因是温度变化的影响。

（1）温度变化时对 I_{CEQ} 的影响

一般情况，温度每升高 12℃，锗管 I_{CEO} 数值增大一倍；温度每升高 8℃ 时，硅管的 I_{CEO}

图 2.2.6
基本放大电路及等效电路

笔记

数值增大一倍。在第 1 章中，已知 $I_{CEO}=(1+\beta)I_{CBO}$，如图 2.2.7 所示，图中的实线为温升前特性曲线，虚线为温升后的特性曲线。在 $i_B=40\ \mu A$，并保持不变时，静态工作点 Q 上升到 Q_1 点，集电极电流 I_{CQ} 也增加到 I_{CQ1}。

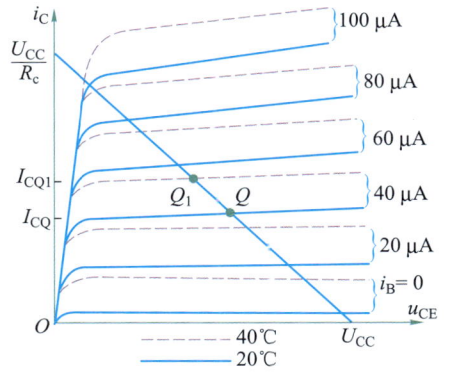

（2）温度变化对发射结电压 u_{BE} 影响

在电源电压不变的情况下，温度升高后，使 u_{BE} 减小，一般晶体管 u_{BE} 的温度系数为 $-2\sim2.5\ mV/℃$。u_{BE} 减小，将使 i_B 和 i_C 增大，工作点上移。

（3）温度变化对 β 的影响

温度升高将使晶体管的 β 值增大，温度每升高 1℃，β 值增加 0.5%~1%，最大可增加 2%。反之，温度下降时 β 值将减小。

综上所述，当温度增加时，晶体管的 I_{CEO}、u_{BE}、β 等参数都将改变，最终结果将使 i_C 增加，Q 点上移。如果在原放大电路基础上改变一下，在 i_C 上升的同时使 i_B 下降，以达到自动稳定工作点的目的。这就是分压式偏置电路。

图 2.2.7
温度对 I_{CEO} 影响

2. 分压式偏置电路

分压式偏置电路如图 2.2.8 所示。

（1）电路的特点

利用 R_{b1}、R_{b2} 分压，固定基极电位

$$U_B=\frac{R_{b2}}{R_{b1}+R_{b2}}U_{CC}\tag{2.2.6}$$

U_B 与晶体管参数无关。

利用发射极电阻 R_e 产生反映 i_C 变化的电位 u_E，u_E 能自动调节 i_B，使 i_C 保持不变。保持稳定的过程是

图 2.2.8
分压式偏置电路

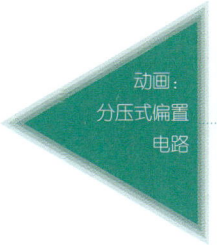

$$温度\uparrow\to i_C\uparrow\to i_E\uparrow\to u_E\uparrow\to u_{BE}\downarrow\to i_B\downarrow\to i_C\downarrow$$
$$温度\downarrow\to i_C\downarrow\to i_E\downarrow\to u_E\downarrow\to u_{BE}\uparrow\to i_B\uparrow\to i_C\uparrow$$

从以上可看出，R_e 越大，稳定性越好，但不能太大，一般 R_e 为几百欧到几千欧，与 R_e 并联的电容 C_e 称为旁路电容，可为交流信号提供低阻通路，使电压放大倍数不至于降低，C_e 一般为几十微法到几百微法。

（2）分压式偏置电路的静态工作点可用下列估算法求出

$$U_B=\frac{R_{b2}}{R_{b1}+R_{b2}}U_{CC}\tag{2.2.7}$$

$$I_{CQ}\approx I_E=\frac{U_B-u_{BE}}{R_e}\tag{2.2.8}$$

$$U_{CEQ}=U_{CC}-I_C(R_c+R_e)\tag{2.2.9}$$

$$I_{BQ}=I_{CQ}/\beta\tag{2.2.10}$$

例 2.2.2　在图 2.2.8 所示的放大电路中，已知 $U_{CC}=12\ V$、$R_c=2\ k\Omega$、$R_e=2\ k\Omega$、$R_{b1}=20\ k\Omega$，$R_{b2}=10\ k\Omega$，晶体管 3DG6 的 $\beta=37.5$，试求静态工作点。

解　静态工作点为

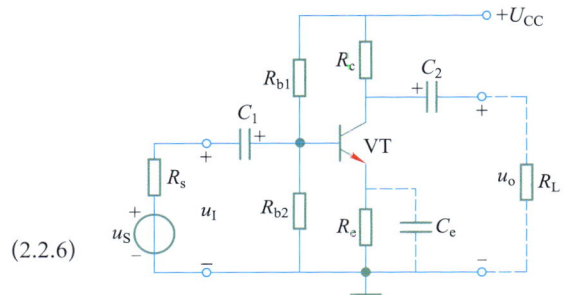

$$U_{BQ}=\frac{R_{b2}}{R_{b1}+R_{b2}}U_{CC}=\frac{10}{20+10}\times 12\ V=4\ V$$

$$I_{CQ}\approx I_{EQ}=\frac{U_{BQ}-U_{BEQ}}{R_e}=\frac{(4-0.7)\ V}{2\ k\Omega}=1.65\ mA$$

$$U_{CEQ}=U_{CC}-I_{CQ}(R_c+R_e)=12\ V-1.65\times(2+2)V=5.4\ V$$

$$I_{BQ}=I_{CQ}/\beta=1.65\ mA/37.5=0.044\ mA=44\ \mu A$$

例 2.2.3 在图 2.2.9(a) 所示电路中，$U_{CC}=12\ V$，$R_{b1}=20\ k\Omega$，$R_{b2}=10\ k\Omega$，$R_c=2\ k\Omega$，$R_L=6\ k\Omega$，$R_e=2\ k\Omega$，$\beta=40$，$R_s=1\ k\Omega$。① 求放大电路的输入电阻和输出电阻；② 求对输入电压的放大倍数；③ 求对信号源的放大倍数。

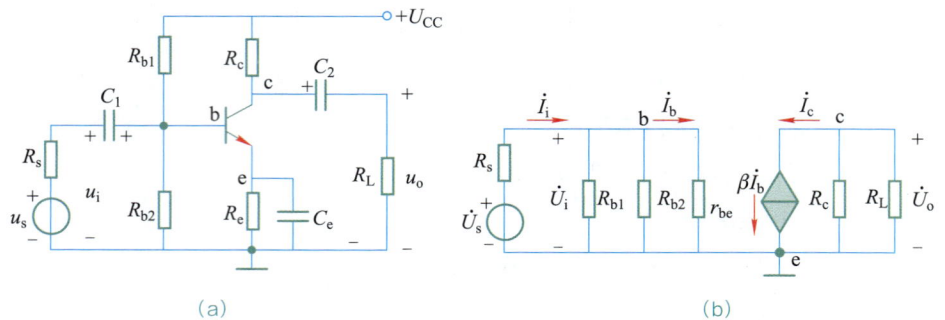

图 2.2.9
例 2.2.3 图

(a)   (b)

解 ① 先求静态工作电流 I_{EQ}

$$U_{BQ}=\frac{R_{b2}}{R_{b1}+R_{b2}}U_{CC}=\frac{10}{20+10}\times 12\ V=4\ V$$

$$I_{EQ}=\frac{U_{BQ}-U_{BEQ}}{R_E}=\frac{4\ V-0.7\ V}{2\ k\Omega}=1.65\ mA$$

画出微变等效电路如图 2.2.9(b) 所示，则有

$$r_{be}=300\ \Omega+(1+\beta)\frac{26\ mA}{I_{EQ}}=300\ \Omega+(1+40)\frac{26\ mV}{1.65\ mA}$$
$$=946\ \Omega\approx 1\ k\Omega$$

输入电阻 $r_i=R_{b1}\ //\ R_{b2}\ //\ r_{be}\approx r_{be}=1\ k\Omega$

输出电阻 $r_o=R_c=2\ k\Omega$

② $\dot U_i=\dot I_b r_{be}$ $\dot U_o=-\dot I_c R'_L=-\beta\dot I_b R'_L$

输入电压的放大倍数 $\dot A_u=\frac{\dot U_o}{\dot U_i}=-\beta\frac{R'_L}{r_{be}}$

$$R'_L=R_L\ //\ R_c=\frac{R_L R_c}{R_c+R_L}=\frac{2\times 6}{2+6}\ k\Omega=1.5\ k\Omega$$

$$\dot A_u=-40\times 1.5/1=-60$$

③ 对信号源的放大倍数计算

$$\dot{A}_s=\frac{\dot{U}_o}{\dot{U}_s} \quad \dot{U}_i=\frac{\dot{U}_s}{R_s+r_i}r_i \quad \dot{U}_s=\frac{R_s+r_i}{r_i}\dot{U}_i$$

$$\dot{A}_s=\frac{\dot{U}_o}{\dot{U}_s}=\frac{r_i}{R_s+r_i}\frac{\dot{U}_o}{\dot{U}_i}=\frac{1}{1+1}\times(-60)=-30$$

由式

$$\dot{A}_s=\frac{r_i}{R_s+r_i}\dot{A}_u$$

可见，R_s 越大，$\dot{A}_s$ 越小，r_i 越大，$\dot{A}_s$ 也越小，因比，一般希望高输入电阻，多级放大时，前一级的输出就是下一级的信号源电阻，为增大下一级的放大，也希望有低输出电阻。

画微变等效电路时，注意不要把 R_e 画上，因为接旁路电容 C_e 后，电容对交流信号可视为短路。

例 2.2.4　如图 2.2.10(a) 所示的放大电路中，晶体管 β=40，r_{be}=1 kΩ。① 求静态工作点；② 画微变等效电路；③ 求输入电阻和输出电阻；④ 求电压放大倍数。

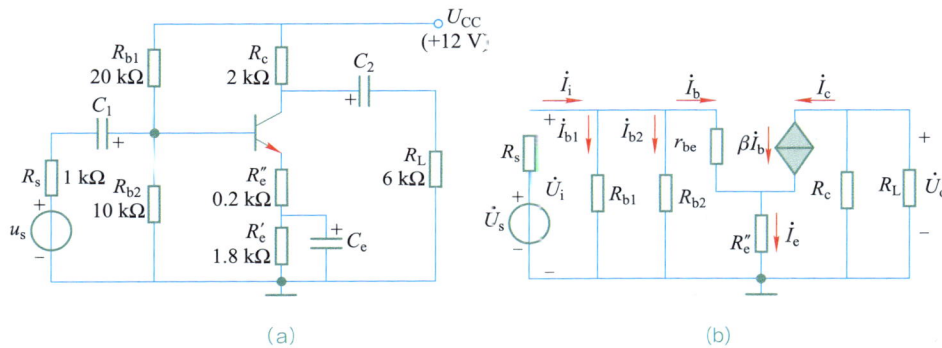

(a)　　　　　　　　　　　　　　(b)

图 2.2.10
例 2.2.4 图

解　①
$$U_{BQ}=\frac{R_{b2}}{R_{b1}+R_{b2}}U_{CC}=\frac{10}{20+10}\times12\ V=4\ V$$

$$I_{CQ}=I_{EQ}=\frac{U_{BQ}-U_{BEQ}}{R_e}=\frac{4\ V-0.7\ V}{(0.2+1.8)\ k\Omega}=1.65\ mA$$

$$U_{CEQ}=U_{CC}-I_{CQ}(R_c+R_e)=12\ V-1.65\times(2+0.2+1.8)\ V=5.4\ V$$

$$I_{BQ}=\frac{I_{CQ}}{\beta}=\frac{1.65\ mA}{40}=0.041\ mA=41\ \mu A$$

② 画出微变等效电路如图 2.2.10(b) 所示。

③ 在图 2.2.10(b) 中

$$\dot{U}_i=\dot{I}_b r_{be}+\dot{I}_e R''_e=\dot{I}_b[r_{be}+(1+\beta)R''_e]$$

$$\dot{I}_i=\dot{I}_b+\dot{I}_{b1}+\dot{I}_{b2}=\frac{\dot{U}_i}{r_{be}+(1+\beta)R''_e}+\frac{\dot{U}_i}{R_{b1}}+\frac{\dot{U}_i}{R_{b2}}$$

$$r_i=\frac{\dot{U}_i}{\dot{I}_i}=\frac{1}{\dfrac{1}{r_{be}+(1+\beta)R''_e}+\dfrac{1}{R_{b1}}+\dfrac{1}{R_{b2}}}$$

笔 记

$$=\frac{1}{\dfrac{1}{1+(1+40)\times 0.2}+\dfrac{1}{20}+\dfrac{1}{10}}\,\mathrm{k}\Omega=3.86\ \mathrm{k}\Omega$$

$$r_o=R_c=2\ \mathrm{k}\Omega$$

④ $\dot{U}_o=-\dot{I}_cR'_L=-\beta\dot{I}_bR'_L$

$$\dot{A}_u=\frac{\dot{U}_o}{\dot{U}_i}=\frac{-\beta R'_L}{r_{be}+(1+\beta)R''_e}=-40\times\frac{1.5}{1+41\times 0.2}=-6.5$$

$$R'_L=R_c \mathbin{/\mkern-5mu/} R_L=\frac{R_cR_L}{R_c+R_L}=\frac{2\times 6}{2+6}\,\mathrm{k}\Omega=1.5\ \mathrm{k}\Omega$$

与例 2.2.3 相比，发射极电阻有一段没有并接电容，输入电阻增加了，放大倍数明显减小了，这是 R''_e 的负反馈作用所致。对反馈的分析，将在第 3 章介绍。

2.3 常见的放大电路

常见的放大电路种类很多，除了前面介绍的共射极电路外，还有共集电极电路和共基极放大电路。

2.3.1 共集电极放大电路

1. 电路的组成

共集电极放大电路是从发射极输出的，所以简称射极输出器。图 2.3.1(a) 是射极输出器电路图，图 2.3.1(b) 是其微变等效电路。

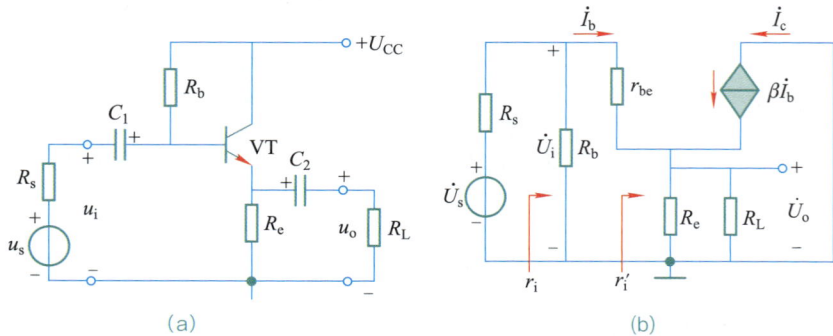

图 2.3.1
射极输出器及其等效电路

这种电路的特点是晶体管的集电极作为输入与输出的公共端，输入与电压从基极对地（集电极）之间输入，输出电压从发射极对地（集电极）之间取出，集电极是输入与输出的公共端，故这种电路称为共集电极放大电路。

2. 工作原理

（1）静态分析

由图 2.3.1（a）可得

$$U_{CC}=I_{BQ}R_b+U_{BEQ}+I_{EQ}R_e$$

$$=I_{BQ}R_b+U_{BEQ}+(1+\beta)I_{BQ}R_e$$

所以
$$I_{BQ}=\frac{U_{CC}-U_{BEQ}}{R_b+(1+\beta)R_e}\approx\frac{U_{CC}}{R_b+(1+\beta)R_e} \tag{2.3.1}$$

$$I_{CQ}=\beta I_{BQ}\approx I_{EQ} \tag{2.3.2}$$

$$U_{CEQ}=U_{CC}-I_{EQ}R_e\approx U_{CC}-I_{CQ}R_e \tag{2.3.3}$$

（2）动态分析

① 电压放大倍数 $\dot{A}_u$

由图 2.3.1（b）可得

$$\dot{U}_i=\dot{I}_b r_{be}+\dot{I}_e R'_L=\dot{I}_b r_{be}+(1+\beta)\dot{I}_b R'_L=\dot{I}_b\left[r_{be}+(1+\beta)R'_L\right]$$

$$R'_L=R_e \mathbin{/\mkern-5mu/} R_L$$

$$\dot{U}_o=\dot{I}_e R'_L=(1+\beta)\dot{I}_b R'_L$$

故
$$\dot{A}_u=\frac{\dot{U}_o}{\dot{U}_i}=\frac{(1+\beta)R'_L}{r_{be}+(1+\beta)R'_L}\approx\frac{\beta R'_L}{r_{be}+\beta R'_L}<1 \tag{2.3.4}$$

式中，$\beta R'_L\ll r_{be}$，因此，$\dot{A}_u$ 小于 1 但近似等于 1，即 $|\dot{U}_o|$ 略小于 $|\dot{U}_i|$，电路没有电压放大作用。又 $i_E=(1+\beta)i_B$，故电路有电流放大和功率放大作用。此外，$\dot{U}_o$ 跟随 $\dot{U}_i$ 变化，故这个电路又称为射极跟随器。

② 输入电阻 r_i

由图 2.3.1(b) 可得
$$r_i=R_b \mathbin{/\mkern-5mu/} r'_i$$

$$r'_i=\frac{\dot{U}_i}{\dot{I}_b}=r_{be}+(1+\beta)R'_L \tag{2.3.5}$$

故
$$r_i=R_b \mathbin{/\mkern-5mu/} \left[r_{be}+(1+\beta)R'_L\right] \tag{2.3.6}$$

由式 (2.3.6) 可见，射极输出器的输入电阻要比共射极放大电路的输入电阻大得多，可达到几十千欧到几百千欧。

③ 输出电阻

计算输出电阻 r_o 的等效电路如图 2.3.2 所示，将电压源信号短路，保留内阻 R_s，然后在输出端除去 R_L，并外加一个电压 $\dot{U}$ 而得到的。

$$\dot{I}=\dot{I}_b+\beta\dot{I}_b+\dot{I}_e$$

$$=\frac{\dot{U}}{R'_s+r_{be}}+\beta\frac{\dot{U}}{R'_s+r_{be}}+\frac{\dot{U}}{R_e}$$

其中
$$R'_s=R_b \mathbin{/\mkern-5mu/} R_s$$

输出电导
$$g_o=\frac{\dot{I}}{\dot{U}}=(1+\beta)\frac{1}{R'_s+r_{be}}+\frac{1}{R_e}$$

$$r_o=\frac{1}{g_o}=R_e \mathbin{/\mkern-5mu/} \frac{R'_s+r_{be}}{1+\beta} \tag{2.3.7}$$

式 (2.3.7) 说明，射极输出器的输出电阻由射极电阻 R_e 与电阻 $(R'_s+r_{be})/(1+\beta)$ 两部分并

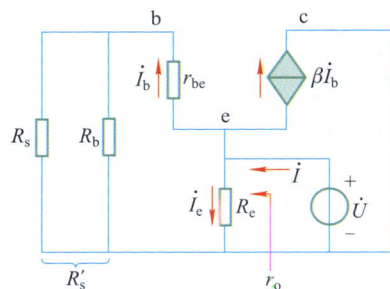

图 2.3.2
输出电阻等效电路

笔 记

联组成，后一部分是基极回路的电阻 (R'_s+r_{be}) 折合到射极回路时的等效电阻。

又
$$R_e \gg \frac{R'_s+r_{be}}{1+\beta}$$

所以
$$r_o \approx \frac{R'_s+r_{be}}{1+\beta} \tag{2.3.8}$$

由式 (2.3.8) 可见，输出电阻很低，一般在几十欧到几百欧，为了降低 r_o，应选 β 较大的晶体管。

综上所述，射极输出器具有电压放大倍数小于 1 但近似等于 1、输出电压与输入电压同相位、输入电阻高、输出电阻低等特点，因而射极输出器得到了广泛应用。

3. 应用举例

图 2.3.3 是扩音机的输入电路，射极输出器输入电阻高，可以和内阻较高的话筒相匹配，使话筒输入信号能得到有效的放大，电位器 R_P 的阻值为 22 kΩ，可用来调节输入信号强度，以控制音量大小。

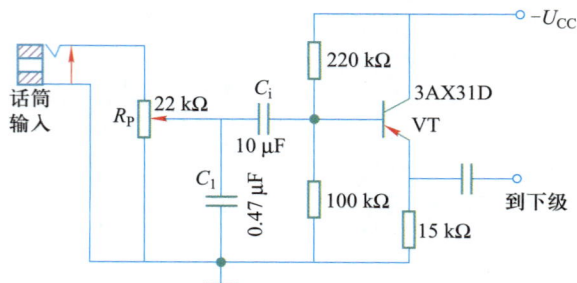

图 2.3.3
扩音机输入电路

在多级电子电路中，射极输出器也常作中间级以隔离前、后级之间的相互影响，这时称为缓冲级。射极输出器的输出电阻低，带负载能力强，有一定的功率放大作用，可以作为基本的功率输出电路。这一部分将在第 4 章讨论。

2.3.2　共基极放大电路

1. 电路组成

图 2.3.4(a) 是一个共基极放大电路，基极偏置电流 I_{BQ} 由 U_{CC} 通过基极偏流电阻 R_{b1} 和 R_{b2} 提供，C_b 为旁路电容，对交流信号视为短路，因而基极接地，输入信号加到发射极和基极之间，使放大倍数不至于因 R_{b1} 和 R_{b2} 存在而下降。图 2.3.4(b) 是图 2.3.4(a) 所示电路的交流通道，从图中看出基极是输入回路和输出回路的公共端，故称为共基极放大电路。

动画：共基极放大电路

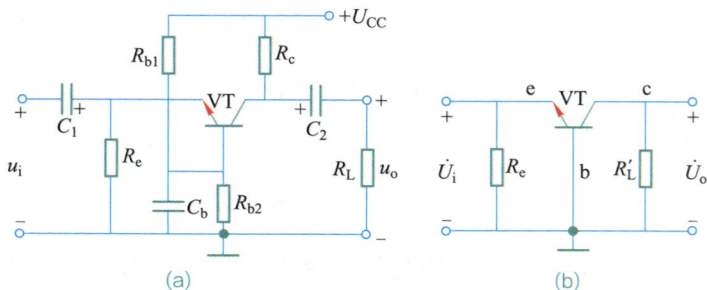

(a)　　　　　　　　　　(b)

图 2.3.4
共基极放大电路

2. 共基极电路分析

（1）静态工作点

图 2.3.4(a) 所示电路的直流通路如图 2.3.5 所示，由图可知

$$U_{BQ}=\frac{R_{b2}}{R_{b1}+R_{b2}}U_{CC} \quad I_{CQ}\approx I_{EQ}=\frac{U_B-U_{BE}}{R_e}\approx\frac{U_B}{R_e}$$

$$U_{CE}=U_{CC}-I_CR_c-I_ER_e \quad I_B=\frac{I_C}{\beta}$$

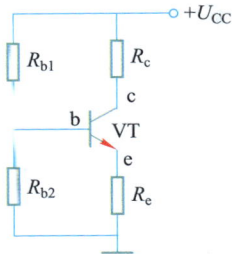

图 2.3.5
图 2.3.4（a）所示电路的直流通路

（2）电压放大倍数

图 2.3.4(a) 所示电路的微变等效电路如图 2.3.6 所示，由图得

$$\dot U_o=-\dot I_cR'_L(R'_L=R_c /\!/ R_L)$$

$$\dot A_u=\frac{\dot U_o}{\dot U_i}=\frac{-\dot I_cR'_L}{-\dot I_br_{be}}=\frac{\beta R'_L}{r_{be}} \tag{2.3.9}$$

由式 (2.3.9) 可见，共基极电路与共射极电路的电压放大倍数在数值上相同，只差一个负号。

（3）输入电阻和输出电阻

输入电阻

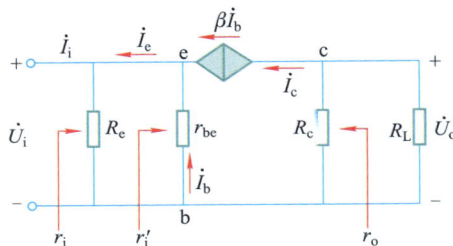

图 2.3.6
图 2.3.4（a）所示电路的微变等效电路

$$r'_i=\frac{\dot U_i}{-\dot I_e}=\frac{-\dot I_br_{be}}{-(1+\beta)\dot I_b}=\frac{r_{be}}{1+\beta}$$

$$r_i=R_e /\!/ r'_i\approx\frac{r_{be}}{1+\beta}$$

可见，输入电阻减小为共射极电路的 $1/(1+\beta)$，一般很低，为几欧至几十欧。输出电阻

$$r_o=r_{ce} /\!/ R_c\approx R_c$$

和共射极放大电路相同。

2.4 放大器的频率特性

在前面分析放大电路都忽略了电路中电容元件和电感元件对电路的影响。事实上，这些电抗元件对交流信号有阻碍作用，而电抗元件的电抗大小除与电抗元件本身电容、电感的大小有关，还取决于交流信号的频率，放大器的增益和相位都是频率的函数。

2.4.1 频率特性的基本概念

放大器在不同频率下的增益可用复数来表示

$$\dot A_u=|\dot A_u(f)| \underline{/\varphi(f)} \tag{2.4.1}$$

式中，$\dot A_u(f)$ 表示放大器的增益与频率的关系，称为幅频特性；$\varphi(f)$ 表示放大器输出信号与

教学课件：
放大器的频率
特性

笔 记

输入信号的相位差与频率的关系，称为相频特性，两者统称为放大器的频率特性。

图 2.4.1 是共射极放大器的幅频特性和相频特性的示意图。图中增益用分贝 (dB) 表示，即

$$A = 20\lg |\dot{A}_u| \ (dB) \tag{2.4.2}$$

在图 2.4.1(a) 中，从放大器幅频特性可以看到，中间频率段的放大倍数基本不变，称为中频段，在放大倍数下降到中频值的 0.707 时，相应频率称为放大器的下限频率 f_L 和上限频率 f_H，两者之间的频率范围称为通频带 BW，即

$$BW = f_H - f_L$$

从图 2.4.1(b) 所示的相频特性图中可以看到，中频段相位差基本是 $-180°$，输出与输入反相，电路相当于纯电阻电路，高频段比中频段滞后；低频段比中频段超前。在实际工作中，通常采用波特图来绘制放大电路的幅频特性和相频特性，波特图如图 2.4.1 所示。幅频特性的波特图如图 2.4.1(a) 所示，图中的粗折线就是该放大器的增益随频率变化的曲线；相频特性的波特图如图 2.4.1(b) 所示，图中的粗折线就是该放大器在不同频率下的输出信号与输入信号相位差变化的曲线。

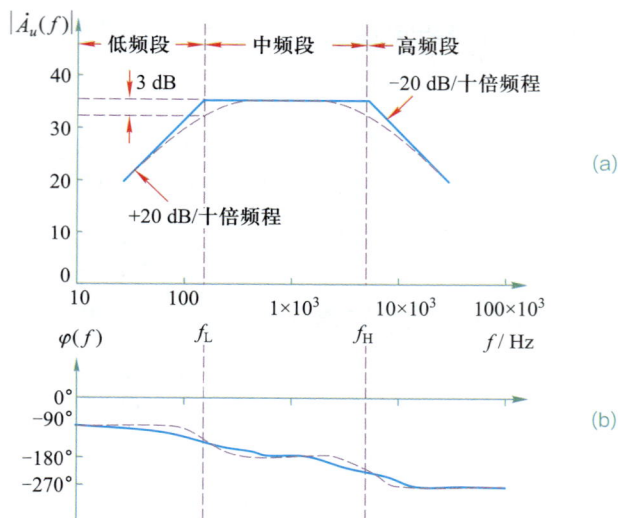

图 2.4.1
共射极放大器的频率特性

2.4.2   放大器的低频特性

放大器的低频特性主要源于放大器中的耦合电容和旁路电容，以单管共射极放大电路为例，仅考虑输入端的耦合电容，那么等效电路可用图 2.4.2 来表示，输入端施加了一个具有内阻 R_s 的 $\dot{U}_s$，r_i 为放大器的输入电阻，R_P 为放大器的等效负载，这样，低频信号源的电压增益为

$$\dot{A}_{us} = \frac{\dot{U}_o}{\dot{U}_s} = \frac{-g_m \dot{U}_{13} R_P}{\dot{U}_s} = -g_m R_P \frac{r_i}{R_s + \dfrac{1}{j\omega C} + r_i}$$

$$= -g_m R_P \frac{r_i}{R_s + r_i} \times \frac{1}{1 + \dfrac{1}{j\omega(R_s + r_i)C}} \tag{2.4.3}$$

式 (2.4.3) 中

$$g_m = \frac{\beta i_b}{u_i} = \frac{\beta}{r_i}$$

$$-g_m R_P \frac{r_i}{R_s + r_i} = \dot{A}_{usm} \tag{2.4.4}$$

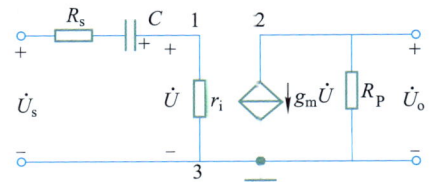

图 2.4.2
共射极放大器低频信号下的等效电路

式 (2.4.4) 为中频段电压增益计算式，则

$$\dot{A}_{usl} = \frac{\dot{A}_{usm}}{1 + \dfrac{1}{j\omega(R_s + R_i)C}} = \frac{\dot{A}_{usm}}{1 + \dfrac{f_L}{jf}} \tag{2.4.5}$$

式中，$f_L = \dfrac{1}{2\pi(R_s + R_i)C}$。式（2.4.5）可分别用 $\dot{A}_{usl}$ 的模和相角表示

$$A_u(f) = |\dot{A}_{usl}| = \frac{A_{usm}}{\sqrt{1 + (f_L/f)^2}} \tag{2.4.6}$$

$$\varphi_L(f) = \arctan(f_L/f) \tag{2.4.7}$$

用分贝表示为

$$20\lg A_u(f) = 20\lg|\dot{A}_{us}| = 20\lg|\dot{A}_{usm}| - 20\lg\sqrt{1 + (f_L/f)^2} \tag{2.4.8}$$

当 $f = f_L$ 时

$$A_L(f) = \frac{A_{usm}}{\sqrt{2}} \qquad \varphi_L(f) = 45°$$

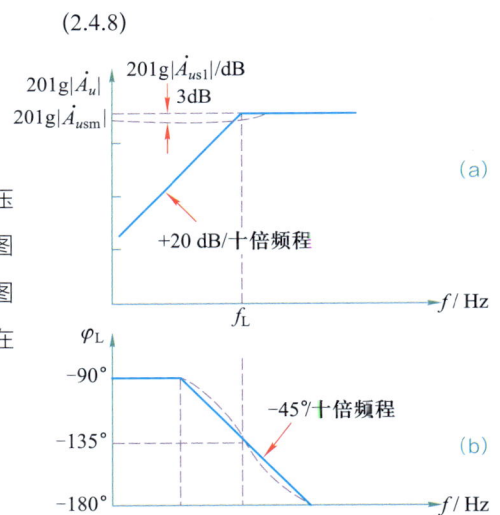
(a)

(b)

图 2.4.3
放大器的低频特性

所以 f_L 为下限频率，低频电压增益是中频段的 0.707，输出电压比中频输出电压超前 45°，比输入电压滞后 135°。放大器低频特性的波特图如图 2.4.3 所示，图 2.4.3(a) 是幅频特性波特图，f_L 称转折频率，图 2.4.3(b) 是相频特性波特图，由图可见，电路中的耦合电容使放大器在低频段产生一个超前的相位位移，其角度在 0°~90° 之间。

2.4.3　放大器的高频特性

处于高频段时，电容的容抗减小，但处在并联支路的电容作用突出，所以高频段共射极放大器可以等效成如图 2.4.4 所示电路，电路的输入端施加了一个具有内阻 R_s 的电压源 $\dot{U}_s$，r_i 为放大器的输入电阻，R_P 为放大器等效负载。则

$$Z_i = r_i \mathbin{/\mkern-5mu/} \frac{1}{j\omega C_T} = \frac{r_i}{1 + j\omega r_i C_T}$$

放大器的高频增益为

$$\begin{aligned}
\dot{A}_{ush} &= \frac{-\dot{U}_o}{\dot{U}_s} = \frac{-g_m \dot{U}_{13} R_P}{\dot{U}_s} = -g_m R_P \frac{Z_i}{R_s + Z_i} \\
&= -g_m R_P \frac{r_i}{R_s + r_i} \times \frac{1}{1 + j\omega(R_s \mathbin{/\mkern-5mu/} r_i)C_T} = \frac{\dot{A}_{usm}}{1 + j\dfrac{f}{f_H}}
\end{aligned}$$

$$\dot{A}_{usm} = -g_m R_P \frac{R_i}{R_s + R_i} \tag{2.4.9}$$

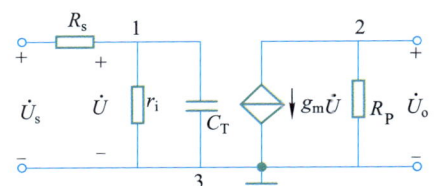

图 2.4.4
共射极放大器的高频等效电路

笔 记

式中

$$f_H = \frac{1}{2\pi(R_s /\!/ r_i)C_T}$$

式 (2.4.9) 分别用 $\dot{A}_{ush}$ 的模和相角表示为

$$A(f) = |\dot{A}_{ush}| = \frac{|\dot{A}_{usm}|}{\sqrt{1+(f/f_H)^2}} \tag{2.4.10}$$

$$\varphi_h(f) = \arctan(f/f_H) \tag{2.4.11}$$

由式 (2.4.10) 和式 (2.4.11) 可以画出放大器高频特性的波特图，如图 2.4.5 所示，f_H 被称为上限频率，由图中可以看出输出电压比中频段输出电压滞后 45°，即比输入电压滞后 225°。

例 2.4.1　在图 2.4.6 所示电路中，已知晶体管 3DG8D，$\beta=50$，$R_s=2\ \text{k}\Omega$，$R_b=220\ \text{k}\Omega$，$C_{b'c}=4\ \text{pF}$，$R_L=10\ \text{k}\Omega$，$R_c=2\ \text{k}\Omega$，$C_1=0.1\ \mu\text{F}$，$U_{CC}=5\ \text{V}$，$f_T=150\ \text{MHz}$。试计算中频电压放大倍数、上限截止频率、下限截止频率及其通频带。

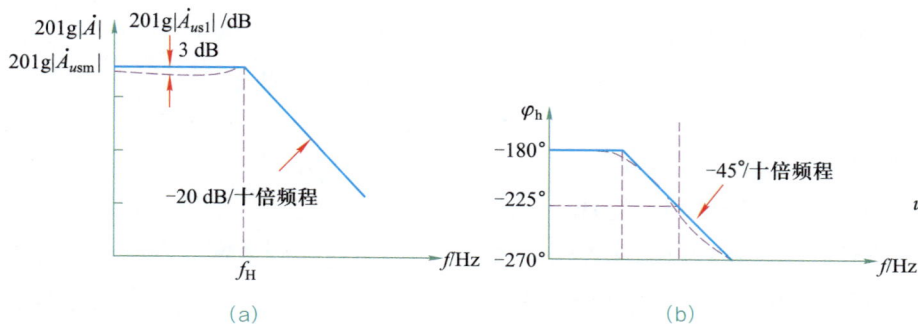

图 2.4.5
放大器的高频特性

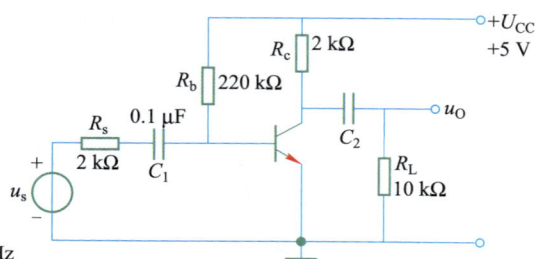

图 2.4.6
例 2.4.1 图

解　求静态工作点

$$I_{BQ} = \frac{U_{CC}-U_{BEQ}}{R_B} = \frac{5\ \text{V}-0.6\ \text{V}}{220\ \text{k}\Omega} = 0.02\ \text{mA} = 20\ \mu\text{A}$$

$$I_{CQ} = \beta I_{BQ} = 50 \times 0.02\ \text{mA} = 1\ \text{mA}$$

$$U_{CEQ} = U_{CC} - I_{CQ}R_c = 5 - 1 \times 2\ \text{V} = 3\ \text{V}$$

$$r_{be} \approx 300\ \Omega + (1+\beta)\frac{26\ \text{mV}}{I_E} = 300\ \Omega + (1+50)\frac{26\ \text{mV}}{1\ \text{mA}} = 1.6\ \text{k}\Omega$$

$$r_i \approx r_{be} = 1.6\ \text{k}\Omega$$

$$R_L' = R_L /\!/ R_c = \frac{2 \times 10}{2+10}\ \text{k}\Omega = 1.67\ \text{k}\Omega$$

中频放大倍数

$$\dot{A}_{usm} \approx -\beta\frac{R_L'}{R_s+r_{be}} = -50 \times \frac{1.67\ \text{k}\Omega}{(2+1.67)\ \text{k}\Omega} = -23.2$$

上限截止频率

$$f_H = \frac{1}{2\pi(R_s /\!/ r_i)C_T}$$

其中
$$C_{T}=C_{b'e}+(1+k)C_{b'c}$$

又
$$g_{m}=I_{C}/26=1/26\ \text{S}=0.038\ 5\ \text{S}$$

$$C_{b'e}=g_{m}/2\pi f_{T}=\frac{0.038\ 5\ \text{S}}{2\pi \times 150 \times 10^{6}\ \text{Hz}}=41 \times 10^{-12}\ \text{F}=41\ \text{pF}$$

$$k=g_{m}R'_{L}=0.038\ 5\ \text{S} \times 1.67 \times 10^{3}\ \Omega=64.3$$

得
$$C_{T}=C_{b'e}+(1+k)C_{b'c}=41\ \text{pF}+(1+64.3) \times 4\ \text{pF}=302\ \text{pF}$$

所以
$$f_{H}=\frac{1}{2 \times 3.14 \times 0.89 \times 10^{3} \times 302 \times 10^{-12}}\ \text{Hz}=592\ \text{MHz}$$

下限截止频率
$$f_{L}=\frac{1}{2\pi(R_{s}+r_{i})C_{1}}=\frac{1}{2 \times 3.14 \times (2+1.6) \times 10^{3} \times 0.1 \times 10^{-6}}\ \text{Hz}=440\ \text{Hz}$$

通频带
$$BW=f_{H}-f_{L}=(592 \times 10^{6}-440)\ \text{Hz}$$
$$\approx 592\ \text{MHz}$$

笔 记

2.5　多级放大器

前面提到，一般放大器都是由几级放大电路组成，能对输入信号进行逐级接力式的连续放大，以便获得足够的输出功率去推动负载工作，这就是多级放大器。其中接入信号的为第一级，接着为第二级，直至末级。前级是后级的信号源，后级是前级的负载。

多级放大器内部相邻两级之间的信号传递称为耦合，实现级间耦合的电路称为耦合电路。

2.5.1　多级放大器的耦合方式

多级放大器级间耦合方式一般有阻容耦合、变压器耦合和直接耦合三种，下面分别对这三种耦合方式进行讨论。

1. 阻容耦合

阻容耦合如图 2.5.1 所示，可把它分为 4 部分：信号源、第一级放大电路、第二级放大电路和负载。信号通过电容 C_{1} 与第一级输入电阻相连，第二级通过 C_{3} 与负载 R_{L} 相连，这种通过电容与下级输入电阻相连的耦合方式称为阻容耦合。

阻容耦合有不少优点，如结构简单、体积小、成本低、频率特性较好，特别是电容有隔直流的作用，可以防止级间直流工作点的互相影响，各级可以独自进行分析计算，所以阻容耦合得到广泛应用。但它也有局限性，由于 R_{c} 有一定的交流损耗，影响了传输效率，特别对缓慢变化的信号几乎不能进行耦合。另外在集成电路中难于制造大容量的电容，因此阻容耦合方式在集成电路中几乎无法应用。

教学课件：
多级放大器

微课：多级放大器

动画：阻容耦合

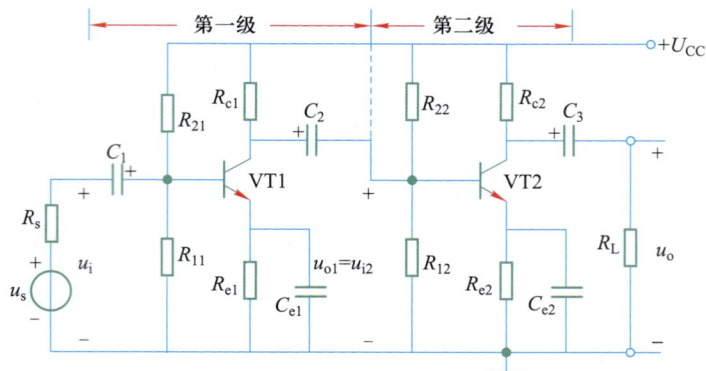

图 2.5.1
阻容耦合放大电路

动画：变压器耦合

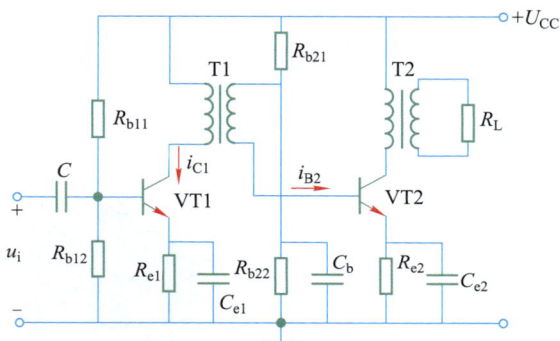

图 2.5.2
变压器耦合放大电路

2. 变压器耦合

图 2.5.2 所示电路是变压器耦合放大电路。它的输入电路是阻容耦合，而第一级的输出是通过变压器与第二级的输入相连的，第二级的输出也是通过变压器与负载相连的，这种级间通过变压器相连的耦合方式称为变压器耦合。

因为变压器是利用电磁感应原理在一次、二次绕组之间传递交流电能的，直流电产生的是恒磁场，不产生电磁感应，也就不能在一次、二次绕组中传递，所以变压器也能起到隔直流的作用。变压器还能改变电压和改变阻抗，这对放大电路特别有意义。如在功率放大器中，为了得到最大的功率输出，要求放大器的输出阻抗等于最佳负载阻抗，即阻抗匹配。如果用变压器输出就能得到满意的效果。

如果晶体管输出阻抗为 500 Ω，负载电阻 $R_L=8$ Ω，就可以适当地选择变压器的变比，使 R_L 反映到变压器一次侧的阻抗 $R'_L=500$ Ω，达到阻抗匹配，这时变压器的匝数比应为

$$\frac{N_1}{N_2} = \sqrt{\frac{500}{8}} \approx 8$$

变压器阻抗变换公式为

$$\left(\frac{N_1}{N_2}\right)^2 = \frac{R'_L}{R_L}$$

式中，R'_L 为一次侧负载 R_L 反射到二次侧的阻值。

变压器耦合不足的方面是：体积大，成本较高，另外频率特性也不够好，在功率输出电路中已逐步被无变压器的输出电路所代替。

但在高频放大，特别是选频放大电路中，变压器耦合仍具有特殊的地位，不过耦合的频率不同，变压器的结构有所不同。如收音机利用接收天线和耦合线圈得到接收信号，中频放大器中用中频变压器耦合中频信号，达到选频放大的目的。

3. 直接耦合

前面讨论过的阻容耦合和变压器耦合都有隔直流的重要一面。但对低频传输效率低，特别是对缓慢变化的信号几乎不能通过。在实际的生产和科研活动中常常要对缓慢变化信号

动画：直接耦合

（例如反映温度变化，流量变化的电信号）进行放大。因此需要把前一级的输出端直接接到下一级的输入端，如图 2.5.3 所示电路。这种耦合方式被称为直接耦合。

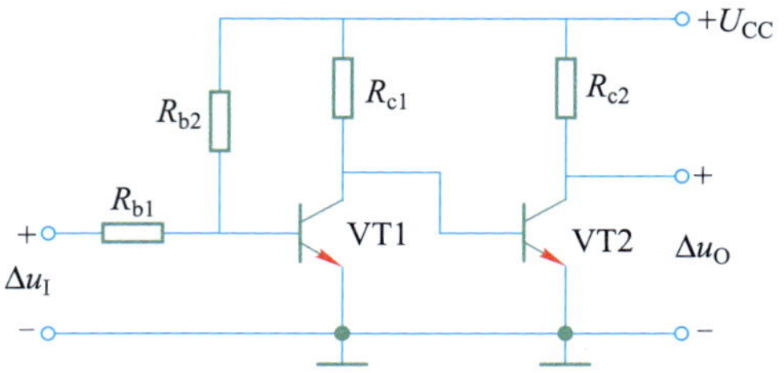

如果简单地把两个基本放大电路直接连接起来，放大器将不能正常工作，如图 2.5.3 所示电路，为了满足晶体管 VT1 电压偏置和合适的工作点，$U_{BE} \approx 0.7$ V，$U_{C1} > 1$ V，结果 $U_{B2} = U_{C1} > 1$ V，VT2 将进入饱和区；同样，满足了 VT2 的偏置和工作点，VT1 也不能正常工作；要使得前后两极都能正常放大就必须考虑它们工作点的相互影响，要有特殊偏置电路。

图 2.5.4(a) 所示电路，是在 VT2 的发射极串一电阻 R_{e2} 来提高后级射极电位 U_{E2}，使 VT2 有一个合适的工作点，这是一个办法。不过 R_{e2} 的存在将抑制 i_{C2} 的变化，使第二级放大倍数大为下降。

图 2.5.4(b) 所示电路中，用一个稳压二极管 VZ 代替了 R_{e2}，既能提高 U_{E2}，又能使它保持不变，即它的动态电阻很小，不会使第二级的放大倍数下降。其中电阻 R 是为了调节 VT2 的工作点，使 VZ 工作点在反向击穿状态，并使 I_{C2} 符合适当的静态工作电流。但这种电路也有局限性，当级数较多时，越往后级，稳压二极管的稳压电压就越高，集电极电位也越高，电源电压也就需要越高，将会带来其他问题。

如图 2.5.4(c) 所示的电路采用所谓电平移动的办法，就是用稳压二极管连接两级放大，这样可以降低 VT2 的电压 U_{B2}，不用再升高电压 U_{C2}，就可以使 VT2 得到合适的工作点，同时因为 VZ 的动态电阻很小，传输效率较高。缺点是 VZ 的电流受温度影响较大，静态工作点稳定性不好。

如图 2.5.4(d) 所示的电路，是利用 NPN 与 PNP 偏置电压极性相反的特点，来实现电平移动。VT1 为 NPN 管，VT2 为 PNP 管，利用 VT1 集电极的高电位和电源电压，使 VT2 发射结获得正向电压偏置，只要适当选择 R_{c1} 和 R_{c2}，就能使 VT2 得到适当静态工作点。

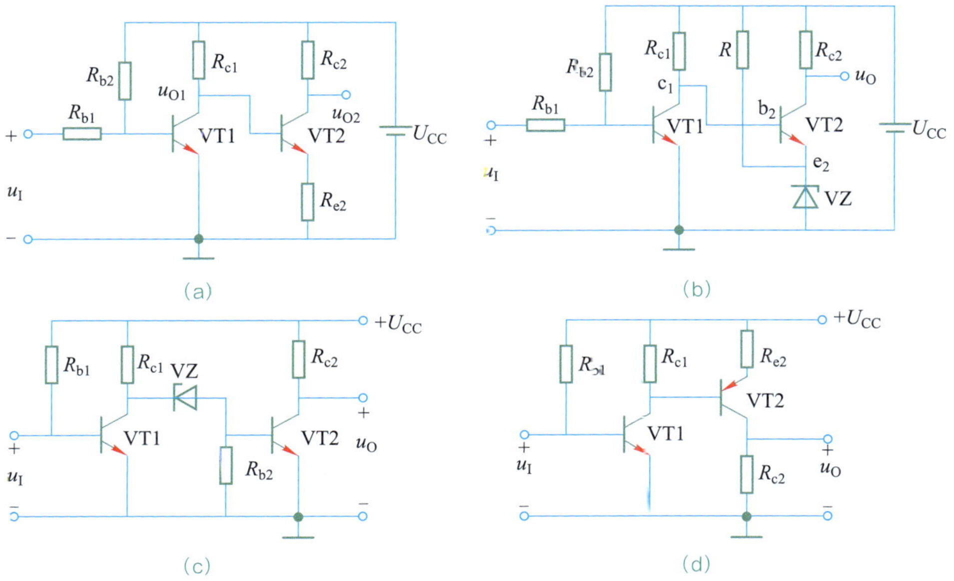

图 2.5.3
直接耦合放大电路

笔 记

图 2.5.4
几种直接耦合电路

2.5.2 多级放大器的增益

因为多级放大器是多级串联逐级连续放大的，所以总的电压放大倍数是各级放大倍数的乘积，即

$$A_u = A_{u1} \cdot A_{u2} \cdots A_{un}$$

因此，求多级放大器的增益时，首先必须求出各级放大电路的增益。求单级放大电路的增益已在前面讲过，这里所不同的是需要考虑各级之间有如下的关系：后级的输入电阻是前级的负载电阻，前级的输出电压是后级的输入信号，空载输出电压为信号源电动势。

至于多级放大器的输入电阻和输出电阻，就把多级放大器等效为一个放大器，从输入端看放大器得到的电阻为输入电阻，从输出端看放大器得到的电阻为输出电阻。

下面结合例题来讨论多级放大器的增益、输入阻抗和输出阻抗。

例 2.5.1 如图 2.5.5(a) 所示两级放大器电路，已知两个晶体管 $\beta_1=100$，$\beta_2=60$；$r_{be1}=0.96\ \text{k}\Omega$，$r_{be2}=0.8\ \text{k}\Omega$；电路元件参数 $R_{11}=24\ \text{k}\Omega$，$R_{21}=36\ \text{k}\Omega$，$R_{c1}=2\ \text{k}\Omega$，$R_{e1}=2.2\ \text{k}\Omega$，$R_{12}=10\ \text{k}\Omega$，$R_{22}=33\ \text{k}\Omega$，$R_{c2}=3.3\ \text{k}\Omega$，$R_{e2}=1.5\ \text{k}\Omega$，$C_{e1}=C_{e2}=100\ \mu\text{F}$，$C_1=C_2=C_3=50\ \mu\text{F}$；直流电源 $U_{CC}=24\ \text{V}$，交流负载电阻 $R_L=5.1\ \text{k}\Omega$，信号源内阻 $r_s=360\ \Omega$。试求：① 各级的输入电阻和输出电阻；② 放大器对信号源的放大倍数；③ 放大器的输出电阻和输入电阻。

解 画出如图 2.5.5(b) 所示的等效电路。

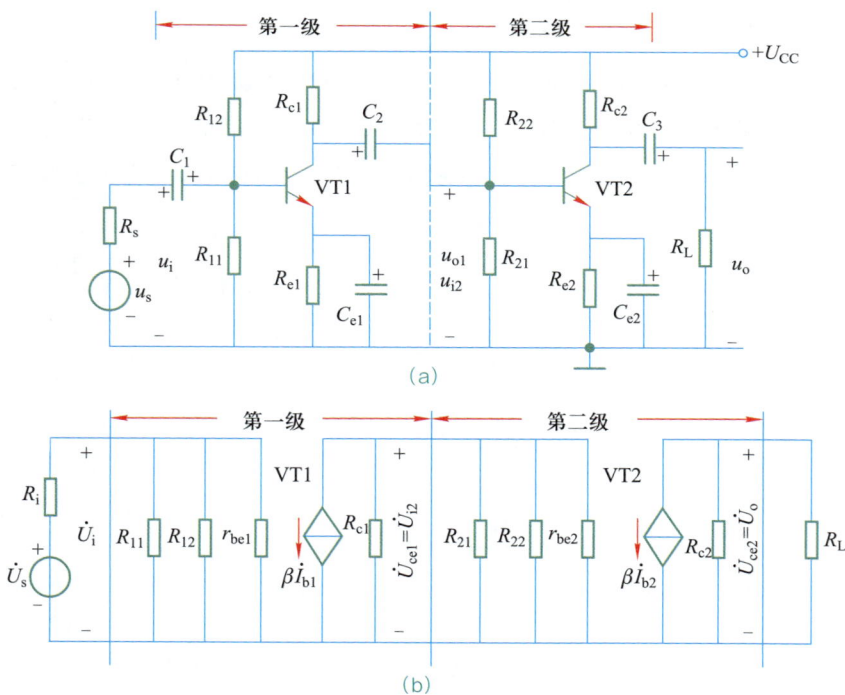

(a)

(b)

图 2.5.5
例 2.5.1 图

① 求各级输入电阻和输出电阻

第一级为
$$r_{i1} = R_{11} \ /\!/ \ r_{be1} \ /\!/ \ R_{21} \approx r_{be1} = 0.96\ \text{k}\Omega$$

$$r_{o1}=R_{c1}=2\text{ k}\Omega$$

第二级为
$$r_{i2}=R_{12}\mathbin{/\mkern-5mu/}r_{be2}\mathbin{/\mkern-5mu/}R_{22}\approx r_{be2}=0.8\text{ k}\Omega$$

$$r_{o2}=R_{c2}=3.3\text{ k}\Omega$$

② 求各级放大倍数和总放大倍数

各级的等效负载电阻为

$$R'_{L1}=r_{o1}\mathbin{/\mkern-5mu/}r_{i2}=\frac{r_{o1}r_{i2}}{r_{o1}+r_{i2}}=\frac{2\times0.8}{2+0.8}\text{ k}\Omega=0.57\text{ k}\Omega$$

$$R'_{L2}=r_{o2}\mathbin{/\mkern-5mu/}R_{L}=\frac{r_{o2}R_{L}}{r_{o2}+R_{L}}=\frac{3.3\times5.1}{3.3-5.1}\text{ k}\Omega=2\text{ k}\Omega$$

第一级放大倍数
$$\begin{aligned}\dot{A}_{us1}&=\frac{r_{i1}}{r_{i1}+r_{s}}\times\dot{A}_{u1}=\frac{r_{i1}}{r_{i1}+r_{s}}\left(-\beta_1\frac{R'_{L1}}{r_{be1}}\right)\\&=\frac{0.96}{0.96+0.36}\times\left(-100\times\frac{0.57}{0.96}\right)=-43\end{aligned}$$

第二级放大倍数
$$\dot{A}_{u2}=-\beta_2\frac{R'_{L2}}{r_{be2}}=-60\times\frac{2}{0.8}=-150$$

总的放大倍数
$$\dot{A}_{us}=\dot{A}_{us1}\cdot\dot{A}_{u2}=-43\times(-150)=6\,450$$

$\dot{A}_{us}>0$，说明输出电压与输入电压同相。

③ 放大器的输入电阻和输出电阻

$$r_{i}=r_{i1}=0.96\text{ k}\Omega\qquad r_{o}=r_{o2}=3.3\text{ k}\Omega$$

例 2.5.2　在图 2.5.6 所示电路中，晶体管 $\beta_1=45$，$\beta_2=40$；电路元件参数 $R_{b1}=240\text{ k}\Omega$，$R_{c1}=3.9\text{ k}\Omega$，$R_{c2}=500\text{ }\Omega$，VZ 稳定电压 $U_Z=4\text{ V}$，电源 $U_{CC}=24\text{ V}$。试计算多级放大电路的静态工作点。

解　第一级静态工作点为 　　　$U_{BQ1}=U_{BQ2}=0.7\text{ V}$

$$U_{CEQ}=U_{CQ1}=U_{BEQ2}+U_Z=0.7\text{ V}-4\text{ V}=4.7\text{ V}$$

$$I_{Rc1Q}=\frac{U_{CC}-U_{CQ1}}{R_{c1}}=\frac{(24-4.7)\text{ V}}{39\text{ k}\Omega}=4.95\text{ mA}$$

$$I_{BQ1}=\frac{U_{CC}-U_{BQ1}}{R_{b1}}=\frac{(24-0.7)\text{ V}}{240\text{ k}\Omega}\approx0.1\text{ mA}$$

$$I_{CQ1}=\beta_1 I_{BQ1}=45\times0.1\text{ mA}=4.5\text{ mA}$$

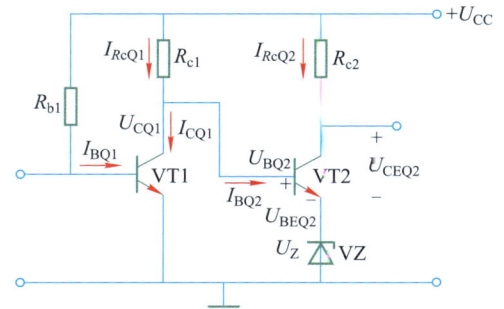

图 2.5.6
例 2.5.2 图

第二级静态工作点为

$$I_{BQ2}=I_{Rc1Q}-I_{CQ1}=4.95\text{ mA}-4.5\text{ mA}=0.45\text{ mA}$$

$$I_{CQ2}=\beta_2 I_{BQ2}=40\times0.45\text{ mA}=18\text{ mA}$$

$$\begin{aligned}U_{CEQ2}&=U_{CC}-I_{CQ2}R_{c2}-U_Z\\&=24\text{ V}-18\text{ mA}\times0.5\text{ k}\Omega-4\text{ V}=11\text{ V}\end{aligned}$$

习题

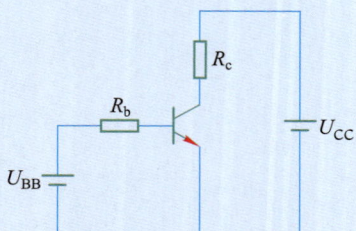

题 2.4 图

2.1 什么是静态？什么是静态工作点？温度对静态工作点有什么影响？

2.2 什么是放大器的输入电阻和输出电阻？它们的数值是大一些好，还是小一些好？为什么？

2.3 什么是放大电路的非线性失真？如何消除？

2.4 在题 2.4 图所示电路中，已知 $U_{BB}=5.5$ V，$U_{CC}=24$ V，$R_C=5$ kΩ，$R_b=100$ kΩ，$\beta=60$，$U_{BE}=0.7$ V，穿透电流 $I_{CEO}=0$。(1) 试估算静态工作点；(2) 若电源电压 U_{CC} 改为 12 V，其他参数不变，试估算这时的静态工作点；(3) 在调整放大器的工作点时，要求仅改变 R_b，要使放大器 $U_{CEQ}=4.8$ V，试估算 R_b 的值；(4) 仅改变 R_b，要求放大器 $I_{CQ}=2.4$ mA，试估算 R_b 的值。

2.5 在题 2.5 图 (a) 所示的晶体管放大电路中，已知 $U_{CC}=12$ V，$R_c=3$ kΩ，$R_b=226$ kΩ，$R_L=3$ kΩ，输出特性曲线如题 2.5 图 (b) 所示，设 $U_{BE}=0.7$ V。(1) 用图解法确定静态工作点；(2) 画出交流负载线，确定最大不失真输出电压幅值。

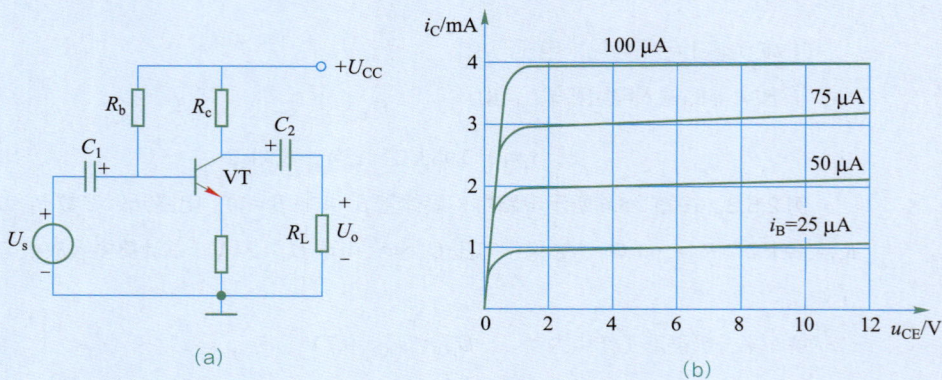

(a)

(b)

题 2.5 图

2.6 题 2.5 中各条件不变。(1) 如改变 R_b，使 $U_{CE}=3$ V，试用直流通路求 R_b 的大小；如改变 R_b，使 $I_C=1.5$ mA，R_b 又等于多少？并分别在特性曲线上求出静态工作点；(2) 若改变 $U_{CC}=10$ V，并要求 $U_{CE}=5$ V，$I_C=2$ mA，试求 R_b 和 R_c 的阻值；(3) 在调整工作点时，如不小心把 R_L 调至零，这时晶体管是否会损坏？为什么？如会损坏的话，电路可采取什么措施加以避免？

2.7 分压式偏置电路为什么能稳定静态工作点？旁路电容 C_E 有什么作用？

2.8 在题 2.8 图所示的分压式偏置放大电路中，已知 $R_{b1}=27$ kΩ，$R_{b2}=12$ kΩ，$R_e=3$ kΩ，$R_c=R_L=3$ kΩ，$U_{CC}=15$ V，晶体管 $\beta=50$，取 $U_{BE}=0.6$ V。(1) 求电路的静态工作点；(2) 画出电路的微变等效电路，并求电压放大倍数 A_u、输入电阻 r_i 和输出电阻 r_o；(3) 若信号源内阻 $r_s=1$ kΩ，求源电压放大倍数 A_{us}。

2.9 如题 2.9 图所示电路，已知晶体管 $\beta=60$，$r_{be}=1.8$ kΩ；信号源 $u_s=15$ mV，$R_s=0.6$ kΩ，各个电阻、电容已标在图中。(1) 试求输入电阻、输出电阻；(2) 求输出电压

u_o; 如果 $R_e''=0\ \Omega$, u_o 等于多少?

2.10　如题 2.10 图所示电路,试求静态工作点、输入电阻、输出电阻和电压放大倍数。

2.11　在题 2.11 图所示的电路中,已知 $U_{CC}=10\ V$,晶体管 $\beta=70$,欲使 $I_{CQ}=2\ mA$, $U_{CEQ}=5\ V$,试选择各电路元件参数。若输出端接有负载 $R_L=1.2\ k\Omega$,求电压放大倍数。

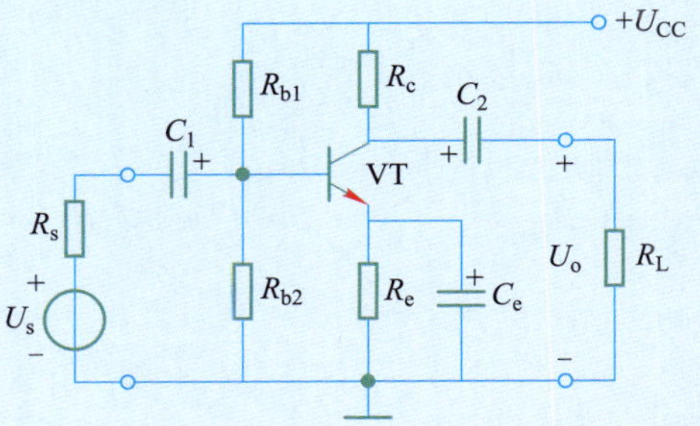

题 2.8 图

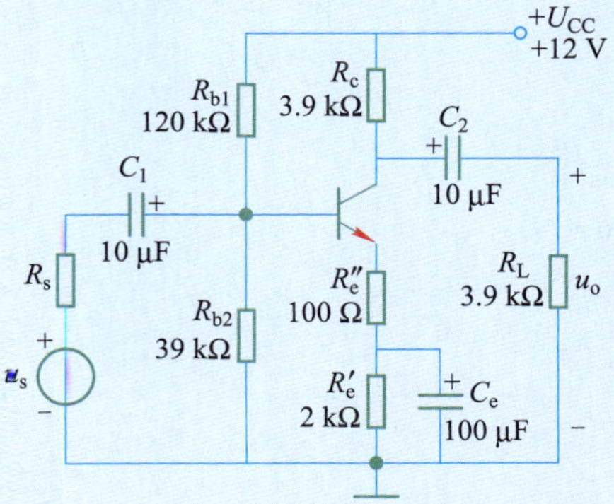

题 2.9 图

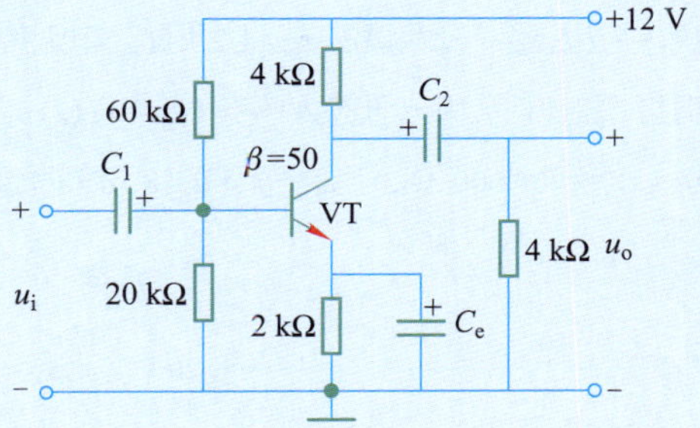

题 2.10 图

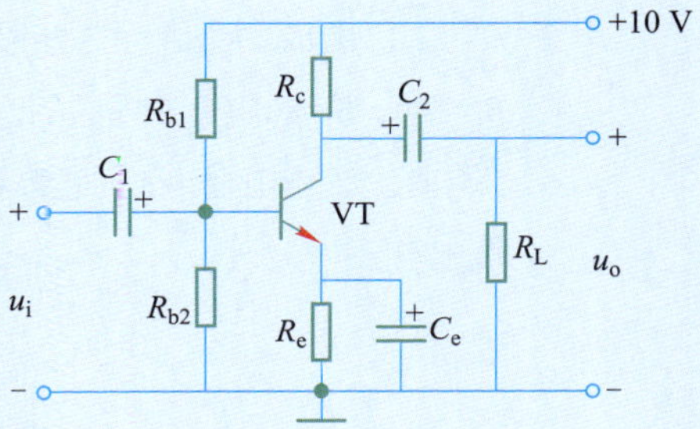

题 2.11 图

2.12　题 2.12 图所示为射极输出器,已知 $R_b=420\ k\Omega$, $R_s=500\ \Omega$, $R_e=3\ k\Omega$, $R_L=3\ k\Omega$, $U_{CC}=12\ V$,晶体管 $\beta=80$,取 $U_{BE}=0.6\ V$。(1) 求电路的静态工作点; (2) 画出电路的微变等效电路,并求输入电阻 r_i 和输出电阻 r_o; (3) 计算从空载到接上 $R_L=6.2\ k\Omega$,电路的电压放大倍数的相对变化量 $(A_{u0}-A_{uL})/A_{u0}$。

2.13　如题 2.13 图所示电路,已知 $U_{CC}=20\ V$, $R_b=330\ k\Omega$, $R_c=10\ k\Omega$, $\beta=50$,试求静态工作点。

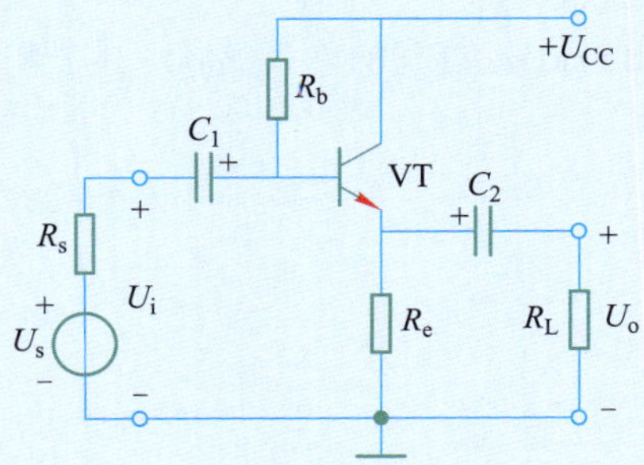

题 2.12 图

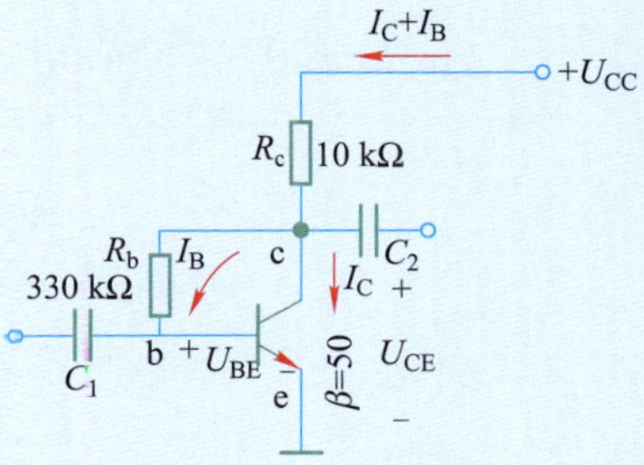

题 2.13 图

2.14 在题 2.14 图所示电路中，晶体管 $\beta=60$，$r_{be}=1.8\ \text{k}\Omega$，$R_L=6\ \text{k}\Omega$，$R_c=4\ \text{k}\Omega$，$R_{b1}=40\ \text{k}\Omega$，$R_{b2}=120\ \text{k}\Omega$，$R_e=2\ \text{k}\Omega$，$U_{CC}=12\ \text{V}$。(1) 求静态工作点；(2) 画出简单等效电路；(3) 求输出电阻、输入电阻、电压放大倍数。

2.15 在题 2.15 图所示的电路中，晶体管 $\beta=50$，$r_{be}=1.6\ \text{k}\Omega$，$r_{b'e}=80\ \Omega$，$f_T=100\ \text{MHz}$，$C_{b'e}=40\ \text{pF}$，试求 f_L 和 f_H。

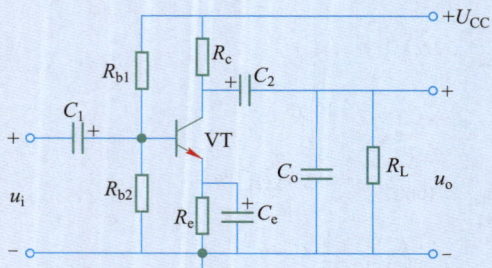

题 2.14 图

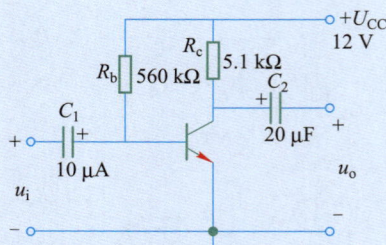

题 2.15 图

2.16 什么是多级放大电路？多级放大电路有哪几种耦合方式？

2.17 题 2.17 图所示为两级阻容耦合放大器，设两管的 $r_{be}=1.2\ \text{k}\Omega$，电流放大倍数 $\beta_1=100$，$\beta_2=80$。(1) 求各级的输入电阻、输出电阻和电压放大倍数 ($R_s=0$)；(2) 求总的输入电阻、输出电阻和放大倍数 ($R_s=0$)；(3) 若 $R_s=600\ \Omega$，当信号源 $u_s=8\ \text{mV}$ 时，放大器输出电压是多少？

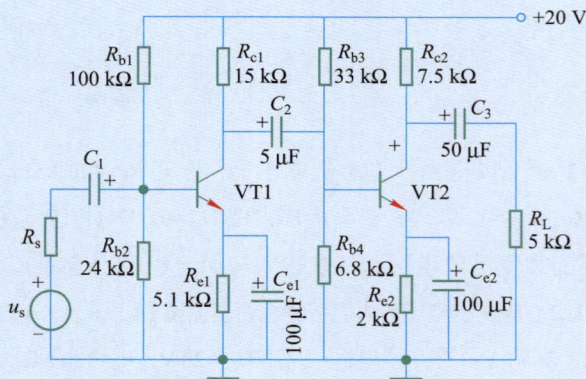

题 2.17 图

2.18 两级放大电路中，已知第一级电压增益为 40 dB，$f_{L1}=10\ \text{Hz}$，$f_{H1}=20\ \text{kHz}$；第二级电压增益为 20 dB，$f_{L2}=100\ \text{Hz}$，$f_{H2}=150\ \text{kHz}$。求总的电压增益及总的 f_L 和 f_H。

实验与技能操作训练

实验　分压式偏置放大器

一、实验目的

1. 了解工作点漂移的原因及稳定措施。

2. 熟练掌握静态工作点的测量与调整方法。

3. 了解小信号放大器的放大倍数、动态范围与静态工作点的关系。

二、设备与器件

实验板 1 块；电阻（1 kΩ，1 个；2 kΩ，2 个；10 kΩ，1 个；5.1 kΩ，1 个）；电容（10 μF，2 个；100 μF，1 个）；晶体管 3DG6 1 个；示波器 1 台；信号发生器 1 台；万用表 1 只；电流表 1 只；电位器 100 kΩ，1 个。

三、实验内容

1. 稳定静态工作点的原理

实验测试电路如图 E2.1 所示。利用 R_{b1} 和 R_{b2} 的分压作用固定基极电压 U_B，按图 E2.1 中的数值选择电阻和电源，接通电路后记录 U_B 的数值。

2. 通过 R_e 的作用，限制 I_C 的改变，使工作点保持稳定

对静态工作点的测量，只要分别测出晶体管的三个极对地电位，便可求得静态工作点 I_{CQ}、U_{CEQ}、U_{BEQ} 的大小。或用电流表和电压表直接测量。

3. 改变电路参数，观察是否能稳定工作

在电路输入端加频率为 1 kHz 的正弦信号，用示波器观察输出波形的变化。增大输入信号，并调整静态工作点，使输出波形达到最大而不失真，计算电压放大倍数并记录。

分别改变 R_P、R_c、R_e 和电源值（每次仅改变一个参数），重复做上面实验，并记录每次的实验数据。

用电烙铁烘烤晶体管，使晶体管温度升高，观察 I_{CQ}、U_{CEQ} 的变化。

4. 把 NPN 型晶体管换成 PNP 型晶体管，调整电源极性，再做上面实验

四、预习内容

1. 认真复习分压偏置共射极放大电路内容，掌握稳定静态工作点的方法。

2. 根据实验电路计算静态工作点，以便和实验数据进行比较。

3. 自己设计实验表格，填写实验数据。

五、思考题

1. 影响静态工作点稳定的因素是什么？

2. 比较实验数据与计算数据有什么不同，并说明为什么。

3. 晶体管由 NPN 型换成 PNP 型，输出电压的饱和失真和截止失真的波形是否相同？

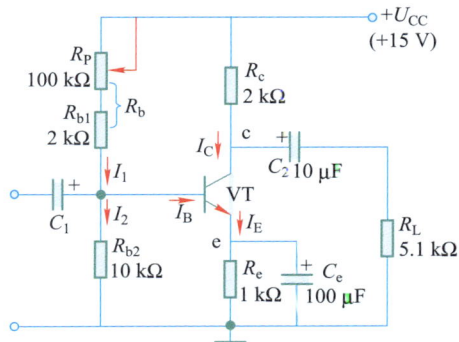

图 E2.1
实验测试电路

EDA 仿真实验：
——单管放大电路

反馈技术在电路中应用十分广泛。在放大电路中采用负反馈，可以改善放大电路的工作性能。静态工作点稳定电路就是采用直流电流负反馈的形式使放大电路的静态值得以稳定的。在自动调节系统中，也是通过负反馈来实现自动调节的。运算放大器的种种运算功能，也都与反馈系统的特性相联系。因此，研究反馈是非常重要的。

第 3 章
负反馈放大器与集成运算放大器

3.1　反馈的基本原理

3.1.1　反馈的基本概念

将放大电路输出回路信号（电压或电流）的一部分或全部，通过一定形式的电路（称为反馈网络）回送到输入回路中，从而影响（增强或削弱）净输入信号，这种信号的反送过程称为反馈。从输出回路中反送到输入回路的那部分信号弥为反馈信号。

图 3.1.1 所示是两个放大电路，它们就是反馈放大器的例子。图 3.1.1(a) 所示是具有射极电阻的放大器，其中 $u_{be}=u_i-i_e R_e$，该式说明，输出回路中的电流 i_e 影响了晶体管的净输入信号 u_{be}。图 3.1.1(b) 所示是在第 2 章中已介绍过的射极输出器，其中 $u_{be}=u_i-u_o$，该式说明，输出回路中的电压 u_o 影响了晶体管的净输入信号 u_{be}。显然，在图 3.1.1(a)、(b) 中都存在着将输出回路中的信号反送到输入回路中并影响净输入信号的过程，因此都存在反馈。

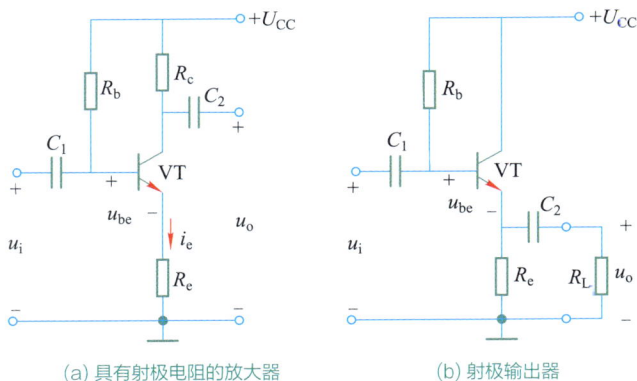

(a) 具有射极电阻的放大器　(b) 射极输出器

图 3.1.1 反馈放大器

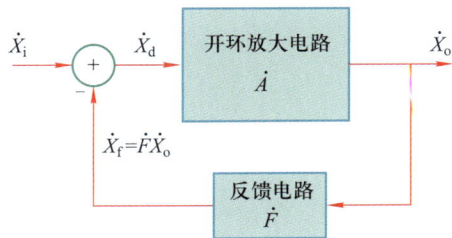

图 3.1.2 反馈放大器方框图

反馈放大器可用方框图加以说明，如图 3.1.2 所示。为了表示更一般的规律，图中用相量符号表示有关电量。其中，$\dot{X}_i$、$\dot{X}_o$、$\dot{X}_f$ 分别表示放大器的输入信号、输出信号和反馈信号，它们既可以是电压，也可以是电流。⊕表示 $\dot{X}_i$ 与 $\dot{X}_f$ 两个相量信号的叠加，$\dot{X}_d$ 则是 $\dot{X}_i$ 与 $\dot{X}_f$ 叠加后得到的净输入信号。$\dot{A}$ 为开环放大器的放大倍数，亦称开环增益，$\dot{A}=\dot{X}_o/\dot{X}_d$。开环放大器可以是单级放大，也可以是多级放大。$\dot{F}$ 称为反馈网络的反馈系数，$\dot{F}=\dot{X}_f/\dot{X}_o$。

3.1.2　反馈的分类及判别

1. 反馈的分类

（1）正反馈与负反馈

如果反馈信号使净输入信号加强，这种反馈就称为正反馈；反之，若反馈信号使净输入信号减弱，这种反馈就称为负反馈。本节主要讨论负反馈。

（2）直流反馈与交流反馈

如果反馈信号中只有直流成分，即反馈元件只能反映直流量的变化，这种反馈就称为直流反馈；如果反馈信号中只有交流成分，即反馈元件只能反映交流量的变化，这种反馈就称为交流反馈。

（3）电压反馈与电流反馈

如果反馈信号取自输出电压，则这种反馈称为电压反馈，其反馈信号正比于输出电压，如图 3.1.3(a) 所示。如果反馈信号取自输出电流，则这种反馈称为电流反馈，其反馈信号正比于输出电流，如图 3.1.3(b) 所示。前述图 3.1.1(a) 电路中，反馈信号与输出电流 i_e 成正比，故为电流反馈；而图 3.1.1(b) 电路中，反馈信号与输出电压 u_o 成正比，故为电压反馈。

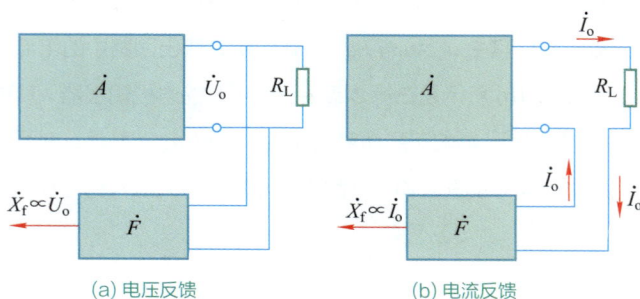

(a) 电压反馈　　　　(b) 电流反馈

图 3.1.3
电压反馈与电流反馈

（4）串联反馈与并联反馈

如果反馈信号在放大器输入端以电压的形式出现，那么在输入端必定与输入电路相串联，这就是串联反馈，如图 3.1.4(a) 所示。如果反馈信号在放大器输入端以电流的形式出现，那么在输入端必定与输入电路相并联，这就是并联反馈，如图 3.1.4(b) 所示。

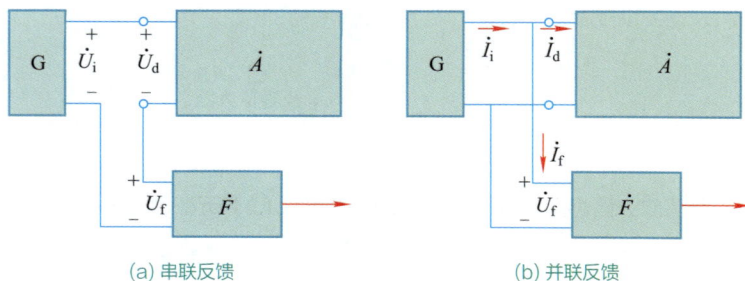

(a) 串联反馈　　　　(b) 并联反馈

图 3.1.4
串联反馈与并联反馈

应当指出，无论是电压反馈还是电流反馈，它们的反馈信号在输入端都可能以串联、并联两种方式中的一种与输入信号相叠加。从输出端取样与输入端叠加综合考虑，实际的反馈放大器可以有四种基本类型：电压串联反馈、电压并联反馈、电流串联反馈和电流并联反馈。

2. 反馈类型的判别

在分析实际反馈电路时，必须首先判别其属于哪种反馈类型。应当说明，在判断反馈的类型之前，首先应看放大器的输出端与输入端之间有无电路连接，以便由此确定有无反馈。

（1）正、负反馈的判别

通常采用瞬时极性法来判别实际电路的反馈极性的正、负。这种方法是首先假定输入信号在某一瞬时相对地而言极性为正，然后由各级输入、输出之间的相位关系，分别推出其他有关各点的瞬时极性（用"+"表示升高，用"−"表示降低），最后判别反映到电路输入端的作用是加强了输入信号还是削弱了输入信号。加强了为正反馈，削弱了则为负反馈。

下面，用瞬时极性法判断图 3.1.5 中各图反馈的极性。在图 3.1.5(a) 中，反馈元件是 R_f，设输入信号瞬时极性为 +，由共射极电路集基反相，可知 VT1 集电极（也是 VT2 的基极）电位为 −，而 VT2 集电极电位为 +，电路经 C_2 的输出端电位为 +，经 R_f 反馈到输入端后使原输入信号得到加强（输入信号与反馈信号同框），因而由 R_f 构成的反馈是正反馈。在图 3.1.5(b) 中，反馈元件是 R_e，当输入信号瞬时极性为 + 时，基极电流与集电极电流瞬时增加，使发射极电位瞬时为 +，结果使净输入信号被削弱，因而是负反馈。同样，亦可用瞬时极性法判断出，图 3.1.5(c)、图 3.1.5(d) 中的反馈也为负反馈。

（2）交流、直流反馈的判别

如前所述，交流与直流反馈分别反映了交流量与直流量的变化。因此，可以通过观察放大器中反馈元件出现在哪种电流通路中来判断。若出现在交流通路中，则该元件起交流反馈作用；若出现在直流通路中，则起直流反馈作用。在图 3.1.5(c) 中的反馈信号通道（C_f、R_f 支路）仅通交流，不通直流，故为交流反馈。而图 3.1.5(b) 中反馈信号的交流成分被 C_e 旁路掉，在 R_e 上产生的反馈信号只有直流成分，因此是直流反馈。

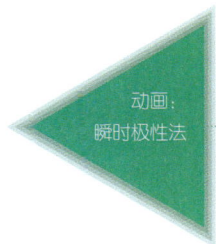

动画：瞬时极性法

微课：瞬时极性法判断反馈极性

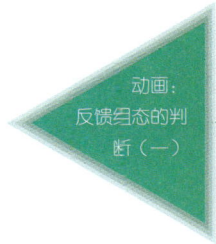

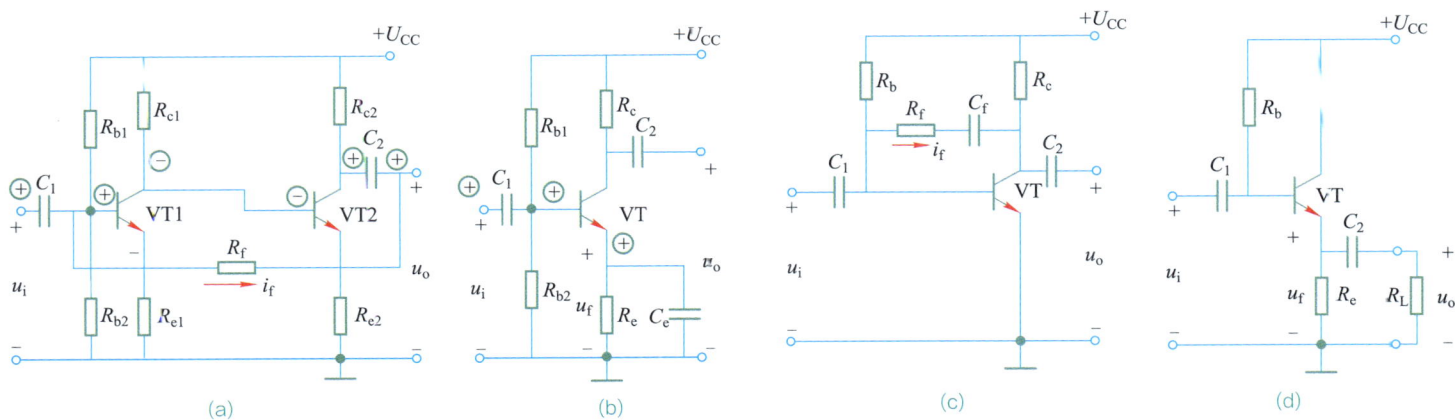

动画：反馈组态的判断（一）

图 3.1.5
反馈类型的判别

（3）电压、电流反馈的判别

这项判别是根据反馈信号与输出信号之间的关系来确定的，也就是要判断输出取样内容是电压还是电流。换句话说，当负载变化时，反馈信号与什么输出量成正比，就是什么反馈。

动画：
反馈组态的判
断（二）

可见，作为取样对象的输出量一旦消失，那么反馈信号也必随之消失。由此，常采取负载电阻 R_L 短路法来进行判断。假设将负载 R_L 短路使输出电压为零，即 $u_o=0$，而 $i_o \neq 0$。此时若反馈信号也随之为零，则说明反馈是与输出电压成正比，为电压反馈；若反馈依然存在，则说明反馈量不与输出电压成正比，应为电流反馈。在图 3.1.5(a) 中，令 $u_o=0$，反馈信号 i_f 随之消失，故为电压反馈。而在图 3.1.5(b) 中，令 $u_o=0$，反馈信号 $u_f(=i_eR_e)$ 依然存在，故为电流反馈。

（4）串联、并联反馈的判别

按照前述串联反馈与并联反馈的概念，可以根据反馈信号与输入信号在基本放大器输入端的连接方式来判断。如果反馈信号与输入信号是串接在基本放大器输入端，则为串联反馈；如果反馈信号与输入信号是并接在基本放大器输入端，则为并联反馈。

在图 3.1.5(c) 中，设将输入回路的反馈节点（反馈元件 R_f 与输入回路的交点，即晶体管的 b 极）对地短路，显然，因晶体管 b、e 极短路，输入信号无法进入放大器，故为并联反馈。而在图 3.1.5(d) 中若将输入回路的反馈节点（反馈元件 R_e 在输入回路中的非"地"点，即晶体管的 e 极）对地短路，输入信号 u_i 仍可加在晶体管的 b、e 之间，因而仍能进入放大器，故为串联反馈。同理，图 3.1.5(a) 为并联反馈，图 3.1.5(b) 为串联反馈。

3.1.3　负反馈对放大器性能的影响

1. 负反馈放大器的放大倍数

为了研究负反馈放大器的一般规律，分析负反馈对放大器性能的影响，我们先推导出负反馈放大器的放大倍数的一般表达式。

在图 3.1.2 所示的反馈放大器方框图中，放大器的开环放大倍数为

$$\dot{A}=\frac{\dot{X}_o}{\dot{X}_d} \tag{3.1.1}$$

反馈系数为

$$\dot{F}=\frac{\dot{X}_f}{\dot{X}_o} \tag{3.1.2}$$

闭环放大倍数为

$$\dot{A}_f=\frac{\dot{X}_o}{\dot{X}_i} \tag{3.1.3}$$

放大器的净输入信号为

$$\dot{X}_d=\dot{X}_i-\dot{X}_f \tag{3.1.4}$$

由上述四个式子，可得 $\quad \dot{A}_f=\dfrac{\dot{X}_o}{\dot{X}_i}=\dfrac{\dot{X}_o}{\dot{X}_d+\dot{X}_f}=\dfrac{\dfrac{\dot{X}_o}{\dot{X}_d}}{1+\dfrac{\dot{X}_f}{\dot{X}_o}\dfrac{\dot{X}_o}{\dot{X}_d}}$

即

$$\dot{A}_f=\frac{\dot{A}}{1+\dot{A}\dot{F}} \tag{3.1.5}$$

式 (3.1.5) 即负反馈放大器放大倍数的一般表达式，又称为基本关系式。它反映了闭环放大倍数与开环放大倍数及反馈系数之间的关系。式中，$1+\dot{A}\dot{F}$ 称为反馈深度，$1+\dot{A}\dot{F}$ 的值越大，

笔 记

则负反馈越深。在中频范围内，式 (3.1.5) 中各参数均为实数，即

$$A_f = \frac{A}{1+AF} \qquad\qquad (3.1.6)$$

式 (3.1.6) 说明，中频时负反馈放大电路的放大倍数（闭环放大倍数）A_f 是开环放大倍数 A 的 $1/(1+AF)$。可见，反馈深度表示了闭环放大倍数下降的倍数。

2. 负反馈对放大器性能的影响

放大器引入负反馈后，会使放大倍数有所下降，但其他性能却可以得到改善，例如，能提高放大倍数的稳定性、展宽通频带、减小非线性失真、改变输入电阻和输出电阻等。下面分别加以讨论。

（1）提高放大倍数的稳定性

放大器的放大倍数取决于晶体管及电路元件的参数，当元件老化或更换、电源不稳、负载变化以及环境温度变化时，都会引起放大倍数的变化。因此，通常要在放大器中加入负反馈以提高放大倍数的稳定性。

将式 (3.1.6) 对 A 求导，得

$$\frac{dA_f}{dA} = \frac{A}{1+AF} - \frac{AF}{(1+AF)^2} = \frac{1+AF-AF}{(1+AF)^2} = \frac{1}{(1+AF)^2}$$

即

$$dA_f = \frac{dA}{(1+AF)^2}$$

用式(3.1.6)除以上式两边，可得

$$\frac{dA_f}{A_f} = \frac{1}{1+AF} \cdot \frac{dA}{A} \qquad\qquad (3.1.7)$$

上式表明，负反馈放大器的闭环放大倍数的相对变化量 dA_f/A_f 仅为开环放大倍数相对变化量 dA/A 的 $1/(1+AF)$。也就是说，虽然负反馈的引入使放大倍数下降到原来的 $1/(1+AF)$，但放大倍数的稳定性却提高到原来的 $(1+AF)$ 倍。

例 3.1.1　某反馈放大器，其 $A=10^4$，反馈系数 $F=0.01$，计算 A_f 为多少？若因参数变化使 A 变化 $\pm10\%$，问 A_f 的相对变化量为多少？

解　由式 (3.1.6)，得

$$A_f = \frac{A}{1+AF} = \frac{10^4}{1+10^4 \times 0.01} \approx 100$$

再用式 (3.1.7)，得

$$\frac{dA_f}{A_f} = \frac{1}{1+AF} \cdot \frac{dA}{A} = \frac{10^4}{1+10^4 \times 0.01} \times (\pm10\%) \approx \pm0.1\%$$

（2）展宽通频带

由于电路电抗元件的存在，以及晶体管本身结电容的存在，造成了放大器放大倍数随频率而变化，即中频段放大倍数较大，而高频段和低频段放大倍数分别随频率的升高和降低而减小。这样，放大器的通频带就比较窄，如图 3.1.6 中 f_{bw} 所示。

笔 记

引入负反馈后，就可以利用负反馈的自动调整作用将通频带展宽。具体来讲，在中频段，由于放大倍数大，输出信号大，反馈信号也大，使净输入信号减少得多，即使中频段放大倍数有较明显的降低。而在高频段和低频段，放大倍数较小，输出信号小，在反馈系数不变情况下，其反馈信号也小，使净输入信号减少的程度比中频段要小，即使高频段和低频段放大倍数降低得少。这样，就从总体上使放大倍数随频率的变化减小了，幅频特性变得平坦，上限频率升高、下限频率下降，通频带得以展宽，如图 3.1.6 中 f_{bwf} 所示。

（3）减小非线性失真

非线性失真是由放大器件的非线性所引起的。一个无反馈的放大器虽然设置了合适的静态工作点，但当输入信号较大时，也可使输出信号产生非线性失真。例如，输入标准的正弦波，经基本放大器放大后产生非线性失真，输出波形 x_o' 假如为前半周大后半周小，如图 3.1.7(a) 所示。如果引入负反馈，如图 3.1.7(b) 所示，失真的输出波形就会反馈到输入回路。在反馈系数不变的条件下，反馈信号 x_f 也是前半周大后半周小，与 x_o' 的失真情况相似。在输入端，反馈信号 x_f 与输入信号 x_i 叠加，使净输入信号 $x_d(=x_i-x_f)$ 变为前半周小后半周大的波形，这样的净输入信号经基本放大器放大，就可以抵消基本放大器的非线性失真，使输出波形前后半周幅度趋于一致，接近输入的正弦波形，从而减小了非线性失真。

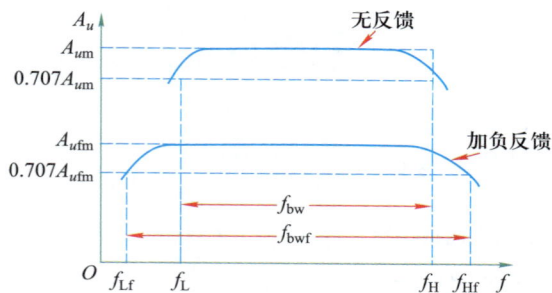

图 3.1.6
负反馈展宽通频带

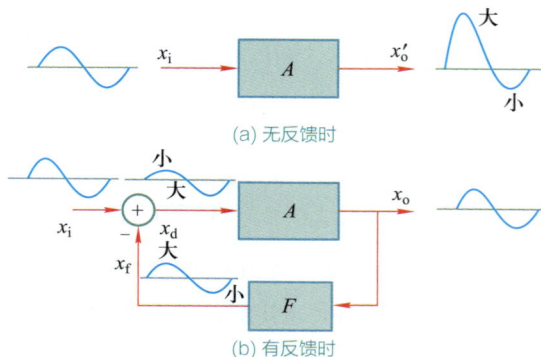

图 3.1.7
负反馈减小非线性失真

应当说明，负反馈可以减小的是放大器非线性所产生的失真，而对于输入信号本身固有的失真并不能减小。此外，负反馈只是"减小"非线性失真，并非完全"消除"非线性失真。

（4）改变输入电阻和输出电阻

① 对输入电阻的影响

图 3.1.8 所示是说明负反馈影响输入电阻的方框图。图中，r_i 为无反馈时的输入电阻，r_{if} 为引入反馈后的输入电阻。

由图 3.1.8(a)，可得

$$r_{if}=\frac{\dot{U}_i}{\dot{I}_i}=\frac{\dot{U}_d+\dot{U}_f}{\dot{I}_i}=\frac{\dot{U}_d+AF\dot{U}_d}{\dot{I}_i}=\frac{\dot{U}_d}{\dot{I}_i}(1+AF)=r_i(1+AF) \qquad (3.1.8)$$

式(3.1.8)表明，引入串联负反馈后，放大器的输入电阻是未加负反馈时的(1+AF)倍。

由图 3.1.8(b)，可得

$$r_{\mathrm{if}} = \frac{\dot{U}_{\mathrm{i}}}{\dot{I}_{\mathrm{i}}} = \frac{\dot{U}_{\mathrm{i}}}{\dot{I}_{\mathrm{d}} + \dot{I}_{\mathrm{f}}} = \frac{\dot{U}_{\mathrm{i}}}{\dot{I}_{\mathrm{d}} + AF\dot{I}_{\mathrm{d}}} = \frac{\dot{U}_{\mathrm{i}}}{(1+AF)\dot{I}_{\mathrm{d}}} = \frac{1}{1+AF}\, r_{\mathrm{i}} \tag{3.1.9}$$

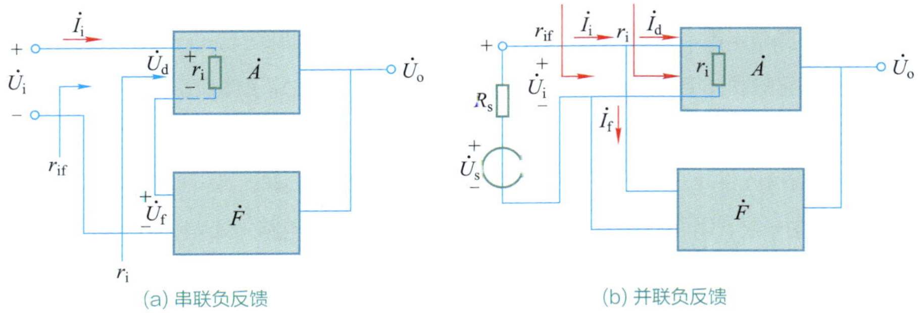

(a) 串联负反馈　　　　　　　　(b) 并联负反馈

图 3.1.8
负反馈对输入电阻的影响

式(3.1.9)表明，引入并联负反馈后，放大器的输入电阻是未加负反馈时的1/(1+AF)。

因此负反馈对输入电阻的影响仅与反馈信号在输入回路出现的形式有关，而与输出端的取样方式无关。

② 对输出电阻的影响

前面已指出，电压负反馈具有稳定输出电压的作用。这就是说，电压负反馈放大器具有恒压源的性质。因此引入电压负反馈后的输出电阻 r_{of} 比无反馈时的输出电阻 r_{o} 减小了。可以证明：

$$r_{\mathrm{of}} = \frac{r_{\mathrm{o}}}{1+AF} \tag{3.1.10}$$

相应地，电流负反馈具有稳定输出电流的作用。这就是说，电流负反馈放大器具有恒流源的性质。因此，引入电流负反馈后的输出电阻 r_{of} 要比无反馈时增大。可以证明：

$$r_{\mathrm{of}} = (1+AF)r_{\mathrm{o}} \tag{3.1.11}$$

负反馈对输出电阻的影响仅与反馈信号在输出回路中的取样方式有关，而与在输入端的叠加形式无关。也就是说，是串联反馈还是并联反馈对输出电阻不会产生影响。负反馈对放大器输入、输出电阻的影响如表 3.1.1 所示。

表 3.1.1　负反馈对放大器输入、输出电阻的影响

电阻类别	负反馈类型			
	电压串联	电压并联	电流串联	电流并联
输入电阻	增大	减小	增大	减小
输出电阻	减小	减小	增大	增大

笔 记

3.2　集成运算放大器

3.2.1　集成运算放大器概述

教学课件：
集成运算放大器

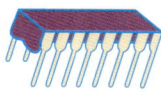

(a) 双列直插式

(b) 扁平式

(c) 圆壳式

图 3.2.1
集成电路外形图

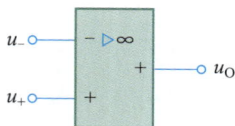

将晶体管、二极管、电阻等元件及连线全部集中制造在同一小块半导体基片上，成为一个完整的固体电路，与分立元件电路相比，集成电路除了体积小、元件高度集中外，还有以下特点：

① 所有元件是在同一块硅片上用相同的工艺过程制造的，因而参数具有同向偏差，温度特性一致，因而特别适用于制造对称性要求较高的电路（如差分放大器）。

② 由于电阻元件是由硅半导体的体电阻构成的，因而其阻值范围受到局限，一般在几十欧姆到几十千欧姆之间，为此，常采用晶体管恒流源来代替所需高阻值电阻。

③ 集成电路工艺也不适用于制造几十皮法以上的电容，更难用于制造电感器件。采用直接耦合方式恰恰可以减少或避免使用大电容或电感，因此，集成电路中大都采用这种耦合方式。

④ 集成电路中，在需用二极管的地方，常将晶体管的集电极和基极短接，用晶体管的发射结来代替二极管使用，其原因是这样的"二极管"正向压降的温度系数与同类型晶体管的 U_{BE} 的温度系数很接近，因而温度补偿特性较好。

集成电路常有三种外形，即双列直插式、扁平式和圆壳式，如图 3.2.1 所示。

集成电路按功能不同，可分为模拟集成电路和数字集成电路。在各种模拟集成电路中，集成运算放大器是应用最为广泛的器件。集成运算放大器简称为集成运放，它实质上是一个多级直接耦合高电压放大倍数的放大器。由于在最初时运算放大器主要用于各种数学运算（如加法、减法、乘法、除法、积分、微分等），故至今仍保留这个名称。随着电子技术的飞速发展，集成运放的各项性能不断提高，因而应用领域日益扩大，已远远超过了数学运算领域。在控制、测量、仪表等诸多领域中，集成运放都发挥着重要作用。可以毫不夸张地说，集成运放早已成为模拟电子技术领域中的核心器件。

(a) 集成运放的符号

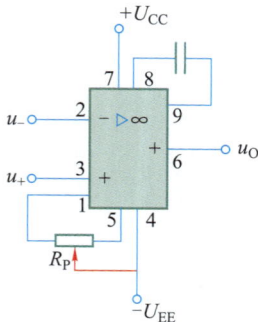

(b) F007 的各引脚作用

图 3.2.2
集成运放的符号及各引脚作用

集成运放的符号如图 3.2.2(a) 所示。它有两个输入端：一个为同相输入端，另一个为反相输入端，在符号图中分别用"+""−"表示；有一个输出端。所谓同相输入端是指，反相输入端接地，输入信号加到同相输入端，则输出信号和输入信号极性相同。所谓反相输入端是指，同相输入端接地，输入信号加到反相输入端，则输出信号和输入信号极性相反。集成运放的外引脚排列因型号而异。图 3.2.2(b) 所示为国产集成运放 F007 的各引脚作用。

3.2.2　集成运放的主要技术指标

集成运放的质量如何？根据什么来选择测试集成运放？这就涉及集成运放的技术指标问题。实用中可以通过元器件手册直接查到各种型号集成运放的技术指标。不过，并非一种集成运放的所有技术指标都是最优的，往往是各有侧重。而且，即使是同一型号的组件在性能上也存在一定的分散性，使用前经常需要亲自测试。

1. 开环差模电压放大倍数 A_{od}

A_{od} 是集成运放在开环时（无外加反馈时）输出电压与输入差模信号电压之比，常用分贝 (dB) 表示。这个值越大越好，目前最高的可达 140 dB 以上。

2. 输入失调电压 U_{os} 及其温漂 dU_{os}/dt

理想情况下，集成运放的差分输入级完全对称，能够达到输入电压为零时输出电压亦为零。然而实际上并非如此理想，当输入电压为零时输出电压并不为零，若在输入端外加一个适当的补偿电压使输出电压为零，则外加的这个补偿电压称之为输入失调电压 U_{os}。U_{os} 越小越好。高质量的集成运放可达 1 mV 以下。

3. 输入失调电流 I_{os} 及其温漂 dI_{os}/dt

I_{os} 用来表征输入级差分对管的电流不对称所造成的影响，以 $I_{os}=|I_{B1}-I_{B2}|$ 表示。一般为 1 nA ～ 5 μA，品质好的可小于 1 nA。

4. 输入偏置电流 I_B

I_B 为常温下输入信号为零时，两输入端静态电流的平均值，即 $I_B=(I_{B1}+I_{B2})/2$，它是衡量差分对管输入电流绝对值大小的标志。I_B 太大，不仅在不同信号源内阻的情况下对静态工作点有较大影响，而且也影响温漂和运算精度。一般为几百纳安，品质好的为几个纳安。

5. 差模输入电阻 r_{id}

r_{id} 是集成运放两输入端之间的动态电阻，以 $r_{id}=\Delta u_{id}/\Delta i_I$ 表示。它是衡量差分对管从差模输入信号源索取电流大小的标志。一般为 MΩ 数量级。以场效应晶体管为输入级的可达 10^6 MΩ。

6. 输出电阻 r_o

r_o 是集成运放开环工作时，从输出端向里看进去的等效电阻，其值越小，说明集成运放带负载的能力越强。

7. 共模抑制比 K_{CMR}

K_{CMR} 是差模电压放大倍数与共模电压放大倍数之比，即 $K_{CMR}=|A_{od}/A_{oc}|$，若以分贝表示，则 $K_{CMR}=20\ \lg(|A_{od}/A_{oc}|)$。该值越大，说明输入差分级各参数对称程度越好。一般为 100 dB 上下，品质好的可达 160 dB。

8. 最大差模输入电压 U_{idm}

U_{idm} 是指同相输入端和反相输入端之间所能承受的最大电压值。所加电压若超过 U_{idm} 则可能使输入级的晶体管反向击穿而损坏。

9. 最大共模输入电压 U_{icm}

U_{icm} 是集成运放在线性工作范围内所能承受的最大共模输入电压。若超过这个值，则集成运放会出现 K_{CMR} 下降、失去差模放大能力等问题。高质量的可达正、负十几伏。

除了以上介绍的指标外，还有最大输出电压幅值、带宽、转换速率、电源电压抑制比等。实用中，考虑到价格低廉与采购方便，一般应选择通用型集成运放；特殊需要时，则应选择专用型集成运放。

3.3　集成运算放大器的应用

教学课件：
集成运算放大器
的应用

　　如前所述，运算放大器最早用于模拟电子计算机中，完成对信号的数学运算。随着近代集成运放的发展，其适用范围已远远超出运算范畴，在各种模拟信号和脉冲信号的测量、处理、产生、变换等方面也都获得了广泛的应用。本节在介绍集成运放的两个分析要点基础上，首先分析运算放大器的基本运算电路，然后再对信号处理、波形产生等方面的应用进行介绍。通过这些典型电路的分析，可以掌握其基本的分析方法。

3.3.1　理想集成运放及其分析方法

笔 记

　　在分析集成运放组成的各种电路时，将实际集成运放作为理想运放来处理，并分清它的工作状态是在线性区还是非线性区是十分重要的。

1. 理想运算放大器

理想运算放大器满足以下各项技术指标：

（1）开环差模电压放大倍数 $A_{od}=\infty$；

（2）输入电阻 $r_{id}=\infty$；

（3）输出电阻 $r_o=0$；

（4）共模抑制比 $K_{CMR}=\infty$；

（5）失调电压、失调电流及它们的温漂均为 0；

（6）带宽 $f_{bw}=\infty$。

　　尽管真正的理想运算放大器并不存在，然而实际集成运放的各项技术指标与理想运放的指标非常接近，特别是随着集成电路制造水平的提高，两者之间差距已很小。因此，在实际操作中，将集成运放理想化，按理想运放进行分析计算，其结果十分符合实际情况，对一般工程计算来说都可满足要求。

2. 集成运放的线性区与非线性区

　　在分析应用电路的工作原理时，必须分清集成运放是工作在线性区还是非线性区。工作在不同区域，所遵循的规律是不相同的。

　　（1）线性区

　　当集成运放工作在线性区时，其输出信号随输入信号作如下变化：

$$u_o=A_{od}(u_+-u_-) \tag{3.3.1}$$

　　这就是说，线性区内输出电压与差模输入电压呈线性关系。由于一般的集成运放 A_{od} 值很大，为了使其工作在线性区，通常引入深度负反馈。

　　对理想运放来说，工作在线性区时，可有以下两条结论：

① 同相输入端电位等于反相输入端电位。这是由于理想运放的 $A_{od}=\infty$，而 u_o 为有限数值，故由式 (3.3.1) 有　　　　　　　　　　　$u_+-u_-=0$

即 $$u_+ = u_-\qquad(3.3.2)$$

我们把集成运放两个输入端电位相等称为"虚短"。"虚短"的意思就是，式 $u_+ = u_-$ 包含同相端与反相端两者短路的含义，但并非真正的短路。

② 由理想运放的 $r_{id} \approx \infty$ ，可知其输入电流等于零，即

$$i_{i+} = i_{i-} = 0\qquad(3.3.3)$$

这个结论也称为"虚断"。"虚断"只是指输入端电流趋近于零，而不是输入端真正的断开。

利用式 (3.3.2) 和式 (3.3.3) 再加上其他电路条件，可以较方便地分析和计算各种工作在线性区的集成运放电路。因此，上述两条结论是非常重要的。

（2）非线性区

由于集成运放的开环电压放大倍数 A_{od} 很大，那么，当它工作在开环状态（即未接深度负反馈）或加有正反馈时，只要有差模信号输入，哪怕是微小的电压信号，集成运放都将进入非线性区，其输出电压不再遵循式 (3.3.1) 的规律，而是立即达到正向饱和电压 U_{om} 或负向饱和电压 $-U_{om}$ 。U_{om} 或 $-U_{om}$ 在数值上接近运放的正负电源电压值。

对于理想运放来说，工作在非线性区时，可有以下两条结论：

① 输入电压 u_+ 与 u_- 可以不相等，输出电压 u_o 非正饱和即负饱和。也就是

$$u_+ > u_- \text{ 时，} u_o = U_{om}$$
$$u_+ < u_- \text{ 时，} u_o = -U_{om}\qquad(3.3.4)$$

而 $u_+ = u_-$ 时是两种状态的转换点。

② 输入电流为零，即 $$i_{i+} = i_{i-} = 0$$

可见，"虚断"在非线性区仍然成立。

3.3.2　基本运算电路

集成运放外加不同的反馈网络，可以实现比例、加法、减法、积分、微分、对数、指数等多种基本运算。这里主要介绍比例、加法、减法以及积分、微分运算。由于对模拟量进行上述运算时，要求输出信号反映输入信号的某种运算结果，这就要求输出电压在一定范围内变化，故集成运放应工作在线性区，为此在电路中必须引入深度负反馈。

1. 比例运算

（1）反相比例运算

反相比例运算电路（又称反相输入放大器）的基本形式如图 3.3.1 所示。它实际上是一个深度的电压并联负反馈放大器。输入信号 u_I 经电阻 R_1 加至集成运放反相端，反馈支路由 R_f 构成，将输出电压 u_O 反馈至反相输入端。

① "虚地"的概念

由于理想运放的 $i_{i+} = i_{i-} = 0$ ，所以 R_2 上无压降，即 $u_+ = 0$ ，再由 $u_+ = u_-$ ，有 $u_- = 0$ 。这就是说，反相端也为地电位，但反相端并未直接接地，故称它为"虚地"。"虚地"是反相比例运算的重要特征。

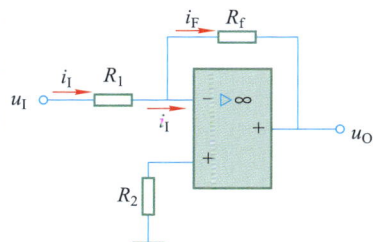

图 3.3.1
反相比例运算电路

② 比例系数（电压放大倍数）

在图 3.3.1 中，由虚地概念 $u_-=0$ 有

$$i_F= \frac{u_--u_O}{R_f}=- \frac{u_O}{R_f}$$

由虚断概念，$i_{I-}=0$，有

$$i_I=i_F$$

以及

$$i_I= \frac{u_I-u_-}{R_1}= \frac{u_I}{R_1}$$

所以

$$\frac{u_I}{R_1}=- \frac{u_O}{R_f}$$

即

$$u_O=- \frac{R_f}{R_1}u_I$$

或

$$A_{uf}= \frac{u_O}{u_I}=- \frac{R_f}{R_1} \tag{3.3.5}$$

上式表明，集成运放的输出电压与输入电压之间呈比例关系，比例系数（即电压放大倍数）仅决定于反馈网络的电阻比值 R_f/R_1，而与集成运放本身的参数无关。当选用不同的 R_1、R_f 电阻值时，就可以方便地改变这个电路的电压放大倍数。式 (3.3.5) 中的负号表示输出电压与输入电压反相。当选取 $R_f=R_1=R$ 时，有

$$A_{uf}= \frac{u_O}{u_I} =-1$$

即输出电压与输入电压大小相等，相位相反。这种电路称为反相器。

在图 3.3.1 所示电路中，同相输入端与地之间接有一个电阻 R_2，这个电阻是为了保持集成运放电路静态平衡而设置的。集成运放的输入级均由差分放大电路组成，其两边参数值需要对称，以保持静态平衡。在输入信号电压为零时，输出电压亦为零，在此静态下，电阻 R_1 和 R_f 相当于并联地接在运放反相端与地之间，这个并联电阻相当于差分输入级晶体管基极电阻，为使两输入端对地电阻相等，在同相输入端与地之间也接入一个电阻 R_2，并使 $R_2=R_1 /\!/ R_f$。R_2 称为平衡电阻。

③ 输入、输出电阻

由于反相输入端为虚地 ($u_-=0$)，所以，反相比例运算电路输入电阻为

$$r_{if}= \frac{u_I}{i_I} =R_1 \tag{3.3.6}$$

一般情况下，R_1 的值不能取得过大，如果 R_1 取值过大，在保证一定的放大倍数 A_{uf} 情况下，R_f 必然更大。而过大的电阻很难制成高精度，而且受环境影响较大，阻值的稳定性较差，使用时会影响精度。为此，电阻 R_1 阻值不能取得很大。

电压负反馈使输出电阻降为无反馈时的 $1/(1+A_{od}F)$，即

$$r_{of}= \frac{r_o}{1+A_{od}F}$$

式中，r_o 是开环时集成运放的输出电阻，其值不会很大，再考虑到反馈系数 $F= \dfrac{R_1}{R_1+R_f}$，

$A_\mathrm{od}=\infty$，显然可有 $\qquad\qquad\qquad\qquad r_\mathrm{of}\approx0$

例 3.3.1　在图 3.3.1 中，已知 $R_1=10\ \mathrm{k\Omega}$，$R_\mathrm{f}=500\ \mathrm{k\Omega}$。求电压放大倍数 A_uf，输入电阻 r_if，平衡电阻 R_2。

解
$$A_\mathrm{uf}=-\frac{R_\mathrm{f}}{R_1}=-\frac{500\ \mathrm{k\Omega}}{10\ \mathrm{k\Omega}}=-50$$
$$r_\mathrm{if}=R_1=10\ \mathrm{k\Omega}$$
$$R_2=R_1\ /\!/\ R_\mathrm{f}=\frac{10\times500}{10+500}\ \mathrm{k\Omega}=9.8\ \mathrm{k\Omega}$$

（2）同相比例运算

同相比例运算电路（又称同相输入放大器）的基本形式如图 3.3.2 所示。它实际上是一个深度的电压串联负反馈放大器。输入信号 u_1 经电阻 R_2 加至集成运放同相输入端。支路 R_f 将输出电压 u_O 反馈至反相输入端。输出电压通过反馈电阻 R_f 及 R_1 组成的分压电路，取 R_1 上的分压作为反馈信号加到反相输入端。R_2 为平衡电阻，要求 $R_2=R_1\ /\!/\ R_\mathrm{f}$。

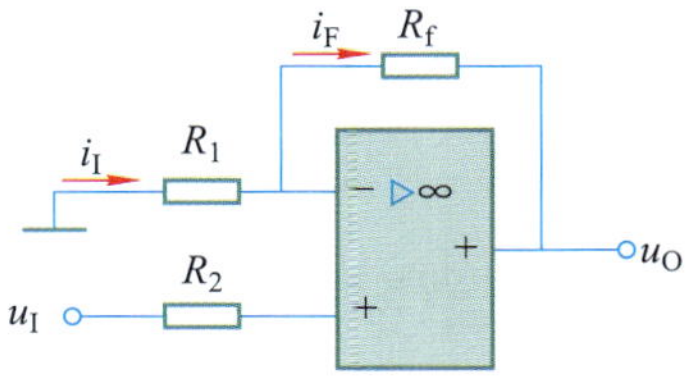

图 3.3.2
同相比例运算电路

① 比例系数（电压放大倍数）

由虚断，有 $\qquad\qquad\qquad i_{\mathrm{I}+}=i_{\mathrm{I}-}=0$

故 $\qquad\qquad\qquad\qquad\qquad i_1=i_\mathrm{F}$

由虚短及 $i_{\mathrm{I}+}=0$，有 $\qquad u_-=u_+=u_1$

由图 3.3.2 可列出方程 $\qquad i_1=\dfrac{0-u_-}{R_1}=-\dfrac{u_1}{R_1}$

$$i_\mathrm{F}=\frac{u_--u_\mathrm{O}}{R_\mathrm{f}}=\frac{u_1-u_\mathrm{O}}{R_\mathrm{f}}$$

二者相等并整理得 $\qquad\quad u_\mathrm{O}=\left(1+\dfrac{R_\mathrm{f}}{R_1}\right)u_1$

所以电压放大倍数为 $\qquad A_\mathrm{uf}=\dfrac{u_\mathrm{O}}{u_1}=1+\dfrac{R_\mathrm{f}}{R_1}$　　　　　　　　　　(3.3.7)

上式表明，集成运放的输出电压与输入电压之间仍呈比例关系，比例系数（即电压放大倍数）仅决定于反馈网络的电阻值 R_f、R_1，而与集成运放本身的参数无关。A_uf 为正值表明输出电压与输入电压同相。当 $R_\mathrm{f}=0$（反馈电阻短路）和（或）$R_1=\infty$（反相输入端电阻开路）时，$A_\mathrm{uf}=1$。这时 $u_\mathrm{O}=u_1$，输出电压等于输入电压，所以，把这种电路称为电压跟随器，它是同相输入放大器的特例。

② 输入、输出电阻

同相比例运算电路是深度电压串联负反馈电路，能提高输入电阻、减小输出电阻。因此，同相比例运算电路的输入电阻很高（$r_\mathrm{if}\approx\infty$），而输出电阻很低（$r_\mathrm{of}\approx0$）。

应当指出，由集成运放构成的电压跟随器比起本书第 2 章基本放大电路中介绍的晶体管射极输出器（也是电压跟随器），在质量上要强得多。它的输入电阻很高，几乎不向前级电路取用电流，而它的输出电阻很低，向后级电路提供电流时，几乎不存在内阻，所以在电子线路中常用作隔离器。

笔　记

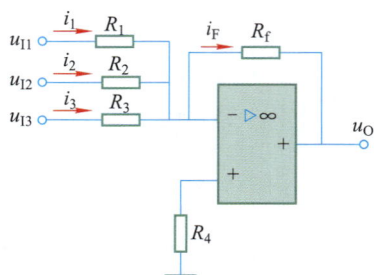

图 3.3.3
反相加法运算电路

2. 加法、减法运算

（1）反相加法运算

图 3.3.3 所示为反相加法运算电路。它是反相输入端有三个输入信号（代表三个输入量）的加法电路。与图 3.3.1 所示的反相比例运算相比，这个反相加法电路只是增加了两个输入支路。另外，平衡电阻 $R_4 = R_1 // R_2 // R_3 // R_f$。

由"虚地"，即 $u_- = u_+ = 0$，可知图 3.3.3 中

$$i_1 = \frac{u_{I1} - u_-}{R_1} = \frac{u_{I1}}{R_1}, \quad i_2 = \frac{u_{I2}}{R_2}, \quad i_3 = \frac{u_{I3}}{R_3}, \quad i_F = -\frac{u_O}{R_f}$$

列出反相输入端的节点电流方程并注意 $i_- = 0$，则有

$$i_F = i_1 + i_2 + i_3$$

则

$$\frac{u_O}{R_f} = \frac{u_{I1}}{R_1} + \frac{u_{I2}}{R_2} + \frac{u_{I3}}{R_3}$$

或

$$u_O = -\left(\frac{R_f}{R_1} u_{I1} + \frac{R_f}{R_2} u_{I2} + \frac{R_f}{R_3} u_{I3} \right) \tag{3.3.8}$$

当 $R_1 = R_2 = R_3 = R$ 时，有

$$u_O = -\frac{R_f}{R}(u_{I1} + u_{I2} + u_{I3}) \tag{3.3.9}$$

当 $R_1 = R_f$ 时，有

$$u_O = -(u_{I1} + u_{I2} + u_{I3}) \tag{3.3.10}$$

可见，通过适当选配电阻值，可使输出电压与输入电压之和成正比，完成了加法运算。相加的输入信号数目可以增至 5 ~ 6 个。

上述结论也可通过叠加定理得出。设仅有 u_{I1} 输入，则有

$$u_{O1} = -\frac{R_f}{R_1} u_{I1}$$

同理，设有 u_{I2}、u_{I3} 输入时，有

$$u_{O2} = -\frac{R_f}{R_2} u_{I2} \qquad u_{O3} = -\frac{R_f}{R_3} u_{I3}$$

所以，u_{I1}、u_{I2}、u_{I3} 均存在时，有

$$u_O = u_{O1} + u_{O2} + u_{O3} = -\left(\frac{R_f}{R_1} u_{I1} + \frac{R_f}{R_2} u_{I2} + \frac{R_f}{R_3} u_{I3} \right)$$

动画：加法运算电路

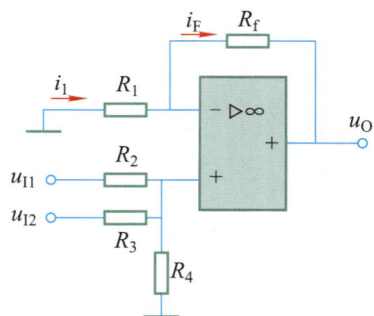

图 3.3.4
同相加法运算电路

（2）同相加法运算

图 3.3.4 所示为同相加法运算电路。它是同相输入端有两个输入信号的加法电路。与图 3.3.2 的同相比例运算电路相比，这个同相加法电路只是增加了一个输入支路。

由式 (3.3.7) 可得

$$u_O = \left(1 + \frac{R_f}{R_1} \right) u_+$$

列同相输入端的节点电流方程并注意 $i_+ = 0$，则有

$$u_+ = R \left(\frac{u_{I1}}{R_2} + \frac{u_{I2}}{R_3} \right) \tag{3.3.11}$$

式中，$R = R_2 // R_3 // R_4$；所以

$$u_O=\left(1+\frac{R_f}{R_1}\right)u_+=\left(1+\frac{R_f}{R_1}\right)P\left(\frac{u_{I1}}{R_2}+\frac{u_{I2}}{R_3}\right) \tag{3.3.12}$$

当 $R_2=R_3$ 时，输出电压便与各输入电压之和戓正比，完成了加法运算。应当说明，在实际使用中，因这种求和电路涉及多个电阻并联的计算，给阻值调节过程带来较大麻烦，所以常用的加法电路是反相加法电路。

（3）减法运算

减法运算电路如图 3.3.5 所示。它是反相输入端和同相输入端都有信号输入的放大器，也称为差分输入放大器。

由图3.3.5可知

$$u_-=u_{I1}-i_1R_1=u_{I1}-\frac{u_{I1}-u_O}{R_1+R_f}R_1$$

$$u_+=u_{I1}-\frac{R_3}{R_2+R_3}u_{I2}$$

由虚短 $u_-=u_+$，可得

$$u_{I1}-\frac{u_{I1}-u_O}{R_1+R_f}R_1=\frac{R_3}{R_2+R_3}u_{I2}$$

整理可得

$$\frac{R_1}{R_1+R_f}u_O=\frac{-R_f}{R_1+R_f}u_{I1}+\frac{R_3}{R_2+R_3}u_{I2}$$

$$u_O=\left(1+\frac{R_f}{R_1}\right)\left(\frac{R_3}{R_2+R_3}u_{I2}\right)-\frac{R_f}{R_1}u_{I1} \tag{3.3.13}$$

特别当 $R_1=R_2$，$R_3=R_f$时，有

$$u_O=\frac{R_f}{R_1}(u_{I2}-u_{I1}) \tag{3.3.14}$$

当 $R_1=R_f$时，有

$$u_O=u_{I2}-u_{I1} \tag{3.3.15}$$

可见，适当选配电阻值，可使输出电压与输入电压的差值成正比，完成了减法运算。

上述结论也可用叠加定理来导出，请读者自己推导。

例 3.3.2 在图 3.3.5 所示电路中，$u_{I1}=1.6$ V，$u_{I2}=1.2$ V，$R_1=R_2=10$ kΩ，$R_3=R_f=100$ kΩ，求电压放大倍数及输出电压。

解 由题已知，电路的外电阻匹配关系满足式 (3.3.14)，故

$$A_{uf}=\frac{u_O}{u_{I2}-u_{I1}}=\frac{R_f}{R_1}=\frac{100\text{ kΩ}}{10\text{ kΩ}}=10$$

输出电压为

$$u_O=A_{uf}(u_{I2}-u_{I1})=10\times(1.2-1.6)\text{V}=-4\text{ V}$$

3. 积分、微分运算

（1）积分运算

积分运算电路是一种基本运算电路。在反相比例运算电路中，将反馈电阻 R_f 用电容 C 代替，就成了积分运算电路，如图 3.3.6 所示。图中，平衡电阻 $R_2=R_1$。

由理想运放特性可知

$$i_1=i_F=\frac{u_I}{R_1}$$

$$u_O=-u_C=-\frac{1}{C}\int i_F\mathrm{d}t=-\frac{1}{C}\int i_1\mathrm{d}t=-\frac{1}{C}\int\frac{u_I}{R_1}\,\mathrm{d}t$$

笔 记

动画：积分运算电路

即
$$u_O=-\frac{1}{R_1C}\int u_I\mathrm{d}t \tag{3.3.16}$$

可见，输出电压 u_O 与输入电压 u_I 成积分关系，实现了积分运算。负号表示输出与输入反相。R_1C 为积分时间常数，其值大小决定积分作用的强弱。R_1C 越小，积分作用越强，反之积分作用越弱。

当输入电压为常数（$u_I=U_I$）时，式 (3.3.16) 变为
$$u_O=-\frac{U_I}{R_1C}t \tag{3.3.17}$$

上式表明，当输入电压为定值时，积分运算电路的输出电压将随时间作线性变化。输入电压为正时，输出电压随时间负向增长；输入电压为负时，输出电压随时间正向增长。

应当指出，积分运算电路的输出电压不可能随时间无限增长下去，而是受到集成运放最大输出电压 U_{OM} 的限制。当 u_O 达到 $\pm U_{OM}$ 后就不再增长了。此后，集成运放将进入非线性区。因此，上述积分关系只在集成运放线性区时才成立。

例 3.3.3 在图 3.3.6 中，$R_1=20\text{ k}\Omega$，$C=1\text{ μF}$，u_I 为一正向阶跃电压

$$u_I=\begin{cases} 0\text{ V} & t<0 \\ 1\text{ V} & t\geq0 \end{cases}$$

集成运放的最大输出电压 $U_{OM}=\pm15\text{ V}$，求 $t\geq0$ 范围内 u_O 与 u_I 的运算关系，并画出波形。

解 根据式 (3.3.17) 可得

$$u_O=-\frac{U_I}{R_1C}t=-\frac{1}{20\times10^3\times1\times10^{-6}}t=-50t$$

当 $u_O=U_{OM}=-15\text{ V}$ 时
$$t=\frac{-15}{-50}\text{ s}=0.3\text{ s}$$

波形如图 3.3.7 所示。

式 (3.3.17) 表明，由集成运放构成的积分电路，在电容充电过程（即积分过程）中，输出电压（即电容两端电压）随时间作线性增长，速度均匀。而简单的 RC 积分电路所能实现的则是电容两端电压随时间按指数规律增长，只在很小范围内可以近似为线性关系。从这一点来说，集成运放构成的积分电路实现了较理想的积分运算。

（2）微分运算

微分与积分互为逆运算。将图 3.3.6 中 C 与 R_1 互换位置，即成为微分运算电路，如图 3.3.8(a) 所示。

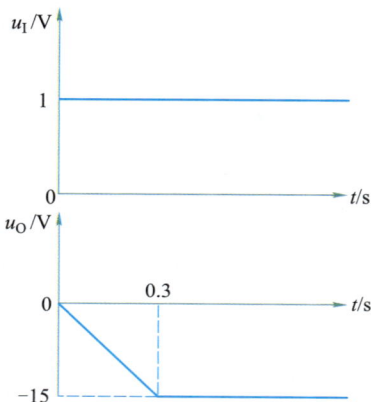

图 3.3.7
例 3.3.3 波形

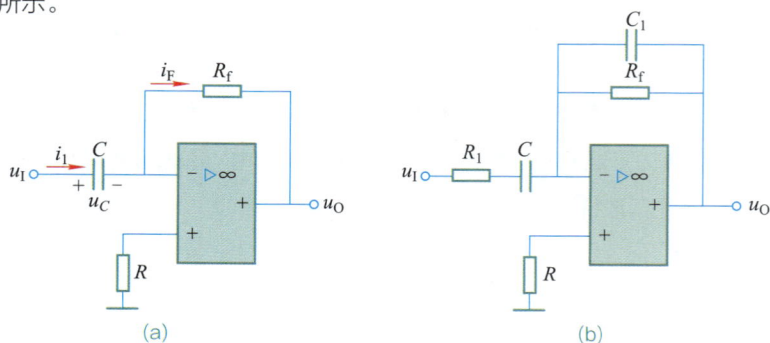

图 3.3.8
微分运算电路

由图有
$$i_1 = C\frac{\mathrm{d}u_C}{\mathrm{d}t} = C\frac{\mathrm{d}u_I}{\mathrm{d}t}$$

$$u_O = -R_f i_F = -R_f i_1 = -R_f C\frac{\mathrm{d}u_I}{\mathrm{d}t} \tag{3.3.18}$$

可见，输出电压u_O与输入电压u_I成微分关系，实现了微分运算。$R_f C$为微分时间常数，$R_f C$值越大，微分作用越强；反之，微分作用越弱。

在上述微分电路中，由于电容 C 的存在，使其对高频干扰及高频噪声反应灵敏，影响输出信号的质量。而且，在反馈网络中，R、C 具有一定的滞后相移，与集成运放本身的滞后相移叠加，则容易产生高频自激，造成电路工作不稳定。为此，实用中常按图 3.3.8(b) 所示电路加以改进。图中，输入支路中串入了一个小电阻 R_1 以限制输入电压突变。反馈电阻 R_f 上并接上一个小电容 C_1，以增强高频负反馈。这样，在正常工作频率时，它们的影响很小，但频率较高时，将使闭环放大倍数下降，从而可抑制高频干扰。

3.3.3 信号处理电路

在信号处理方面，集成运放可用来构成有源滤波器、电压比较器、采样保持器等。这里就介绍前两种电路，采样保持器留待数字电子技术部分介绍。

1. 有源滤波器

滤波器是一种能使部分频率的信号顺利通过而其他频率的信号受到很大衰减的装置。在信息处理、数据传送和抑制干扰等方面经常使用。早期的滤波电路多由电阻、电容、电感组成，为无源滤波器。由于其在低频下工作时所用电感较大且品质因数较低，因而影响滤波效果。近些年来，产生了由集成运放组成的有源滤波电路，它不仅体积小，选择性好，而且还可使所处理信号放大。它的不足之处是集成运放需要电源，且工作电流过大时集成运放会饱和，在高频下集成运放的增益会下降，故在高频下运用受限。

（1）低通滤波器

低通滤波器是指低频信号能通过而高频信号不能通过的滤波器。图 3.3.9 为集成运放组成的基本低通滤波器。在图 3.3.9(a) 中，RC 网络接到集成运放的同相输入端，图 3.3.9(b) 中把 RC 网络接到了反相输入端。

图 3.3.10 所示为一阶低通滤波器归一化的对数幅频特性曲线。由图可以看出，增益随频率的升高而下降。当 $\omega=\omega_0$ 时，增益下降 3 dB，此时 $f_0=\omega_0/(2\pi)$，称为截止频率。曲线表明，低于 f_0 的信号能顺利通过，而高于 f_0 的信号则受到衰减（衰减速度为 -20 dB/10 倍频程），因而属低通滤波器。

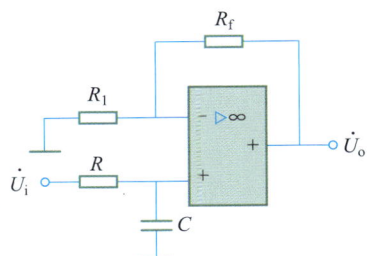

(a) 滤波电路接到运放同相输入端

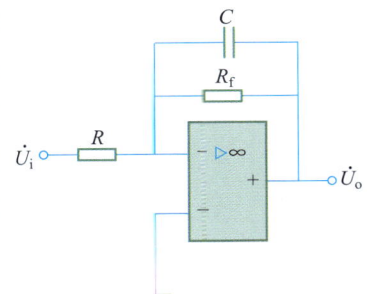

(b) 滤波电路接到运放反相输入端

图 3.3.9
基本低通滤波器

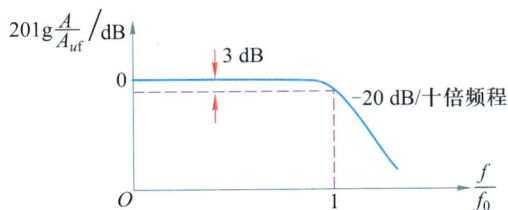

图 3.3.10
一阶低通滤波器归一化的对数幅频特性曲线

笔 记

为了提高滤波效果，使输出信号在 $f>f_0$ 时衰减得更快，可在图 3.3.9(a) 的基础上再加上一节 RC 网络，如图 3.3.11(a) 所示，成为二阶有源滤波电路，相应地，图 3.3.9 为一阶有源滤波电路。图 3.3.11 中第一个电容 C 的下端未接地，而是接到输出端，目的是引入反馈。其作用是，在 $f<f_0$ 又近于 f_0 范围内，因 $\dot{U}_o$ 与 $\dot{U}_i$ 相位差小于 90°，故 $\dot{U}_o$ 经 C 反馈至输入端，将使 $\dot{U}'_i$ 幅度加强，使这部分输出幅度增大；而在 $f\gg f_0$ 范围内，$\dot{U}_o$ 与 $\dot{U}_i$ 基本反相，C 的反馈也能使 $\dot{U}'_i$ 幅度下降，有利于高频衰减。

图 3.3.11(b) 对两种低通滤波器幅频特性作了比较。在 $f>f_0$ 时，二阶滤波（线 2）能提供 -40 dB/十倍频程的衰减，滤波效果优于一阶滤波（线 1）。

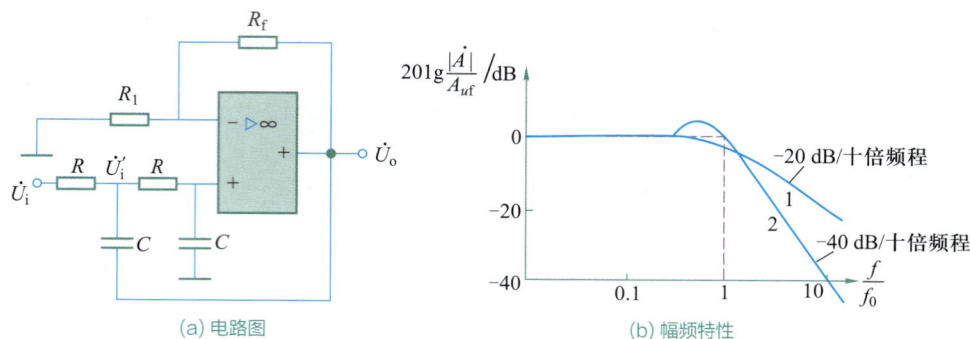

图 3.3.11 二阶低通有源滤波器
(a) 电路图　(b) 幅频特性

（2）高通滤波器

高通滤波器是指高频信号能通过而低频信号不能通过的滤波器。将低通滤波器中起滤波作用的电阻、电容互换，即成为高通有源滤波器。其电路图与幅频特性如图 3.3.12 所示。

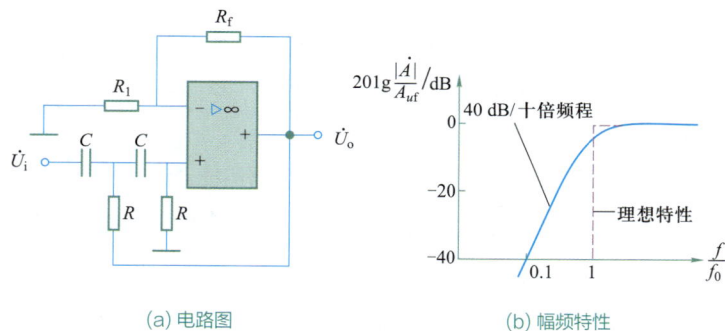

图 3.3.12 高通有源滤波器
(a) 电路图　(b) 幅频特性

2. 电压比较器

电压比较器将输入电压接入集成运放的一个输入端而将参考电压接入另一个输入端，将两个电压进行幅度比较，由输出状态反映所比较的结果。所以，它能够鉴别输入电平的相对大小，常用于超限报警、模数转换及非正弦波产生等电路。

集成运放用作比较器时，常工作于开环状态，所以只要有差分输入（哪怕是微小的差模信号），输出值就立即饱和；不是正饱和就是负饱和，也就是说，输出电压不是接近于正电源电压，就是接近于负电源电压。为了使输入输出特性在转换时更加陡直，常在电路中引入正反馈。

（1）过零比较器

过零比较器是参考电压为 0 V 的比较器。图 3.3.13(a) 即为一个过零比较器。同相输入端接地，输入信号经电阻 R_1 接至反相输入端。图中 VZ 是双向稳压管。它由一对反相串联的稳压管组成，设双向稳压管对称，故其在两个方面的稳压值 U_Z 相等，都等于一个稳压管的稳压值加上另一个稳压管的导通压降。若未接 VZ，只要输入电压不为零，则输出必为正、负饱和值，超过双向稳压管的稳压值 U_Z。因而，接入 VZ 后，当运放输入不为零时，本应达正、负饱和值的输出必使 VZ 中一个稳压管反向击穿，另一个正向导通，从而为集成运放引入了深度负反馈，使反相输入端成为虚地，VS 两端电压即为输出电压 u_O。这样，集成运放的输出电压就被 VZ 钳位于 U_Z 值。

当 $u_I>0$ 时，　　　　　　　　　　　$u_->0$，$u_O=-U_Z$

当 $u_I<0$ 时，　　　　　　　　　　　$u_-<0$，$u_O=+U_Z$

可见，$u_I=0$ 处（即 $u_-=u_+$ 处）是输出电压的转折点。其传输特性如图 3.3.13(b) 所示。显然，若输入正弦波，则输出为正负极性的矩形波，如图 3.3.14 所示。

在集成运放反相输入端另接一个固定的电压 U_{REF} 就成为图 3.3.15(a) 所示的电平检测比较器。

由叠加定理，得　　　　$u_-= \dfrac{R_1}{R_1+R_2} U_{REF}+ \dfrac{R_2}{R_1+R_2} u_I$

由前述知，$u_-=u_+=0$ 点为输出电压的过零点（正负输出的转折点），所以令上式等于零，可得

$$u_I= \frac{R_1}{R_2} U_{REF} \tag{3.3.19}$$

令　　　　　　　　　　　$U_T=- \dfrac{R_1}{R_2} U_{REF}$

U_T 为参考电压，则

当 $u_i>U_T$ 时，　　　　　　　　　　$U_->0$，$u_O=-U_Z$

当 $u_i<U_T$ 时，　　　　　　　　　　$U_-<0$，$u_O=+U_Z$

其传输特性如图 3.3.15(b) 所示。由图可见，当输入电压在参考电压 U_T 附近有微小变化时，输出电压即在正负最大值之间跃变。由此，该电路可用来检测输入信号的电平。

过零比较器非常灵敏。但其抗干扰能力较差。特别是当输入电压处于参考电压附近时，由于零漂或干扰，输出电压会在正负最大值之间来回变化，甚至会造成监测装置的误动作。

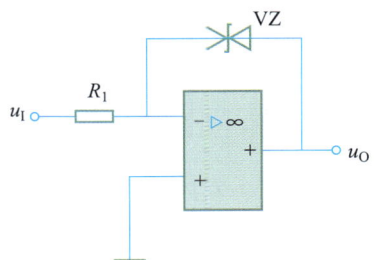

(a) 电路图

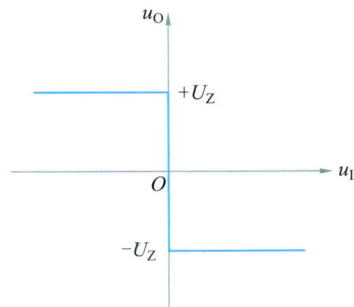

(b) 传输特性

图 3.3.13
过零比较器

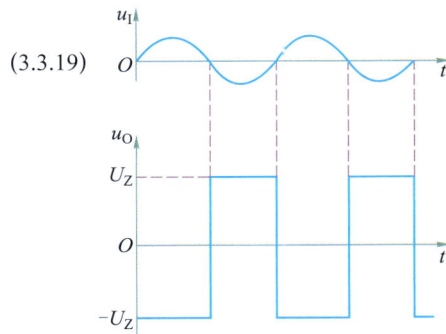

图 3.3.14
简单过零比较器波形图

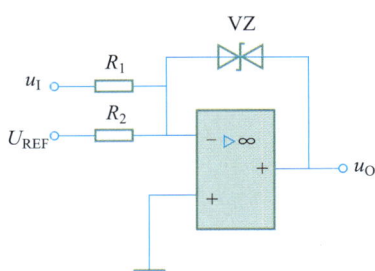

(a) 电路图

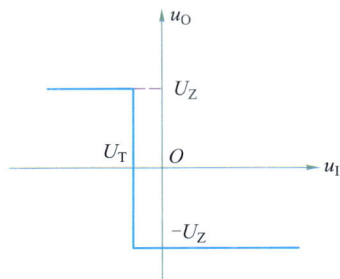

(b) 传输特性

图 3.3.15
电平检测比较器

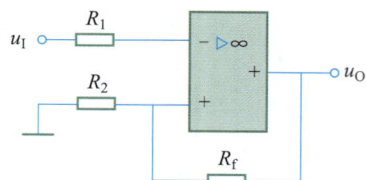

(a) 电路图

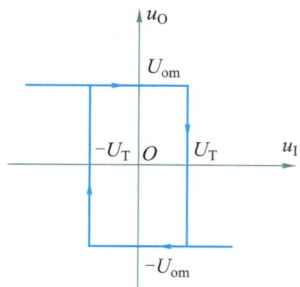

(b) 传输特性

图 3.3.16
迟滞比较器

微课：非正弦波
产生电路

动画：矩形波发
生器

图 3.3.17
矩形波发生器

为此，引入下面的迟滞比较器。

（2）迟滞比较器

迟滞比较器（也称滞回比较器），如图 3.3.16(a) 所示。它是从输出端引出一个反馈电阻到同相输入端，使同相输入端电位随输出电压变化而变化，达到移动过零点的目的。

当输出电压为正最大 U_{om} 时，同相输入端电压为

$$u_+ = \frac{R_2}{R_2+R_f} U_{om} = U_T \tag{3.3.20}$$

只要 $u_I < U_T$，输出总是 U_{om}。一旦 u_I 从小于 U_T 加大到刚大于 U_T，输出电压立即从 U_{om} 变为 $-U_{om}$。

此后，当输出为 $-U_{om}$ 时，同相输入端电压为

$$u_+ = \frac{R_2}{R_2+R_f} (-U_{om}) = -U_T \tag{3.3.21}$$

只要 $u_I > -U_T$，输出总是 $-U_{om}$。一旦 u_I 从大于 $-U_T$ 减小到刚刚小于 $-U_T$，输出电压立即从 $-U_{om}$ 变为 U_{om}。

可见，输出电压从正变负，又从负变正，其参考电压 U_T 与 $-U_T$ 是不同的两个值。这就使比较器具有迟滞特性，传输特性具有迟滞回线的形状，如图 3.3.16(b) 所示。两个参考电压之差 $U_T - (-U_T)$ 称为"回差"。

3.3.4　波形发生器

集成运放的另一个重要应用是用作波形发生器，用来产生各种所需要的信号，包括正弦波、矩形波、三角波、锯齿波等。这里仅对非正弦波信号的产生加以介绍，而正弦波信号的产生留到第 5 章"振荡器"中介绍。

1. 矩形波发生器

图 3.3.17(a) 为矩形波发生器，它由迟滞比较器与 RC 充放电回路组成。双向稳压管 VZ 使输出电压幅度限制在其稳压值 $\pm U_Z$ 之内。R_1 和 R_2 组成正反馈电路，R_f 和 C 组成负反馈电路，R_3 为限流电阻。

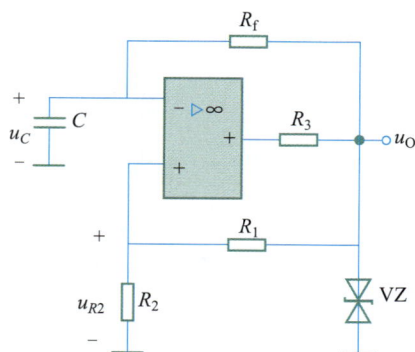

(a) 电路图

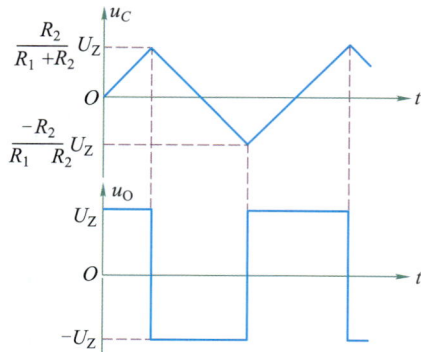

(b) 波形图

接入电源后，由于正反馈的作用，输出电压将迅速达到饱和值 $\pm U_Z$，因此，集成运放同相输入端的电位（即比较器的参考电压）为 $U_T = u_{R2} = \pm \dfrac{R_2}{R_1 + R_2} U_Z$。电容两端电压 u_C 是加到反相输入端的电压，u_C 与 U_T 相比较的结果决定着输出电压 u_O 的极性。

设电路某时输出达到 $u_O = +U_Z$，则

$$U_T = u_{R2} = \frac{R_2}{R_1 + R_2} u_O = \frac{R_2}{R_1 + R_2} U_Z$$

此时 $u_C < u_{R2}$，所以 u_O 经 R_f 向 C 充电，使 u_C 按指数规律上升。在 C 充电期间，只要 $u_C < u_{R2}$，输出电压就维持 $+U_Z$ 不变。当 u_C 升到略大于 $u_{R2} = \dfrac{R_2}{R_1 + R_2} U_Z$ 时，输出电压突然由 $+U_Z$ 变为 $-U_Z$。相应地，u_{R2} 也变为负值，即 $u_{R2} = -\dfrac{R_2}{R_1 + R_2} U_Z$。

因 u_O 变为负值，电容 C 将通过 R_f 放电，使 u_C 按指数规律下降。在放电期间，只要 $u_C > u_{R2}$，输出电压就维持 $-U_Z$ 不变。直到 C 被反充电至 u_C 略低于 $u_{R2} = -\dfrac{R_2}{R_1 + R_2} U_Z$ 时，输出电压便突然由 $-U_Z$ 变为 $+U_Z$。此后，电容又要正向充电。如此，周期性地变化下去。电容不断地充电、放电，其端电压 u_C 在 $+\dfrac{R_2}{R_1 + R_2} U_Z$ 与 $-\dfrac{R_2}{R_1 + R_2} U_Z$ 之间变化。当 u_C 充电到 $+\dfrac{R_2}{R_1 + R_2} U_Z$ 时，比较器输出发生负跳变，从 U_Z 变为 $-U_Z$；而当 u_C 反向充电到 $-\dfrac{R_2}{R_1 + R_2} U_Z$ 时，比较器输出发生正跳变，从 $-U_Z$ 变为 U_Z。因此，电容电压 u_C 为三角波，而比较器输出 u_O 为矩形波。如图 3.3.17(b) 所示。

2. 三角波发生器

三角波发生器如图 3.3.18(a) 所示。它是由迟滞比较器 A_1 和反相积分器 A_2 构成。比较器的输入信号就是积分器的输出电压 u_O，而比较器的输出信号加到积分器的输入端。比较器产生方波，积分器产生三角波。

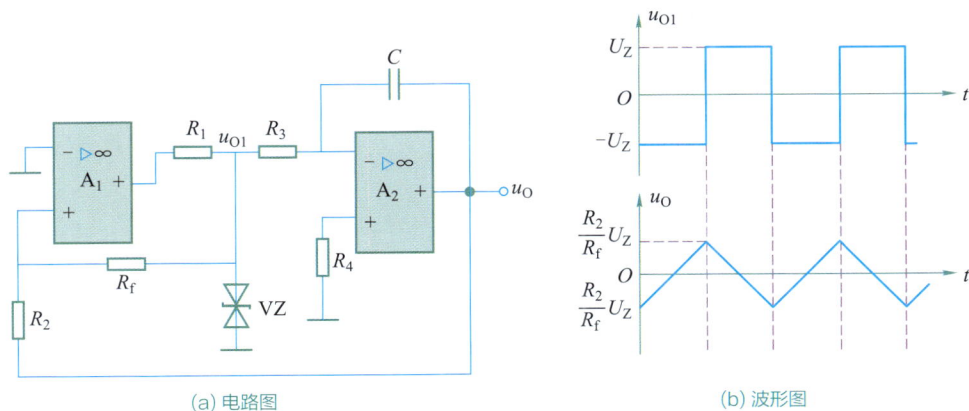

图 3.3.18　三角波发生器

(a) 电路图　　　(b) 波形图

由叠加定理，A_1 同相输入端的输入电压为

$$u_+ = \frac{R_2}{R_2 + R_f} u_{O1} + \frac{R_f}{R_2 + R_f} u_O \tag{3.3.22}$$

笔 记

式中，u_{O1}为比较器A_1的输出电压，其值等于双向稳压管的稳压值$\pm U_Z$。由式(3.3.22)可见，u_+既受比较器输出电压的影响，又受积分器输出电压的影响。当$u_{O1}=+U_Z$时，积分器的输入电压为正值，其输出电压u_O随时间线性下降，同时使u_+亦下降。当u_+由正值过零变负时，比较器A_1翻转，其输出电压u_{O1}由$+U_Z$迅速跃变为$-U_Z$。此时积分器的输出电压也降至最低点。

此后，由于积分器的输入电压为负值$(-U_Z)$，其输出电压u_O随时间线性上升，同时使u_+亦上升。当u_+由负值过零变正时，比较器A_1翻转，其输出电压u_{O1}由$-U_Z$迅速跃变为$+U_Z$。此时积分器的输出电压也升至最高点。

此后，由$u_{O1}=+U_Z$，又重复前述过程。如此周期性地变化下去。这样，在比较器的输出端产生矩形波，积分器的输出端产生三角波，如图 3.3.18(b) 所示。矩形波的幅值为U_Z，三角波的幅值为$\dfrac{R_2}{R_f} U_Z$。

可以证明，三角波的周期为 $\qquad T=\dfrac{4R_2}{R_f} R_3C$ $\hspace{2cm}$ (3.3.23)

由式 (3.3.23) 可知，改变 R_2 与 R_f 之比值或 RC 充放电电路的时间常数，就可改变输出电压的频率。

此外，改变积分电路的输入电压值（即被积电压）也可以改变输出三角波的频率。图 3.3.19 即为频率可调的三角波产生电路。调节电位器 R_P 减小被积分电压，则积分电路输出电压 u_O 使比较器同相端输入电压 u_+ 为零所需时间增加，三角波频率降低。

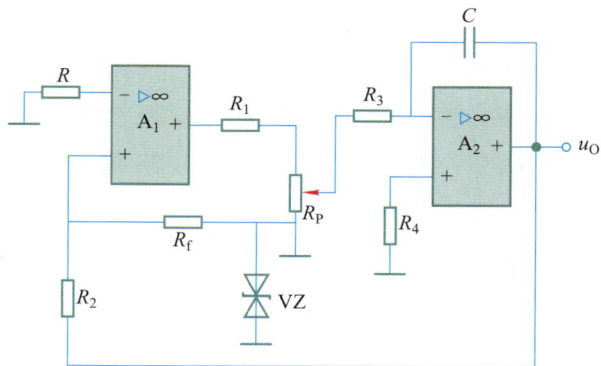

图 3.3.19
频率可调的三角波发生器

3. 锯齿波发生器

将图 3.3.18 中三角波发生器的电路稍加改动，即在电阻 R_3 两端并联一个二极管 VD 与电阻 R_5 串联的支路，就成为锯齿波发生器，如图 3.3.20(a) 所示。图中，$R_5 \ll R_3$。

当比较器的输出 u_{O1} 为 $-U_Z$ 时，二极管 VD 截止，积分器的积分时间常数为 R_3C，电容被充电，u_O 线性上升，形成锯齿波的正程；当 u_{O1} 为 $+U_Z$ 时，二极管导通，积分时间常数为 $(R_5 /\!/ R_3)C$，因 $R_5 \ll R_3$，故电容迅速放电，使 u_O 急剧下降，形成短暂的锯齿波回程。由此可见，锯齿波发生器就是在三角波发生器基础上，使积分器的充电时间常数远大于放电时间常数即可。锯齿波形如图 3.3.20(b) 所示。

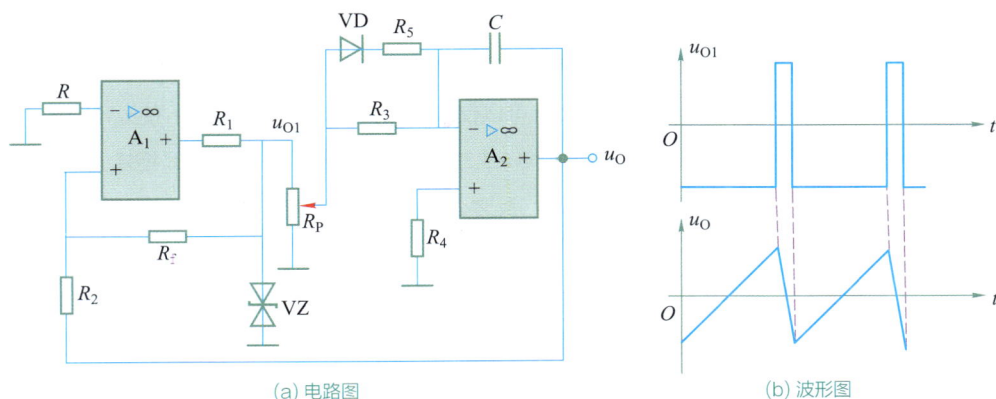

(a) 电路图　　　(b) 波形图

图 3.3.20
锯齿波发生器

3.3.5　集成运放应用的一些实际问题

　　国内外的集成运放种类繁多，应用非常广泛。除通用型集成运放外，还有很多特殊型运放，它们的部分性能比通用型好得多。例如，高输入阻抗型，主要用作测量放大器、模拟调节器、有源滤波器及采样－保持电路；高精度型，一般用于精密检测、自控仪表等；高速型，一般用于快速模数和数模转换器、有源滤波器、精密比较器、高速采样－保持电路和视频放大器等要求输出对输入响应迅速的情况；低功耗型，一般用于遥测、遥感、生物医学和空间技术等要求能源消耗有限制的场合。

　　除了根据用途和要求正确选型之外，为了能达到使用要求和精度，避免在调试过程中损坏，在调试、使用时还应注意以下问题。

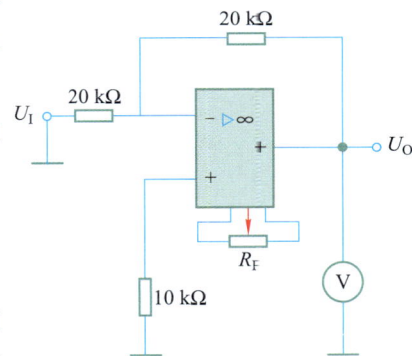

图 3.3.21
集成运放调零

1. 调零

　　失调电压、失调电流的存在，使得实际集成运放当输入信号为零时，输出不为零。为此，有些集成运放在引脚中设有调零端子，接上调零电位器可进行调零。电位器应选用精密的线绕电位器。调零时，将电路的输入端接地，调整电位器 R_P，同时，用直流电压表最低挡测输出电压，使输出电压为零即可，如图 3.3.21 所示。

　　有些集成运放没设调零端，例如有些双运放、凹运放就不设调零端。为此，使用中可采取辅助调零的办法，如图 3.3.22 所示。

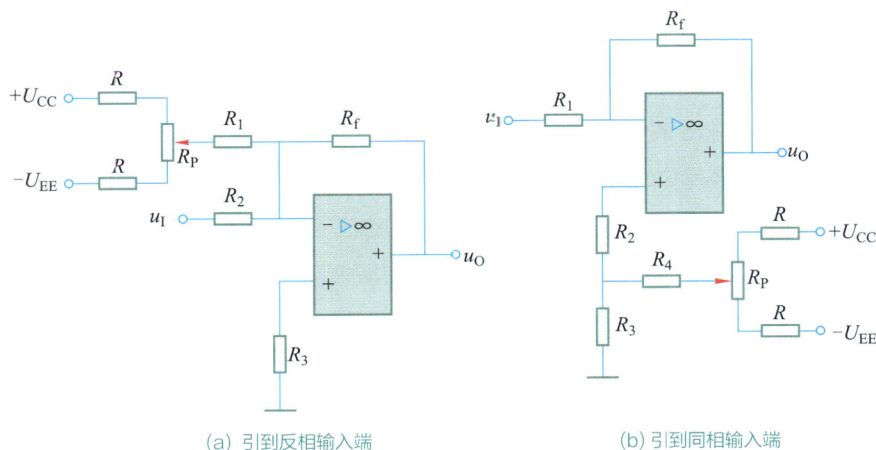

(a) 引到反相输入端　　　　　　(b) 引到同相输入端

图 3.3.22
辅助调零措施

笔 记

这个方法就是在输入端引入直流电位（电流）以抵消失调所引起的输出对零点的偏移。比如，图 3.3.22(a) 所示的调零电路引到反相输入端，调零电位器 R_P 中点的电位为 0，输入信号为零时，若输出电压 $u_O>0$，可以使 R_P 的滑动触头移向 $+U_{CC}$，使 u_O 降至零；反之，若 $u_O<0$，则使触头移向 $-U_{EE}$。图 3.3.22(b) 所示的调零电路引到同相输入端，若 $u_I=0$ 时 $u_O>0$，则应将滑动触头移向 $-U_{EE}$；反之，若 $u_O<0$，则移向 $+U_{CC}$。

2. 消除自激

集成运放在工作时很容易产生自激振荡，此时用示波器接在输出端，可看到输出信号上叠加了波形近似正弦的高频振荡，偶尔也有出现低频振荡的情况。产生振荡的原因将在第 5 章振荡器中有详细分析。为了消除自激，有些集成运放在内部已做了消振电路，有些集成运放则引出消振端子，外接 RC 消振网络。在实际应用中，为了使电路稳定，有些电路分别在运放的正、负电源端与地之间并接上几十 μF 与 0.01 ~ 0.1 μF 的电容，有些在反馈电阻两端并联电容。有些在输入端并联一个 RC 支路，如图 3.3.23 所示。

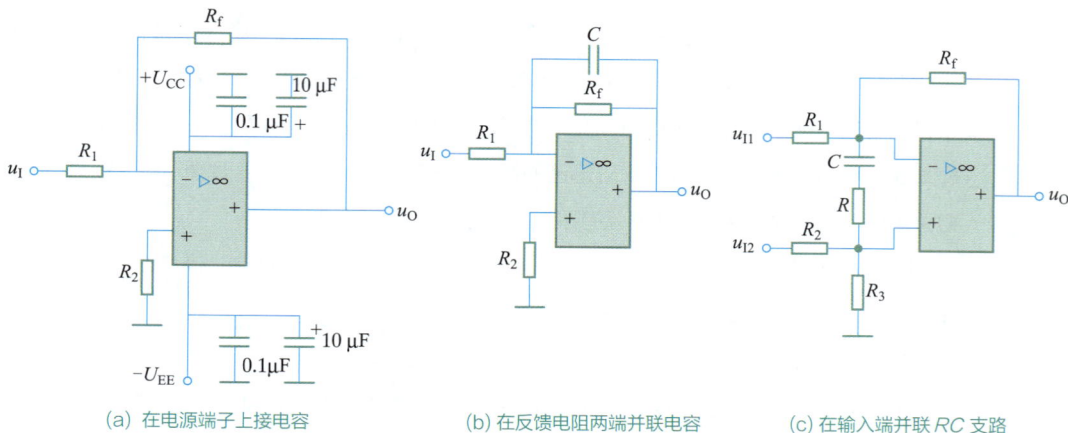

图 3.3.23
集成运放的消振电路

(a) 在电源端子上接电容   (b) 在反馈电阻两端并联电容   (c) 在输入端并联 RC 支路

3. 保护措施

在使用过程中，由于电源极性接反、输入信号过大、输出端负载过重等原因会造成集成运放损坏。因此，除操作过程中加以注意外，还应在电路上采取一定的保护措施。

（1）输入保护

集成运放的差模或共模输入信号电压过高会引起其输入级损坏。为此，可在集成运放输入端并接极性相反的两只二极管，以将输入电压限制在二极管导通电压之内，如图 3.3.24 所示。

（2）输出保护

输出端保护是为了防止输出碰到过电压时使输出级击穿，可采用图 3.3.25 所示电路。正常工作时，输出电压小于双向稳压管的稳压值，双向稳压管相当于开路。当输出端电压大于稳压管稳压值时，稳压管将击穿，使集成运放负反馈加深，将输出电压限制在稳压范围内。

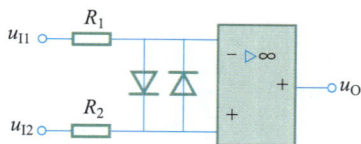

图 3.3.24
输入保护

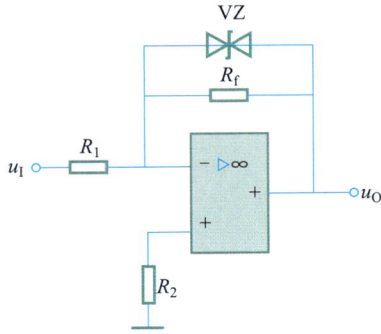

图 3.3.25
输出保护

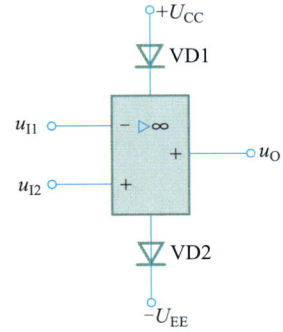

图 3.3.26
电源极性错接保护

（3）电源极性错接保护

图 3.3.26 为电源极性错接保护电路，它是利用二极管的单向导电性来防止电源极性接错造成集成运放损坏的。由图可见，当电源极性接反时，二极管截止，相当于电源断路，从而保护了集成运放。

习题

3.1　在题 3.1 图所示电路中，请判别由电阻 R_f 引入的为何种反馈。

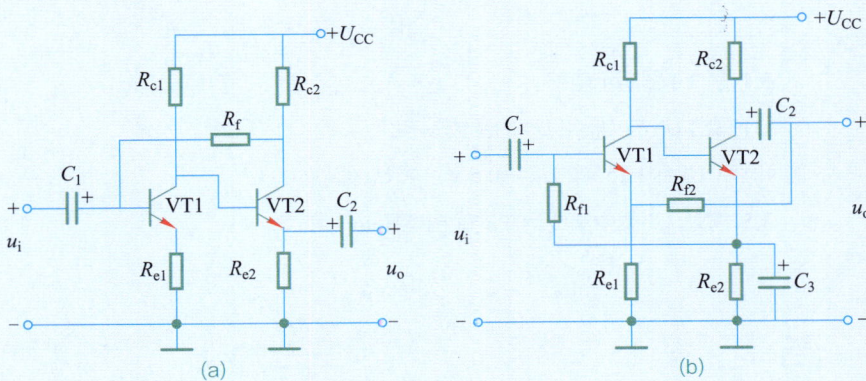

(a)

(b)

题 3.1 图

3.2　判断题 3.2 图所示电路中各有何种反馈。

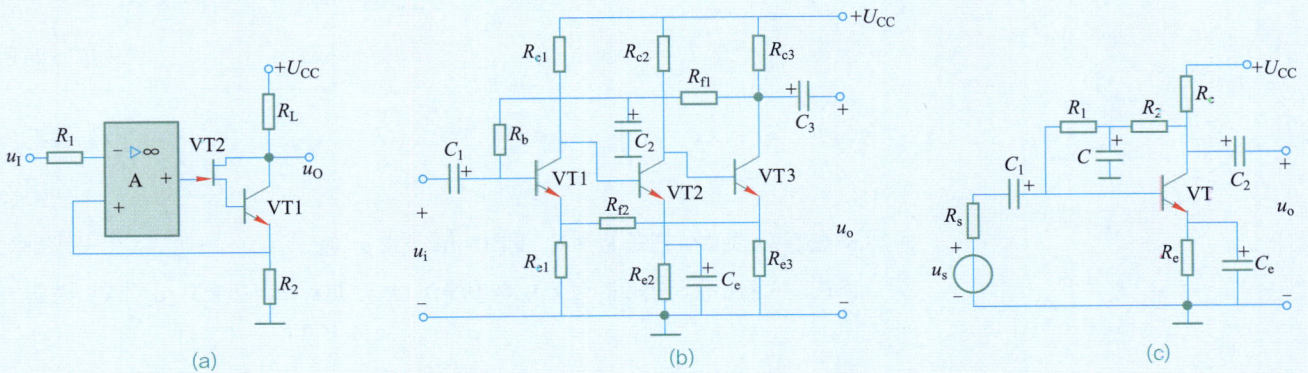

(a)

(b)

(c)

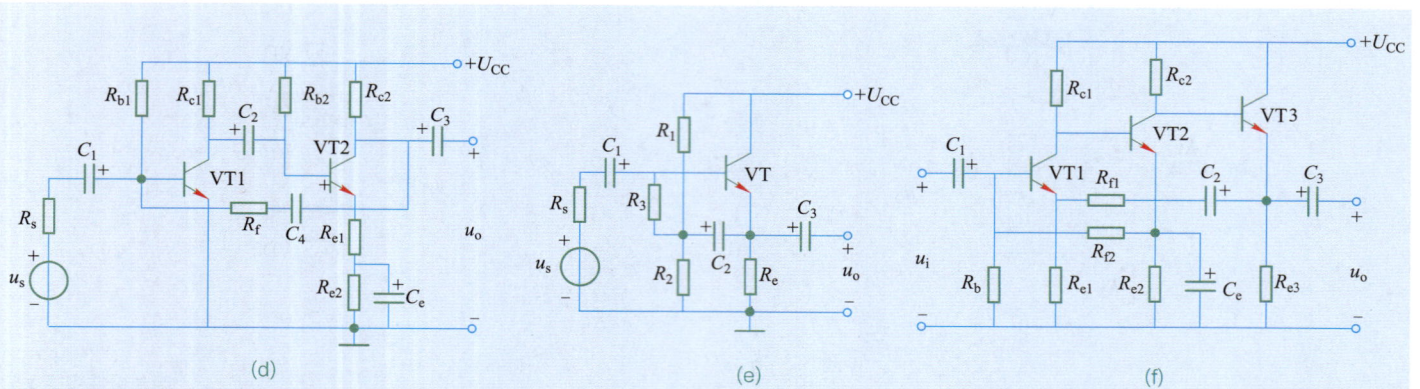

题 3.2 图

3.3　在题 3.3 图 (a) 所示电路中，$R_1=R_2=R_f$，输入信号 u_{S1} 和 u_{S2} 的波形如题 3.3 图 (b) 所示，试画出输出电压 u_O 的波形。

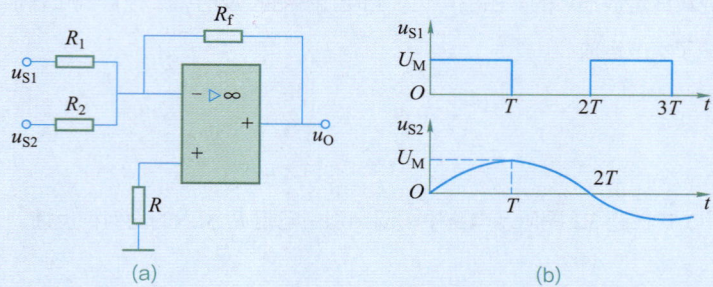

题 3.3 图

3.4　题 3.4 图所示电路。

(1) 写出 U_O 与 U_{I1} 和 U_{I2} 的函数关系。

(2) 若 $U_{I1}=+1.25\text{ V}$，$U_{I2}=-0.5\text{ V}$，求 U_O 值。

3.5　求题 3.5 图中集成运放的输出电压 u_{21}。

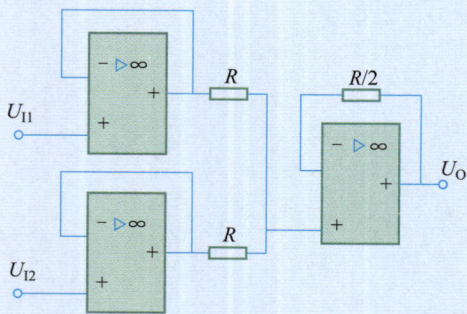

题 3.4 图

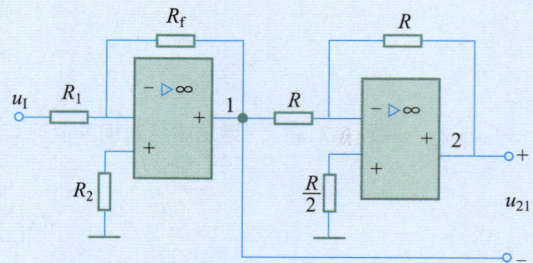

题 3.5 图

3.6　在题 3.6 图中，已知 $R_f=5R_1$，$u_1=10\text{ mV}$，求 u_O 值。

3.7　在题 3.7 图中，已知 $R_1=2\text{ k}\Omega$，$R_f=10\text{ k}\Omega$，$R_2=2\text{ k}\Omega$，$R_3=18\text{ k}\Omega$，$u_1=1\text{ V}$，求 u_O 值。

3.8　在题 3.8 图中，已知 $u_I=10$ mV，求 u_{O1}、u_{O2} 及 u_O。

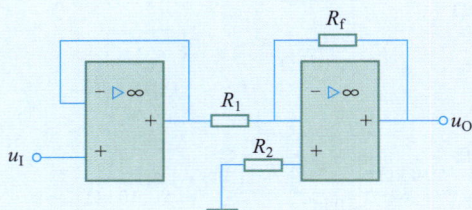

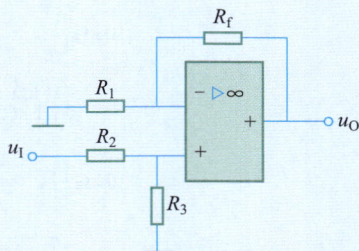

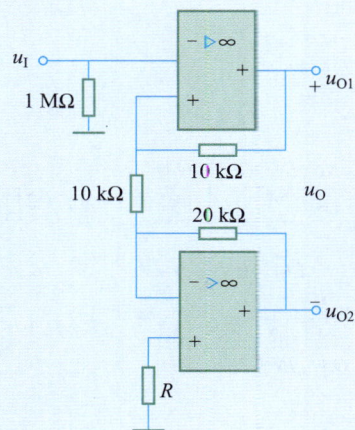

题 3.6 图　　　　　　　题 3.7 图　　　　　　　题 3.8 图

实验与技能操作训练

笔 记

实验　集成运放基本运算电路的制作与测试

一、实验与制作目的

1. 学习集成运放的基本使用方法。

2. 掌握集成运放基本运算电路的测试方法。

3. 提高学生的动手能力。

二、预习要求

1. 复习集成运放的工作原理，并了解集成运放主要参数的意义。

2. 复习用双踪示波器测量信号电压及相位的方法。

三、实验原理

集成运算放大器（简称集成运放）是一种高放大倍数、直接耦合的多级直流放大器。它具有很高的开环电压增益、高输入电阻、低输出电阻，并具有较宽的通频带。因此，在电子技术领域里得到广泛的应用。本实验介绍由通用型集成运放 LM741 组成的一些基本运算电路及其测试方法。集成运放 LM741 的引脚排列顺序及符号如图 E3.1 所示，图中调零电位器接在 1、5 两端，调零电源为负电源。实验电路如图 E3.2 所示。

1. 比例放大器

只要将输入信号从 A（或 B）端输入，反馈信号由电阻 R_f 从输出端引到反相输入端，其余各端不用，这样就可构成一个比例放大器。根据"虚短"和"虚断"的概念，很容易得出输出与输入之间的关系，即 $u_O=-u_IR_f/R_1$。由此可以看出，输出与输入电压的比例关系仅与 R_f、R_1 有关，而与集成运放本身的参数无关。图中集成运放的同相输入端接有两只并联的电阻 R_3 和 R_4，称为平衡电阻，用以避免由于电路的不平衡而产生误差电压。

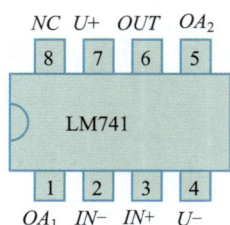
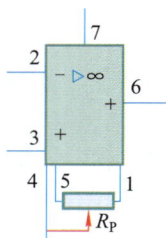

图 E3.1
LM741 的引脚排列顺序及符号

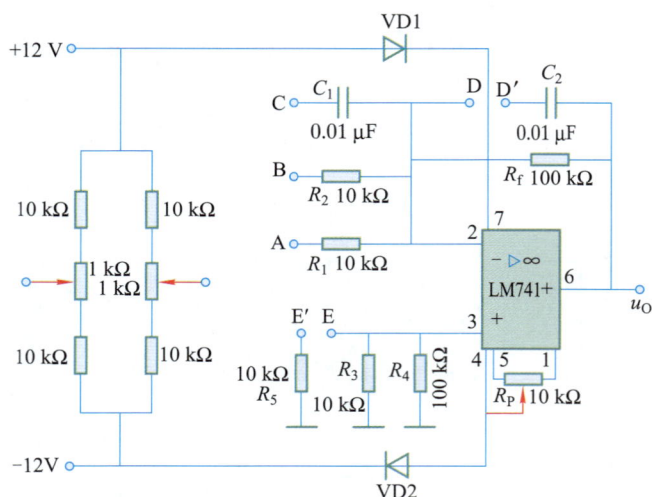

图 E3.2
实验电路图

笔 记

在测试时，通常在反相输入端加上直流小信号（或正弦小信号），测出输入、输出电压的大小，就可求出比例放大器的比例系数。本次实验中，输入信号是由图 E3.2 所示的分压电路产生的。由图上可以看出，它是利用电阻分压原理而构成的简单直流信号源，可输出两路直流小信号。当电位器的滑动触头处于中间位置时，输出电压为零；当电位器的滑动触头上移时，输出正电压信号，反之输出负电压信号。因此，在实验中，只要适当调节电位器，就可获得所需要的直流小信号。

2. 加法器电路

需作加法运算的两个输入信号分别从 A 和 B 端输入，反馈信号依然由反馈电阻 R_f 引入，这就构成一个加法器。根据"虚短"和"虚断"的概念，可得出

$$u_O = -R_f\left(\frac{u_1}{R_1} + \frac{u_2}{R_2}\right)$$

因电路中 $R_1 = R_2 = 10\ \text{k}\Omega$，$R_f = 100\ \text{k}\Omega$，故有

$$u_O = -10(u_1 + u_2)$$

这实际上是一个反相比例加法器。

在此电路中，应将实验电路中的 E、E′ 两点短接，以保证电路中集成运放两输入端的电阻平衡，减小其输出误差。

3. 积分器电路

输入信号从电路中的 A（或 B）端输入，并将电路中的 D、D′ 两点短接，此时引入的电容 C_2 为反馈元件，这样就构成一个积分器。根据前述的两个重要结论，便可得到

$$u_O = -\frac{1}{R_1 C_2}\int u_1 \mathrm{d}t$$

当输入信号为一恒定不变的电压时，由上式可以得出

$$u_O = -\frac{u}{R_1 C_2} t$$

该式表明，当输入信号为一恒定电压 u_I 时，输出电压的绝对值将随时间 t 线性地增大。因此在这里应该注意到，由于实际的运放存在失调电压和电流，这个直流分量将给电容 C_2 持续充电，若时间足够长，就会造成输入信号 u_I 为零时输出不为零，并且有可能误差很大。为了克服这一缺点，往往在反馈电容 C_2 两端并接一个阻值较大的电阻。在此电路中，没有把电阻 R_f 从电路中断开，其原因就在于此。

4. 微分器电路

输入信号 u_I 从电路中的 C 端输入，并将电路中的 D、D′ 两点短接，这样就组成一个微分器。由于集成运放的反相输入端"虚地"，对其取节点电流方程，即有

$$C_1 \frac{du_I}{dt} + \frac{u_O(t)}{R_f} = 0$$

$$u_O(t) = -R_f C_1 \frac{du_I}{dt}$$

若有输入信号 $u_I = U_m \sin \omega t$，则 $u_O = -R_f C_1 \omega U_m \cos \omega t$。由此可以看出，输出电压的幅值将随输入信号频率的增高而增大。因此微分电路对高频噪声特别敏感，以致有可能输出的噪声淹没有用信号。为了解决这个问题，往往在 R_f 两端并接一个电容。在此电路中将电容 C_2 接入电路，目的就是将高频噪声旁路掉。

四、仪器及设备

双踪示波器 1 台；双路直流电源 1 台；函数发生器 1 台；实验线路板 1 块；万用表 1 块。

五、实验内容

实验电路如图 E3.2 所示。电路中的两只二极管 VD1 和 VD2 是为了避免电源的极性接错损坏器件而接入的保护二极管。熟悉实验板后，引入 ±12 V 双路电源。首先对运放电路进行调零，然后完成以下测试内容。

1. 比例运算电路的测试

分别输入 0.2 V、0.4 V 直流信号，测量相应的输出电压，并将测量值与理论计算值填入自拟的表中。

2. 加法运算电路的测试

输入三组直流信号（+0.2 V、−0.1 V；−0.2 V、+0.1 V；+0.2 V、−0.2 V），分别测量出它们的输出电压，并将测量值与理论计算值填入自拟的表中。

3. 积分运算电路的测试

(1) 输入信号为 1 kHz 的正弦信号，其 $U_{P-P} = 1$ V。用双踪示波器观察并记录输入与输出信号的波形、相位关系及输出信号的 U_{OP-P}。

(2) 输入信号为 1 kHz 的方波信号，其 $U_{P-P} = 1$ V。用示波器观察并记录输入、输出信号的波形及输出信号的 U_{OP-P}。

4. 微分运算电路的测试

输入信号为 1 kHz 的方波信号，其 $U_{P-P} = 1$ V。用示波器观测并记录输入、输出信号

EDA 仿真实验：
差分放大器

的波形。

六、实验报告要求及思考题

(1) 整理实验数据及记录有关波形。

(2) 画出每项任务中相应的电路，标明元件的参数。将理论计算值与实验测得值相比较，分析产生误差的主要原因。

(3) 为何在使用集成运放时，首先要进行调零？总结对集成运放进行调零的操作步骤。

功率放大器是一种向负载提供功率的放大器。一般多级放大器总要带动一定的负载，如扬声器、继电器、仪表等，这都需要输出一定的功率，因而，一般多级放大器的最后一级都要设置为功率放大器。功率放大器简称功放。

4.1 功率放大器

在电压放大器中，由于被放大的主要是信号电压，因而主要指标是电压放大倍数及输入输出阻抗、频率特性等。而功率放大器主要考虑的是如何输出最大的不失真功率，即如何高效率地把直流电能转化为按输入信号变化的交流电能。功率放大器（简称功放）不但要向负载提供大的信号电压，而且要向负载提供大的信号电流。因此，功率放大器具有以下特点：

1. 输出功率足够大

为获得足够大的输出功率，要求功率放大器有很大的电压和电流变化范围，它们往往工作在接近极限运用状态。

2. 效率要高

任何放大器的作用实质上都是通过放大管的控制作用，把电源供给的直流功率转换为向负载输出的交变功率（信号功率）。这就有一个提高能量转换效率的问题。对于小信号的电压放大器来讲，由于输出功率较小，电源供给的直流功率也小，因此效率问题还不突出。但对于功放来讲，由于输出功率较大，效率问题就显得突出了。

3. 非线性失真要小

功率放大器是在大信号状态下工作，电压、电流摆动幅度很大，很容易超出管子特性的线性范围，产生非线性失真。因此，功率放大器比小信号的电压放大器的非线性失真严重。在实用中要采取措施减少失真，使之满足负载的要求。

此外，由于功放管承受的电压高、电流大、温度较高，因而功放管的保护问题和散热问题也需要解决。由于功率放大器工作于大信号状态，微变等效电路法已不适用，故采用图解法分析。

4.1.1 甲类功率放大器

按照功放管工作点位置的不同，功率放大器的工作状态可分为甲类放大、乙类放大和甲乙类放大等形式，如图 4.1.1 所示。图中，若静态工作点 Q 选在负载线线性段的中间，在整个信号周期内都有电流 i_c，导通角为 360°，其波形如图 4.1.1(a) 所示，称为甲类放大状态。若将静态工作点 Q 移至截止点，则 i_c 仅在半个信号周期内存在，导通角为 180°，其输出波形被削掉一半，如图 4.1.1(b) 所示，称为乙类放大状态。若将静态工作点设在线性区的下部

教学课件：
功率放大器

微课：功率放大电路

笔 记

动画：
功率放大器的
类型与效率

靠近截止点处，则输出波形被削掉少半个，如图 4.1.1(c) 所示。其 i_C 流通时间为多半个信号周期，导通角在 180° 与 360° 之间，称为甲乙类放大状态。

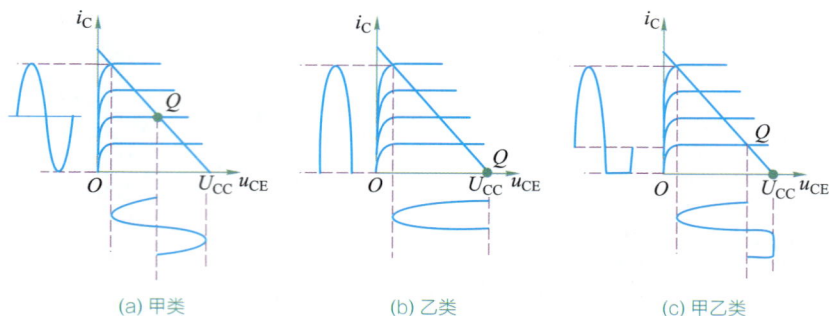

图 4.1.1
功率放大器工作状态

(a) 甲类   (b) 乙类   (c) 甲乙类

1. 阻容耦合放大器

图 4.1.2(a) 所示的阻容耦合放大器工作在甲类放大状态，其输出功率用图解法分析如图 4.1.2(b) 所示。

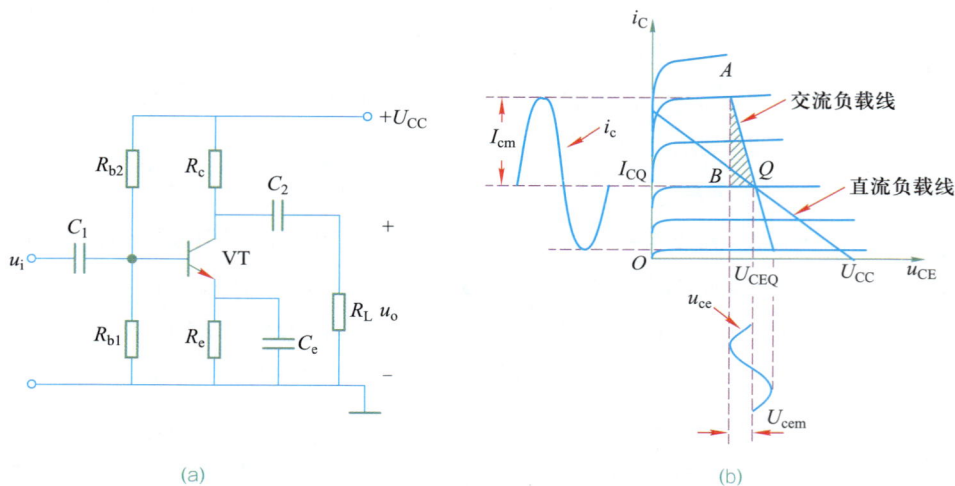

图 4.1.2
阻容耦合放大器

(a)   (b)

下面对电路的输出功率及效率进行分析估算。

（1）最大不失真输出功率 P_{om}

功放电路的最大不失真输出功率，是指在正弦信号输入下，失真不超过额定要求时，电路输出的最大信号功率，用放大电路的最大输出电压有效值和最大输出电流有效值的乘积来表示。在图 4.1.2 中，设 $R_L \ll R_c$，可认为 I_c 全部流入 R_L 支路（$I_c \approx I_o$），并设 C_e 足够大，其两端交流压降可略（$U_{ce}=U_o$），则有

$$P_{om}=\frac{U_{cem}}{\sqrt{2}}\frac{I_{cm}}{\sqrt{2}}=\frac{1}{2}U_{cem}I_{cm} \tag{4.1.1}$$

式中，U_{cem} 和 I_{cm} 分别表示最大不失真的集电极-发射极正弦电压的幅值和集电极正弦电流的幅值。显然，P_{om} 为三角形 ABQ 的面积。

（2）效率 η

功率放大器的效率是指负载得到的信号功率和电源供给的功率之比。在最大输出功率时，

笔记

功率放大器的效率为 η_{m}，即 $\quad\quad\quad \eta_{\mathrm{m}}=P_{\mathrm{om}}/P_{\mathrm{V}}$ $\quad\quad\quad\quad$ (4.1.2)

式中，P_{V} 为直流电源提供的功率，为

$$P_{\mathrm{V}}=\frac{1}{2\pi}\int_0^{2\pi}U_{\mathrm{CC}}i_{\mathrm{C}}\mathrm{d}(\omega t)$$

而 $\quad\quad\quad\quad i_{\mathrm{C}}=\bar{I}_{\mathrm{c}}+I_{\mathrm{cm}}\sin\omega t \approx I_{\mathrm{CQ}}+I_{\mathrm{cm}}\sin\omega t$

故 $\quad\quad\quad P_{\mathrm{V}}=\frac{1}{2\pi}\int_0^{2\pi}U_{\mathrm{CC}}(I_{\mathrm{CQ}}+I_{\mathrm{cm}}\sin\omega t)\mathrm{d}(\omega t)=U_{\mathrm{CC}}I_{\mathrm{CQ}}$ $\quad\quad$ (4.1.3)

则电路的效率为 $\quad\quad\quad \eta_{\mathrm{m}}=\dfrac{U_{\mathrm{cem}}I_{\mathrm{cm}}}{2U_{\mathrm{CC}}I_{\mathrm{CQ}}}$ $\quad\quad\quad\quad$ (4.1.4)

由式(4.1.3)可知，功率放大器工作在甲类状态时电源供给的功率与输出信号电流 i_{C} 无关。即无论有无信号输入输出，电源供给的功率是固定的。

（3）管耗

管耗即功放管消耗的功率，它主要发生在集电结上，称为集电极耗散功率 P_{T}。P_{T} 可由下式求出

$$P_{\mathrm{T}}=\frac{1}{2\pi}\int_0^{2\pi}u_{\mathrm{CE}}i_{\mathrm{C}}\mathrm{d}(\omega t)$$ $\quad\quad\quad\quad$ (4.1.5)

式中，u_{CE}、i_{C} 为总瞬时值，即

$$u_{\mathrm{CE}}=U_{\mathrm{CEQ}}-U_{\mathrm{cem}}\sin\omega t \quad\quad i_{\mathrm{C}}=I_{\mathrm{CQ}}+I_{\mathrm{cm}}\sin\omega t$$

所以

$$P_{\mathrm{T}}=\frac{1}{2\pi}\int_0^{2\pi}(U_{\mathrm{CEQ}}-U_{\mathrm{cem}}\sin\omega t)(I_{\mathrm{CQ}}+I_{\mathrm{cm}}\sin\omega t)\mathrm{d}(\omega t)$$

$$=U_{\mathrm{CEQ}}I_{\mathrm{CQ}}-\frac{1}{2}U_{\mathrm{cem}}I_{\mathrm{cm}}$$

$$=U_{\mathrm{CEQ}}I_{\mathrm{CQ}}-P_{\mathrm{om}}$$ $\quad\quad\quad\quad$ (4.1.6)

此式说明，当未加输入信号时，也就是输出功率 $P_{\mathrm{om}}=0$ 时管耗最大，为 $U_{\mathrm{CEQ}}I_{\mathrm{CQ}}$。当加入信号时，有了输出功率 P_{om}，此时的管耗便减小，所减小的部分正是输出的信号功率 P_{om}。

例 4.1.1　设图 4.1.2(a) 中 $R_{\mathrm{b1}}=12$ kΩ，$R_{\mathrm{b2}}=2$ kΩ，$R_{\mathrm{c}}=300$ Ω，$R_{\mathrm{e}}=51$ Ω，$U_{\mathrm{CC}}=12$ V，R_{L} 为一只 8 Ω 的扬声器。求最大不失真输出功率、效率及管耗。

解　利用已知参数，作出图 4.1.3 所示输出特性。图中，静态工作点为

$$I_{\mathrm{CQ}}=20 \text{ mA}, \quad U_{\mathrm{CEQ}}=5 \text{ V}$$

因 C_{e} 足够大，交流负载线的斜率仅由扬声器的 8 Ω 电阻决定。从交流负载线上可以得出，最大不失真的 $I_{\mathrm{cm}}=20$ mA，$U_{\mathrm{cem}}=0.16$ V，故有

$$P_{\mathrm{om}}=\frac{1}{2}U_{\mathrm{cem}}I_{\mathrm{cm}}=\frac{1}{2}\times 0.16 \text{ V}\times 20 \text{ mA}=1.6 \text{ mW}$$

$$P_{\mathrm{V}}=U_{\mathrm{CC}}I_{\mathrm{CQ}}=12 \text{ V}\times 20 \text{ mA}=240 \text{ mW}$$

$$\eta_{\mathrm{m}}=\frac{P_{\mathrm{om}}}{P_{\mathrm{V}}}=\frac{1.6 \text{ mW}}{240 \text{ mW}}=0.67\%$$

$$P_{\mathrm{T}}=U_{\mathrm{CEQ}}I_{\mathrm{CQ}}-P_{\mathrm{om}}=5 \text{ V}\times 20 \text{ mA}-1.6 \text{ mW}=98.4 \text{ mW}$$

可见，输出功率很小，效率很低。其重要原因之一是负载电阻过小。从交流负载线上可

笔 记

笔 记

以看出，尽管电流的变化幅度较大，但电压的变化幅度太小，因而输出功率不大。若能设法使交流负载线倾斜（靠加大负载电阻实现）到图中虚线的位置，则电压的变化幅度也比较大，从而可大大提高输出功率。然而，功率放大器所遇到的负载却常常有许多是低电阻的，为此，可采用下述变压器耦合放大器。

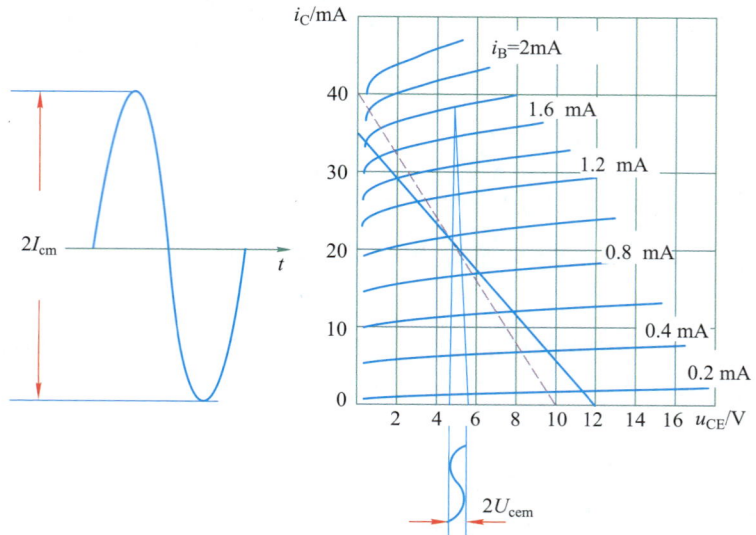

图 4.1.3
例 4.1.1 的图解

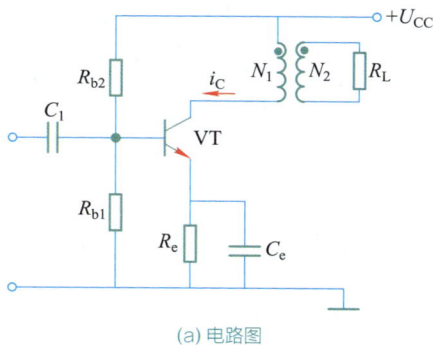

(a) 电路图

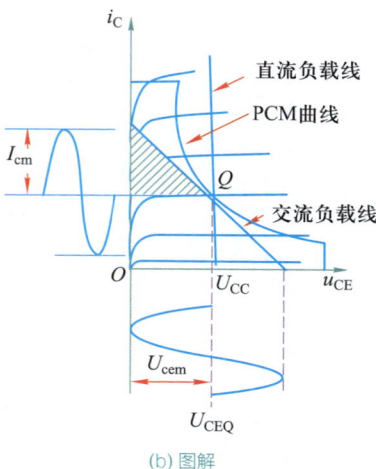

(b) 图解

图 4.1.4
变压器耦合单管功率放大器

2. 变压器耦合单管功率放大器

图 4.1.4(a) 所示为变压器耦合单管功率放大器的典型电路。图中，变压器一次侧接在集电极电路中，代替集电极负载电阻。利用变压器的阻抗变换作用，可将负载电阻 R_L 折算到变压器二次侧。在不考虑变压器损耗的理想情况下，折算到一次侧的等效交流电阻 R'_L 为

$$R'_L = n^2 R_L \tag{4.1.7}$$

式中，$n = N_1/N_2$ 为变压器的变比。这样，利用阻抗变换就可把交流负载电阻变换成我们所需要的数值。

考虑到变压器一次侧的直流电阻很小，发射极电阻 R_e 也很小时，直流负载线应是一条与横轴交于 $u_{CE}=U_{CC}$ 点、几乎与横轴垂直的直线，如图 4.1.4(b) 所示。静态工作点 Q 的确定取决于输出功率的要求，可调整 R_{b1}、R_{b2} 的分压比以改变 I_{BQ}，从而定出 I_{CQ} 及 U_{CEQ}。可将 Q 提高到靠近 P_{CM}（集电极最大允许耗散功率）线，获得尽可能大的输出功率。而交流负载线则是通过静态工作点 Q、斜率为 $-1/R'_L$ 的一条直线。斜率取值的多少应以输出的功率既最大又不失真为最佳，此时的 R'_L 称为最佳负载电阻。理想情况下，即忽略管子的 U_{CES}、I_{CEO} 并使管子极限运用，则 $U_{cem}=U_{CC}$，$I_{cm}=I_{CQ}$，交流负载线是与横轴交于 $2U_{CC}$、与纵轴交于 $2I_{CQ}$ 的斜线，如图 4.1.4(b) 所示。此时的输出功率最大，为

$$P_{om} = \frac{1}{2} U_{cem} I_{cm} \approx \frac{1}{2} U_{CC} I_{CQ} \tag{4.1.8}$$

输出最大功率时电路的效率 η_m 最大，为

$$\eta_m = \frac{U_{cem} I_{cm}}{2 U_{CC} I_{CQ}} = \frac{U_{CC} I_{CQ}}{2 U_{CC} I_{CQ}} = \frac{1}{2} = 50\% \tag{4.1.9}$$

由式 (4.1.9) 可见，变压器耦合的单管功率放大器理想效率为 50%，比前述阻容耦合放大器的效率提高了很多。不过，在实际电路中，由于存在变压器损耗，以及管子饱和压降及 R_e 上压降等原因，实际效率还低得多。比如，设变压器的效率为 η_T（小型变压器的 η_T 一般为 0.75~0.85），则放大器输出最大功率时的总效率应为

$$\eta'_m = \eta_m \eta_T \tag{4.1.10}$$

4.1.2　推挽功率放大器

前述甲类功率放大器中，即使是最理想情况下，其效率也只有 50%。也就是说，电源供出的功率至少有一半消耗在放大电路内部。欲提高效率，需从两方面着手：一是增加放大电路的动态范围，以增加输出功率；二是减小电源的供给功率。后者要求在 U_{CC} 一定的条件下减少静态电流 I_{CQ} [见式 (4.1.3)]。若把 I_{CQ} 降为零，即工作于乙类状态，静态损耗虽然下降了，但输出波形被削掉了一半，会出现严重失真。为了既提高放大电路的效率同时又能减少信号的波形失真，通常采用工作于乙类或甲乙类的推挽功率放大器。

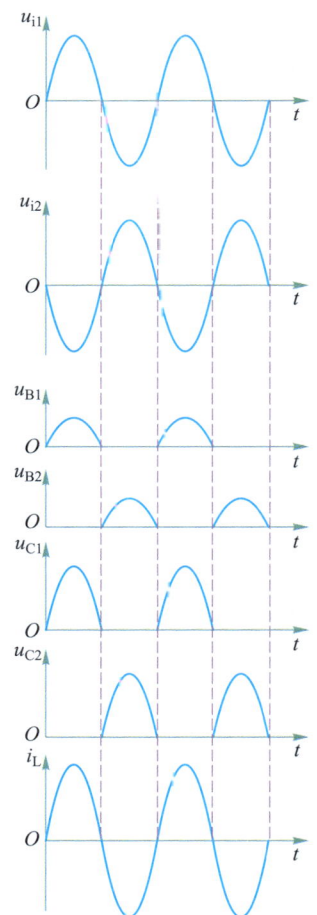

图 4.1.5
推挽功率放大器

1. 电路组成与工作原理

图 4.1.5 是典型的推挽功率放大器，由两只型号及参数相同的晶体管 VT1 和 VT2，以及输入变压器 T1、输出变压器 T2 组成。T1 二次绕组中心抽头的作用是使输入信号对称地输入，以便给 VT1 和 VT2 两管的基极加上大小相等、相位相反的信号。T2 一次绕组中心抽头的作用则是将 VT1 和 VT2 的集电极电流耦合到 T2 二次侧，向负载输出功率。

VT1、VT2 两管工作在甲乙类放大状态。静态时，两管静态电流 I_{C1}、I_{C2} 很小，故电源供给的功率很小。而且，由于两管电路对称，$I_{C1}=I_{C2}$，这两个电流分别流过输出变压器一次绕组的两部分 N_1 与 N_2（N_1 与 N_2 绕向一致），流向相反，因而铁芯中无磁通，二次绕组及负载 R_L 中无电流。

有正弦信号 u_i 加入时，便在输入变压器 T1 二次侧感应出大小相等、方向相反（对中心抽头——"地"而言）的信号 u_{i1}、u_{i2}，分别加在 VT1、VT2 的输入回路中。设某半个周期 u_{i1} 为正，则 u_{i2} 为负，于是有 VT1 导通、VT2 截止，i_{C1} 流过 T2 一次绕组的 N_1 部分，在负载上输出半个正弦波；在另半个周期 u_{i1} 为负，u_{i2} 为正，VT1 截止、VT2 导通，i_{C2} 流过 T2 一次绕组的 N_2 部分（i_{C2} 流向与 i_{C1} 的相反），在负载上输出另半个正弦波。因此，在信号的一个周期内，两管是轮流导通交替工作的，两管的集电极电流按相反方向交替流过输出变压器一次侧的半个绕组，因而在输出变压器二次回路中便得到一个完整的正弦波负载电流 i_L 了。几个主要部分的电压和电流波形见图 4.1.6。

因为这两个管子轮流工作，很像一推一拉，故称为推挽放大器。

应当说明，上述推挽功放中管子之所以工作在甲乙类状态而不是工作在乙类状态，是为了减少"交越失真"。如果工作于乙类状态，即将两管的静态工作点取在晶体管输入特性曲线的截止点，没有基极偏流。这时由于管子输入特性有一段死区，特性曲线开始部分非线性又比较严重，因而在两管交替工作点的前后，会出现一段两管电流均为零或增长缓慢而使负载电流也为零或增长缓慢的一段时间，使输出波形出现了交越失真，如图 4.1.7(a) 所示。为

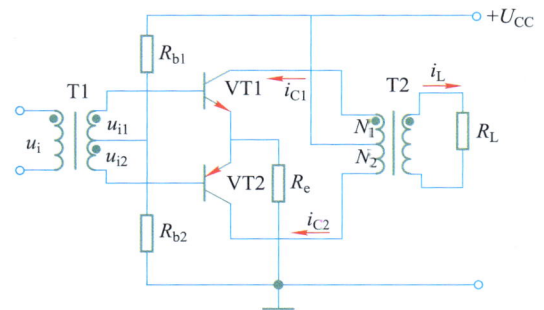

图 4.1.6
推挽功率放大器的电压和电流波形图

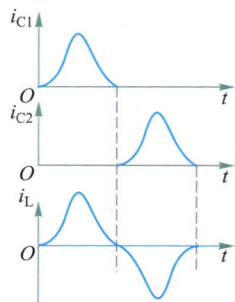

（a）产生交越失真

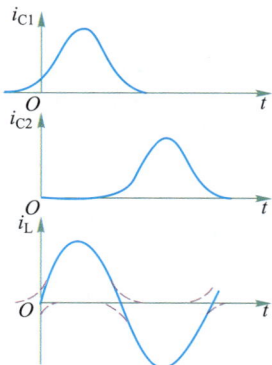

（b）消除交越失真

图 4.1.7
交越失真的产生与消除波形图

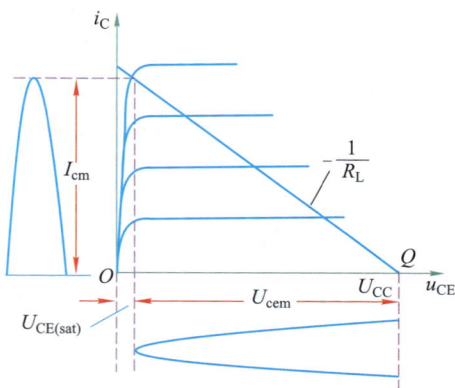

图 4.1.8
单个推挽管的工作波形

了减少交越失真，可使两管的工作点稍高于截止点，即在两管发射结加上很小的正偏压（由图 4.1.5 中 R_{b1}、R_{b2}、R_e 组成的工作点稳定电路提供），使两管各有一很小的静态电流 I_c，放大器工作于甲乙类状态。这样，便可以减少交越失真，波形如图 4.1.7(b) 所示。由于 I_c 很小，也不会对效率有很大影响。

2. 输出功率、效率的估算

忽略静态电流 I_c，可将功放管 VT1、VT2 按乙类电路估算。由于推挽电路两管完全对称，因此在做定量分析时，只要分析一个管子的情况就可以了。

（1）输出功率

图 4.1.8 为单个推挽管的工作情况。图中忽略了饱和压降 U_{CES} 及穿透电流 I_{CEO}。即按理想情况对待。由图可知，输出电压最大幅值 $U_{cem}=U_{CC}$，输出电流最大幅值为

$$I_{cm}=\frac{U_{cem}}{R'_L}=\frac{U_{CC}}{R'_L}$$

则最大输出功率为

$$P_{om}=\frac{1}{2}U_{cem}I_{cm}=\frac{1}{2}\cdot\frac{U_{cem}^2}{R'_L}=\frac{1}{2}\cdot\frac{U_{CC}^2}{R'_L} \tag{4.1.11}$$

式中，R'_L 是每管集电极回路等效负载电阻。令输出变压器一次绕组匝数的一半为 N_1，二次绕组匝数为 N_2，$n=\frac{N_1}{N_2}$，则

$$R'_L=\left(\frac{N_1}{N_2}\right)^2 R_L=n^2 R_L \tag{4.1.12}$$

（2）效率

直流电源供给的功率为

$$P_V=\frac{1}{2\pi}\int_0^{2\pi}U_{CC}(i_{C1}+i_{C2})\mathrm{d}(\omega t)$$
$$=\frac{1}{\pi}\int_0^{\pi}U_{CC}i_{C1}\mathrm{d}(\omega t)=\frac{U_{CC}}{\pi}\int_0^{\pi}I_{cm}\sin\omega t\mathrm{d}(\omega t)$$
$$=\frac{2}{\pi}U_{CC}I_{cm} \tag{4.1.13}$$

由式 (4.1.13) 可以看出，推挽功放中电源给出的功率与输出信号电流的幅值 I_{cm} 成正比。当无信号输入时，$I_{cm}=0$，则 $P_V=0$，静态时电源不给出能量；在输入小信号时，I_{cm} 小，P_V 就小，输入大信号时，I_{cm} 大，P_V 就大。也就是说，电源供给的能量随输入输出信号的大小自动调节，显然要比甲类放大状态效率高。

电路在最大输出功率时的效率为

$$\eta_m=\frac{P_{om}}{P_V}=\frac{\frac{1}{2}U_{cem}I_{cm}}{\frac{2}{\pi}U_{CC}I_{cm}}=\frac{\pi}{4}\cdot\frac{U_{cem}}{U_{CC}}$$
$$=\frac{\pi}{4}=78.5\% \tag{4.1.14}$$

可见，推挽功率放大器的效率比单管（工作于甲类）功率放大器的效率提高了不少。当然，考虑到变压器的效率等因素，推挽功率放大器的实际效率还要低。比如，输出变压器效率为 η_T 时，上述最大输出功率时的效率应为

$$\eta'_m=\eta_m\eta_T \tag{4.1.15}$$

3. 管耗

与甲类放大电路相比较，乙类推挽放大电路的特点是在静态下管子电流基本为零，因此，

无输入信号时管耗很小，当有输入信号时，管子就出现集电极电流。在管子的集电极电流振幅 I_{cm} 很小时，管耗 P_c 也很小，这是比较容易理解的。但是，我们不能简单地认为 I_{cm} 越大，P_c 就越大。因为，任何时刻的管耗 p_c 虽然总等于该时刻的管流 i_c 与 U_{cc} 的乘积，即

$$P_c = i_c \cdot U_{cc} \tag{4.1.16}$$

但是管耗越大，集电极交流负载电阻上的压降越大，而管压降越小，因此，p_c 在正弦波一个周期内的平均值 P_c（也称为平均管耗），就不见得总是随着 I_{cm} 的增大而增大，当 I_{cm} 大过某一数值后，I_{cm} 越增加，平均管耗 P_c 反而随着越小，如图4.1.9(a)、(b)、(c) 所示的情形。由图可见，当 I_{cm} 为某一中间值时，P_c 为最大，所以只从最大输出时的情况来估算所需要的管耗，可能没有考虑到最坏的（管耗最大）的情况。为此，我们先来建立 P_c 与 I_{cm} 之间的关系式，再看在什么情况下 P_c 为最大。

已知：
$$P_c = P_V - P_o \tag{4.1.17}$$

又知
$$P_V = U_{CC} I_d = \frac{2}{\pi} U_{CC} I_{cm} \quad \text{（两管）} \tag{4.1.18}$$

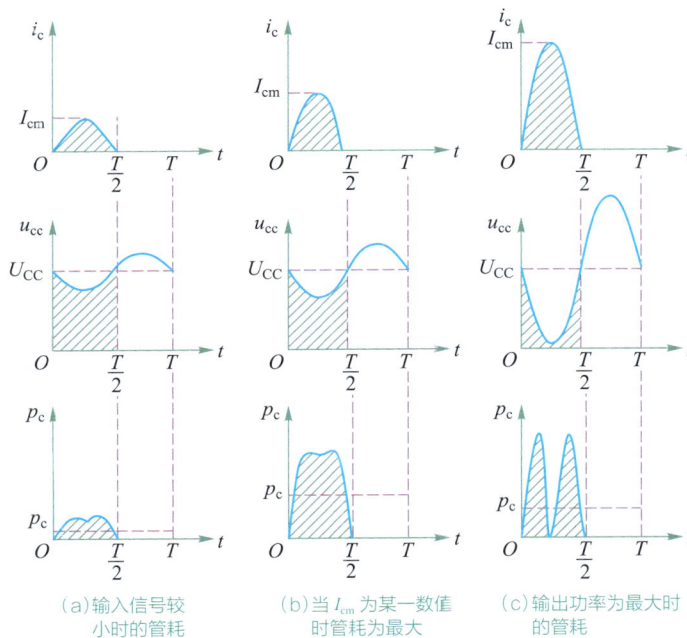

(a) 输入信号较小时的管耗

(b) 当 I_{cm} 为某一数值时管耗为最大

(c) 输出功率为最大时的管耗

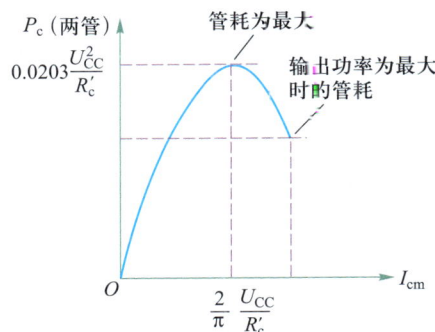

(d) 管耗和 I_{cm} 的关系

图 4.1.9
在不同输入信号幅度下的管耗

笔 记

$$P_o = \left(\frac{I_{cm}}{\sqrt{2}}\right)^2 R_c' = \frac{1}{2} I_{cm}^2 R_c' \qquad （两管） \qquad (4.1.19)$$

故得

$$P_c = \frac{2}{\pi} U_{CC} I_{cm} - \frac{1}{2} I_{cm}^2 R_c' \qquad （两管） \qquad (4.1.20)$$

由式 (4.1.20) 可以看出：当 I_{cm} 很小时，P_c 很小，但当 I_{cm} 很大时，第二项 I_{cm}^2 增加较快，也使 P_c 减小，它们之间的关系如图 4.1.9(d) 所示。同时可以求得使 P_c 为最大的 I_{cm} 的值：

$$I_{cm} = \frac{2}{\pi} \frac{U_{CC}}{R_c'} \qquad (4.1.21)$$

将式 (4.1.21) 代入式 (4.1.20) 可得出最大管耗：

$$\begin{aligned}
P_{c\,max} &= \frac{2}{\pi} U_{CC}\left(\frac{2}{\pi} \frac{U_{CC}}{R_c'}\right) - \frac{1}{2}\left(\frac{2}{\pi} \frac{U_{CC}}{R_c'}\right)^2 R_c' \\
&= \frac{4}{\pi^2} \frac{U_{CC}^2}{R_c'} - \frac{2}{\pi^2} \frac{U_{CC}^2}{R_c'} \\
&= \frac{2}{\pi^2} \frac{U_{CC}^2}{R_c'} \approx 0.203 \frac{U_{CC}^2}{R_c'} \qquad （两管）
\end{aligned} \qquad (4.1.22)$$

下面再进一步找出最大管耗与理想化最大输出功率之间的关系，由前面的论述可知，理想化最大输出功率为

$$P_{o\,max}' = \frac{1}{2} \frac{U_{CC}^2}{R_c'} \qquad (4.1.23)$$

故得

$$\frac{U_{CC}^2}{R_c'} = 2P_{o\,max}' \qquad (4.1.24)$$

将此式代入式 (4.1.22) 即可得到乙类推挽放大器的最大管耗与理想化最大输出功率之间的关系：

$$\begin{aligned}
P_{c\,max} &= 0.203 \frac{U_{CC}^2}{R_c'} = 0.203 \times 2P_{o\,max}' \\
&= 0.406 P_{o\,max}' \approx 0.4 P_{o\,max}' \qquad （两管）
\end{aligned} \qquad (4.1.25)$$

可见每只管子的管耗为

$$P_{c\,max\,1,2} \approx \frac{1}{2} \times 0.4 P_{o\,max}' = 0.2 P_{o\,max}' \qquad （每管）$$

故

$$P_{o\,max}' \approx 5 P_{c\,max} \qquad (4.1.26)$$

此式表明由两只管子组成的乙类推挽放大电路的理想化最大输出功率 $P_{o\,max}'$ 等于每只管子的最大管耗 $P_{c\,max}$ 的5倍。也就是说如果要求输出功率为25 W，则只要用额定功率为5 W的晶体管，把它们接成乙类推挽放大电路就可以了。不过根据上式求出的最大管耗去选择管子，往往得不到预期的最大输出功率，原因是最大输出功率还要受到管子极限参数 I_{cm}、$U_{(BR)CEO}$ 和温度升高的限制，所以选管子时还要留有充分的余量。

上述功率放大器均为变压器耦合功率放大器。其中，甲类电路效率低，只适用于小功率输出的情况，或作为大功率放大器的推动级。乙类（或甲乙类）推挽电路功率较高，可输出较大功率。但是，使用变压器也有不足之处，如变压器体积大、笨重、频率窄、不易集成化，变压器本身也存在一定的功率损耗，加之其漏感和分布电容的作用，会在高频或低频端产生附加相移，如从变压器输出端引回深度负反馈时，容易产生自激。这些原因阻碍了变压器耦合电路的进一步发展。与此相反，近年来出现的无输出变压器功率放大器和集成功率放大器却发展很快，应用日益广泛。

4.1.3　互补对称功率放大器

互补对称功率放大器是一种典型的无输出变压器功率放大器。它是利用特性对称的 NPN 型和 PNP 型晶体管在信号的正、负半周轮流工作，互相补充，以此来完成整个信号的功率放大。互补对称功率放大器一般工作在甲乙类状态。

1. 甲乙类互补对称功率放大器

甲乙类互补对称功率放大器与变压器耦合的乙类推挽电路一样，当互补对称电路工作在乙类状态时，由于晶体管输入特性死区电压的影响，也存在交越失真。为了克服交越失真，也需要给功放管加上较小的偏置电流，使其工作于甲乙类状态。图 4.1.10(a) 是常见的利用两个二极管的正向压降给两个功放互补管提供正向偏压的电路。图中，VT3 为前置级（其偏置电路图中未画出），其集电极静态电压 $U_{C3} \approx 0$。在 VT3 的集电极电路中接有 VD1、VD2 两个二极管，利用 VT3 集电极电流在 VD1、VD2 上的压降，为 VT1 和 VT2 提供一个合适的正向偏压。静态时，由于电路对称，VT1、VT2 两管静态电流相等，因而负载 R_L 上无静态电流通过，输出电压 $U_o=0$。这样，当有信号时，就可使放大器的输出在零点附近仍能基本上得到线性放大，克服了交越失真。为了提高效率，在设置偏压时，应尽可能接近乙类状态。

图 4.1.10(b) 是为互补功放电路设置静态工作电流的另一种常见的电路。由图中可以看出，功放管 VT1、VT2 的基极间电压为

$$u_{B1B2}=U_{B1}-U_{B2}=u_{CE4}=u_{R1}+u_{R2} \tag{4.1.27}$$

R_1 上压降 $u_{R1}=u_{BE4} \approx 0.7 \text{ V}$。

当满足 $i_{R1}=i_{R2}\gg i_{B4}$ 时，有

$$u_{R2}=i_{R1}R_2=\frac{u_{BE4}}{R_1}R_2 \tag{4.1.28}$$

所以

$$u_{B1B2}=u_{R1}+u_{R2}=u_{EE4}\left(1-\frac{R_2}{R_1}\right) \tag{4.1.29}$$

调节电阻 R_2 就可方便地调节两功放管基极间电压，从而调节两功放管的静态电流。这种电路称为 "u_{BE} 扩大电路"。

考虑到甲乙类功率放大器的静态电流很小，接近乙类工作状态，因而甲乙类功率放大器的最大输出功率、效率以及管耗等的计算均可按前面推出的乙类电路有关公式进行近似计算。

2. 单电源互补对称功率放大器

上述功率放大器中需要正、负两个电源。在实际应用中，有时希望采用单电源供电，以便简化电源。图 4.1.11 就是采用单电源供电的互补对称功率放大器。这种形式的电路也称为 OTL（Output Transformerless，即无输出变压器）电路。

图 4.1.11(a) 中功放管工作在乙类状态，图 4.1.11(b) 中功放管工作在甲乙类，由于单电源互补对称电路的工作原理与正、负双电源互补对称电路的工作原理相同，只是输出电压的幅度减少了一半，因此，为了使静态时负载中无电流，而在输出端接了一个电容器 C，主要

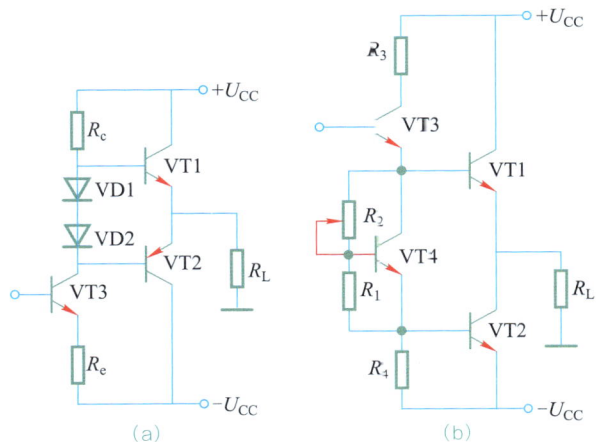

图 4.1.10
甲乙类互补对称功率放大器

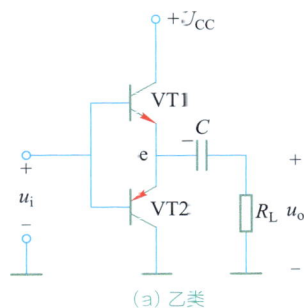

(a) 乙类

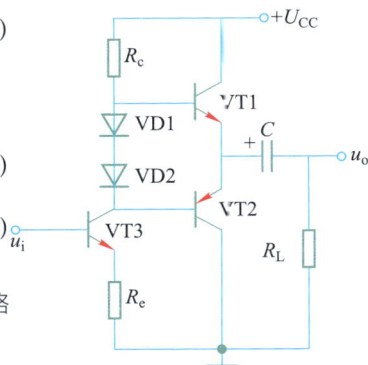

(b) 甲乙类

图 4.1.11
单电源互补对称功率放大器

动画：OTL 互补对称功率放大器

笔 记

起隔直流作用，同时兼作 VT2 的电源，且当 C 足够大时，电容 C 上的端电压基本保持不变。前面导出的正、负电源互补对称电路计算 P_{om}、P_V、η、P_T 的公式，将其中 U_{CC} 改为 $U_{CC}/2$ 后，即可用于单电源互补对称功率放大器。

3. 复合管互补对称功率放大器

图 4.1.12 是复合管互补对称功率放大器电路。其中图 4.1.12(a) 是用两个复合管分别替换了图 4.1.10(a) 中两个功放管 VT1、VT2，因而仍组成互补对称功率放大器。不过，图 4.1.12(a) 中两个末级对管 VT3 、VT4（它们直接向负载 R_L 提供电流）由于分别为 NPN 和 PNP 两种不同的类型，因此大功率情况下两者很难选配到完全对称。而图 4.1.12(b) 中的两个末级对管是同一类型的（图中均为 NPN 型），因而比较容易选配。这种电路被称为准互补对称电路。

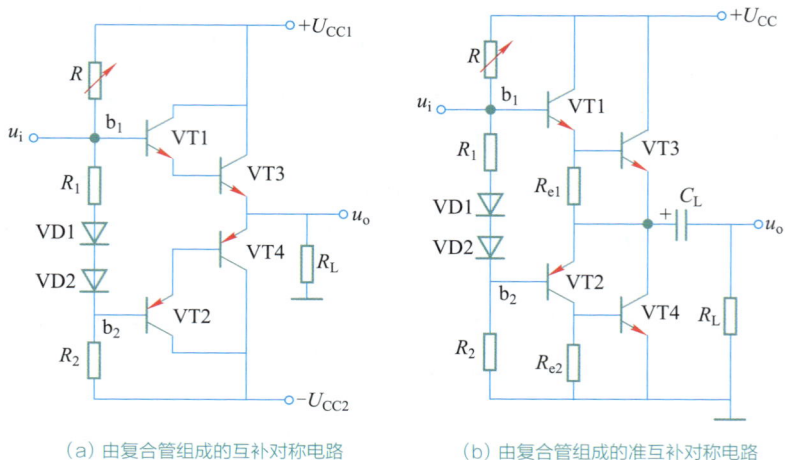

图 4.1.12
复合管互补对称功率放大器

（a）由复合管组成的互补对称电路　　（b）由复合管组成的准互补对称电路

4.2 功率放大器的应用

教学课件：功率放大器的应用

动画：功放管散热

4.2.1 功率放大器应用中的几个问题

在功率放大器的实际应用中，为了电路特别是功放管的安全，有一些问题应当引起注意。这些问题有散热、二次击穿以及保护措施等。现分别予以简单介绍。

1. 功放管散热

功率放大器工作在大电压大电流状态，即使电路的效率较高，也会有一定的损耗，这些损耗主要是功放管自身消耗的功率，而功放管消耗功率会使管子集电结升温，管子发热。当管子温度升高到一定程度（锗管一般为 75 ～ 90 ℃，硅管为 150 ℃）后，管子就会被损坏。为了使管子温度不致升得过高而造成管子损坏，就应采取措施将其产生的热量散发出去，通常的散热措施是给功放管加装散热片。

2. 功放管的二次击穿

晶体管的击穿特性曲线如图 4.2.1 所示。在图 4.2.1(a) 中，AB 段为第一次击穿，它是由 u_{CE} 过大引起的，是正常的雪崩击穿。一旦外加电压减小或撤销，晶体管可能恢复原状，因而是可逆击穿。一次击穿后，若 i_C 继续增大，管子进入 BC 段，这就是二次击穿。二次击穿与一次击穿不同，它是由于管子内部结构缺陷和制造工艺缺陷而引起的，是不可逆击穿，击穿时间过长（超过 1 s）将使管子损坏。基极电流 i_B 不同，进入二次击穿的点也不同。把这些进入二次击穿的点连接起来，可得到图 4.2.1(b) 所示的二次击穿临界曲线。显然，晶体管在使用时不能超过二次击穿临界曲线。为此，在大电压大电流情况下工作的功放管，要设法避免或减少二次击穿的发生，缩短二次击穿的时间，其主要措施是：通过增大管子的功率容量、改善管子的散热状况等保证管子工作在安全区之内。

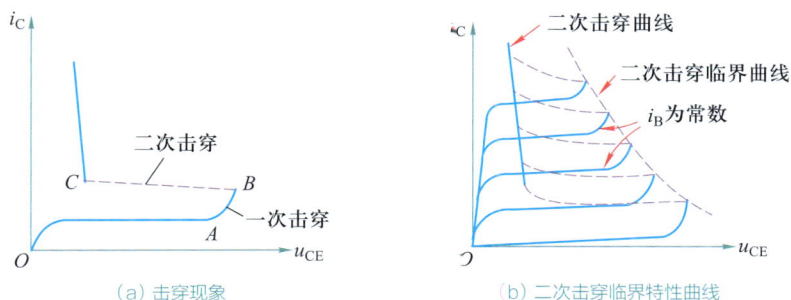

(a) 击穿现象　　　　　(b) 二次击穿临界特性曲线

图 4.2.1
晶体管的击穿特性曲线

3. 功放管的过电压、过电流保护

如上所述，功放管经常工作在大电压大电流状态，一旦出现过电压、过电流很容易受到损坏，而功放管本身又比较昂贵，因而一般都要设置功放管过电压保护电路和过电流保护电路。此外，扬声器过电流时也会使音圈移位或将扬声器烧毁，因而也要设置过电流保护。过电压、过电流保护电路种类很多。除上面谈的负载并联二极管、功放管 c、e 极间并联稳压管这些措施外，还有其他措施，这里就不介绍了。

4.2.2　功率放大器实际应用电路

1. OTL 放大器实际电路

图 4.2.2 是用作电视机伴音功率放大器的 OTL 互补功率放大电路。这个电路由前置电压放大级、推动级和功率放大级组成。前置电压放大级由 VT1 构成，它是基本的工作点稳定电路，信号经耦合电容 C_1 输入，经 C_3 耦合至推动级。R_{14} 是反馈元件，接到 VT1 的发射极，形成电压串联负反馈。C_2（以及 C_4、C_7）是相位校正元件，避免电路出现高频自激。推动级由 VT2 构成。VT3（NPN 型 3DG12）与 VT4（PNP 型 3AX83）构成互补功率输出级，输出信号经 C_6 送到负载 R_L。两个 1 Ω 电阻 R_{11}、R_{12} 为限流电阻，以防开机瞬间功放管中电流过大而将功放管烧坏。VT3、VT4 的静态工作点由 VT2 的静态电流及 R_6、R_7、R_8、R_9 决定。其中，R_8 是热敏电阻，当环境温度升高时，R_8 阻值下降，加在 VT3、VT4 基极间的电压就下降，从而可以抑制由温度升高而引起的 VT3、VT4 静态电流的增加。R_{10} 的作用是直流负反馈，

笔 记

将 C_6 正端的直流电位变化反馈至 VT2 的基极，目的是将 C_6 正端电位稳定在 $U_{CC}/2$。静态时，$I_{E3}=I_{E4}$；在信号正半周时，i_{C2} 增加，使 u_{C2} 增加，i_{E3} 增加，u_o 为正，并通过 R_9 削弱了 i_{B4}，使 VT4 迅速截止，负载电流主要由 VT3 提供；在信号负半周时，i_{C2} 减少，u_{C2} 下降，i_{E4} 增加，u_o 为负，VT3 因基极电位降低而截止，由 VT4 利用 C_6 存储电荷向负载提供反向电流。

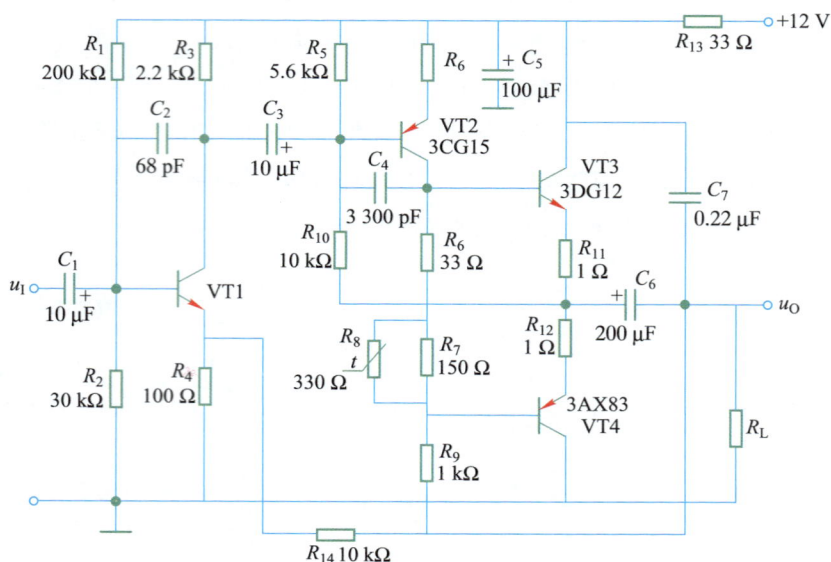

图 4.2.2
OTL 功率放大器实际电路

2. OCL 放大器实际电路

图 4.2.3 是一个高保真放大器的典型电路，是 OCL 准互补功率放大电路。其中 VT1、VT2、VT3 组成的恒流源式差分放大器是前置放大级。VT4、VT5 构成推动级（其中 VT5 是恒流源，作为 VT4 的集电极负载的一部分）。VT7、VT9 组成 NPN 型复合管，VT8、VT10 组成 PNP 型复合管，两个复合管构成准互补 OCL 电路。$R_{e7} \sim R_{e10}$ 可以使电路稳定。VT6 及 R_{e4}、R_{c5} 组成了"u_{BE} 扩大电路"，通过调节 R_{e4} 可以方便地设置功放级的静态工作点。R_f、C_1 和 R_{b2} 为整个电路引入了一个串联负反馈，可以提高电路稳定性，改善性能。

笔 记

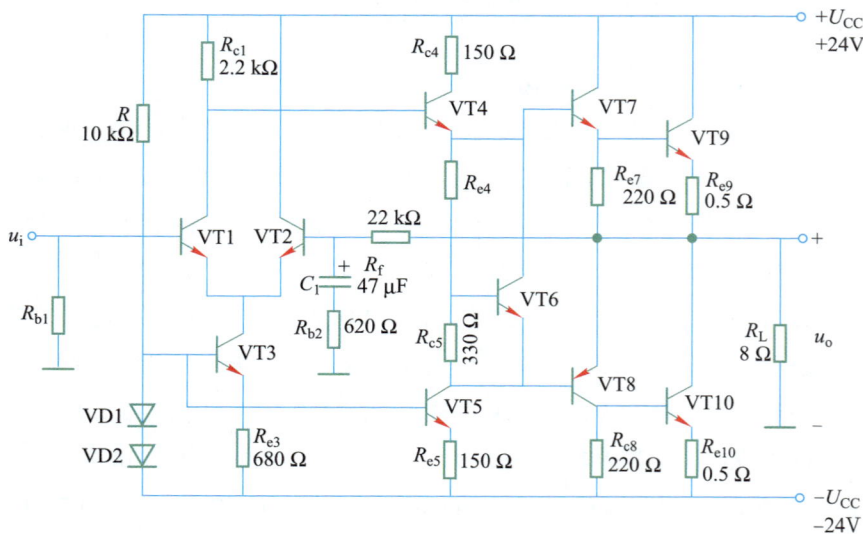

图 4.2.3
OCL 功率放大器实际电路

习题

4.1 有人说，采用甲类单管功放电路的收音机音量调得越小就越省电。你认为对吗？为什么？如果将该收音机的输出级换成甲乙类互补对称功放电路，将音量调小能否省电？

4.2 按晶体管在信号整个周期内的导通角的大小，功放电路常分为甲类、乙类、甲乙类、丙类等方式，如题 4.2 图所示为几种电路中晶体管工作电流的波形，试说明按分类各应为何种方式。

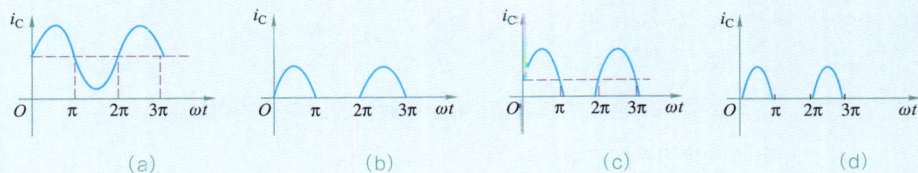

题 4.2 图

4.3 某 OCL 功放电路如题 4.3 图所示，晶体管 VT1、VT2 均为硅管，负载电流 $i_o=1.8\cos\omega t$ A，试：

(1) 求输出功率 P_o 和最大输出功率 P_{omax}；

(2) 求电源供给的功率 P_V；

(3) 求效率 η 和最大效率 η_{max}；

(4) 分析二极管 VD1、VD2 有何作用？

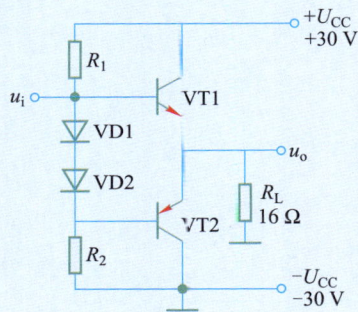

题 4.3 图

实验与技能操作训练

实验　互补对称功率放大器的实验与制作

一、实验与制作目的

1. 了解互补对称功率放大器的工作原理和特点，掌握其测试方法。

2. 学习互补对称功率放大器最大输出功率和效率的测试方法。

3. 了解产生交越失真的原因及消除交越失真的办法。

4. 通过制作提高学生的动手能力。

二、实验、制作与测试

图 E4.1 是互补对称功率放大器的测试电路，是一个 OCL 功放电路。

要求学生在仿真的基础上制作实践电路，在此基础上测试电路得出实验结果。

1. 电路的工作过程

设输入端加正弦信号。在输入电压的正半周，信号经 VT1 管反相后加到 VT2、VT3 管

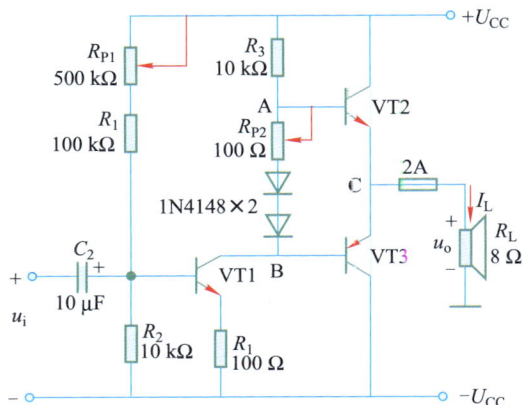

图 E4.1
OCL 功率放大器

的基极，使 VT2 管截止，VT3 管导通，在负载 R_L 上形成输出电压 u_o 的负半周；在输入电压的负半周，信号经 VT1 管反相后，使 VT3 截止，VT2 导通，在负载 R_L 上形成输出电压 u_o 的正半周。这样，在一个周期内，VT2、VT3 交替工作，在负载上就得到完整的正弦电压波形。

2. 电路的输出功率

理想极限（输出不失真）情况下，该电路的最大输出功率为

$$P_{om} = \frac{(U_{CC} - U_{CES})^2}{2R_L} \approx \frac{U_{CC}^2}{2R_L}$$

实际测量时，电路的最大输出功率为

$$P_{o实} = U_o I_o = \frac{U_o^2}{R_L}$$

式中，U_o 为负载两端电压的有效值；I_o 为负载中流过电流的有效值。

3. 电源供给的平均功率

理想极限情况下，电源供给的总平均功率为

$$P_E = \frac{2U_{CC}^2}{\pi R_L}$$

实际测量时，可用下式求出 $P_{E实} = U_{CC} I_{CO}$

式中，I_{CO} 为电源输出的电流。

4. 功率放大器的效率

理想极限情况下，互补对称功率放大器的效率为

$$\eta = \frac{P_o}{P_E} = \frac{\pi}{4} = 78.5\%$$

实际测量值为 $\eta_实 = \dfrac{P_{o实}}{P_{E实}} = \dfrac{U_o^2/R_L}{U_{CC} I_{CO}} = \dfrac{U_o^2}{U_{CC} I_{CO} R_L}$

三、实验内容

将 ±15 V 双路直流稳压电源接入图 E4.1 所示电路。

1. 调整直流工作状态。

令 $u_i=0$，配合调节 R_{P1}、R_{P2}，用万用表或示波器分别测量 A、B、C 点的电位 U_A、U_B、U_C，使 $U_C=U_{CC}/2$，U_{AB} 等于 VT2、VT3 两管死区电压之和。

2. 观察并消除交越失真现象

将电路中 A、B 两点用导线短路，在输入端加入 $f=1$ kHz 的正弦信号。调整输入信号幅度，用示波器观测输出波形并将波形记录下来。

将 A、B 间短路线断开，再观察输出波形，与断开前的波形对照，分析原因。

3. 测量最大不失真功率

在输入端加入 1 kHz 正弦信号 u_i，用示波器观察输出电压波形，调 u_i 大小使输出电压 u_o 最大而又不出现削波为止，用毫伏表或示波器测量负载两端电压，记下 u_i、u_o、R_L 值。

4. 测试电压放大倍数

在输入端加入 1 kHz 的正弦信号，用示波器观察输入、输出信号的波形，测量它们的幅

度大小，记下测量结果。

5. 测量电源供给的功率

将直流电流表串入电源供电电路，电路输入端加 1 kHz 正弦信号 u_i，用示波器观察输出电压的波形，逐渐加大 u_i 幅度，使输出电压最大而又不出现削波，此时读取电源供电电路上的直流电流表读数 I。同时记下电源供电电压。

四、实验报告要求

1. 整理实验数据，计算测量结果，分析误差产生的原因。

2. 总结实验中出现的问题。

五、思考题

1. OCL 电路和 OTL 电路的区别是什么？各有什么优缺点？

2. 如果输出波形出现交越失真，应如何调节？

3. 实验电路中二极管的作用是什么？若有一只二极管接反，将会产生什么后果？

4. 负载上能得到的最大不失真功率的大小主要由哪几个因素决定？

EDA 仿真实验：乙类推挽功率放大器

在科学研究和生产中，广泛应用各种振荡器以产生振荡信号，如在通信、广播、自动控制、仪表测量和超声探伤等方面都具有广泛用途。根据振荡器产生的波形不同，分为正弦波振荡器和非正弦波振荡器，本章介绍RC振荡器、LC振荡器和石英振荡器。

5.1 振荡的基本概念

5.1.1 基本概念

前面介绍的放大电路通常都是在输入端接上信号源的情况下才有信号输出。如果在放大电路的输入端不外接信号的情况下，在输出端仍有一定频率和幅度的输出信号，这种现象就是放大电路的自激振荡。自激振荡会使放大电路不能正常工作，但在振荡电路中就不是这样，振荡电路正是利用自激振荡来工作的。由此可见，振荡器和放大器的区别在于，振荡器不外加输入信号就有输出信号，而放大器必须有外加的输入信号才有输出信号。但是振荡器和放大器的共同点是输出信号都是由输入信号引起的。这样，振荡器的输入信号又是怎样产生的呢？下面将详细讲解。

教学课件：
振荡的基本概念

✎ 笔 记

5.1.2 振荡电路的组成

最简单的自激振荡电路如图5.1.1所示，当开关S拨向1端，这个电路是普通的调谐放大器；当开关S突然拨向2端时，通过L和L_1间互感耦合，从L_1获得感应电压u_f，如果电感的同名端选对且它们的匝数比N_1/N适当，使u_f和输入的信号u_b同相位、同幅值，那么信号u_f完全取代了放大器的激励信号u_b，电路照常能维持输出信号，成为无须外加激励信号就有等幅输出信号的自激振荡器。实质这种反馈式振荡器正是正反馈放大器的一种变化形式。

从以上振荡器看出，振荡器一般由以下四个部分组成。

1. 放大电路

放大电路是维持振荡器连续工作的主要环节，没有放大，信号就会逐渐衰减，不可能产生持续的振荡，要求放大器必须有能量供给，结构合理，静态工作合适，具有放大作用。图5.1.1中的晶体管VT组成分压式偏置放大电路。

2. 反馈网络

反馈网络的作用是形成反馈（主要是正反馈） 图5.1.1中电感L_1将输出信号的一部分或者全部反馈到输入端，即晶体管VT的基极，构成正反馈。

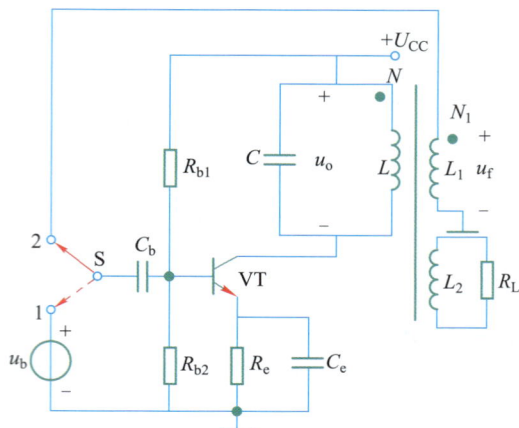

图 5.1.1
自激振荡电路

3. 选频网络

选频网络的主要作用是产生单一频率的振荡信号，一般情况这个频率就是振荡器的振荡频率。在很多振荡电路中，选频网络和反馈网络结合在一起，有关参数的选择方法将在下一节具体电路中介绍。

4. 稳幅电路

稳幅环节的作用主要是使振荡信号幅值稳定，以达到振荡器所要求的幅值，稳幅电路是振荡器持续工作的主要环节，图5.1.1所示电路就是利用晶体管的截止区和饱和区的非线性特性来达到稳幅的。

5.1.3　振荡条件

振荡电路的方框图如图5.1.2所示，$\dot{A}$是放大电路的电压放大倍数，$\dot{F}$是反馈电路的反馈参数。由于振荡电路不需要外界输入信号，因此反馈信号$\dot{X}_f$就是放大电路的输入信号$\dot{X}_{id}$。$\dot{X}_o$就是放大电路的输出信号。且

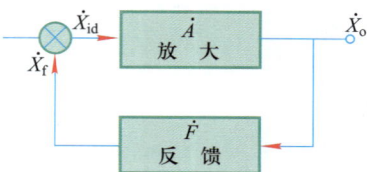

图 5.1.2
振荡电路方框图

$$\dot{X}_o = \dot{A}\,\dot{X}_{id} \tag{5.1.1}$$

$$\dot{X}_f = \dot{F}\,\dot{X}_o \tag{5.1.2}$$

当$\dot{X}_f = \dot{X}_{id}$时

$$\dot{A}\,\dot{F} = 1 \tag{5.1.3}$$

这就是振荡电路的自激振荡条件，这个条件包含以下两项内容。

1. 幅值条件

幅值条件为

$$|\dot{A}\,\dot{F}| = 1$$

即放大倍数$\dot{A}$与反馈系数$\dot{F}$乘积的模为1。在自激振荡开始时，$|\dot{A}\,\dot{F}|>1$，随着振荡的建立，$|\dot{A}|$也随着降低，最后达到$|\dot{A}\,\dot{F}|=1$时，振幅便不再增大，振荡便稳定在某一振幅下工作。从$|\dot{A}\,\dot{F}|>1$到$|\dot{A}\,\dot{F}|=1$是振荡建立的过程。

2. 相位条件

反馈电压u_f和输入电压u_{id}要同相，即放大电路的相移φ_A与反馈网络的相移φ_F之和为$2n\pi$，其中n是整数，即

$$\varphi_A + \varphi_F = 2n\pi \tag{5.1.4}$$

微课：正弦波振荡
原理及振荡条件

动画：
振荡条件

综上所述，振荡电路必须具备以上两个条件，即幅值条件和相位条件。在实际应用中正弦振荡器较多，主要有RC振荡器、LC振荡器和晶体振荡器。

5.2　RC 振荡器

一般在低频范围，特别是几百千赫以下的低频段，常采用RC正弦波振荡器。常用的RC振荡器有RC移相振荡器和RC桥式振荡器。

教学课件：
RC 振荡器

5.2.1　RC 移相振荡器

1. 电路的组成

如图5.2.1所示，RC移相振荡器是由三节RC超前移相组成的。C_1和R_1、C_2和R_2构成两节RC移相网络，C_3和VT1放大电路的输入电阻r_i构成第三节RC移相网络。VT2为射极输出器，它的作用是减小负载对振荡电路的影响，在分析振荡频率和条件时，可以忽略。

在图5.2.1所示电路中，通常选取$C_1=C_2=C_3=C$，$R_1=R_2=R$。为什么要用三节RC电路来移相呢？因为基本放大电路在很宽的频率范围内其φ_A为180°，若要求满足振荡相位条件，必须在三节RC移相网络中也移相180°，但一节RC电路移相不超过90°，不能满足，两节RC移相最大相移可达180°，但在接近180°时，超前移相RC网络频率很低，并且输出电压接近于零，也不能满足振荡幅值条件，所以实际应用中至少要用三节RC移相电路，才能满足振荡条件。

动画：RC 正弦
波发生电路

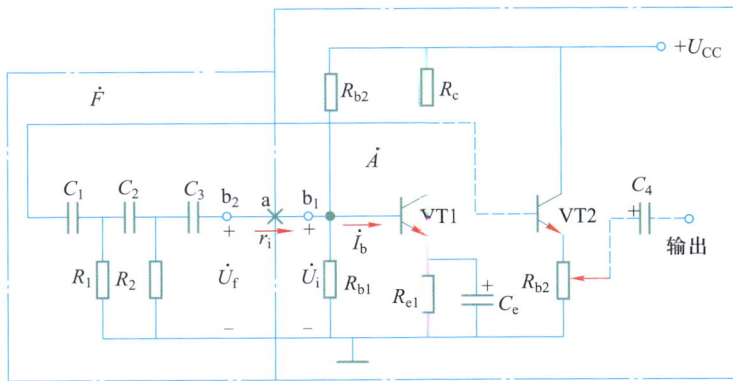

图 5.2.1
RC 移相式振荡电路

2. 振荡频率和起振条件

在图5.2.1所示电路中，若把a点断开，它的交流等效电路如图5.2.2(a)所示，为了计算$\dot{A}$ $\dot{F}$，把图5.2.2(a)画成图5.2.2（b)所示的等效电压源形式，有

$$\dot{A}\ \dot{F}=\frac{\dot{U}_f}{\dot{U}_i}=\frac{\dot{I}_3 r_i}{\dot{I}_t r_{be}}$$

当$r_{be}<<R_{b1}/\!/R_{b2}$时

$$\dot{A}\ \dot{F}=\frac{\dot{U}_f}{\dot{U}_i}\approx\frac{\dot{I}_3}{\dot{I}_b}$$

要使RC振荡电路产生自激振荡，则

$$\dot{A}\,\dot{F} \approx \frac{\dot{I}_3}{\dot{I}_b} = 1 \qquad\qquad (5.2.1)$$

取$C_1=C_2=C_3=C$，$R_1=R_2=R_c=R$，列出图5.2.2(b)所示电路中$\dot{I}_1$、$\dot{I}_2$和$\dot{I}_3$的回路方程。

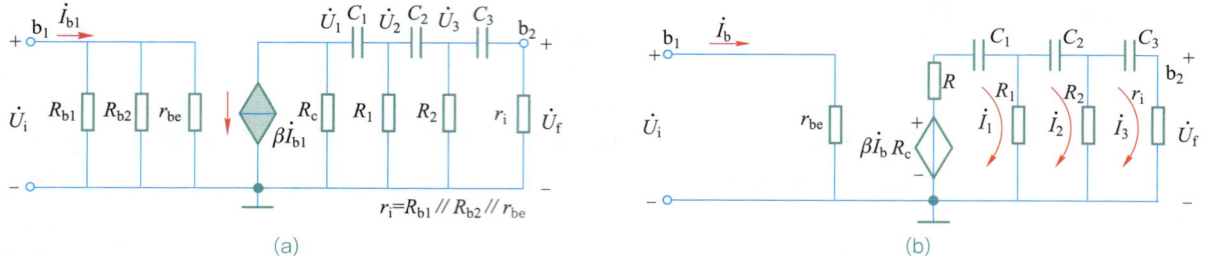

图 5.2.2
RC 移相振荡电路等效电路

笔 记

$$\begin{cases} \dot{I}_1\,(2R-jX) - \dot{I}_2 R = \dot{U} = -\beta \dot{I}_b R \\ -\dot{I}_1 R + \dot{I}_2\,(2R-jX) - \dot{I}_3 R = 0 \\ -\dot{I}_2 R + \dot{I}_3\,(R+r_i-jX) = 0 \end{cases}$$

解得

$$\dot{I}_3 = \frac{-\beta \dot{I}_b R^3}{[R^3 + 3R^2 r_i - X^2\,(r_i+5R)] - jX\,(6R^2 + 4Rr_i - X^2)}$$

当$\dot{I}_3 = \dot{I}_b$时

$$-\beta R^3 = [R^3 + 3R^2 r_i - X^2\,(r_i+5R)] - jX\,(6R^2 + 4Rr_i - X^2)$$

上式两边相等。

实部相等

$$-\beta R^3 = [R^3 + 3R^2 r_i - X^2\,(r_i+5R)] \qquad\qquad (5.2.2)$$

虚部相等

$$0 = X\,(6R^2 + 4Rr_i) - X^3 \qquad\qquad (5.2.3)$$

式中

$$X = \frac{1}{\omega C}$$

得出

$$f_0 = \frac{1}{2\pi RC\sqrt{6 + 4\dfrac{r_i}{R}}} \qquad\qquad (5.2.4)$$

$$\beta = 29 + 23\frac{r_i}{R} + 4\left(\frac{r_i}{R}\right)^2 \qquad\qquad (5.2.5)$$

当$r_i \ll R$时，以上两式近似为

$$f_0 \approx \frac{1}{2\pi\sqrt{6}\,RC} \qquad\qquad (5.2.6)$$

$$\beta = 29 \qquad\qquad (5.2.7)$$

以上结果表明，振荡频率主要取决于网络参数RC。图5.2.3是RC移相振荡电路的相频特性图。

RC移相电路具有结构简单、经济方便等优点。缺点是选频作用较差，频率调节不方便，一般用于振荡频率固定且稳定性要求不高的场合，其频率范围为几赫到几十千赫。

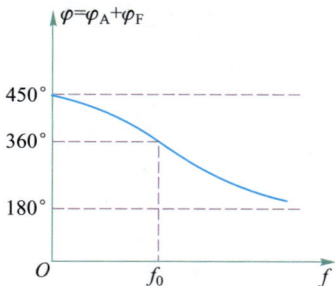

图 5.2.3
图 5.2.1 电路 a 点断开时的相频特性图

5.2.2 RC 桥式振荡器

1. 电路组成

图5.2.4所示是RC桥式振荡电路，实际是一个具有正反馈的两级阻容耦合放大电路。

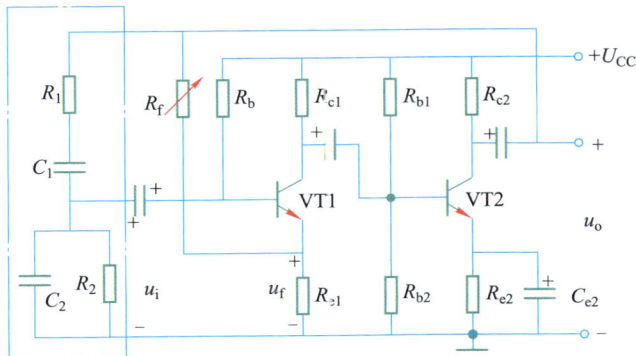

图 5.2.4
RC 桥式振荡电路

此电路工作在中频段时，前级输入电压与输出电压反相，而后级输入电压与输出电压反相，所以前级的输入电压u_i与后级的输出电压u_o同相。考虑到选频性，反馈信号通过R_1、C_1、R_2、C_2所组成串并联选频电路反馈回去，VT1的输入电压u_i是从R_2C_2并联电路取出的，u_i是u_o的一部分。

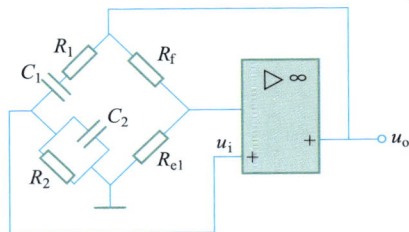

图 5.2.5
采用运算放大器的 RC 桥式振荡电路

为了提高振荡电路的稳定性和改善输出电压的波形，引入负反馈电路，输出电压u_o通过R_f电阻反馈到VT1的发射极，R_{e1}上的电压即为负反馈电压u_f。这样就由R_1C_1、R_2C_2和负反馈电路中的R_{e1}、R_F正好构成电桥的四臂。从图5.2.5所示的采用运算放大器的RC桥式振荡电路更加明显。

2. 选频特性

对于RC桥式振荡电路，R_1C_1、R_2C_2组成选频网络，u_i是输入电压，而u_o则是输出电压，从图5.2.5所示的采用运算放大器的RC桥式振荡电路和以前的分析可以看出，产生振荡的相位条件是$\varphi=\varphi_A+\varphi_F=\pm 2n\pi$，而对于RC桥式振荡电路，$\varphi_F=0$，所以必须是$\varphi_A=\pm 2n\pi$，即输入电压与输出电压同相位。当$C_1=C_2=C$，$R_1=R_2=R$时，电路的振荡频率为

$$f=f_0=\frac{1}{2\pi RC} \tag{5.2.8}$$

u_o与u_i同相位，可以证明，在$f=f_0$时，$|\dot{F}|=F_{max}=\frac{1}{3}$。根据振荡的幅值条件，令$|\dot{A}\dot{F}|>1$，所以$\dot{A}>3$。这就是RC桥式振荡电路的起振条件，对于同相比例运算放大器，这很容易实现。

RC正弦振荡电路的振荡频率与RC乘积成反比，如果要求频率较高，则R、C值要小，这样制作比较困难(且电路分布参数影响较大)，因此RC振荡器用来产生低频振荡信号。要产生更高频率的信号，则应采用LC正弦波振荡器。

5.3 LC 振荡电路

教学课件:
LC 振荡电路

动画:
变压器反馈式
LC 振荡器

LC振荡电路是由LC并联回路作为选频网络的振荡回路,它能产生几十兆赫以上的正弦波信号。LC振荡电路的形式较多,本节主要介绍变压器反馈式振荡电路、电感反馈式振荡电路、电容反馈式振荡电路和石英晶体振荡电路。

5.3.1 变压器反馈式振荡电路

和图5.1.1相似,图5.3.1所示的是变压器反馈式振荡电路,它由放大电路、变压器反馈电路和LC选频电路三部分组成。图5.3.1所示电路中,三个线圈作变压器耦合,线圈L_1与电容C组成选频电路,L_2是反馈线圈,L_3线圈与负载相连。

由图5.3.1可以看出,集电极输出信号与基极相位差为180°,通过变压器的适当连接,使之从L_2两端引回的交流电压又产生180°的相移,所以满足相位条件。当产生并联谐振时,谐振频率为

$$f_0 = \frac{1}{2\pi\sqrt{L_1 C}} \tag{5.3.1}$$

分析可得到该电路的起振条件为

$$\beta > \frac{RCr_{be}}{M} \tag{5.3.2}$$

式中,β和r_{be}分别为晶体管的电流放大系数和输入电阻;M为N_1和N_2两个绕组之间的等效互感;R为二次绕组的参数折合到一次侧后的等效电阻。

当将振荡电路与电源接通时,在集电极选频电路中激起一个很小的电流变化信号,只有与谐振频率f_0相同的那部分电流变化信号能通过,其他分量都被阻止,通过的信号经反馈、放大再通过选频电路,就可产生振荡,当改变L_1C电路的参数L_1或C时,振荡频率也相应地改变。

注意,如果没有正反馈电路,反馈信号将很快衰减。形成正反馈电路,线圈L_1的极性即同名端是关键,不能接错,使用中要特别注意。

变压器反馈振荡电路的特点是,电路结构简单,容易起振,改变电容的大小可以方便地调节频率。其缺陷是由于变压器耦合的漏感等影响,这类振荡器工作频率不太高,只能应用在中、短波波段,并且要考虑同名端或正反馈极性的问题,改进电路常应用电感反馈式振荡电路。

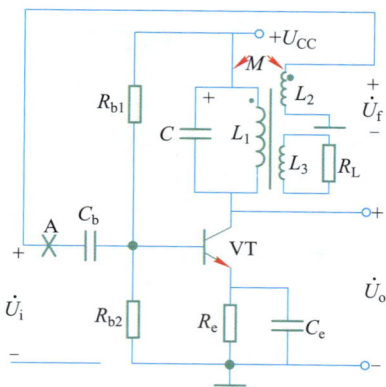

图 5.3.1
变压器反馈式振荡电路

5.3.2 电感反馈式振荡电路

电感反馈式振荡电路如图5.3.2所示。

L_1、L_2和C组成振荡回路,起选频和反馈作用,实际就是一个具有抽头的电感线圈,类似自耦变压器。电感线圈L_1、L_2和三个抽头分别与晶体管的三个极连接,故又称电感三点式振荡电路。

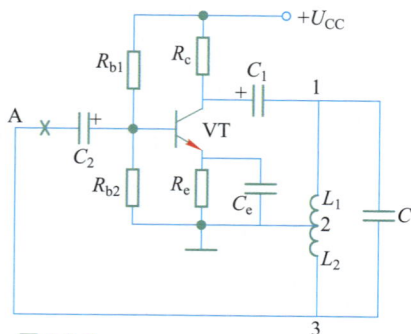

图 5.3.2
电感反馈式振荡电路

1. 相位条件

将图5.3.2所示电路中A点断开，在输入端加上一个频率为f_0的正极性信号，在晶体管的集电极得到一个负极性信号。这样1端对地为负，3端对地为正，反馈到输入端是正反馈。

由于$\dot{U}_f$与$\dot{U}_i$同相，因此电路满足相位条件。通常反馈线圈L_2的匝数为线圈L_1和L_2总匝数的$\frac{1}{8} \sim \frac{1}{4}$。

2. 振荡频率

在分析振荡频率和起振条件时，可以认为LC回路的Q值很高，且电路产生并联谐振，根据谐振条件，电路的振荡频率为

$$f_0 = \frac{1}{2\pi\sqrt{(L_1+L_2+2M)\,C}} = \frac{1}{2\pi\sqrt{LC}} \tag{5.3.3}$$

式中，$L=L_1+L_2+2M$，M为线圈L_1与L_2之间的互感。$M=K\sqrt{L_1L_2}$，K为耦合系数。当$K=1$时，$M=\sqrt{L_1L_2}$，则$L=L_1+L_2+2\sqrt{L_1L_2}$。

3. 电感反馈式振荡电路特点

电感反馈式振荡电路的L_1和L_2是自耦变压器，耦合很紧，容易起振。改变抽头位置，可获得较好的正弦波振荡，且输出幅度较大。频率的调节可采用可变电容，调节方便。

不足之处是，由于反馈电压取自L_2，对高次谐波分量的阻抗大，输出波形中含较多的高次谐波，所以波形较差。振荡频率的稳定性较差。

一般电感反馈式振荡电路用于收音机的本机振荡、高频加热器等。

5.3.3 电容反馈式振荡电路

电容反馈式振荡电路如图5.3.3所示。

电容反馈式振荡电路与电感反馈式振荡电路比较，只是把LC回路中的电感和电容的位置互换。可以认为回路电容也有3个连接点，分别接到晶体管的3个电极，因此也称为电容三点式振荡电路。

1. 相位条件

与电感反馈式振荡电路分析方法相同，当LC回路谐振时，回路呈纯电阻性，$\dot{U}_o$与$\dot{U}_i$反相。而$\dot{U}_f$与$\dot{U}_o$反相。因此$\dot{U}_f$与$\dot{U}_i$同相，电路满足相位条件。

2. 振荡频率

当$r_i \gg \frac{1}{\omega_0 C_2}$时，与电感反馈式振荡电路一样，电路的谐振频率为

$$f_0 = \frac{1}{2\pi\sqrt{L\left(\frac{C_1C_2}{C_1+C_2}\right)}} = \frac{1}{2\pi\sqrt{LC}} \tag{5.3.4}$$

其中，$C=\frac{C_1C_2}{C_1+C_2}$。

3. 电容反馈式振荡电路的特点

由于反馈电压取自电容C_2，它对高次谐波分量的阻抗较小，因此，振荡波形较好；电容反馈式振荡电路较电感反馈式振荡电路受晶体管极间电容的影响较小，即频率稳定性较高。

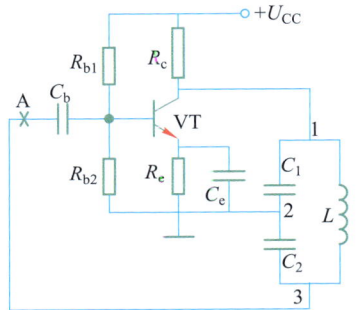

图 5.3.3 电容反馈式振荡电路

不足之处是，频率调节不便，调节范围较小，一般只用于高频振荡器中。为了克服调节范围小的缺点，常在L支路串联一个容量较小的可调电容，用它来调节振荡频率。

5.3.4　石英晶体振荡电路

无线电广播发射机的频率稳定度为10^{-5}，而无线电通信的发射机频率稳定度要求达到$10^{-8} \sim 10^{-10}$数量级，前面讨论的电路难以达到这种要求。采用石英晶体代替选频电路，就变成了石英晶体振荡器，可以达到频率稳定度很高的要求。

1. 石英谐振器的结构

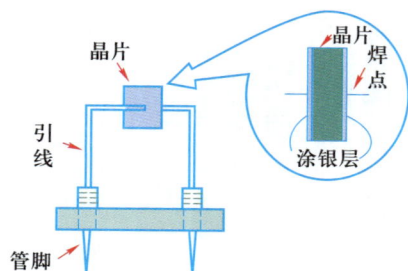

图 5.3.4
石英谐振器结构

石英晶体是二氧化硅（SiO_2）结晶体，具有各向异性的物理特性。从石英晶体上按一定方位切割下来的薄片称为石英晶片，不同切向的晶片其特性是不同的。

晶片常装在支架上，并引出接线。支架有分夹式和焊接式两种。图5.3.4所示为焊接式石英谐振器结构。为了保护晶片，把它密封于金属或玻璃壳内。

石英晶片之所以能做成谐振器是基于它的压电效应。若在晶片两面施加机械力，沿受力方向将产生电场，晶片两面形成异号电荷，这种效应称为正向压电效应，若在晶片处加一电场，晶片将产生机械变形，这种效应称为反向压电效应，事实上，正、反向压电效应同时存在，电场产生机械形变，机械形变产生电场，两者相互限制，最后达到平衡态。

在石英谐振器两极板上加交变电压，晶片将随交变电压做周期性的机械振动，当交变电压频率与晶片固有谐振频率相等时，振荡交变电流最大，这种现象称为压电谐振。

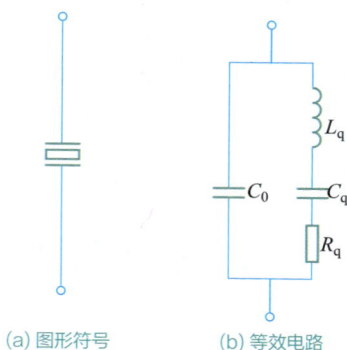

(a) 图形符号　　(b) 等效电路

图 5.3.5
石英谐振器图形符号和等效电路

图5.3.5所示是石英谐振器图形符号及其等效电路，晶片不振动时，等效于一平行板电容C_0，称为静态电容，它与晶片尺寸大小有关，一般为几皮法到几十皮法，图中的L_q、C_q、R_q分别为晶体振动时的等效电感、等效电容和等效电阻。它们与晶片形状、大小和切割方向有关，一般L_q在$10^{-3} \sim 10^2$ H之间，C_q在 $10^{-2} \sim 10^{-12}$ pF之间，R_q约为100 Ω。石英谐振器电感很大，电容很小，Q值很高，并联谐振阻抗R_P很大，由于Q值高，固有谐振频率很稳定，所以其性能比LC回路更优越。

2. 石英谐振器的谐振频率

由等效电路可见，石英谐振器有两个频率，串联频率用f_S表示，并联频率用f_P表示。

$$f_S = \frac{1}{2\pi\sqrt{L_q C_q}} \tag{5.3.5}$$

$$f_P = \frac{1}{2\pi\sqrt{L_q \dfrac{C_q C_0}{C_q + C_0}}} = f_S \sqrt{1 + \frac{C_q}{C_0}} \tag{5.3.6}$$

通常$C_0 \gg C_q$，比较以上两式可见，两个谐振频率非常接近，且f_P稍大于f_S。

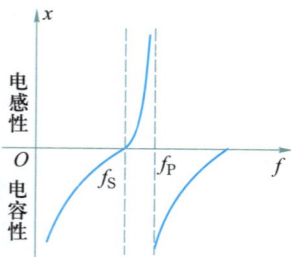

图 5.3.6
石英谐振器特性

石英谐振器等效电抗与频率的关系曲线如图5.3.6所示，频率很低时，两个支路的容抗起主要作用，电路呈容抗性；随频率增加，容抗减小；当$f = f_S$时，$L_q C_q$串联谐振，阻抗最小，呈电阻性；当$f > f_S$时，$L_q C_q$支路电感起主要作用，呈感抗性；当$f = f_P$时，并联谐振，阻抗最大且呈纯电阻性；当$f > f_P$时，C_0支路起主要作用，电路又呈容抗性。图5.3.6表明，在晶体振荡器中，常把石英谐振器当作一个电感元件，由于Q值大，振荡器的频率稳定性也应很高。

笔 记

3. 石英振荡器电路

石英振荡器简称晶振，电路有两种类型。

（1）并联型晶振

电路如图5.3.7(a)所示，图5.3.7(b)是它的一般交流通路。

当工作频率介于f_s和f_P之间时，晶片等效为一电感元件，它与电容C_1、C_2组成并联谐振回路。图5.3.7(c)是简化交流通路，由图可见，它属于电容反馈式振荡器。谐振频率

$$f_0 = \frac{1}{2\pi\sqrt{L_q\dfrac{C_q(C_0+C_L)}{C_q+(C_0+C_L)}}} \tag{5.3.7}$$

式中，$C_L = \dfrac{C_1 C_2}{C_1+C_2}$称为负载电容。把式（5.3.5）中的$f_s$代入

$$f_0 = f_s\sqrt{\frac{C_q+(C_0+C_L)}{C_0+C_L}}$$

$$= f_s\sqrt{1+\frac{C_q}{C_0+C_L}} \tag{5.3.8}$$

由于$(C_0+C_L)\gg C_q$时，即使电容量C_L不稳定，对谐振频率影响也很小。因此，振荡器的频率取决于稳定的谐振频率f_s。

（2）串联型晶振

图5.3.8所示是串联型晶体振荡器，它是共基连接的电容三点式振荡器，由L、C_2和$C_1 /\!/ C_3$组成振荡回路。由图可知，通过石英谐振器将反馈信号回授至晶体管发射极，石英振荡器作为反馈通路。当振荡频率等于晶体谐振器的串联谐振频率f_s时，阻抗呈最小电阻，反馈量最大，且相移为零，该频率满足自激振荡条件，振荡电路工作在频率$f_0=1$ MHz以上。

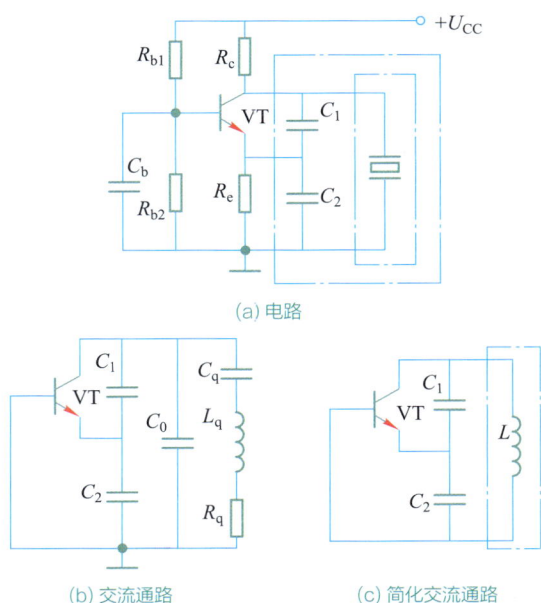

(a) 电路

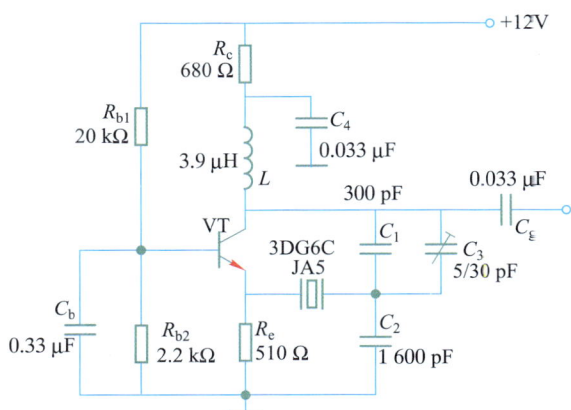

(b) 交流通路　　　　(c) 简化交流通路

图 5.3.7
并联型晶振

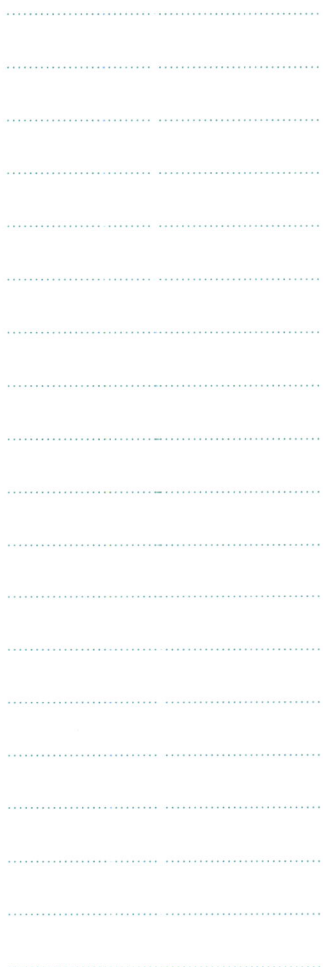

图 5.3.8
串联型石英晶振电路

习题

5.1 根据自激振荡的相位平衡条件判定题5.1图所示各个电路能否产生振荡。

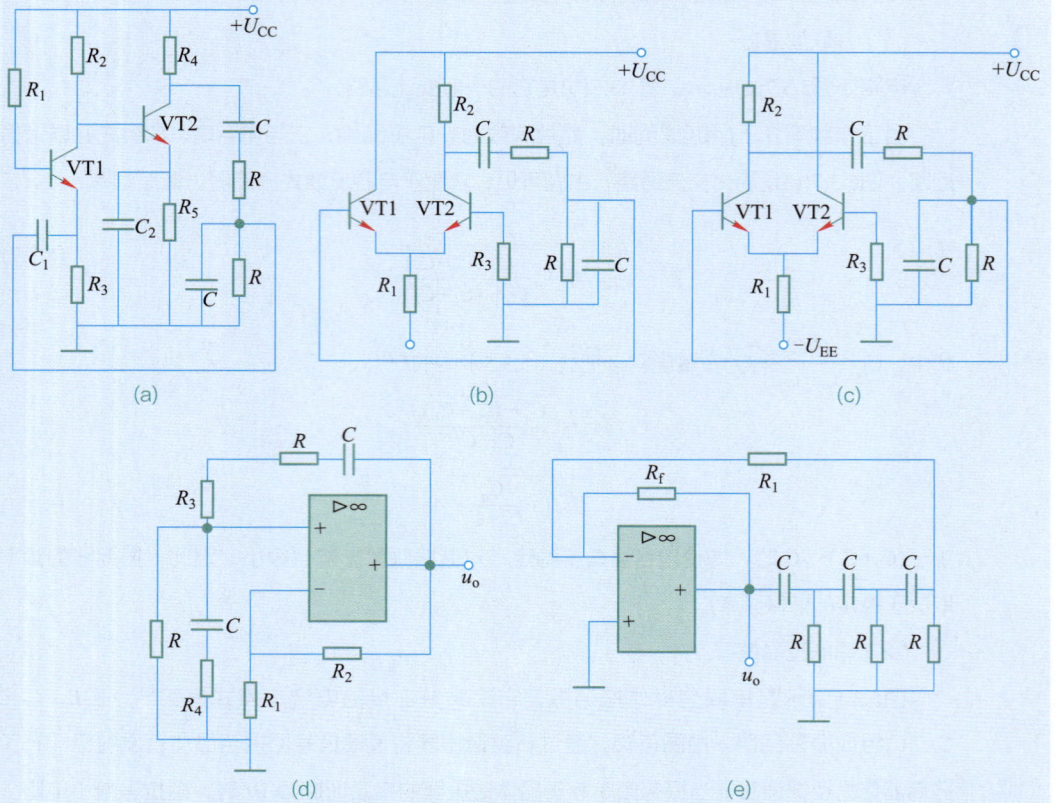

(a)   (b)   (c)

(d)   (e)

题 5.1 图

5.2 某音频信号发生器的原理电路如题5.2图所示，$R_1=10\text{ k}\Omega$、$R_2=22\text{ k}\Omega$。(1) 试分析电路的工作原理；(2) 若将R_P从$1\text{ k}\Omega$调到$10\text{ k}\Omega$，计算电路振荡频率的调节范围。

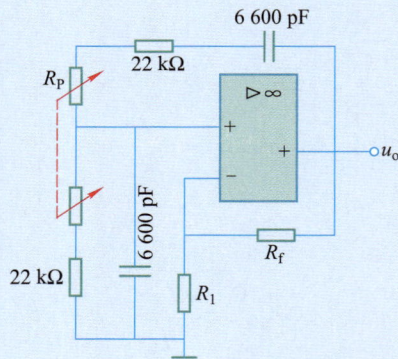

题 5.2 图

5.3 试用相位平衡条件判断题5.3图所示各电路，哪些电路能产生正弦波振荡？哪些电路不能？并予以说明。

5.4 在题5.4图中，$R_1=R_2=1\text{ k}\Omega$，$C_1=C_2=0.02\text{ μF}$，试求其振荡频率。

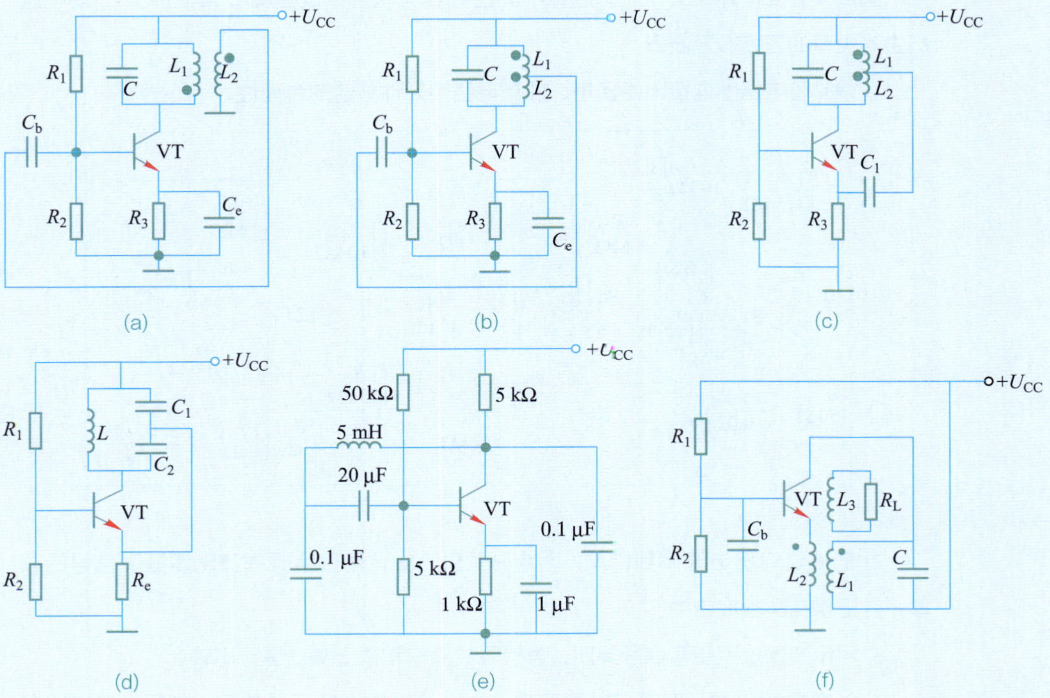

题 5.3 图

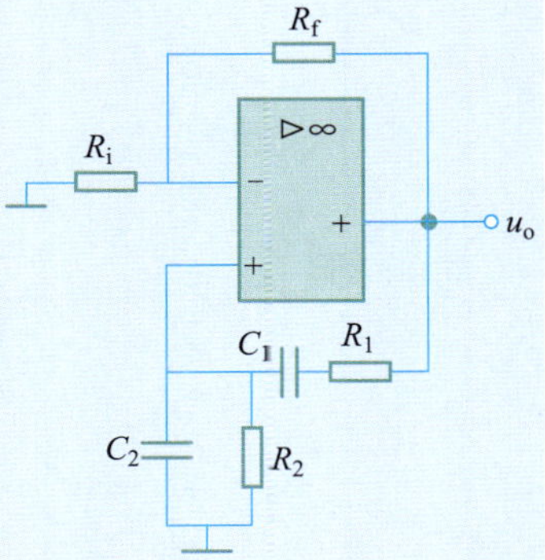

题 5.4 图

实验与技能操作训练

实验 RC音频振荡器

一、实验目的

1. 了解RC振荡器的工作原理。

2. 观察RC振荡器的起振条件。

3. 学习对振荡电路参数的测量。

4. 通过实验，对振荡器有初步了解。

二、仪器及设备

双踪示波器 1台；双路直流稳压电源1台；万用表1只；实验线路板1块；数字频率计1台。

三、实验内容

实验电路如图E5.1所示。

图E5.1中，R_1、C_1和R_2、C_2组成RC串并联式振荡器，VT1、VT2组成两级阻容耦合放大器，用来将正反馈信号放大。正反馈信号通过R_1、C_1和R_2、C_2反馈到VT1的输入端，适当选择R_1、C_1、R_2、C_2参数，VT1可以得到较大的输入信号。

图E5.1中设有开关S1、S2，选择不同的开或关状态，改变R_{P1}、R_{P2}的大小，使电路产生不失真的正弦振荡波形。

1. 按实验电路图连接电路备用，注意电路中元件参数的合理性。

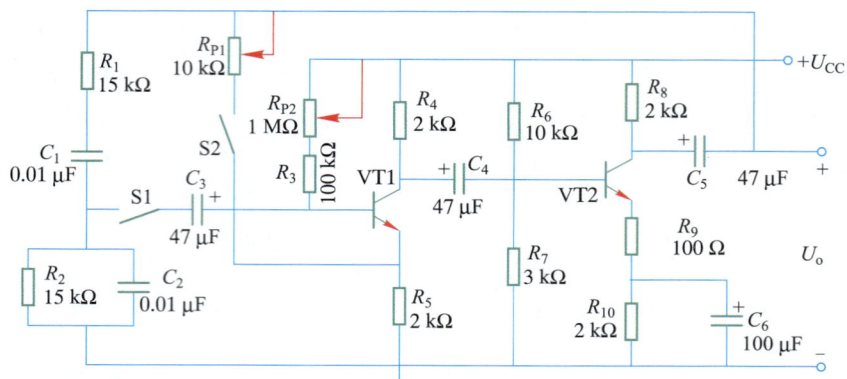

图 E5.1
RC 音频振荡器

EDA 仿真实验：
文氏桥振荡器

2. 把直流稳压电源调到12 V，闭合开关S1、S2，用数字频率计测量振荡信号的频率，并记录在实验报告中。

3. 用示波器观察测量信号周期，再换算成频率和以上测量进行比较。

4. 计算放大倍数。在振荡器稳定振荡时，测出输出电压U_o的值，然后断开S1，在VT1的输入端用一个同频率的正弦信号，使输出电压与振荡时相等，测量输入电压U_i则可计算出电压放大倍数。

5. 观察负反馈对振荡的影响。接通S1、S2，使R_{P1}在最小、中间、最大情况，观察振荡波形并记录。断开S2，观察振荡波形并记录。

四、预习要求

1. 学习*RC*振荡器工作原理，以及电路中各元件的作用。

2. 阅读本实验的全部内容。

3. 掌握测量输入信号、输出信号的方法。

4. 设计记录实验数据的表格。

五、实验报告要求及思考题

1. 整理实验数据，分析振荡产生的原因和条件。

2. 总结振荡电路的特点。

3. 实验电路中的振荡电路基本组成包括哪几个部分？

4. 找出实验电路中的正反馈支路、负反馈支路，说明它们在反馈支路的作用。

5. 实验中调整R_{P1}、R_{P2}对振荡电路有什么影响？

6. *RC*并联式振荡电路的振荡频率、起振条件各是什么？

在电子设备中，内部电路都由直流稳压电源供电。一般情况下，直流稳压电源电路由整流、滤波和稳压电路组成。对电源要求较高的场合，在整流、滤波之后，还要增加较复杂的稳压电路。

本章除介绍整流、滤波和稳压电路外，还讨论开关电源和三端集成稳压器，它们在电子设备中应用越来越普遍。

6.1　整流滤波电路

6.1.1　单相半波整流电路

整流电路可以把交流电利用二极管的单向导通原理整变成直流电。在电子设备中，大量的直流电都是采用这种整流滤波方式得到的。先从最简单的整流电路即单相半波整流电路开始分析。

教学课件：
整流滤波电路

1. 工作原理

单相半波整流如图 6.1.1 所示。其中 u_1、u_2 分别表示变压器的一次和二次交流电压，R_L 为负载电阻。

设 $u_2 = \sqrt{2}U_2 \sin \omega t$ V，其中 U_2 为变压器二次电压有效值。在 $0 \sim \pi$ 时间内，即在 u_2 的正半周内，变压器二次电压是上端为正、下端为负，二极管 VD 承受正向电压而导通，此时有电流流过负载，并且和二极管上电流相等，即 $i_O = i_D$。忽略二极管上的压降，负载上输出电压 $u_O = u_2$，输出波形与 u_2 相同。

在 $\pi \sim 2\pi$ 时间内，即在 u_2 负半周内，变压器二次绕组的上端为负、下端为正，二极管 VD 承受反向电压，此时二极管截止，负载上无电流流过，输出电压 $u_O = 0$，此时 u_2 电压全部加在二极管 VD 上。其电路波形如图 6.1.2 所示。

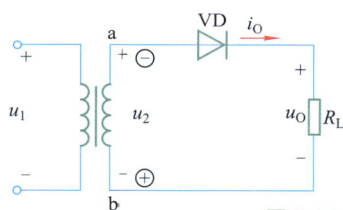

图 6.1.1
单相半波整流电路

2. 单相半波整流电路的指标

单相半波整流不断重复上述过程，则整流输出电压有

$$u_O = \begin{cases} \sqrt{2}U_2 \sin \omega t \text{ V} & 0 \leqslant \omega t \leqslant \pi \\ 0 & \pi \leqslant \omega t \leqslant 2\pi \end{cases}$$

从上式得知，此电路只有半个周期波形不为零，另外半个周期波形为零，因此称为半波整流电路。

取 u_O 的平均值

$$U_O = \frac{1}{2\pi} \int_0^{2\pi} u_O \mathrm{d}(\omega t) = \frac{1}{2\pi} \int_0^{\pi} \sqrt{2}U_2 \sin \omega t \mathrm{d}(\omega t) = \frac{\sqrt{2}}{\pi} U_2 \approx 0.45 U_2 \qquad (6.1.1)$$

流经二极管的电流等于负载电流

$$I_D = I_O = \frac{U_O}{R_L} = 0.45 \frac{U_2}{R_L} \qquad (6.1.2)$$

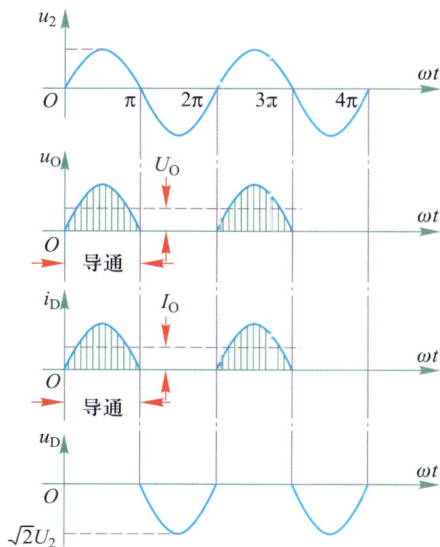

图 6.1.2
单相半波整流波形

二极管承受最大反向电压 $\qquad U_{RM} = \sqrt{2}U_2$ $\qquad\qquad$ (6.1.3)

$\qquad$单相半波整流的优点为电路简单，使用元件少；不足方面是变压器利用率和整流效率低，输出电压脉动大，所以单相半波整流仅用在小电流且对电源要求不高的场合。

6.1.2 单相桥式整流电路

$\qquad$单相半波整流电路有很明显的不足之处，针对这些不足，在实践中又产生了桥式整流电路，如图 6.1.3(a) 所示。4 个二极管组成一个桥，所以称为桥式整流电路，这个桥也可以简化成图 6.1.3(b) 所示的形式。

动画：单相桥式整流电路

微课：桥式整流电路

图 6.1.3
单相桥式整流电路

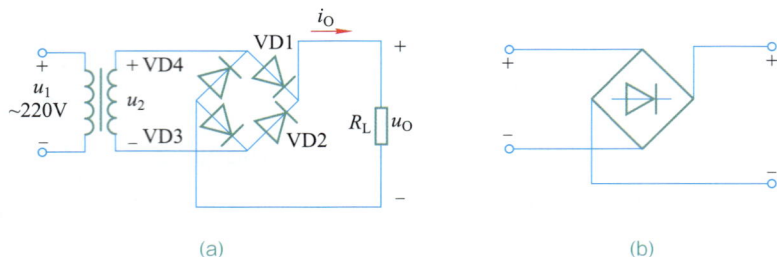

(a) $\qquad\qquad$ (b)

1. 工作原理

$\qquad$单相桥式整流电路由变压器，4 个整流二极管和负载组成。它属于全波整流电路。当 u_2 是正半周时，二极管 VD1 和 VD3 导通，而二极管 VD2 和 VD4 截止，负载 R_L 上的电流自上而下流过负载，负载上得到了与 u_2 正半周相同的电压；在 u_2 的负半周，u_2 的实际极性是下正上负，二极管 VD2 和 VD4 导通而 VD1 和 VD3 截止，负载 R_L 上的电流仍然自上而下流过负载，负载上得到了与 u_2 正半周相同的电压，其电路工作波形如图 6.1.4 所示。

2. 单相桥式整流电路的指标

（1）输出电压的有效值 $\quad U_O = 0.9\,U_2$ $\qquad\qquad$ (6.1.4)

$$I_O = 0.9\frac{U_2}{R_L} \qquad\qquad (6.1.5)$$

（2）整流二极管平均整流电流 I_D

$$I_D = \frac{1}{2}I_O = 0.45\frac{U_2}{R_L} \qquad\qquad (6.1.6)$$

这个数值与单相半波整流相同，虽然是全波整流，但二极管仍是半个周期导通，半个周期截止。

（3）整流二极管承受的最大反向电压 U_{RM}

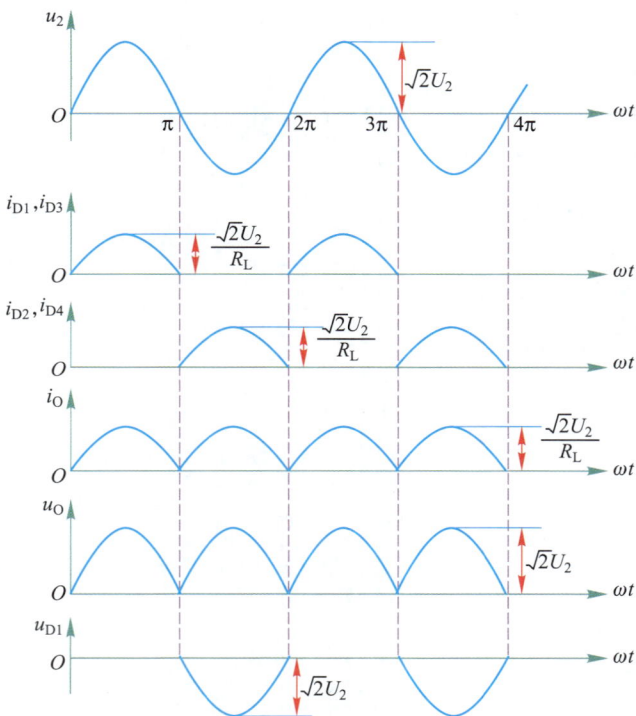

图 6.1.4
单相桥式整流电路波形图

整流管承受的最大反向电压为

$$U_{RM} = \sqrt{2}U_2 \qquad\qquad (6.1.7)$$

$\qquad$综上所述，单相桥式整流电路只是整流二极管的个数比单相半波整流增加了，结果使负载上的电压与电流的有效值都比单相半波整流提高 1 倍，其他参数没有变化。因此，桥式整流电路得到广泛应用。

笔 记

例 6.1.1　有一单相桥式整流电路要求输出电玉 $U_O = 110\,V$，$R_L = 80\,\Omega$，交流电压为 380 V，问：① 如何选用二极管？　② 整流变压器变比和容量是多少？

解　①

$$I_O = \frac{U_O}{R_L} = \frac{110}{80}\,A = 1.4\,A$$

$$I_D = \frac{1}{2}I_C = 0.7\,A$$

$$U_2 = \frac{U_O}{0.9} = 122\,V$$

$$U_{RM} = \sqrt{2}U_2 = \sqrt{2} \times 122\,V = 172\,V$$

由此可选 2CZ12C 二极管，其最大整流电流为 1 A，最高反向电压为 300 V。

② 求整流变压器变比和（视在）功率容量。

考虑到变压器二次绕组及管子上的压降，变压器二次电压大约要高出 10%，即

$$U_2 = 122 \times 1.1\,V = 134\,V$$

则变压器变比

$$k = \frac{380}{134} = 2.8$$

再求变压器容量。变压器二次电流为

$$I = I_O \times 1.1 = 1.55\,A$$

乘 1.1 倍的主要原因是考虑变压器损耗。故整流变玉器容量为

$$S = U_2 I = 134 \times 1.55\,V \cdot A = 208\,V \cdot A$$

6.1.3　滤波电路

经过整流后，输出电压在方向上没有变化，波形仍然保持输入正弦波的波形。由于输出电压起伏较大，为了得到平滑的直流电压波形，必须采用滤波电路，以改善输出电压的脉动性，常用的滤波电路有电容滤波、电感滤波、LC 滤波电路和 π 形滤波电路。

1. 电容滤波电路

最简单的电容滤波是在负载 R_L 两端并联一只较大容量的电容器，如图 6.1.5(a) 所示。

当负载开路 $(R_L=\infty)$ 时，设电容无能量储存，输出电压从 0 开始增大，电容器开始充电。一般充电速度很快，$u_O=u_C$ 时，u_O 达到 u_2 的最大值，即

$$u_O = u_C = \sqrt{2}U_2 \tag{6.1.8}$$

此后，由于 u_2 下降，二极管处于反向偏置而截止，电容无放电回路，所以 u_O 保持在 $\sqrt{2}U_2$ 的数值上，其波形如图 6.1.5(b) 所示。当接入负载后，前半部分和负载开路时相同，当 u_2 从最大值下降时，电容通过负载 R_L 放电，放电的时间常数为

动画：电容滤波电路

微课：电容滤波电路

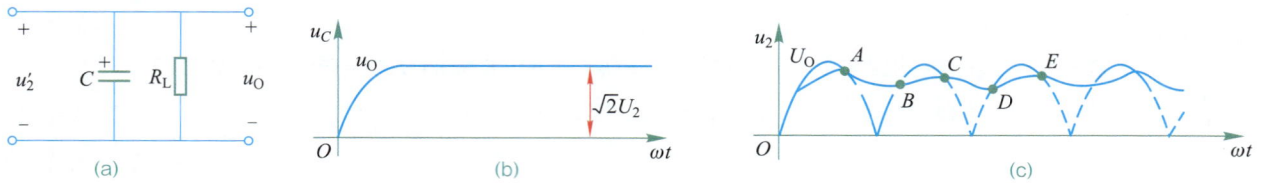

图 6.1.5
电容滤波电路

$$\tau = R_L C \qquad\qquad (6.1.9)$$

在 R_L 较大时，τ 的值比充电时的时间常数大。u_O 按指数规律下降，如图 6.1.5(c) 所示的 AB 段。当 u_2 的值再增大后，电容再继续充电，同时也向负载提供电流。电容上的电压仍会很快地上升。这样不断地进行，在负载上得到比无滤波整流电路平滑的直流电。在实际应用中，为了保证输出电压的平滑，使脉动成分减小，电容器 C 的容量选择应满足 $R_L C \geqslant (3\sim5)\dfrac{T}{2}$，其中 T 为交流电的周期。使用单相桥式整流，电容滤波时的直流电压一般为

$$U_O \approx 1.2\, U_2 \qquad\qquad (6.1.10)$$

电容滤波简单，缺点是负载电流不能过大，否则会影响滤波效果，所以电容滤波适用于负载变动不大、电流较小的场合。另外，由于输出直流电压较高，整流二极管截止时间长，导通角小，故整流二极管冲击电流较大，所以在选择管子时要注意选整流电流 I_F 较大的二极管。

例 6.1.2　一单相桥式整流电容滤波电路的输出电压 $U_O = 30\ \mathrm{V}$，负载电流为 250 mA，试选择整流二极管的型号和滤波电容 C 的大小，并计算变压器二次电流、二次电压值。

解　① 选择整流二极管

$$I_D = \frac{1}{2} I_L = \frac{1}{2} \times 250\ \mathrm{mA} = 125\ \mathrm{mA}$$

二极管承受最大反向电压

$$U_{RM} = \sqrt{2} U_2$$

又

$$U_O = 1.2\, U_2$$

所以

$$U_2 = \frac{U_O}{1.2} = \frac{30}{1.2}\ \mathrm{V} = 25\ \mathrm{V}$$

$$U_{RM} = \sqrt{2} U_2 = \sqrt{2} \times 25\ \mathrm{V} = 35\ \mathrm{V}$$

查手册选 2CP21A，参数 $I_{FM} = 3\,000\ \mathrm{mA}$，$U_{RM} = 50\ \mathrm{V}$。

② 选滤波电容

根据　$R_L C \geqslant (3\sim5)\dfrac{T}{2}$

取

$$R_L C = \frac{5T}{2}$$

$$R_L = \frac{U_O}{I_O} = \frac{30}{250}\ \mathrm{k\Omega} = 0.12\ \mathrm{k\Omega}$$

$$T = 0.02\ \mathrm{s}$$

$$C = \frac{5T}{2R_L} = \frac{5 \times 0.02}{2 \times 120}\ \mathrm{F} = 0.000\,417\ \mathrm{F} = 417\ \mathrm{\mu F}$$

③ 求变压器二次电压和电流

$$U_2 = \frac{U_O}{1.2} = 25\ \mathrm{V}$$

笔 记

变压器二次电流在充、放电过程中已不是正弦电流，一般取 $I_2=(1.1\sim3)I_L$，所以取 $I_2=1.5\,I_L=1.5\times250\,\text{mA}=375\,\text{mA}$。

2. 电感滤波电路

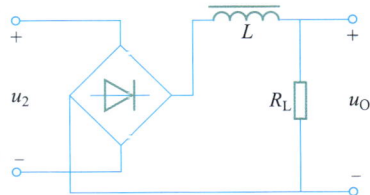

图 6.1.6
电感滤波电路

利用电感的电抗性，同样可以达到滤波的目的。在整流电路和负载 R_L 之间，串联一个电感 L 就构成了一个简单的电感滤波电路，如图 6.1.6 所示。

根据电感的特点，在整流后电压的变化引起负载的电流改变时，电感 L 上将感应出一个与整流输出电压变化相反的反电动势，两者的叠加使得负载上的电压比较平缓，输出电流基本保持不变。

电感滤波电路中，R_L 越小，则负载电流越大，电感滤波效果越好。在电感滤波电路中，一般

$$U_O=0.9\,U_2 \tag{6.1.11}$$

二极管承受的反向峰值电压仍为 $\sqrt{2}U_2$。

3. LC 滤波电路

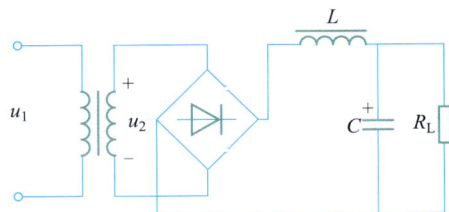

图 6.1.7
LC 滤波电路

采用单一的电容或电感滤波时，电路虽然简单，但滤波效果欠佳。由于大多数场合要求滤波更好，因此把前两种滤波结合起来，即 LC 滤波电路。LC 滤波电路最简单形式如图 6.1.7 所示。

与电容滤波电路比较，LC 滤波电路的优点是　外特性比较好；输出电压对负载影响小；电感元件限制了电流的脉动峰值，减小了对整流二极管的冲击。它主要适用于电流较大，要求电压脉动较小的场合。

LC 滤波电路的直流输出电压和电感滤波电路一样，$U_O=0.9\,U_2$。

4. π 形滤波电路

为了进一步减小输出的脉动成分，可在 LC 滤波电路的输入端再加一只滤波电容就组成了 LC–π 形滤波电路，如图 6.1.8(a) 所示，这种 π 形滤波电路的输出电流波形更加平滑，适当选择电路参数，同样可以达到

$$U_O=1.2\,U_2$$

当负载电阻 R_L 值较大，负载电流较小时，可用电阻代替电感，组成 RC–π 形滤波电路，如图 6.1.8(b) 所示。

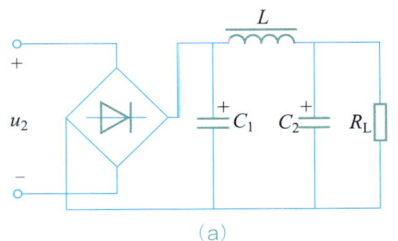

（a）

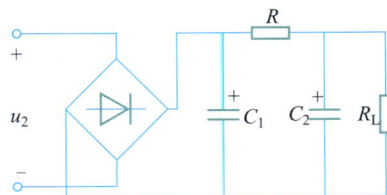

（b）

图 6.1.8
π 形滤波电路

一般要求 R 和 C_2 的取值满足 $\dfrac{1}{\omega C_2}<<R$，这样 $\dfrac{1}{\omega C_2}/\!/R_L$ 值恒小于 R，输出电压波形很平滑。这种滤波电路体积小，重量轻，所以得到广泛应用。

6.2　硅稳压二极管稳压电路

整流、滤波后得到的直流输出电压往往会随时间而有些变化，造成这种直流输出电压不稳定的原因有两个：其一是当负载改变时，负载电流将随之改变，原因是整流变压器和整流二极管、滤波电容都有一定的等效电阻，因此当负载电流变化，即使交流电网电压不变，直流输出电压也会改变；其二是电网电压常有变化。在正常情况下变化 ±10% 是常见的，当电网电压变化时，即使负载未变，直流输出电压也会改变。因此在整流滤波电路后面再加一

教学课件：
硅稳压二极管稳压电路

级稳压电路，以获得稳定的直流输出电压。

6.2.1　硅稳压二极管稳压电路的工作原理

硅稳压二极管稳压电路如图 6.2.1 所示。图中，稳压二极管 VZ 与负载电阻 R_L 并联，在并联后与整流滤波电路连接时，要串联一个限流电阻 R。由于 VZ 与 R_L 并联，所以也称并联稳压电路。

以下讨论稳压电路工作原理：

① 如果输入电压 U_I 不变而负载电阻 R_L 减小，这时负载上电流 I_L 要增加，电阻 R 上的电流 $I_R=I_L+I_Z$ 也有增大的趋势，则 $U_R=I_RR$ 也趋于增大，这将引起输出电压 $U_O=U_Z$ 的下降。稳压二极管的反向伏安特性已经表明，如果 U_Z 略有减小，稳压二极管电流 I_Z 将显著减小，I_Z 的减少量将补偿 I_L 所需的增加量，使得 I_R 基本不变，这样输出电压 $U_O=U_I-I_RR$ 也就基本稳定下来。当然，负载电阻 R_L 增大时，I_L 减小，I_Z 增加，保证了 I_R 基本不变，同样稳定了输出电压 U_O。

② 如果负载电阻 R_L 保持不变，而电网电压的波动引起输入电压 U_I 升高时，电路的传输作用使输出电压也就是稳压二极管两端电压也趋于上升。由稳压二极管反向特性可知，I_Z 将显著增加，于是电流 $I_R=I_Z+I_L$ 加大，所以电压 U_R 升高，即输入电压的增加量基本降落在电阻 R 上，从而使输出电压 U_O 基本上没有变化，达到了稳定输出电压的目的，同理，电压 U_I 降低时，也通过类似过程来稳定 U_O。

由此可见，稳压二极管稳压电路是依靠稳压二极管的反向特性，即反向击穿电压有微小的变化而引起电流较大的变化，并通过限流电阻的电压调整，来达到稳压的目的的。

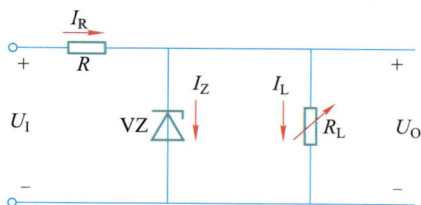
图 6.2.1
硅稳压二极管稳压电路

笔 记

6.2.2　硅稳压二极管稳压电路参数的选择

1. 硅稳压二极管的选择
可根据下列条件初选管子

$$\left.\begin{aligned}U_Z&=U_O\\I_{Zmax}&\geqslant (2\sim3)I_{Lmax}\end{aligned}\right\}\qquad(6.2.1)$$

当 U_I 增加时，会使硅稳压二极管的 I_Z 增加，所以电流选择应适当大一些。

2. 输入电压 U_I 的确定
输入电压 U_I 高，R 大，稳定性能好，但损耗大。一般

$$U_I=(2\sim3)U_O\qquad(6.2.2)$$

3. 限流电阻 R 的选择
选择 R，主要确定阻值和功率。

（1）R 的阻值

在 U_I 最小和 I_L 最大时，流过稳压二极管的电流最小，此时电流不能低于稳压二极管的最小稳定电流，即

$$I_Z = \frac{U_{Imin} - U_Z}{R} - I_{Lmax} \geq I_{Zmin}$$

即
$$R \leq \frac{U_{Imin} - U_Z}{I_{Zmax} + I_{Lmax}} \tag{6.2.3}$$

在 U_I 最高和 I_L 最小时，流过稳压二极管的电流最大，这时应保证 I_Z 不大于稳压二极管的最大电流值，即

$$I_Z = \frac{U_{Imax} - U_Z}{R} - I_{Lmin} \leq I_{Zmax}$$

即
$$R \geq \frac{U_{Imax} - U_Z}{I_{Zmax} + I_{Lmin}} \tag{6.2.4}$$

R 的阻值就应同时满足式（6.2.3）和式（6.2.4）。

（2）R 的功率 P_R

$$P_R = (2 \sim 3) \frac{U_{Rm}^2}{R} = (2 \sim 3) \frac{(U_{Imax} - U_Z)^2}{R} \tag{6.2.5}$$

P_R 适当选择大一些。

例 6.2.1　选择图 6.2.1 所示稳压电路的元件参数。要求：$U_O = 10$ V，$I_L = 0 \sim 10$ mA，U_I 波动范围为 ±10%。

解　① 选择稳压二极管　　$U_Z = U_O = 10$ V

$$I_{Zmax} = 2I_{Lmax} = 2 \times 10 \times 10^{-3} \text{ A} = 20 \text{ mA}$$

选 2CW7 管。

$$U_Z = 9 \sim 10.5 \text{ V}, \quad I_{Zmax} = 23 \text{ mA}, \quad I_{Zmin} = 5 \text{ mA}$$

$$P_{RM} = 0.25 \text{ W}$$

② 确定 U_I　　　　　$U_I = (2 \sim 3)U_O = 2.5 \times 10 \text{ V} = 25 \text{ V}$

③ 选择 R　　　　　$U_{Imax} = 1.1U_I = 27.5 \text{ V}$

$$U_{Imin} = 0.9U_I = 22.5 \text{ V}$$

$$\frac{U_{Imax} - U_Z}{I_{Zmax} + I_{Lmin}} \leq R \leq \frac{U_{Imin} - U_Z}{I_{Zmin} + I_{Lmax}}$$

$$\frac{27.5 - 10}{23 + 0} \, \Omega \leq R \leq \frac{22.5 - 10}{5 + 10} \, \Omega$$

$$761 \, \Omega \leq R \leq 833 \, \Omega$$

取 $R = 820$ Ω，则电阻功率

$$P_R = 2.5 \frac{(U_{Imax} - U_Z)^2}{R} = 2.5 \frac{(27.5 - 10)^2}{820} \text{ W} = 0.93 \text{ W}$$

取 $P_R = 1$ W。

6.3　串联型晶体管稳压电路

6.3.1　带有放大环节的串联型晶体管稳压电路

1. 串联型稳压电路的工作原理

用晶体管代替图 6.2.1 中的限流电阻 R，就得到图 6.3.1 所示的串联型晶体管稳压电路。

笔　记

教学课件：
串联型晶体管稳
压电路

微课：串联型晶体
管稳压电路

图中，晶体管 VT 代替了可变限流电阻 R；在基极电路中，接有 VZ，与 R 组成参数稳压器。

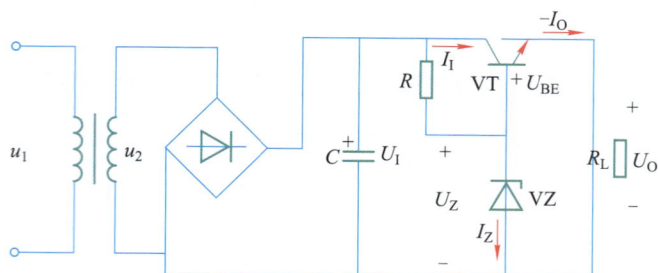

图 6.3.1
串联型稳压电路

该电路的稳压过程如下：

① 当负载不变，输入整流电压 U_I 增加时，输出电压 U_O 有增高的趋势，由于晶体管 VT 基极电位被稳压二极管 VZ 固定，故 U_O 的增加将使 VT 发射结上正向偏压降低，基极电流减小，从而使 VT 的集–射极间的电阻增大，U_{CE} 增加，于是抵消了 U_I 的增加，使 U_O 基本保持不变。上述过程如下所示：

$$U_I \uparrow \rightarrow U_O \uparrow \rightarrow U_{BE} \downarrow \rightarrow I_B \downarrow \rightarrow I_C \downarrow \rightarrow U_{CE} \uparrow$$
$$U_O \downarrow \longleftarrow$$

② 当输入电压 U_I 不变，而负载电流变化时，其稳压过程如下：

$$I_O \uparrow \rightarrow U_O \uparrow \rightarrow U_{BE} \downarrow \rightarrow I_B \downarrow \rightarrow I_C \downarrow \rightarrow U_{CE} \uparrow$$
$$U_O \downarrow \longleftarrow$$

则输出电压 U_O 基本保持不变。

2. 带放大电路的串联型稳压电路

上述电路，虽然对输出电压有稳压作用，但电路控制灵敏度不高，稳压性能不理想。如果在原电路加一放大环节，如图 6.3.2 所示，可使输出电压更加稳定。

它是由 R_1、R_P 和 R_2 构成的取样环节，R_Z 和稳压二极管 VZ 构成的基准电压，晶体管 VT2 与 R_4 构成的比较放大环节，以及晶体管 VT1 构成的调整环节四部分组成。因为晶体管 VT1 与 R_L 串联，所以称为串联型稳压电路。

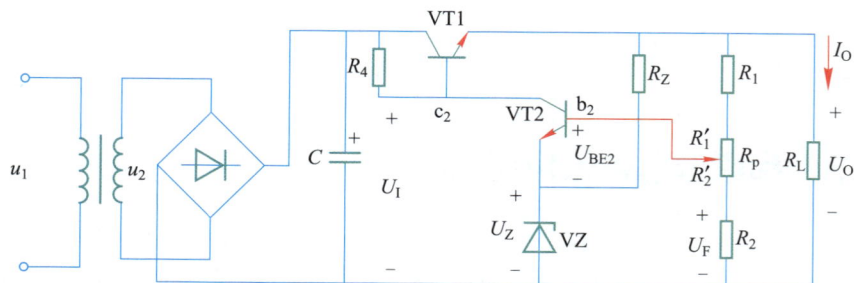

图 6.3.2
带放大电路的串联型稳压电路

当 U_I 或 I_O 的变化引起 U_O 变化时，取样环节把输出电压的一部分送到比较放大环节 VT2 的基极，与基准电压 U_Z 相比较，其差值信号经 VT2 放大后，控制调整管 VT1 的基极电位，从而调整 VT1 的管压降 U_{CE1}，补偿输出电压 U_O 的变化，使之保持稳定，其调整过程如下：

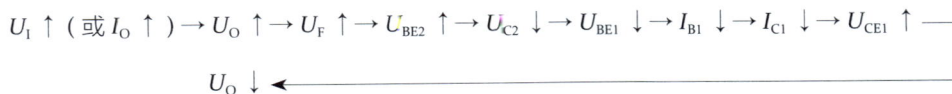

$$U_I \uparrow （或 I_O \uparrow） \rightarrow U_O \uparrow \rightarrow U_F \uparrow \rightarrow U_{BE2} \uparrow \rightarrow U_{C2} \downarrow \rightarrow U_{BE1} \downarrow \rightarrow I_{B1} \downarrow \rightarrow I_{C1} \downarrow \rightarrow U_{CE1} \uparrow \text{——}$$

$$U_O \downarrow \longleftarrow$$

笔 记

当输出电压下降时，调整过程与上述相反，远程中设输出电压的变化由 U_I 或 I_O 的变化引起。

不难看出，上述稳压电路实际上是一个闭环的反馈控制系统，它利用负反馈原理实现输出电压的稳定。

6.3.2 稳压电源的主要技术指标

稳压电源有两类技术指标：特性指标和质量指标。特性指标规定了该稳压电源的适用范围，包括允许的输出电流和输出电压。质量指标用来衡量该稳压电源的性能优劣，包括稳压系数、输出电阻、温度系数及纹波电压等。

1. 稳压系数

稳压系数 γ 是当负载电流 I_O 和环境温度保持不变时，用输出电压与输入电压的相对变化量之比来表征稳压性能，其定义可写为

$$\gamma = \frac{\Delta U_O / U_O}{\Delta U_I / U_I} \bigg|_{\Delta I_O = 0, \ \Delta T = 0} \tag{6.3.1}$$

其中，U_I 为整流滤波电路的输出电压，即直流稳压电源输入电压。γ 越小，输出电压稳定性越好。稳压系数与电路形式有关。

2. 输出电阻

输出电阻 r_o 是指当输入电压 U_I 及环境温度不变时，由于负载电流 I_O 的变化引起的 U_O 变化，即

$$r_c = \frac{\Delta U_O}{\Delta I_O} \bigg|_{\Delta U_I = 0, \ \Delta T = 0} \tag{6.3.2}$$

r_o 越小，输出电压的稳定性能越好，其值与电路形式和参数有关。

3. 温度系数

输出电压温度系数 S_T 是指在 U_I 和 I_O 都不变的情况下，环境温度 T 变化所引起的输出电压变化，即

$$S_T = \frac{\Delta U_O}{\Delta T} \bigg|_{\Delta U_I = 0, \ \Delta I_O = C} \tag{6.3.3}$$

式中，S_T 的单位为 mV/℃。

在应用中除选用温度系数小的稳压二极管外，还可以采用恒温措施来保证温度系数。

4. 动态电阻

动态电阻 r_n 在高频脉冲负载电流工作时，其值随频率增高而增大，因此用它来表示电源在高频脉冲负载电流作用下所引起的电压瞬态变化程度。

$$r_n = \frac{U_{SC}}{I_{fZ}} \tag{6.3.4}$$

式中，U_{SC} 表示瞬态电压变化，I_{fZ} 表示高频脉冲负载电流。

5. 电源效率

输出总功率与输入总功率之比称为电源效率，用 η 表示

$$\eta = \frac{\Sigma P_{\mathrm{O}}}{\Sigma P_{\mathrm{I}}} = \frac{U_{\mathrm{O}}I_{\mathrm{O}}}{U_{\mathrm{I}}I_{\mathrm{I}}} \times 100\% \tag{6.3.5}$$

6.4　集成稳压器

教学课件：
集成稳压器

笔 记

集成稳压器将调压管、比较放大单元、启动单元和保护环节等元器件都集成为一片芯片，称为集成稳压器。集成稳压器的型号繁多，按单片的引出端子分类，有三端固定式、三端可调式和多端可调式等。三端集成稳压器只有三个端子，安装和使用都方便、简单，实际应用中三端集成稳压器用得最多。

三端集成稳压器有输入端、输出端和公共端（接地）三个接线端子，所需外接元件少，使用方便，工作可靠，所以应用较多。按输出电压是否可调，三端集成稳压器可分为固定输出和可调输出两种。

1. 固定输出的三端集成稳压器

（1）正电压输出稳压器

常用的三端固定正电压稳压器有 7800 系列，型号中的 00 两位数表示输出电压的稳定值，分别为 5 V、6 V、9 V、12 V、15 V、18 V、24 V。例如，7812 的输出电压为 12 V，7805 输出电压是 5 V。

按输出电流大小不同，又分为：CW7800 系列（最大输出电流 1 ~ 1.5 A）、CW78M00 系列（最大输出电流 0.5 A）和 CW78L00 系列（最大输出电流约为 100 mA）。

7800 系列三端稳压器的外部引脚如图 6.4.1(a) 所示，1 脚为输入端，2 脚为输出端，3 脚为公共端。

（2）负电压输出稳压器

常用的三端固定负电压稳压器有 7900 系列，型号中的 00 两位数表示输出电压的稳定值，与 7800 系列相对应，分别为 –5 V、–6 V、–9 V、–12 V、–15 V、–18 V、–24 V。

与 7800 系列一样，按输出电流不同，也分为 CW7900 系列、CW79M00 系列和 CW79L00 系列。其引脚图如图 6.4.1(b) 所示，1 脚为公共端，2 脚为输出端，3 脚为输入端。

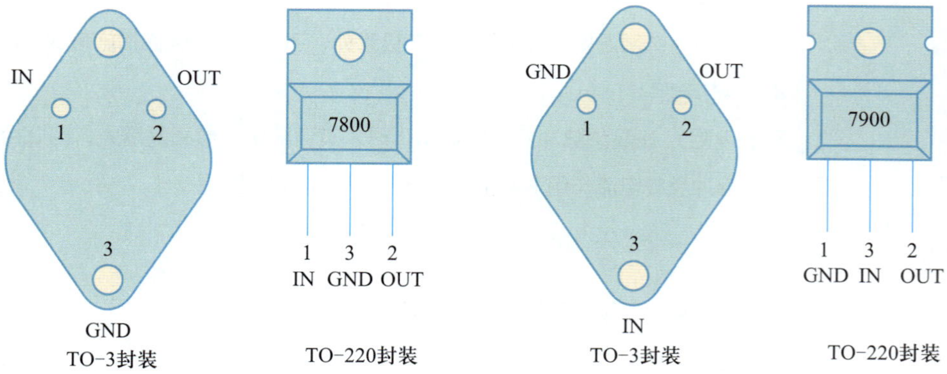

图 6.4.1
三端固定输出稳压器

(a) 7800 引脚图　　　　(b) 7900 引脚图

2. 三端可调输出稳压器

前面介绍了 78、79 系列集成稳压电路，这些都是固定输出的稳压电源。这些在使用中不太方便。实际应用中还有可调的 CW117、CW217、CW317、CW337 和 CW337L 系列稳压器。图 6.4.2(a) 所示为正可调输出稳压器，图 6.4.2(b) 为负可调输出稳压器。

三端可调集成稳压器的输出电压 1.25 ~ 37 V　输出电流可达 1.5 A。使用这种稳压器非常方便，只要在输出端接两个电阻，就可得到所要求输出电压值，它的应用电路如图 6.4.3 所示，是可调输出稳压源标准电路。

在图 6.4.3 所示标准电路中，因 CW117/217/ 317 的基准电压为 1.25 V，这个电压在输出端 3 和调整端 1 之间，输出电压只能从 1.25 V 上调。输出电压表达式为

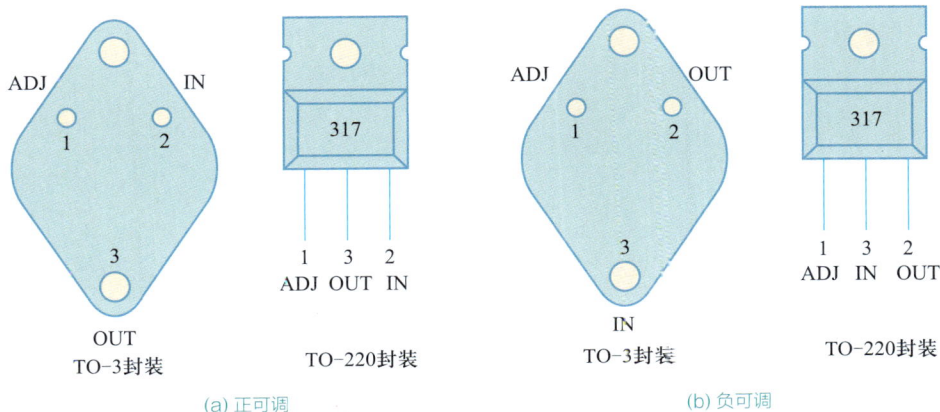

(a) 正可调
(b) 负可调

图 6.4.2
三端可调输出稳压器

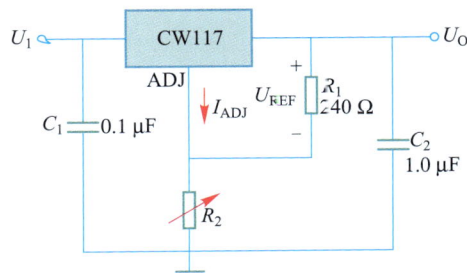

图 6.4.3
可调输出稳压源标准电路

$$U_O = 1.25\left(1+\frac{R_2}{R_1}\right)\text{V} + 50 \times 10^{-6}\text{A} \times R_2 \tag{6.4.1}$$

上式中的第二项，即 50×10^{-6} 表示从 CW117/217/317 调整端流出的经过电阻 R_2 的电流为 50 μA。它的变化很小，所以在 R_2 阻值很小时，可忽略第二项，即为

$$U_O = 1.25\left(1+\frac{R_2}{R_1}\right)\text{V} \tag{6.4.2}$$

电容 C_2 用来改善输出电压中的纹波。跨接电容 C_1 是为了预防产生自激振荡。

3. 三端集成稳压器的应用

（1）基本应用

图 6.4.4 是三端固定输出集成稳压器的基本应用电路。图中，输入端电容 C_1 用以抵消输入端较长接线的电感效应，防止产生自激振荡，接线不长时也可不用。输出端 C_O 用以改善负载的瞬态响应，减少高频噪声。

（2）正、负电压同时输出的稳压电路

图 6.4.5 是正、负电压同时输出的稳压电路。当需要正负两组电源输出时，可以采用 7800 系列正压单片稳压器和 7900 系列负压单片稳压器各一块，按图 6.4.5 接线，构成正、负两组电源。

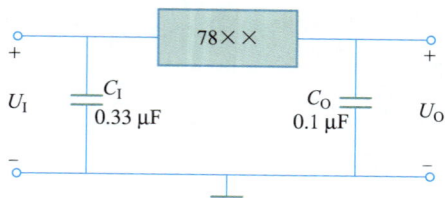

图 6.4.4
固定稳压器基本应用电路

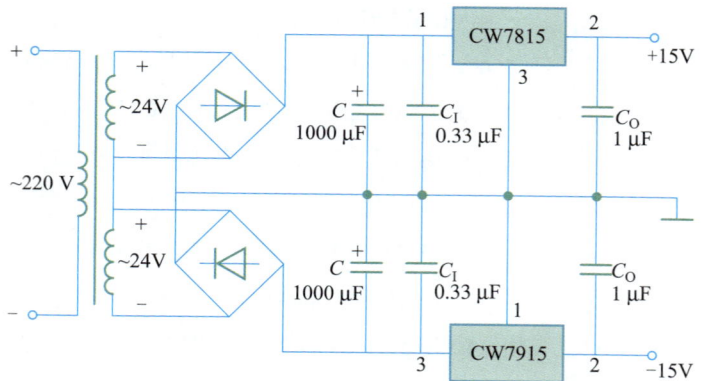

图 6.4.5
正、负电压同时输出的稳压电路

习题

6.1 在桥式整流电路中，变压器二次绕组电压 $U_2=15$ V，负载 $R_L=1$ kΩ，若输出直流电压 U_O 和输出负载电流 I_L，则应选用多大反向工作电压的二极管？

6.2 如果上题中有一个二极管开路，则输出直流电压和电流分别为多大？

6.3 在输出电压 $U_O=9$ V，负载电流 $I_L=20$ mA 时，桥式整流电容滤波电路的输入电压（即变压器二次电压）应为多大？若电网频率为 50 Hz，则滤波电容应选多大？

6.4 题 6.3 中若采用电感滤波电路，则变压器二次电压应为多大？

6.5 在题 6.5 图所示稳压二极管稳压电路中，稳压二极管的稳压值 $U_Z=9$ V，最大工作电流为 25 mA，最小工作电流为 5 mA；负载电阻在 300 ~ 450 Ω 之间变动；变压器二次电压 $U_2=15$ V，允许有 10% 的变化范围，试确定限流电阻 R 的选择范围。

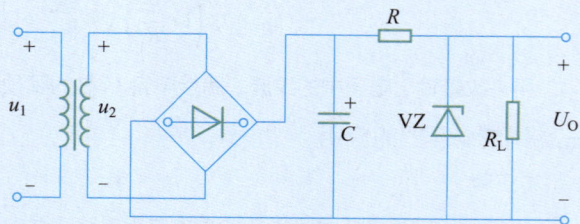

题 6.5 图

6.6 在题 6.5 图中的硅二极管稳压电路中，若 220 V 的交流电波动范围为 10%，$R_L=1$ kΩ，流过 R_L 的电流为 10 mA，试计算电路中各元件的数值。

6.7 有一桥式整流电容滤波电路，已知交流电压源电压为 220 V，$R_L=50$ Ω，要求输出直流电压为 12 V。(1) 求每个二极管的电流和最大反向电压；(2) 选择滤波电容的容量和耐压值。

6.8 有一硅二极管稳压电路，要求稳压输出 12 V，最小工作电流为 5 mA，负载电流在 0~6 mA 之间变化，电网电压变化 10%。试画出电路图和选择元件参数。

实验与技能操作训练

实验　整流、滤波和稳压电路

一、实验目的

1. 掌握单相半波整流电路工作原理。

2. 熟悉常用整流和滤波电路的特点。

3. 了解稳压的工作原理。

二、实验原理

1. 半波整流、滤波电路。电路如图 E6.1 所示，整流器件是二极管，利用二极管单向导电特性，即可把交流电变成直流电，经过半波整流在没有滤波情况下得到

$$U_O = 0.45 \, U_2$$

2. 桥式整流、滤波电路。电路如图 E6.2 所示，图中，二极管接成桥式电路。在电容滤波电路中：未闭合开关 S，无滤波情况下，$U_O = 0.9 \, U_2$；闭合开关 S，有滤波情况下，$U_O = 1.2 \, U_2$。

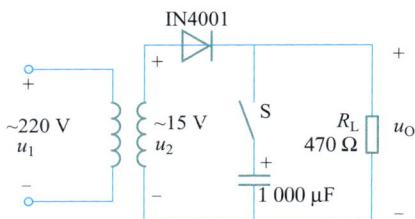

图 E6.1
半波整流、滤波电路原理图

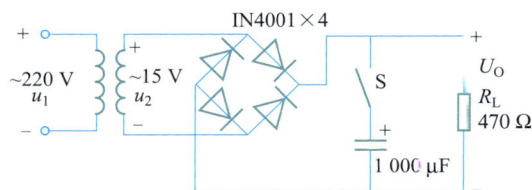

图 E6.2
单相桥式整流、滤波电路原理图

3. 桥式整流、滤波与稳压电路。电路如图 E6.3 所示，在桥式整流、滤波的基础上加 7809 稳压块。

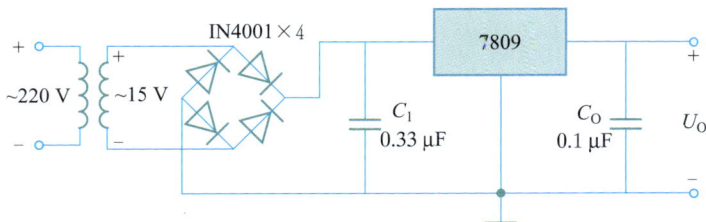

图 E6.3
单相桥式整流、滤波、稳压电路原理图

三、实验内容

1. 单相半波整流和滤波电路

① 按图 E6.1 所示电路接线，经检查无误后接通 220 V 交流电，开关 S 打开时，测输入、输出电压并观察波形。记录测量结果。

② 闭合开关 S，测量输出电压，并观察输出波形。并比较 S 打开和闭合的输出电压数值和波形。

③ 改变滤波电容（增大或减小），重复上述实验内容。

2. 桥式整流和滤波电路

笔 记

按图 E6.2 所示电路接线，测试内容与半波整流和滤波电路中的内容相同，记录测试数据，并和半波整流、滤波电路的测试数据进行比较。

3. 整流、滤波和稳压电路

按图 E6.3 所示电路接线，检查后接通电源，主要测量稳压后的输出电压，观察波形，记录数据，并与没有稳压时进行比较。

四、预习要求

1. 预习整流、滤波和稳压电路工作原理。

2. 阅读本实验的全部内容。

3. 掌握测量输入波形、输出波形的方法。

4. 设计实验数据表。

五、实验报告要求及思考题

1. 整理实验数据，画出三种电路的输出波形。

2. 根据实验测试结果，总结三种电路特点。

3. 如何选用整流二极管？二极管的参数应如何计算？

4. 选用滤波电容时，应注意哪几个方面？

5. 当负载变化时，负载两端的电压是否变化？流过负载上的电流是否变化？

6. 在单相桥式整流电路中，整流二极管的极性接反或虚焊，电路中将会发生什么现象？

EDA 仿真实验：
桥式整流滤波
电路

電力电子技术研究的是以晶闸管为主体的一系列功率半导体器件的应用技术。晶闸管自问世以来，由于它具有容量大、效率高、控制特性好、寿命长、体积小等优点，获得了迅速的发展。按照晶闸管的变换功能来分，晶闸管的应用大致可分为可控整流、逆变与变频、交流调压、直流斩波调压、无触点开关等方面。本章重点讲授晶闸管的基本结构和工作原理及可控整流电路。同时也将介绍触发电路的基本知识。

第 7 章
电力电子技术

7.1 晶闸管的结构与工作原理

7.1.1 晶闸管的基本结构

晶闸管的外形如图7.1.1所示。它有三个引出极．阳极（A）、阴极（K）和门极（G）（又称控制极）。在螺旋式晶闸管中，螺栓是阳极A的引出端，并利用它与散热器紧固。平板式则由两个彼此绝缘的散热器把晶闸管紧夹在中间，由于两面都能散热，因而200 A以上的晶闸管常采用平板式。小功率晶闸管常采用塑封式，其上部的金属片用螺栓与散热片紧密接触，以利散热。

晶闸管内部由PNPN四层半导体构成，所以有三个PN结J_1、J_2、J_3。阳极A从P_1层引出，阴极K由N_2层引出，门极G由P_2层引出。普通晶闸管的结构和符号如图7.1.2所示。普通晶闸管的型号是KP型。

教学课件：晶闸管的结构与工作原理

笔 记

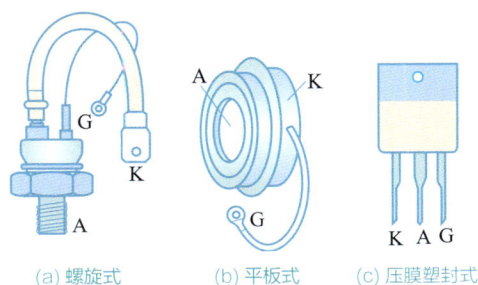

(a) 螺旋式   (b) 平板式   (c) 压膜塑封式

图 7.1.1
晶闸管的外形

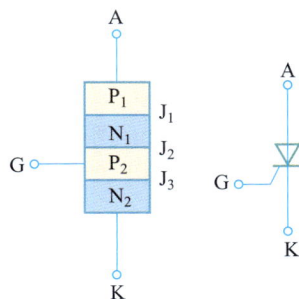

图 7.1.2
晶闸管的内部结构和符号

7.1.2 晶闸管的工作原理

为了说明晶闸管的工作原理，我们先按图7.1.3所示电路进行晶闸管的导通、关断实验。主电源U_{AK}通过双刀双掷开关S1与灯泡串联，接到晶闸管阳极和阴极之间，形成主电路。晶闸管阳极和阴极两端的电压称为阳极电压，流过晶闸管阳极的电流称为阳极电流。门极电源U_{GK}经双刀双掷开关S2加到门极与阴极之间，形成触发电路（控制电路），门极与阴极间电压称为门极电压，流过门极的电流称为门极电流。晶闸管特性如下：

① 晶闸管在反向阳极电压作用下，不论门极为何种电压，它都处于关断状态。

笔 记

② 晶闸管同时在正向阳极电压与正向门极电压作用下，才能导通。

③ 已导通的晶闸管在正向阳极电压作用下，门极失去控制作用。

④ 晶闸管在导通状态时，当阳极电压减小到接近于零时，晶闸管关断。

　　以上结论说明，晶闸管像二极管一样，具有单向导电性。晶闸管电流只能从阳极流向阴极。若加反向阳极电压，晶闸管处于反向阻断状态，只有极小的反向电流。但晶闸管与二极管不同，它还具有正向导通的可控特性。当仅加上正向阳极电压时，元件还不能导通，这时称为正向阻断状态。只有同时还加上一定的正向门极电压、形成足够的门极电流时，晶闸管才能正向导通。而且，一旦导通之后，撤掉门极电压，导通仍然维持。

　　晶闸管为何具有上述特性？这是由其内部结构决定的。晶闸管可以等效看成由两只晶体管组成，一个NPN型，另一个PNP型，如图7.1.4所示。每只管子的基极都与另一只管子的集电极相连。

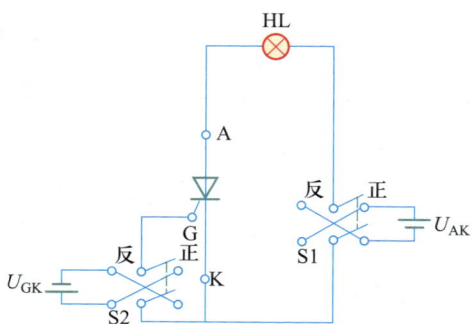

图 7.1.3
晶闸管导通、关断实验

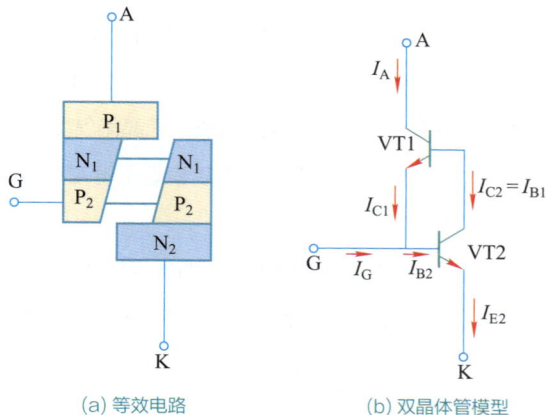

(a) 等效电路　　(b) 双晶体管模型

图 7.1.4
晶闸管等效电路

　　当晶闸管加上正向阳极电压时，一旦有门极电流注入，将形成强烈的正反馈，反馈过程如下：

$$I_G\uparrow\rightarrow I_{B2}\uparrow\rightarrow I_{C2}\left(=\beta_2 I_{B2}\right)\uparrow = I_{B1}\uparrow\rightarrow I_{C1}\left(\beta_1 I_{B1}\right)\uparrow$$

这样，两管迅速饱和导通。晶闸管导通后，$U_{AK}=0.6\sim1.2\ V$。

　　晶闸管导通以后，即使门极与外电路断开，因晶体管VT2的基极电流$I_{B2}=I_{C1}\approx I_A$，所以晶闸管仍能维持导通。但是，若在导通过程中，将阳极电流I_A减小至一定数值以下时，晶闸管的导通状态将无法维持，管子迅速截止。晶闸管维持导通所必需的最小电流称为维持电流I_H。

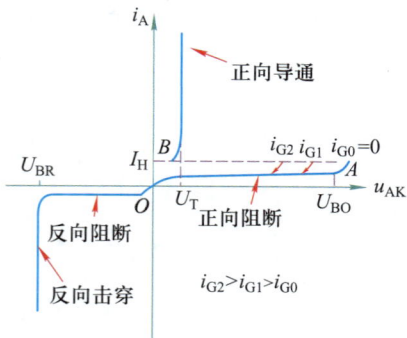

图 7.1.5
晶闸管伏安特性曲线

7.1.3　晶闸管的伏安特性

　　图7.1.5为晶闸管的伏安特性曲线。下面对曲线进行分析。

① 当门极电压$U_{GK}=0$时，门极电流$I_G=0$。此时，若施加正向阳极电压U_{AK}，当U_{AK}较小时，阳极电流I_A较小，称为正向漏流，管子处于正向阻断状态。继续加大U_{AK}至U_{BO}时，管子

突然由阻断状态（简称断态）变为导通状态（简称通态）。U_{BO}称为正向转折电压。导通之后，管压降降为U_T，I_A随U_{AK}快速增减。当I_A减至I_H以下时，管子恢复阻断，回到原点。I_H称为维持电流。

② 当$U_{AK}>0$、$I_G>0$时，I_G越大，管子由断态转为通态所需正向转折电压越小。如，$I_{G1}>I_{G0}$，I_{G1}对应的转折电压小于I_{G0}对应的转折电压。

③ 当$U_{AK}<0$时，若其值较小，管子有很小的反向漏流，此时管子处于反向阻断状态。若U_{AK}值加大，增至某一值U_{BR}时，反向电流突增，此时管子击穿。U_{BR}称为击穿电压。

7.1.4　晶闸管的主要参数

1. 正向重复峰值电压U_{DRM}

U_{DRM}是指在门极开路和晶闸管阻断条件下，允许重复加在晶闸管上的正向峰值电压。普通晶闸管的U_{DRM}值为100～3000 V。

2. 反向重复峰值电压U_{RRM}

U_{RRM}是指门极开路时，允许重复加在晶闸管上的反向峰值电压。普通晶闸管的U_{RRM}值为100～3000 V。

3. 通态平均电流$I_{V(AV)}$

$I_{V(AV)}$是在环境温度为40 ℃和规定冷却条件下，晶闸管在电阻性负载的单相工频正弦半波、导通角不小于170°的电路中，当结温稳定且不超过额定结温时，所允许的最大通态平均电流。$I_{V(AV)}$一般为1～1000 A。

4. 维持电流I_H

在室温下，门极开路时，晶闸管从较大的通态电流降低至刚好能保持导通的最小电流。

5. 门极触发电流I_G

I_G是指在室温下，晶闸管施加6 V正向阳极电压时，使其完全开通所必需的最小门极直流电流。

6. 门极触发电压U_G

与门极触发电流相对应的门极直流电压。

除上述参数外，还有其他一些参数，如断态电压临界上升率、通态电流临界上升率等。此处不再详述。

7.2　晶闸管可控整流电路

可控整流电路可分为单相可控整流和三相可控整流，可控整流电路的工作状况与整流电源的负载性质有很大关系，常见的负载有电阻性负载、电感性负载。本章只讨论单相桥式可控整流电路。

因单相半波可控整流电路的输出电压、电流脉动大，电源变压器二次绕组中电流有直流分量，使设备容量增大。因此，在小功率可控整流电路中广泛采用的是单相桥式整流电路。

✎ 笔 记

1. 电阻性负载

图7.2.1(a)所示为单相桥式可控整流电路，它就是将单相桥式不可控整流电路中两只二极管换成两只晶闸管而得到的。图中，两只晶闸管VT1、VT2为共阴极接法，而两只二极管VD1、VD2为共阳极接法。由于VT1、VT2阴极接在一起，所以给它们加的阳极电压只能是一个为正向，另一个为反向，不可能同时为正向。这样，即使两只管子同时触发，也只能有一个导通。比如，当u_2为正半周时触发，VT1导通，VT2截止，电流途径为：a端→VT1→R_L→VD2→b端，在u_2过零时，VT1阻断，输出电流为零。当u_2为负半周时触发，VT2导通，VT1截止，电流途径为：b端→VT2→R_L→VD1→a端，在u_2过零时，VT2阻断，输出电流为零。这样就形成了图7.2.1(b)所示输出电压波形。由于是电阻性负载，输出电流的波形与输出电压相似。晶闸管承受的最大正向、反相电压，二极管承受的最大正向、反相电压均为$\sqrt{2}U_2$。

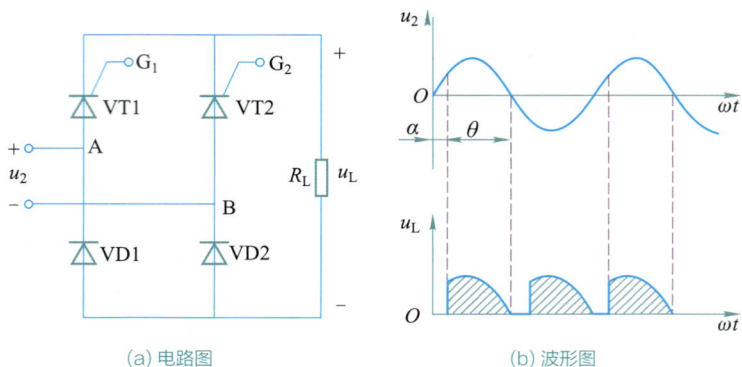

图 7.2.1
单相桥式可控整流电路

(a) 电路图　　　　(b) 波形图

输出电压平均值为

$$U_{LAV}=\frac{1}{\pi}\int_\alpha^\pi \sqrt{2}\,U_2\sin\omega t\,d(\omega t)$$
$$=\frac{2\sqrt{2}}{\pi}U_2\frac{1+\cos\alpha}{2}$$
$$=0.9U_2\frac{1+\cos\alpha}{2} \tag{7.2.1}$$

输出电压有效值为

$$U_L=\sqrt{\frac{1}{\pi}\int_\alpha^\pi(\sqrt{2}\,U_2\sin\omega t)^2d(\omega t)}$$
$$=U_2\sqrt{\frac{1}{2\pi}\sin2\alpha+\frac{\pi-\alpha}{\pi}} \tag{7.2.2}$$

输出电流平均值为

$$I_{LAV}=\frac{U_{LAV}}{R_L}=\frac{0.9U_2}{R_L}\cdot\frac{1+\cos\alpha}{2} \tag{7.2.3}$$

输出电流有效值为

$$I_L=\frac{U_L}{R_L}=\frac{U_2}{R_L}\sqrt{\frac{1}{2\pi}\sin2\alpha+\frac{\pi-\alpha}{\pi}} \tag{7.2.4}$$

可见，输出电压、电流平均值均为单相半波可控整流的2倍，有效值为其$\sqrt{2}$倍。

通过晶闸管、二极管的电流平均值及有效值分别为

$$I_{V(AV)}=I_{D(AV)}=\frac{1}{2}I_{LAV} \tag{7.2.5}$$

$$I_V=I_D=\sqrt{\frac{1}{2\pi}\int_\alpha^\pi\left(\frac{\sqrt{2}U_2}{R_L}\sin\omega t\right)^2d(\omega t)}=\frac{U_2}{R_L}\sqrt{\frac{1}{4\pi}\sin2\alpha+\frac{\pi-\alpha}{2\pi}} \tag{7.2.6}$$

晶闸管承受的最大正向、反向电压，二极管承受的最大正向、反向电压均为$\sqrt{2}U_2$。

2. 电感性负载

单相桥式可控整流电路接电感性负载时电路如图7.2.2所示。由于是电感负载，采用了续流二极管。这样，当电源电压过零时，负载经续流二极管续流，晶闸管电流降为零而关断。当电感值较大时，负载电流波形为一直线，负载上电流平均值与有效值相等。

当控制角为α时，一个周期内每只晶闸管的导通角为$\theta_V = \pi - \alpha$，续流二极管的导通角为$\theta_D = 2\alpha$。流过每个晶闸管的电流平均值为

$$I_{V(AV)} = \frac{\theta_V}{2\pi} I_{LAV} = \frac{\pi - \alpha}{2\pi} I_{LAV} \qquad (7.2.7)$$

有效值为

$$I_V = \sqrt{\frac{\theta_V}{2\pi}} I_{LAV} = \sqrt{\frac{\pi - \alpha}{2\pi}} I_{LAV} \qquad (7.2.8)$$

流过续流二极管的电流平均值为

$$I_{D(AV)} = \frac{\theta_D}{2\pi} I_{LAV} = \frac{2\alpha}{2\pi} I_{LAV} \qquad (7.2.9)$$

有效值为

$$I_D = \sqrt{\frac{\theta_D}{2\pi}} I_{LAV} = \sqrt{\frac{2\alpha}{2\pi}} I_{LAV} \qquad (7.2.10)$$

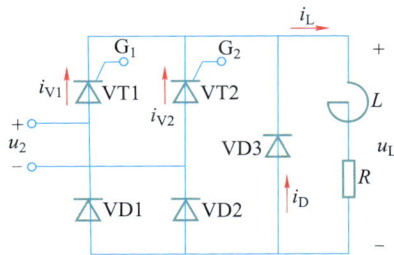

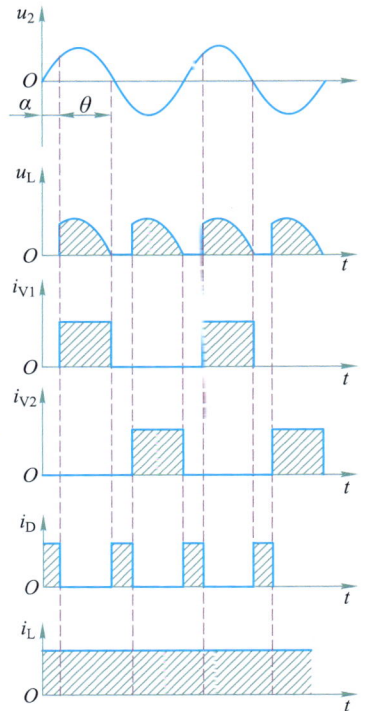

(a) 电路图 (b) 波形图

图 7.2.2
电感负载单相桥式可控整流

7.3 晶闸管触发电路

如前所述，要使晶闸管导通，除了在阳极与阴极之间加正向电压外，还需在门极与阴极之间加正向触发电压（电流）。产生触发电压（电流）的电路称为触发电路，对触发电路的基本要求如下：

① 触发电路要能够提供足够的触发功率（电压和电流），以保证晶闸管可靠导通。

② 触发脉冲要有足够的宽度，脉冲前沿应尽量陡，以使晶闸管在触发后，阳极电流能上升到超过擎住电流而维持导通。

③ 触发脉冲必须与主电路的交流电源同步，以保证主电路在每个周期里有相同的导通角。

④ 触发脉冲的发出时刻应能平稳地前后移动，使控制角α有一定的变化范围，以满足对主电路的控制要求。

⑤ 不触发时触发电路的电压应小于0.15 V。为提高抗干扰能力，避免误触发可加1~2 V的负偏压。

触发电路很多，本节重点介绍单结晶体管触发电路。

单结晶体管触发电路是利用单结晶体管伏安特性，接上适当的电阻、电容而构成的，如图7.3.1(a)所示。脉冲信号从R_1两端输出脉冲电压u_O。

教学课件：
晶闸管触发电路

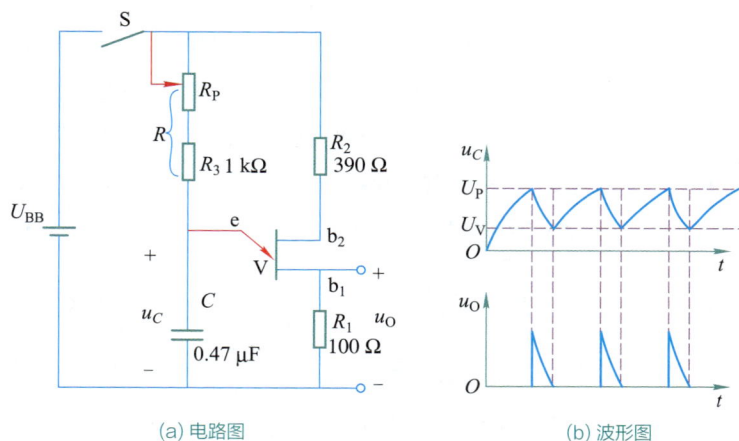

图 7.3.1
单结晶体管触发电路

(a) 电路图   (b) 波形图

合上电源开关S后，电源U_{BB}经电阻R_P、R_3向电容C充电。电容端电压u_C（设初始时$u_C=0$）按指数规律上升，上升速度取决于RC的数值。在u_C到达峰值电压U_P之前，单结管处于截止状态。R_1两端无 脉冲输出。

当电容端电压u_C到达峰值电压U_P时，单结管突然由截止变为导通，电容经e～b_1间电阻向外接电阻R_1放电，由于$R_1 \ll R$，因而放电速度比充电速度快得多，u_C急剧下降。当电容电压降到谷值电压U_V时，单结管截止，输出电压u_O降为零。于是，R_1两端就输出一个尖脉冲电压，完成一个振荡周期。

此后，电容器又开始充电，重复上述充放电过程。这种周而复始的自动充电放电过程称为振荡。振荡电路电容器两端形成锯齿波电压u_C，在电阻R_1上获得周期性尖脉冲电压u_O，如图7.3.1(b)所示。调整电阻R（即调整电位器R_P）可改变电容充电时间，从而改变输出脉冲的频率。例如，R增加时，频率减小；反之，R减小，频率加大。因此，调整R值可以改变晶闸管的控制角α，从而改变晶闸管可控整流电路的输出电压值。

习题

7.1 晶闸管导通与关断的条件是什么？导通后流过晶闸管的电流由什么决定？晶闸管处于阻断状态时其两端的电压大小由什么决定？

7.2 晶闸管除门极加触发脉冲导通外还有什么导通方式？

7.3 如何用万用表来初步判别晶闸管的好坏及电极？

7.4 为什么电感负载的触发脉冲要宽一些？

实验与技能操作训练

实验　晶闸管控制的发光二极管闪光电路的制作

一、训练的重点内容

1. 要求学生能看懂电路原理图，并具备一定的分析能力。

2. 掌握主要元件（单结晶体管、晶闸管）的测试方法。

3. 学会对照原理图，设计安装图的能力。

4. 掌握各元件在电路中的主要作用。

5. 自检测元件与电路的能力。

6. 训练学生如何根据电路原理图，找到最佳的接线方案，并能画出走线思路。

二、训练的目的和要求

目的：训练学生能看懂电路原理图后，有对元件作用了解的能力，并能独立地完成电路的制作全过程。

要求：操作规范，思路清晰，效率高，质量好，有创新，有自己设计的工艺过程，并保证电路的正确无误，安全美观地接通。

三、需要准备的设备原材料

1. 按图纸要求准备以下元器件。

单结晶体管、晶闸管、发光管、电阻、电容。

2. 面包板、导线。

3. 检测元件的仪表。

4. 准备必要的工具。

四、训练的技术要求

1. 要求学生必须完成两张图纸的规范画法（原理图、安装、布线图）。

2. 熟练掌握对单结晶体管、晶闸管的测试方法。

3. 有判断两个主要元件质量的能力。

4. 整体电路安装一定要规范、合理。特别是连线一定要保持简单且接触良好。

5. 电路形成后必须留有测试点和电源连接端。

6. 在保持元器件无损的情况下考虑元器件安装所需的引线处理方法。

五、电路原理图

电路原理图如图E7.1所示。

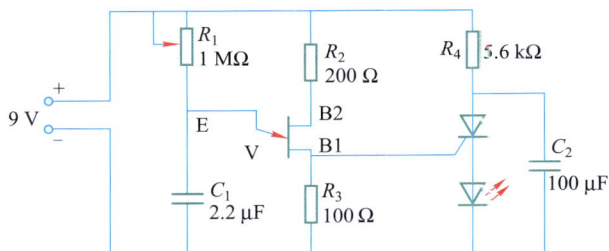

图 E7.1
晶闸管控制的发光二极管闪光电路原理图

EDA 仿真实验：
晶闸管调光电路

六、几点注意

1. 本训练的重点应放在电路的制作能力上，特别是读图的能力。

2. 注意学生的元器件布局的思路与布线规范性。

3. 布线与元器件布局的提示。

4. 电路进调试后，基础好的学生可以焊接在电路板，并注意焊接工艺。

电子电路按其处理信号的不同通常可分为模拟电子电路及数字电子电路两大类，简称模拟电路及数字电路。在前几章中讨论的是模拟电路。模拟电路处理的信号是模拟信号。模拟信号在时间和幅值上都是连续变化的。例如温度、压力等实际的物理信号；各种温度及压力检测仪表输出的模拟温度、压力变化的电信号；模拟语音的音频电信号等。

数字电路处理的是数字信号。数字信号与模拟信号不同，它是指在时间和幅值上都是离散的信号。例如刻度尺的读数、数字显示仪表的显示值以及各种门电路（后面将介绍）的输入输出信号等。

数字电路及其组成器件是构成各种数字电子系统，尤其是数字电子计算机的基础。

从本篇开始，将着重介绍有关数字电路的基础理论知识及实际应用技术。

下篇
数字电子技术

第 8 章
逻辑代数基础

8.1 数制与编码

8.1.1 数制及数制间的转换

教学课件：
数制与编码

1. 数制

数字电路中经常要遇到计数的问题，而一位数不够就要用多位数表示。多位数中的每一位的构成方法以及从低位到高位的进位规则称为数制。在日常生活中，人们习惯用十进制，有时也使用十二进制、六十进制，而在数字电路中多采用二进制，也常采用八进制和十六进制。下面将对这几种进位制逐一加以介绍。

（1）十进制

大家都熟悉，十进制是用十个不同的数字符号 0、1、2、3、4、5、6、7、8、9 来表示数的，所以计数的基数是 10。超过 9 的数必须用多位数表示，其中低位数和相邻的高位数之间的关系是"逢十进一"，故称为十进制。例如：

$$312.25 = 3 \times 10^2 + 1 \times 10^1 + 2 \times 10^0 + 2 \times 10^{-1} + 5 \times 10^{-2}$$

等号右边的表示形式，称为十进制数的多项式表示法，也称按权展开式。同一数字符号所处的位置不同，所代表的数值不同，即权值不同。例如 3 处在百位，代表 300，既 3×100，也可以说 3 的权值是 100。容易看出，上式各位的权值分别是 10^2、10^1、10^0、10^{-1}、10^{-2}。

任何一个十进制数例如 312.25，可以书写成 312.25、$(312.25)_{10}$ 或 312.25D（D 表示十进制）的形式。

（2）二进制

在明白了十进制组成的基础上，对二进制就不难理解了。二进制的基数为 2，即它所使用的数字符号只有两个：**0** 和 **1**，它的进位规则是"逢二进一"。

例如二进制数 **11011.101** 可写成

$$(11011.101)_2 = 1 \times 2^4 + 1 \times 2^3 + 0 \times 2^2 + 1 \times 2^1 + 1 \times 2^0 + 1 \times 2^{-1} + 0 \times 2^{-2} + 1 \times 2^{-3}$$

代表十进制数 27.625。

任何一个二进制数例如 **11011.101**，可以书写成 $(11011.101)_2$ 或 **11011.101**B（B 表示二进制）的形式。

二进制的优点是它只有两个数字符号，因此它们可以用任何具有两个不同稳定状态的元件来表示，如晶体管的饱和与截止、继电器的闭合与断开、灯的亮与灭等。只要规定其中的一种状态为 **1**，另一种状态就表示为 **0**。多个元件的不同状态组合就可以表示一个数，因此数的存储、传送可以简单可靠地进行。在数字系统和计算机内部，数据的表示与存储都是以这种形式进行的。很显然，十进制的数字符号需要具有十个稳定状态的元件来表示，这给技术上带来许多困难，而且也不经济。

二进制的第二个优点是运算规律简单，这必然导致其相应运算控制电路的简单化。

当然二进制也有缺点。用二进制表示一个数时，它的位数过多。例如十进制数 49，表示成二进制数为 **110001**，使用起来不方便也不习惯。为了便于读写，通常有两种解决办法：一种是原始数据还用十进制表示，在送入机器时，将原始数据转换成数字系统能接受的二进制数，而在运算处理结束后，再将二进制数转换成十进制数，表示最终结果；另一种办法是使用八进制或十六进制。

（3）八进制

八进制的基数为 8，即它所使用的数字符号只有八个，它们是 0、1、2、3、4、5、6、7，它的进位规则是"逢八进一"。

例如八进制数 $(61)_8 = 6 \times 8^1 + 1 \times 8^0$，代表十进制数 49。

任何一个八进制数例如 61，可以书写成 $(61)_8$ 或 61Q（Q 表示八进制）的形式。

（4）十六进制

十六进制的基数为 16，即它所使用的数字符号有十六个，它们是 0、1、2、3、4、5、6、7、8、9、A(10)、B(11)、C(12)、D(13)、E(14)、F(15)，它的进位规则是"逢十六进一"。

例如十六进制数

$$(1A5)_{16} = 1 \times 16^2 + A \times 16^1 + 5 \times 16^0 = 1 \times 16^2 + 10 \times 16^1 + 5 \times 16^0$$

代表十进制数 421。

任何一个十六进制数，例如 31，可以写成（31）$_{16}$ 或 31H（H 表示十六进制）的形式。

表 8.1.1 给出了一组几种数制间的对应关系。

表 8.1.1　几种数制间的对应关系表

十进制	二进制	八进制	十六进制	十进制	二进制	八进制	十六进制
0	0000	00	0	8	1000	10	8
1	0001	01	1	9	1001	11	9
2	0010	02	2	10	1010	12	A
3	0011	03	3	11	1011	13	B
4	0100	04	4	12	1100	14	C
5	0101	05	5	13	1101	15	D
6	0110	06	6	14	1110	16	E
7	0111	07	7	15	1111	17	F

笔 记

2. 数制间的相互转换

同一个数可以用不同的进位制表示，例如十进制数 49，表示成二进制数是 **110001**B，表示成八进制是 61Q，表示成十六进制是 31H。一个数从一种进位制表示变成另一种进位制表示，称为数制转换。下面介绍数制间转换的方法。

（1）二进制数、八进制数、十六进制数转换为十进制数

二进制数、八进制数、十六进制数转换为十进制数可以采用多项式替代法。具体方法是：将二进制数（或八进制数，或十六进制数）用多项式表示法写出，然后按十进制运算规则算出相应的十进制数值即可。现举例说明。

例 8.1.1　将二进制数 **11011.101**B 转换为十进制数。

$$11011.101B=1 \times 2^4+1 \times 2^3+0 \times 2^2+1 \times 2^1+1 \times 2^0+1 \times 2^{-1}+0 \times 2^{-2}+1 \times 2^{-3}$$

$$=16+8+0+2+1+0.5+0+0.125=27.625$$

例 8.1.2　将十六进制数 3F5H 转换为十进制数。

$$3F5H=3 \times 16^2+15 \times 16^1+5 \times 16^0=1013$$

（2）十进制数转换为二进制数、八进制数及一六进制数

① 十进制整数转换为二进制、八进制及十六进制整数

十进制整数转换为二进制整数的方法是"除 2 取余"。现举例说明。

例 8.1.3　将十进制数 58 转换为二进制数。

整个推算过程如下：

2⌊58	⋯⋯⋯⋯⋯ 余数 $=0=B_0$
2⌊29	⋯⋯⋯⋯⋯ 余数 $=1=B_1$
2⌊14	⋯⋯⋯⋯⋯ 余数 $=0=B_2$
2⌊7	⋯⋯⋯⋯⋯ 余数 $=1=B_3$
2⌊3	⋯⋯⋯⋯⋯ 余数 $=1=B_4$
2⌊1	⋯⋯⋯⋯⋯ 余数 $=1=B_5$
0	

转换结果为：$58=B_5 B_4 B_3 B_2 B_1 B_0=$**111010B**

类似地，十进制整数转换为八进制整数的方法是"除 8 取余"。十进制整数转换为十六进制整数的方法是"除 16 取余"。现举例说明。

例 8.1.4　将十进制数 2803 转换为十六进制数。

$$16 \underline{|\quad 2803\quad} \quad \cdots\cdots\cdots\cdots \quad 余数 =\mathbf{3}, H_0=\mathbf{3}$$

$$16 \underline{|\quad 175\quad} \quad \cdots\cdots\cdots\cdots \quad 余数 =\mathbf{15}, H_1=\mathbf{F}$$

$$16 \underline{|\quad 10\quad} \quad \cdots\cdots\cdots\cdots \quad 余数 =\mathbf{10}, H_2=\mathbf{A}$$

$$0$$

因此　　　　　　　　　　　　$2803=H_2 H_1 H_0=$**AF3H**

一般地，对于十进制整数转换为任意进制整数，方法为"除基取余"，具体过程为"除基取余，直至商为 0，数的高位到低位的排列顺序为由下到上"。

② 十进制小数转换为二进制、八进制及十六进制小数

十进制小数转换为二进制小数的方法为"乘 2 取整"。现举例说明。

例 8.1.5　将十进制小数 0.5625 转换成二进制小数。过程如下：

	0.	5	6	2	5	
×					2	
	1.	1	2	5	0	整数部分 =**1**，$B_{-1}=$**1**
×					2	
	0.	2	5	0	0	整数部分 =**0**，$B_{-2}=$**0**
	0.	5	0	0	0	整数部分 =**0**，$B_{-3}=$**0**
×					2	
	1.	0	0	0	0	整数部分 =**1**，$B_{-4}=$**1**

因此　　　　　　　　$0.5625=0. B_{-1} B_{-2} B_{-3} B_{-4}=$**0.1001B**

值得注意的是，在十进制小数转换成二进制小数时，整个计算过程有可能会无限地进行下去，这种情况下，一般根据精度要求，只取有限位即可。

同样，这种"乘基取整"的方法可以推广到十进制小数向任意进制小数的转换。具体方法是："乘基取整，取有效位，小数点后的高位到低位排列顺序为由上到下"。

此外，如果一个数既有整数，又有小数部分，则可用前述的"除基取余"及"乘基取整"的方法分别对整数部分和小数部分进行转换，然后合并起来即可。例如：

$$17.25=17+0.25$$

$$\downarrow \quad \downarrow$$

$$\mathbf{10001B+0.01B}$$

所以 $\qquad\qquad\qquad\qquad\qquad$ 17.25=**10001.01**B

（3）八进制与二进制之间的相互转换

由于 3 位二进制数刚好有八种不同的数位组合，如下所示：

二进制：**000　　001　　010　　011　　100　　101　　110　　111**

八进制：　0　　　1　　　2　　　3　　　4　　　5　　　6　　　7

因此可以用 3 位二进制数表示 1 位八进制数，而 1 位八进制数也可以用 3 位二进制数表示。

例 8.1.6　将八进制数 53.21 转换成二进制数。

八进制：　5　　　3.　　　2　　　1

　　　　　↓　　　↓　　　↓　　　↓

二进制：**101　　011　　010　　001**

所以 $\qquad\qquad\qquad\qquad$ 53.21Q=**101011.010001**B

例 8.1.7　将二进制数 **101111.011** 转换成八进制数。

二进制：**101　　111.　　011**

　　　　　↓　　　↓　　　↓

八进制：　5　　　7.　　　3

所以 $\qquad\qquad\qquad\qquad$ **101111.011**B=57.3Q

（4）十六进制与二进制之间的相互转换

由于 4 位二进制数从 **0000~1111** 有 16 个值，刚好可以代表十六进制数的 16 个数符，因此用 4 位二进制数表示 1 位十六进制数，而 1 位十六进制数也可以用 4 位二进制数表示。十六进制与二进制之间的转换同八进制与二进制间的转换类似。

例 8.1.8　将十六进制数 D3F5 转换成二进制数。

十六进制：　D　　　3　　　F　　　5

　　　　　　↓　　　↓　　　↓　　　↓

二进制：**1101　　0011　　1111　　0101**

所以 $\qquad\qquad\qquad\qquad$ D3F5H=**1101001111110101**B

例 8.1.9　将二进制数 **101111** 转换成十六进制数。

二进制：**0010　　1111**

　　　　　↓　　　↓

十六进制：2　　　F

所以 $\qquad\qquad\qquad\qquad$ **101111**B=2FH

　　显然，用八进制或十六进制比用二进制书写更简短、易读、便于记忆，而且与二进制的转换非常方便。因此，在数字系统和计算机中，原始数据经常用八进制或十六进制书写，而在数字系统和计算机内部，数据则是用二进制表示的。

8.1.2　编码

大家已经知道，在数字电路和计算机内部，数据和信息是以二进制形式存在的，对于各种字符，如字母、标点符号及汉字等信息，机器是如何识别和处理的呢？这就要涉及编码问题。用若干位二进制数按一定的组合方式（即码制）组合起来以表示数（包括大小和符号）和字符等信息，这就是编码。编码方式即码制有多种，下面介绍常用的数的编码与字符的编码。

1. 数的编码

人们最熟悉、最习惯的是十进制计数系统，而在数字电路和计算机中数字只能用二进制表示。用二进制表示的十进制数位数过多不便于读写，为了解决这一矛盾，可以把十进制数的每位数字用若干位二进制数码表示。通常称这种用若干位二进制数码表示一位十进制数的编码方法为二－十进制编码，简称 BCD 码（Binary Coded Decimal）。

常见的 BCD 码有 8421 码和 2421 码等。8421BCD 码是最基本、最常见的一种 BCD 码。它是将十进制数的每个数字符号用 4 位二进制数码来表示。该 4 位二进制数每位都有固定的权值，从左至右各位的权值分别为 8、4、2、1，故称 8421 码。表 8.1.2 列出了 8421 码与十进制数的对应关系。

从表 8.1.2 中可以看出，每个十进制数字符号所对应的二进制代码就是与该十进制数字等值的二进制数。因此，在 8421 BCD 码中不可能出现（**1010**、**1011**、**1100**、**1101**、**1110**、**1111**）。

表 8.1.2　8421 码与十进制数的对应关系

十进制	8421 码	十进制	8421 码
0	**0000**	5	**0101**
1	**0001**	6	**0110**
2	**0010**	7	**0111**
3	**0011**	8	**1000**
4	**0100**	9	**1001**

任何一个十进制数要写成 8421 码表示时只要把该十进制数的每位转换成相应的 8421 码即可。例如：

$$(129)_{10} = (\mathbf{000100101001})_{8421}$$

同样，任何一个 8421 码表示的数，也可以方便地转换成普通十进制数。例如：

$$(\mathbf{0101011110010001})_{8421} = (5791)_{10}$$

采用 BCD 码表示的数与二进制编码表示的数相比，转换方便、直观。

2. 字符的编码

前面讨论了怎样用二进制代码表示十进制数。在实际使用中，除了十进制数外，还经常需要用二进制代码表示各种符号，如英文字母、标点符号、运算符号等。通常把这种用以表示各种符号（包括字母、数字、标点符号、运算符号以及控制符号等）的二进制代码称为字符代码。

最常见的字符代码是现已被广泛采用的 ASCII 码（American Standard Code for Information Interchange——美国信息交换标准码）。ASCII 码的位数为 7，因此可表示 2^7 即 128 个字符。它不仅包括各种打印字符，如大写和小写字母、十进制数字、若干标点符号和专用符号，还包括各种控制字符，如回车 (CR)、换行 (LF)、换页 (FF)、传输结束 (EOT) 等。

例如：字符"A"~"Z"的 ASCII 码为 **1000001B~1011010B**，表示成十六进制为 41H~5AH；字符"a"~"z"的 ASCII 码为 **1100001B~1111010B**，表示成十六进制为 61H~7AH；字符"0"~"9"的 ASCII 码为 **0110000B~0111001B**，表示成十六进制为 30H~39H。

8.2　逻辑函数的表示和化简

逻辑代数又称布尔代数或开关代数，是英国数学家 George Boole 在 19 世纪中叶创立的。它是分析设计数字电路的基础。和普通代数不同，逻辑代数研究的是逻辑函数与逻辑变量之间的关系。在逻辑代数中，有些运算规则与普通代数相同，有些则完全不同，在学习过程中，要加以注意。

8.2.1　逻辑函数及其基本运算

1. 逻辑变量与逻辑函数

（1）逻辑变量

虽然逻辑代数和普通代数一样，也是用字母表示变量的，但它的变量是逻辑变量，只取两个值，0 或 1，没有中间值。而且，这旦的 0 或 1 已不代表数量的大小，而是代表两种不同的逻辑状态。（例如是与非、真与假、高与低、有与无、通与断等。）

（2）基本逻辑运算

像普通代数有自己的基本运算及基本定律一样，逻辑代数也有自己的基本运算及基本运算定律，下面加以介绍。

① 与运算

例如，在图 8.2.1 所示的电路中，如果将开关闭合记为 **1**，断开记为 **0**，灯亮记为 **1**，灯灭记为 **0**，容易看出，该电路只有当两个开关都闭合时，灯才亮。把 A 和 B 表示成两个逻辑变量，C 表示结果，其全部可能取值及进行运算的全部可能结果列成表，如表 8.2.1 所示，这样的表称为真值表。

笔 记

教学课件：
逻辑函数的表示
和化简

笔 记

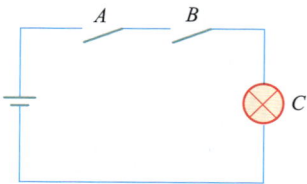

图 8.2.1
与电路

笔 记

表 8.2.1   与运算真值表

A	B	$C=AB$	A	B	$C=AB$
0	0	0	1	0	0
0	1	0	1	1	1

从表中可以看出，只有当 A 与 B 都为 **1** 时，C 才为 **1**。则对该电路工作状态的描述就可以用**与运算**表达

$$C=AB$$

其运算规律为："有 **0** 为 **0**，全 **1** 为 **1**"。

与运算也称逻辑乘(Logic Multiplication)或逻辑积(Logic Production)，其运算符记为"·"或"×"或"∧"，有时也可略去不写。与运算的逻辑表达式为

$$C=A \cdot B$$

或 $$C=A \times B$$

或 $$C=A \wedge B$$

或 $$C=AB$$

读作"C 等于 A 乘 B"，或"C 等于 A 与 B"。这里，A、B、C 都是逻辑变量，A、B 代表进行**与运算**的两个变量，C 是运算结果。

② **或运算**

例如，在图 8.2.2 所示的电路中，如果将开关闭合记为 **1**，断记为 **0**，灯亮记为 **1**，灯灭记为 **0**。该电路只要有一个开关闭合，灯就亮。

把 A 和 B 表示成两个逻辑变量，C 表示结果，其全部可能取值及进行运算的全部可能结果列成真值表，如表 8.2.2 所示。

表 8.2.2   或运算真值表

A	B	$C=A+B$	A	B	$C=A+B$
0	0	0	1	0	1
0	1	1	1	1	1

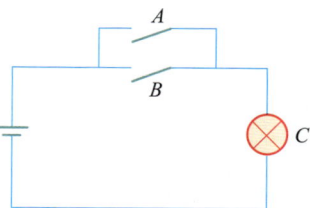

图 8.2.2
或电路

从表中看出，只要 A 或 B 中有一个为 **1**，C 就为 **1**。则对该电路工作状态的描述就可以用**或运算**表达

$$C=A+B$$

其运算规律为："有 **1** 为 **1**，全 **0** 为 **0**"。

或运算也称逻辑加(Logic Addition)或逻辑和(Logic Sum)，其运算符记为"+"或"∨"。

或运算的逻辑表达式为 $$C=A+B$$

或 $$C=A \vee B$$

读作"C 等于 A 加 B"或"C 等于 A 或 B"。

③ **非运算**

非运算也称逻辑反 (Inversion)，或逻辑否定 (Logic Negation)，其运算符记为"–"。非运算的逻辑表达式为 $C=\overline{A}$

读作"C 等于 A 非"，或"C 等于 A 反"。这里，A，C 都是逻辑变量。A 代表进行非运算的变量，C 是运算结果。非运算的真值表如表 8.2.3 所示。

非运算的特点是若 A 为 **1**，则 $\overline{A}$ 为 **0**；若 A 为 **0**，则 $\overline{A}$ 为 **1**。

关于非，请大家自己结合其特点试举例说明。

（3）逻辑函数

对于式 $C=AB$，也可以记为 $C=F(A，B)=AB$，即认为 C 是 A、B 的函数，由于 A、B 都是逻辑变量，故 C 也是逻辑变量。C 与 A、B 的关系是逻辑**与**关系。这样的函数 $F(A，B)$ 就称为逻辑函数。

一般情况下，逻辑函数可记为 $F(A_1，A_2，\cdots，A_n)$，其中 A_1，A_2，$\cdots$，A_n 是逻辑自变量。例如 $F(A,B,C)=AB+\overline{A}C+B\overline{C}$。逻辑函数与普通函数相比有两个特点：

① 逻辑函数中的变量只有 **0** 或 **1** 两种取值。

② 逻辑函数中的变量之间的运算关系只能是**与**、**或**、**非**三种基本逻辑关系。

2. 逻辑代数的基本定律

根据逻辑**与**、**或**、**非**运算的基本法则，可推导出逻辑运算的基本定律，如表 8.2.4 所示。

表 8.2.3　非运算真值表

A	$C=\overline{A}$
1	0
0	1

笔 记

表 8.2.4　逻辑代数的基本运算定律

基本运算定律		公式
基本运算	加	$A+0=A$　　$A+1=1$　　$A+A=A$　　$A+\overline{A}=1$
	乘	$A\cdot 0=0$　　$A\cdot 1=A$　　$A\cdot A=A$　　$A\cdot \overline{A}=0$
	非	$A+\overline{A}=1$　　$A\cdot \overline{A}=0$　　$\overline{\overline{A}}=A$
结合律		$(A+B)+C=A+(B+C)$　　$(AB)C=A(BC)$
交换律		$A+B=B+A$　　$AB=BA$
分配律		$A(B+C)=AB+AC$　　$A+BC=(A+B)(A+C)$
摩根定律（反演律）		$\overline{ABC\cdots}=\overline{A}+\overline{B}+\overline{C}+\cdots$　　$\overline{A+B+C+\cdots}=\overline{A}\cdot\overline{B}\cdot\overline{C}\cdots$
吸收律		$A+AB=A$　　$A(A+B)=A$　　$A+\overline{A}B=A+B$　　$A(\overline{A}+B)=AB$　　$(A+B)(A+C)=A+BC$
包含律		$AB+\overline{A}C+BC=AB+\overline{A}C$　　$AB+\overline{A}C+BCD=AB+\overline{A}C$

上面每一个公式的证明都可以方便地用真值表的方法给以直接证明。

例 8.2.1　证明摩根定律（反演率）。

为简单起见，以证明公式 $\overline{A+B}=\overline{A}\cdot\overline{B}$ 为例。列出真值表如表 8.2.5 所示。

由表中可见，公式成立

用真值表的方法对逻辑定律进行证明，这种方法当自变量较多时，是比较麻烦的，但它却是直接的证明，不依赖其他定律。

表 8.2.5　例 8.2.1 真值表

A	B	$\overline{A+B}$	$\overline{A}\cdot\overline{B}$
0	0	1	1
0	1	0	0
1	0	0	0
1	1	0	0

✐ 笔 记

在证明其他逻辑等式或进行逻辑函数的化简时，可直接利用上面给出的基本定律。

3. 逻辑代数的三个重要准则

（1）代入准则

任何一个含有某变量 A 的等式，如果将所有出现 A 的位置都代之以一个逻辑函数 F，则等式仍然成立。这个准则称为代入准则。

因为任何一个逻辑函数也和逻辑变量一样，只有 **0** 和 **1** 两种可能的取值，所以代入准则是成立的。

例如在 $B(A+C)=BA+BC$ 中，将所有出现 A 的地方都代以函数 $A+D$，则等式仍成立，即得

$$B[(A+D)+C]=B(A+D)+BC=BA+BD+BC$$

等式成立。

又例如 $AB+A\overline{B}=A$，将 B 代以函 CD，则等式 $ACD+A\overline{CD}=A$ 仍成立。

值得注意的是在使用代入准则时，一定要把等式中所有需要代换的变量全部置换掉，否则代换后所得的等式将不成立。

（2）反演准则

设 F 是一个逻辑函数表达式，如果将 F 中所有的**与**运算符变为**或**运算符，**或**运算符变为**与**运算符；**0** 变为 **1**，**1** 变为 **0**；原变量变为反变量，反变量变为原变量，所得到的新的逻辑函数表达式就是 $\overline{F}$。这就是反演准则。

反演准则是反演律的推广。利用反演准则可以很容易地求出函数的"反"。

例 8.2.2　已知 $F=AB+\overline{C}D$, 求 $\overline{F}$。

解　根据反演准则可得

$$\overline{F}=(\overline{A}+\overline{B})(C+\overline{D})$$

例 8.2.3　已知 $X=A[\overline{B}+(C\overline{D}+\overline{E}F)]$，求 $\overline{X}$。

解　根据反演准则可得

$$\overline{X}=\overline{A}+\{B[\overline{C}+D)(E+\overline{F})]\}$$

（3）对偶准则

设 F 是一个逻辑函数表达式，如果将 F 中所有的**与**运算符变为**或**运算符，**或**运算符变为**与**运算符；**0** 变为 **1**，**1** 变为 **0**，所得到的新的逻辑函数表达式就是 F 的对偶式，记作 F'。所谓对偶准则，是指当某个逻辑恒等式成立时，其对偶式也成立。

考察前面的逻辑代数的基本运算定律表，不难看出，这些公式总是成对出现的，例如：

$A+B=B+A$ 和 $AB=BA$（交换律），$A(B+C)=AB+AC$ 和 $A+BC=(A+B)(A+C)$（分配律）等，这些式子都互为对偶式。

8.2.2　逻辑函数的公式化简法

根据前面介绍的逻辑函数相等的概念，可以知道，一个逻辑函数可以有各种不同的表达

式，例如 $F=(A+B)(A+C)$，也可以写成 $F=A+BC$，如果把它们分类，主要有**与或**表达式，**或与**表达式，**与非与非**表达式，**或非或非**表达式以及**与或非**表达式等。例如：

$$F=AB+\overline{A}C \qquad \text{与或表达式}$$
$$=(A+C)(\overline{A}+B) \qquad \text{或与表达式}$$
$$=\overline{\overline{AB}\cdot\overline{\overline{A}C}} \qquad \text{与非与非表达式}$$
$$=\overline{\overline{A+C}+\overline{\overline{A}+B}} \qquad \text{或非或非表达式}$$
$$=\overline{A\overline{B}+A\overline{C}} \qquad \text{与或非表达式}$$

即使对同一种类型来说，函数的表达式也不是唯一的。如上例的**与或**表达式

$$F=AB+\overline{A}C=AB+\overline{A}C+BC=ABC+AB\overline{C}+\overline{A}BC+\overline{A}\ \overline{B}C=\cdots$$

由于表达式的繁简不同，实现它们的逻辑电路（下一章将具体介绍）也不相同。一般来说，如果表达式比较简单，那么实现它们的逻辑电路使用的元件就比较少，结构就比较简单。

那么什么样的逻辑函数是最简的？下面以**与或**表达式为例。所谓最简的**与或**表达式，通常是指：

① 表达式中的乘积项（或项）的个数最少。

② 在满足 ① 的前提下，每个乘积项中变量的个数最少。

只要得到了最简**与或**表达式，就不难得到其他类型的最简表达式。

为了简化逻辑电路，就需要得到最简表达式，所以就需要对逻辑函数进行化简。常用的化简方法有公式化简法（代数化简法）和卡诺图法（图解法）。本节介绍公式化简法。

公式化简法是运用逻辑代数的基本定律和准则对逻辑函数进行化简，由于实际的逻辑表达式是多种多样的，公式化简尚无一套完整的方法。能否以最快的速度进行化简，从而得到最简表达式，这与经验和对公式掌握与运用的熟练程度有密切的关系。

例 8.2.4　化简函数 $F=A\overline{B}C+A\overline{B}\ \overline{C}$。

解　$F=A\overline{B}C+A\overline{B}\ \overline{C}=A\overline{B}(C+\overline{C})$　　　　由分配律
$$=A\overline{B}$$

例 8.2.5　化简函数 $F=AB+\overline{A}C+\overline{B}C$。

解　$F=AB+(\overline{A}+\overline{B})C$　　　　由分配律
$$=AB+\overline{AB}C \qquad\qquad \text{由反演律}$$
$$=AB+C \qquad\qquad\quad \text{由吸收律}$$

例 8.2.6　化简函数 $F=AC+\overline{C}D+ADE$。

解　$F=AC+\overline{C}D+ADE$
$$=CA+\overline{C}D+ADE$$
$$=CA+\overline{C}D \qquad\qquad \text{由包含律}$$
$$=AC+\overline{C}D$$

代数化简法的优点是：在某些情况下用起来很简便，特别是当变量较多时这一点体现得更加明显。例如：

$$A+ABC\overline{D}E=A$$

$$AC+\overline{A}CDE+BCDEFG=AC+CDE$$

它的缺点是：要求能灵活运用逻辑代数的基本定律和准则。由于化简过程因人而异，因而没有明确的、规律的化简步骤，因此不便于通过计算机自动实现逻辑函数的化简。此外，代数化简法有时也不容易判断化简结果是否最简。但对于熟悉逻辑代数的基本原理和公式，对于实际逻辑电路的设计还是很有用处的。

8.2.3 逻辑函数的卡诺图化简法

1. 逻辑函数的最小项

设 A、B、C 是三个逻辑变量，由这三个逻辑变量可构成许多乘积项，如 $AB\overline{C}$、$\overline{A}(B+C)$，$AB\overline{C}$…。其中有一类特殊的乘积项，它们是：$\overline{A}\,\overline{B}\,\overline{C}$、$\overline{A}\,BC$，$\overline{A}BC$、$\overline{A}BC$，$A\overline{B}\,\overline{C}$、$A\overline{B}C$、$AB\overline{C}$、$ABC$。

这八个乘积项的特点是：

① 每项都包含这 3 个变量。

② 每个变量都以原变量 A、B、C 或以反变量 $\overline{A}$、$\overline{B}$、$\overline{C}$ 的形式出现，但同一变量的原变量和反变量不能同时出现在一项中。

这八个乘积项称为变量 A、B、C 的最小项。除了这八项，其余的项如 AB、$A+B\overline{C}$、$AB\overline{B}C$ 等都不是最小项。

对于 n 个逻辑变量，有 2^n 个最小项。

为了书写方便，我们给最小项进行编号。每个最小项对应的编号是 m_i。以三变量 A、B、C 为例，它的八个最小项所对应的编号如下：

$\overline{A}\,\overline{B}\,\overline{C}=000$，$m_0=0$ $A\,\overline{B}\,\overline{C}=100$，$m_4=4$

$\overline{A}\,\overline{B}\,C=001$，$m_1=1$ $A\,\overline{B}\,C=101$，$m_5=5$

$\overline{A}\,B\,\overline{C}=010$，$m_2=2$ $A\,B\,\overline{C}=110$，$m_6=6$

$\overline{A}\,B\,C=011$，$m_3=3$ $A\,B\,C=111$，$m_7=7$

编号的方法是：当乘积项中变量的次序确定后（例如按 A、B、C 次序），乘积项中原变量记为 **1**，反变量记为 **0**，例如 $AB\overline{C}$ 记为 **110**，对应的二进制编号是 **110**，十进制编号为 6，即 $m_6=6$。

2. 逻辑函数的最小项表达式

大家已经知道，一个逻辑函数的表达式不是唯一的。当它被表示成最小项之和时，这时的表达式就称为逻辑函数的最小项表达式。

例如逻辑函数 $F(A,B,C)=AB+\overline{A}C$，利用逻辑代数的基本公式，可以将它化为

$$F=AB+\overline{A}C=AB(C+\overline{C})+\overline{A}(B+\overline{B})C=ABC+AB\overline{C}+\overline{A}BC+\overline{A}\,\overline{B}C$$

此式由四个最小项组成，这个由最小项之和构成的表达式就是函数 $F(A，B，C)$ 的最小

项表达式。这个表达式也可写成

$$F(A，B，C)=m_7+m_6+m_3+m_1=m_1+m_3+m_6+m_7$$

为了简化书写，这个表达式可写成

$$F(A，B，C)=\sum m(1，3，6，7)$$

任何逻辑函数都可以化成最小项表达式的形式，并且任何逻辑函数最小项表达式的形式都是唯一的。

将逻辑函数化为最小项表达式形式的方法可以用如上公式法，也可以用真值表法。如函数 $F(A,B,C)=AB+\overline{A}C$，其真值表见表 8.2.6。

笔 记

表 8.2.6 真 值 表

A	B	C	$F(A，B，C)=AB+\overline{A}C$	A	B	C	$F(A，B，C)=AB+\overline{A}C$
0	0	0	0	1	0	0	0
0	0	1	1	1	0	1	0
0	1	0	0	1	1	0	1
0	1	1	1	1	1	1	1

找出真值表中所有 F 值为 **1** 的行，每一行相应的变量组合为最小项表达式中的一项。逻辑函数 $F(A,B,C)=AB+\overline{A}C$ 有 4 项为 **1**，对应的变量组合分别为：$\overline{A}\,\overline{B}C$、$\overline{A}BC$、$AB\overline{C}$、$ABC$，所以其最小项表达式为

$$F=\overline{A}\,\overline{B}C+\overline{A}BC+AB\,\overline{C}+ABC=m_1+m_3+m_6+m_7=\sum m(1,3,6,7)$$

3. 卡诺图

逻辑函数的卡诺图就是将这个逻辑函数的最小项表达式中的各个最小项相应地填入一个特定的方格内，这个方格图就是卡诺图。因此卡诺图是逻辑函数的一种图形表示法。下面介绍卡诺图的画法。

① 因为 n 个变量有 2^n 个最小项，首先画一个矩形，将这个矩形分成 2^n 个小格。

② 每个小格按最小项 m_i 编号，如图 8.2.3 所示画出了二变量、三变量、四变量和五变量的卡诺图及其编号。

A / B	0	1
0	0	2
1	1	3

(a)

C / AB	00	01	11	10
0	0	2	6	4
1	1	3	7	5

(b)

CD / AB	00	01	11	10
00	0	4	12	8
01	1	5	13	9
11	3	7	15	11
10	2	6	14	10

(c)

DE / ABC	000	001	011	010	100	101	111	110
00	0	4	12	8	16	20	28	24
01	1	5	13	9	17	21	29	25
11	3	7	15	11	19	23	31	27
10	2	6	14	10	18	22	30	26

(d)

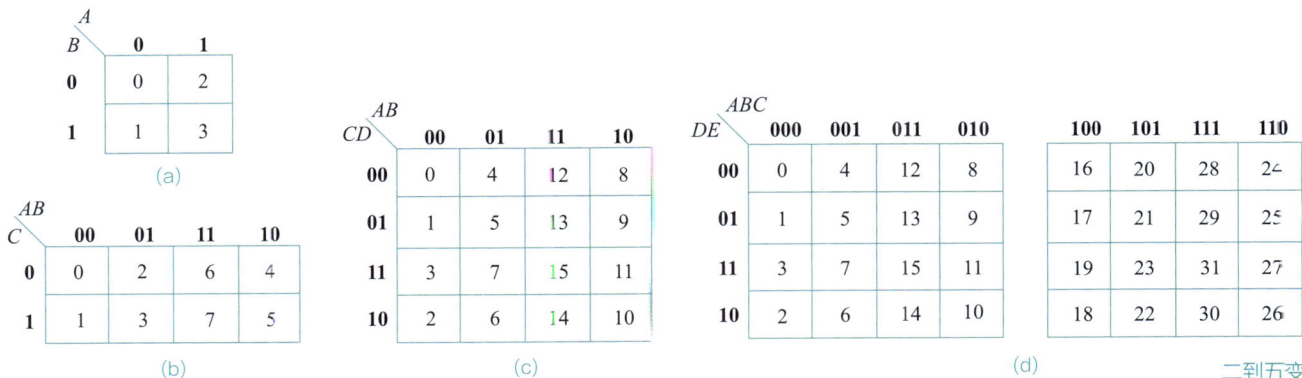

图 8.2.3
二到五变量的卡诺图

为了说明编号的方法，下面以三变量为例。因为 $2^3=8$，所以三变量对应的方格数为 8，因为变量 AB 可能的取值有 **00**、**01**、**11**、**10**（应当注意，变量 AB 的取值不是按自然二进制码 **00**、**01**、**10**、**11** 的顺序排列），而 C 的取值可能有 **0** 或 **1**，因此第一行第一列小方格对应着 $A=0$，$B=0$，$C=0$，即 $\overline{A}\,\overline{B}\,\overline{C}$，故其编号为 m_0，记为 **0**；第一行第二列小方格对应着 $A=0$，$B=1$，$C=0$，即 $\overline{A}B\overline{C}$，其编号为 m_2，记为 2，其他的编号依次类推，这里就不再一一说明了。

在编号时还有一个原则，那就是相邻两个方格的二进制编号只能有一位不同。例如二变量，第一行第一列小方格的二进制编号为 **00**，第一行第二列小方格的二进制编号为 **01**，第一位相同，都是 **0**；第二位不同。再比如三变量，编号为 6 的小方格与编号为 4 的方格，前者的二进制编号是 **110**，后者的二进制编号是 **100**，只有第二位不同。

③ 在对小方格编好号后，就可根据逻辑函数的最小项表达式，将表达式中存在的项，填入相应的格中，而不存在的项则略去不填。

例如有逻辑函数

$$F(A,\ B,\ C)=m_1+m_3+m_6+m_7=\sum m(1,\ 3,\ 6,\ 7)$$

则相应的卡诺图如图 8.2.4 所示。

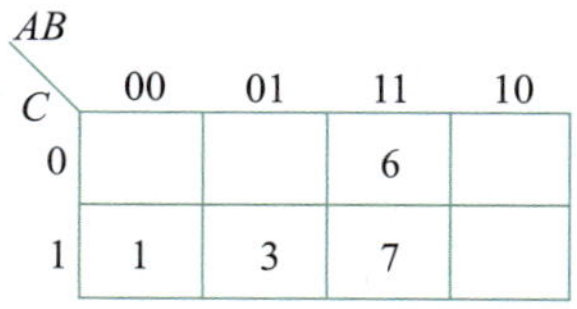

图 8.2.4
卡诺图

4. 逻辑函数的卡诺图化简法

用卡诺图对逻辑函数进行化简的出发点是最小项表达式，化简的目标是最简表达式，通常是最简与或表达式，化简的工具则是逻辑函数的卡诺图。下面将介绍如何用卡诺图对逻辑函数进行简化。

（1）利用卡诺图化简逻辑函数的基本原理

卡诺图化简逻辑函数的基本原理是公式 $AB+A\overline{B}=A$。在此式中，两个乘积项被合并成一项。相同的因子 A 被保留下来，而互补因子 B 和 $\overline{B}$ 则被消去了。由于卡诺图编号的原则是相邻方格的二进制编号只能有一位不同，因此可以依据上面的这个公式，对相邻项进行化简。

例如逻辑函数

$$F(A,\ B,\ C)=\overline{A}\,\overline{B}C+\overline{A}B\overline{C}+AB\overline{C}=m_1+m_2+m_6$$

图 8.2.5
卡诺图

其卡诺图如图 8.2.5 所示。

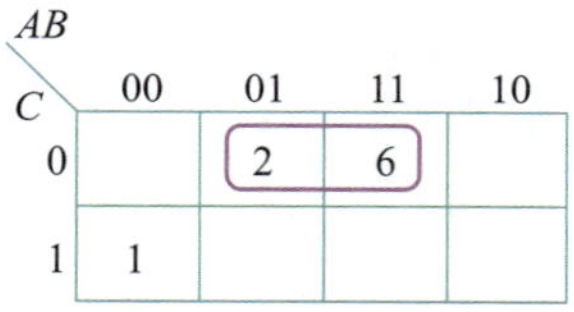

编号为 2 的方格与编号为 6 的方格相邻，对应的最小项分别为 $\overline{A}B\overline{C}$ 和 $AB\overline{C}$，因为

$$\overline{A}B\overline{C}+AB\overline{C}=(A+\overline{A})B\overline{C}=B\overline{C}$$

所以这两项可以合并为一项，相同的因子 B，$\overline{C}$ 被保留下来，而不同的因子 A，$\overline{A}$ 则被消去了。编号为 1 的方格无合并项保留，化简结果为 $F(A,\ B,\ C)=\overline{A}\,\overline{B}C+B\overline{C}$。

再例如有四变量的逻辑函数 $F(A,\ B,\ C,\ D)$，其卡诺图如图 8.2.6 所示。

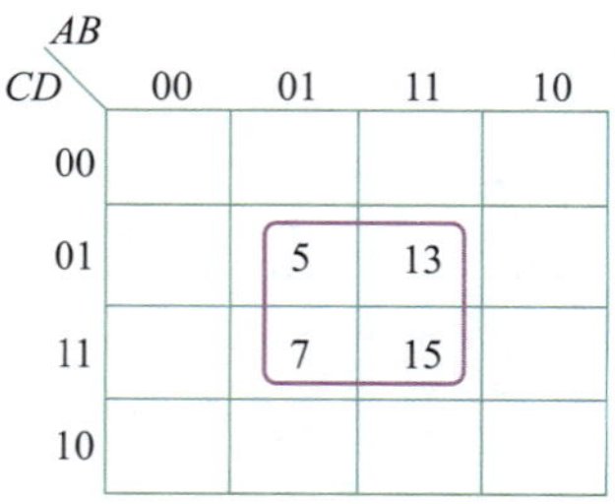

编号为 5，13，7，15 的四个相邻方格对应的最小项分别为：$\overline{A}B\overline{C}D$、$AB\overline{C}D$、$\overline{A}BCD$、$ABCD$。由于

图 8.2.6
卡诺图

$$F=\overline{A}B\overline{C}D+AB\overline{C}D+\overline{A}BCD+ABCD=(A+\overline{A})B\overline{C}D+(A+\overline{A})BCD$$

$$=B\overline{C}D+BCD=BD$$

所以，化简结果 $F(A，B，C，D)=BD$。四项被合并成一项。只保留了相同的因子 B 和 D。

（2）利用卡诺图对逻辑函数进行化简的步骤

① 在已知逻辑函数的最小项表达式并画出逻辑函数的卡诺图后，将进行以下操作：

a. 在卡诺图上按 1 个、2 个、4 个、8 个、…、2^n 个为一组，将相邻的项圈起来。

b. 对相邻项进行合并。合并的方法是：保留相邻项中相同的因子，舍弃不同的因子。

c. 将合并结果相加，即得最简与或表达式。

② 在化简时，还需注意以下几个问题：

a. 所谓"相邻项"是指只有一位不同的那些最小项。

如图 8.2.7 所示，很容易看出 6 号和 7 号相邻，而 1 号和 9 号、4 号和 6 号、17 号和 25 号也都是相邻的，因为它们都符合"只有 1 位不同"的条件。例如 1 号（**00001**），它代表 $\overline{A}\,\overline{B}\,\overline{C}\,\overline{D}\,E$，9 号（**01001**）代表 $\overline{A}\,B\,\overline{C}\,\overline{D}\,E$，只有第 2 位不同，1 号和 7 号、7 号和 9 号、17 号和 23 号等则是不相邻的，这些在卡诺图上还是很明显的。但是 9 号和 25 号是相邻的，因为它们只有第 1 位不同，而 9 号和 17 号则是不相邻的，因为它们第 1 位和第 2 位都不同。这两对容易看错，希望大家注意。

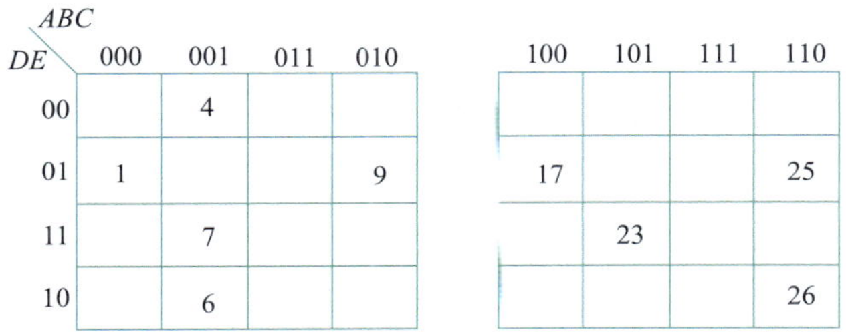

图 8.2.7
卡诺图化简

可见变量数较多时，卡诺图的直观性变差了。对于多于 6 个变量的情况，由于其卡诺图缺乏几何直观性，一般很少使用。

b. 圈的面积越大，消去的变量越多，即乘积项越简化。两项合并可以消去 1 个变量，四项合并可消去 2 个变量，八项合并可消去 3 个变量，等等。

c. 圈的数目越少，化简得到的乘积项的数目越少。

d. 每画一个圈，都至少含一个新的最小项。

e. 一个最小项可以多次被重复使用，但至少要使用一次。

f. 当所有最小项都被圈完时，化简结束。

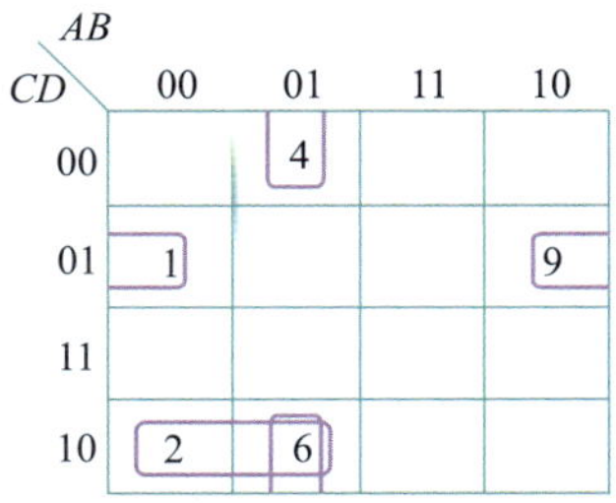

例 8.2.7　用卡诺图化简逻辑函数：$F(A，B，C，D)=\sum m(1，2，4，6，9)$。

第一步，画出逻辑函数的卡诺图，如图 8.2.8 所示。

第二步，对相邻项进行合并。从图上很容易看出，1 号和 9 号相邻，合并结果为 $\overline{B}\,\overline{C}\,D$；4 号和 6 号相邻，合并结果为 $\overline{A}B\overline{D}$；2 号和 6 号相邻，合并结果为 $\overline{A}C\overline{D}$。

至此，所有项都被圈完，最简**与或**表达式为

$$F(A,B,C,D)=\overline{B}\,\overline{C}\,D+\overline{A}C\overline{D}+\overline{A}B\overline{D}$$

这里，6 号被使用两次，但第二次使用时包含了一个新的最小项 2 号或 4 号。

例 8.2.8　用卡诺图化简逻辑函数：

图 8.2.8
例 8.2.7 图

图 8.2.9
例 8.2.8 图

图 8.2.10
例 8.2.9 图

图 8.2.11
例 8.2.10 图

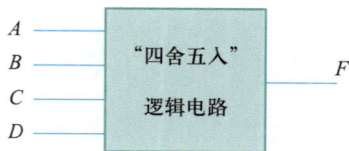

图 8.2.12
例 8.2.11 图

$$F(A,B,C,D)=\sum m(0,1,3,8,9,11,13,14)$$

第一步，画出逻辑函数的卡诺图，如图 8.2.9 所示。

第二步，对相邻项进行合并。由图中可以看出：

0，1，8，9 四项相邻，因此合并结果为 $\bar{B}\bar{C}$；1，3，9，11 四项相邻，因此合并结果为 $\bar{B}D$；13，9 两项相邻，因此合并结果为 $AC\bar{D}$；14 号没有相邻项，所以合并结果是 $ABC\bar{D}$。

至此，所有最小项都被圈完，最简**与或**表达式为

$$F(A,B,C,D)=\bar{B}\bar{C}+\bar{B}D+AC\bar{D}+ABC\bar{D}$$

例 8.2.9 用卡诺图化简逻辑函数：

$$F(A,B,C,D)=A\bar{C}\bar{D}+A\bar{B}CD+\bar{B}CD+\bar{A}BCD+A\bar{B}C$$

第一步，容易看出，这里给出的表达式并不是最小项表达式，所以应先将其化为最小项表达式。但有时为了简便，也可以直接标出 F 所包含的最小项。本例中，采用直接标出的方法。

画出逻辑函数的卡诺图，如图 8.2.10 所示。

$A\bar{C}\bar{D}$ 含有最小项 $AB\bar{C}\bar{D}$ 和 $A\bar{B}\bar{C}\bar{D}$，所以在卡诺图中含有 12、8 号；$A\bar{B}CD$ 在卡诺图上是 9 号；$\bar{B}CD$ 含有最小项 $AB CD$ 和 $\bar{A}B CD$，所以在卡诺图上含有 13、5 号；$\bar{A}BCD$ 在卡诺图上是 7 号；$A\bar{B}C$ 含有最小项 $A\bar{B}CD$ 和 $A\bar{B}C\bar{D}$，所以在卡诺图中含有 11、10 号。

第二步，对相邻项进行合并。由图中可以看出：

8，9，11，10 四项相邻，因此合并结果为 $A\bar{B}$；12，8，13，9 四项相邻，因此合并结果为 $A\bar{C}$；5，7 两项相邻，因此合并结果为 $\bar{A}BD$。

至此，所有最小项都被圈完，最简**与或**表达式为：

$$F(A,B,C,D)=A\bar{B}+A\bar{C}+\bar{A}BD$$

例 8.2.10 用卡诺图化简逻辑函数：

$$F(A,B,C,D)=\sum m(0,1,2,5,8,10,15)$$

解 第一步，画出逻辑函数的卡诺图，如图8.2.11所示。

第二步，对相邻项进行合并。由图中可以看出；0，8，2，10四项相邻，因此合并结果为 $\bar{B}\bar{D}$；1，5两项相邻，因此合并结果为 $\bar{A}\bar{C}D$；15号没有相邻项，所以合并结果是 $ABCD$。

至此，所有最小项都被圈完，最简与或表达式为

$$F(A,B,C,D)=\bar{B}\bar{D}+\bar{A}\bar{C}D+ABCD$$

5. 含有无关项的逻辑函数的卡诺图化简法

在实际问题中，有时变量会受到实际逻辑问题的限制，使某些取值不可能出现，或者对结果没有影响，这些变量的取值所对应的最小项就称为无关项或任意项。

例 8.2.11 有一个"四舍五入"逻辑电路，如图 8.2.12 所示。输入十进制数 X 按"8421"编码，即 $X=8A+4B+2C+D \leq 9$。要求当 $X \geq 5$ 时，输出 $F=1$；否则，$F=0$。试求其逻辑函数表达式。

解 根据题意，列出真值表，如表 8.2.7 所示。

表 8.2.7　"四舍五入"逻辑电路真值表

X	A	B	C	D	F	X	A	B	C	D	F
0	0	0	0	0	0	8	1	0	0	0	1
1	0	0	0	1	0	9	1	0	0	1	1
2	0	0	1	0	0	-	1	0	1	0	d
3	0	0	1	1	0	-	1	0	1	1	d
4	0	1	0	0	0	-	1	1	0	0	d
5	0	1	0	1	1	-	1	1	0	1	d
6	0	1	1	0	1	-	1	1	1	0	d
7	0	1	1	1	1	-	1	1	1	1	d

在本例题中，由于输入变量 A、B、C、D 的后六种组合 (**1010~1111**) 是不可能出现的，因此它们所对应的 F 值也是没有意义的。即这六个最小项是无关项，它们对应的 F 值是 **1** 或 **0** 都无关紧要。

为了便于化简逻辑函数，在真值表中仍然列出这六种组合，而把它们对应的 F 值记为 d。我们可以这样来理解 d：d 表示 F 的值既可以是 **1**，也可以是 **0**。

这样，F 的表达式可以写为

$$F(A,B,C,D)=\sum m(5,6,7,8,9)+\sum d(10,11,12,13,14,15)$$

如果不利用无关最小项，那么根据卡诺图化简法，如图 8.2.13 所示，只能得

$$F(A,B,C,D)=A\overline{B}\,\overline{C}+\overline{A}BD+\overline{A}BC$$

但是如果把无关最小项考虑进去，情况就不同了。如图 8.2.14 所示，在无关最小项的小格内标以 d，既可以将它们认为是 **1**，也可以将它们认为是 **0**，因此在这里将它们看成是 **1**，则根据卡诺图化简法，可得

$$F(A,B,C,D)=A+BC+BD$$

可见，考虑无关最小项与不考虑无关最小项化简结果很不一样。这说明经过恰当选择无关最小项之后，往往可以得到较简单的逻辑函数表达式。

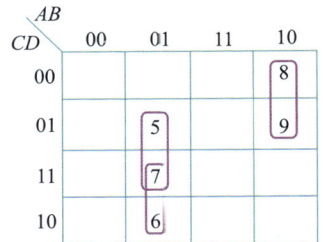

图 8.2.13
不利用无关最小项的卡诺图化简

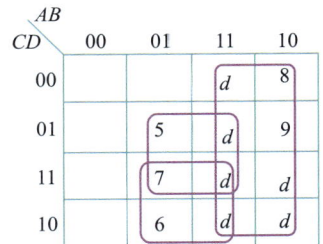

图 8.2.14
利用无关最小项的卡诺图化简

习题

8.1　什么叫进位计数制中的基数与权值？

8.2　分别说明二进制、八进制与十六进制的特点及相互转换方法。

8.3　将下列二进制数转换成十进制、八进制和十六进制数。

　　　　1100B　　10101101B　　11111111B　　1010.0101B

8.4　将下列十进制数转换成二进制数、八进制和十六进制数。

　　　　　98,　　64,　　128,　　4 95,　　32.312 5

8.5　对如下数据进行转换：

(1) $(375.236)_8=($ $)_{16}=($ $)_2$ (2) $(48A)_{16}=($ $)_8=($ $)_{10}$

8.6 逻辑代数与普通代数有哪些主要区别?

8.7 什么叫真值表? 试写出两个变量进行**与**运算、**或**运算及**非**运算的真值表。

8.8 列出下列逻辑函数的真值表，说明各题中 F_1 和 F_2 有何关系。

(1) $\begin{cases} F_1=ABC+\overline{A}\ \overline{B}\ \overline{C} \\ F_2=\overline{A}B+B\overline{C}+C\overline{A} \end{cases}$ (2) $\begin{cases} F_1=A\overline{B}+B\overline{C}+\overline{C}A \\ F_2=\overline{A}B+\overline{B}C+C\overline{A} \end{cases}$

8.9 写出下列表达式的对偶式:

(1) $F=(A+B)(\overline{A}+C)(C+DE)+F$ (2) $F=\overline{\overline{\overline{ABC}}(\overline{A}+C)}$

8.10 利用反演规则求下列函数的反函数:

(1) $F=(A+\overline{B}+\overline{C})(\overline{A}+B+C)$ (2) $F=A\overline{B}+\overline{B}C+C(\overline{A}+B+C)$

8.11 利用逻辑代数的基本定理和公式证明下列等式:

(1) $AB+\overline{A}C+\overline{B}C=AB+C$ (2) $A\overline{B}+BD+\overline{A}D+DC=A\overline{B}+D$

(3) $BC+D+\overline{D}(\overline{B}+\overline{C})(AD+B)=B+D$ (4) $ABC+\overline{A}\ \overline{B}\ \overline{C}=\overline{A\overline{B}+B\overline{C}+C\overline{A}}$

(5) $A\overline{B}+B\overline{C}+C\overline{A}=\overline{A}B+\overline{B}C+\overline{C}A$ (6) $AB+BC+CA=(A+B)(B+C)(C+A)$

8.12 什么是逻辑函数的最简表达式? 逻辑函数的最简表达式是唯一的吗? 什么是逻辑函数的最简**与或**表达式?

8.13 用公式法将下列函数化简为最简的**与或**表达式:

(1) $F=\overline{A}\ \overline{B}\ \overline{C}+\overline{A}BC+ABC+AB\overline{C}$ (2) $F=A\overline{B}+B+BCD$

(3) $F=\overline{A}B+\overline{A}C+\overline{B}\ \overline{C}+AD$ (4) $F=\overline{A}\ \overline{B}+\overline{A}\ \overline{C}D+AC+B\overline{C}$

(5) $F=A(B+\overline{C})+\overline{A}(\overline{B}+C)+BCD+\overline{B}\ \overline{C}D$

8.14 什么叫最小项? 最小项有哪些性质? 简述最小项的编号方法。

8.15 什么是逻辑函数的最小项表达式? 逻辑函数的最小项表达式是唯一的吗? 一般的**与或**表达式有什么区别? 如何用真值表法或公式法将逻辑函数化为最小项表达式形式?

8.16 什么叫卡诺图，卡诺图小方格的编号原则是什么?

8.17 用卡诺图法化简逻辑函数主要分哪几步进行? 主要应注意哪几点?

8.18 迄今为止你已经掌握了几种逻辑函数的化简方法，各自的主要特点是什么?

8.19 什么是无关最小项? 怎样进行含有无关最小项逻辑函数的化简?

8.20 用卡诺图化简下列逻辑函数:

(1) $F(A,B,C,D)=\sum m(0,1,4,6,9,13,14,15)$

(2) $F(A,B,C,D,E)=\sum m(3,4,6,9,11,13,15,18,25,26,27,29,31)$

(3) $F(A,B,C,D)=\sum m(2,9,10,12,13)+\sum d(1,5,14)$

(4) $F(A,B,C,D)=\sum m(0,1,3,5,8,9)$

(5) $F(A,B,C,D)=B\overline{C}D+A\overline{B}\ \overline{C}D$, 其中 $C+D=\mathbf{0}$ 不可能出现。

8.21 下列函数是最简**与或**式吗? 如果不是，请化简。

(1) $F=A\overline{B}+\overline{A}C+\overline{A}B+B\overline{C}$ (2) $F=\overline{A}B+\overline{B}C+B\overline{C}+A\overline{C}$

(3) $F=ABD+\overline{A}B\overline{D}+AC\overline{D}+\overline{A}\ \overline{C}D+B\overline{C}$ (4) $F=A\overline{B}+C\overline{D}+\overline{A}BC+ABD$

通过第 8 章的学习，我们已经对逻辑代数及其基本逻辑运算有了一定的认识。那么，用什么样的电路才能实现那些逻辑运算呢？在数字电路中，能够实现逻辑运算的电路就称为逻辑门电路。因为最基本的逻辑运算可以归结为与运算、或运算、非运算三种，所以最基本的逻辑门电路就是与门、或门和非门。

本章将具体介绍几种常用的逻辑门电路。重点介绍集成门电路及常用集成门电路芯片。

9.1 二极管、晶体管的开关特性

与模拟电路不同，在数字电路中，二极管、晶体管和 MOS 管大多数是工作在饱和区或截止区，相当于开关的"接通"和"断开"。

教学课件：二极管、晶体管的开关特性

9.1.1 二极管的开关特性

1. 开关二极管的等效模型

在前面已经学习了硅二极管的伏安特性曲线，如图 9.1.1 所示。当输入电压 $u_I \geqslant 0.7\,\text{V}$ 时，二极管导通；当输入电压 $u_I < 0.5\,\text{V}$ 时，管子截止。

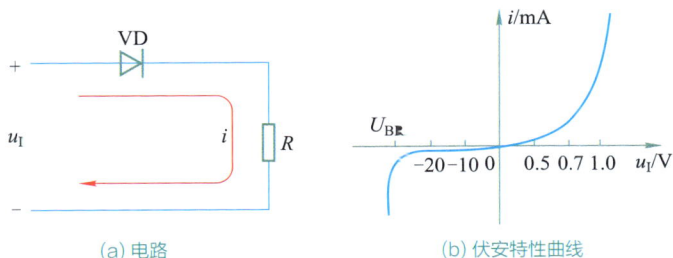

(a) 电路　　　　　(b) 伏安特性曲线

图 9.1.1
硅二极管伏安特性曲线

当硅二极管导通时，一般有两种等效模型，如图 9.1.2 所示。其中：

图 9.1.2(a)近似模型：U_D 保持在 0.7 V 不变，即导通时 $U_D = 0.7\,\text{V}$。如同 U_D 被钳位在 0.7 V。

$$u_I = U_I \qquad i = (U_I - U_D)/R$$

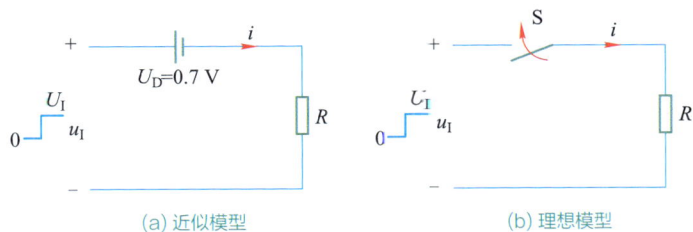

(a) 近似模型　　　　　(b) 理想模型

图 9.1.2
硅二极管导通的等效电路

图 9.1.2(b)理想模型：U_D 上的压降忽略不计，即导通时 $U_D = 0\,\text{V}$，如同开关闭合。$i = U_I/R$。

当硅二极管截止时，一般认为 $i \approx 0$，如同开关断开，如图 9.1.3 所示。

2. 二极管的动态特性

工作在开关状态的二极管除了有导通和截止两种稳定状态外，更多的是在导通和截止之间转换。当输入电压波形如图 9.1.4(a) 所示时，理想开关的输出电流波形如图 9.1.4(b) 所示。

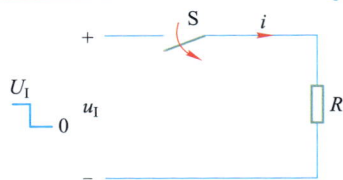

图 9.1.3
硅二极管截止的等效电路

由于二极管从导通到截止需要时间，实际的输出电流波形如图 9.1.4(c) 所示。由图 9.1.4(c) 可见，二极管由导通到截止时，开始在二极管内产生了很大的反向电流 I_2，经过 t_{re} 后，输出电流才接近正常反向电流 I_S，二极管才进入截止状态。t_{re} 是二极管从导通到截止所需时间，称为反向恢复时间。反向恢复时间 t_{re} 对二极管开关的动态特性有很大影响。若二极管两端输入电压的频率过高，以至输入负电压的持续时间小于它的反向恢复时间时，二极管将失去其单向导电性。当然，二极管从截止到导通也是需要时间的，这段时间称为开通时间，这段时间较短，一般可以忽略不计。

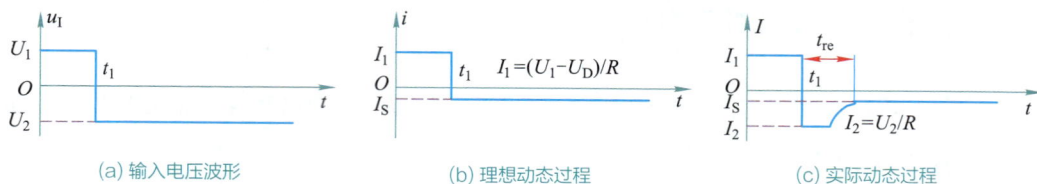

图 9.1.4　二极管开关的动态过程

(a) 输入电压波形　(b) 理想动态过程　(c) 实际动态过程

9.1.2　晶体管的开关特性

1. 晶体管的工作状态

晶体管具有截止、放大和饱和三种工作状态，在数字电路中主要工作在截止和饱和状态，其作用相当于开关的"断开"和"闭合"。下面以 NPN 型晶体管为例，简要分析一下它们的工作特点。共发射极 NPN 型晶体管电路和输出特性曲线如图 9.1.5 所示。

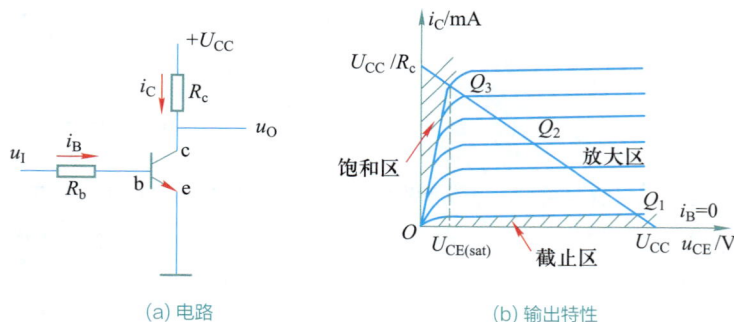

图 9.1.5　共发射极 NPN 型硅晶体管电路和输出特性曲线

(a) 电路　(b) 输出特性

（1）截止状态

当输入电压 $u_I < 0.7$ V 时，晶体管的 u_{BE} 小于开启电压，$i_B = 0$，b-e 间截止。对应输出特性曲线，晶体管工作在 Q_1 点或 Q_1 点以下位置，$i_C \approx 0$，c-e 间也截止。晶体管的 b-e 和 c-e 之间都相当于一个断开的开关。晶体管的这种工作状态称为截止状态。其等效电路如图 9.1.6(a) 所示。输出电压 $u_O = u_{CE} = U_{CC} - i_C R_c \approx U_{CC}$。

（2）放大状态

当输入电压 $u_I \geqslant 0.7$ V 时，晶体管的 u_{BE} 大于开启电压，b-e 间导通，u_{BE} 被钳在 0.7 V，i_C 与 i_B 之间存在 $i_C = \beta i_b$ 的关系，其中 β 是晶体管的电流放大系数。$u_O = u_{CE} = U_{CC} - i_C R_c$。如果输入 u_I 增加，i_B、i_C 相应增加，输出 u_O 和 u_{CE} 随之相应减小。晶体管的这种工作状态称为放大状态，此时晶

体管工作在 Q_2 点附近，Q_1 和 Q_3 之间。

（3）饱和状态

随输入电压 u_I 增加，基极电流 i_B 增加，工作点上移，当工作点上移至 Q_3 时，i_C 将不再明显变化，此时晶体管 c-e 间的电压称为饱和压降，硅管的饱和压降 $u_{CES} \approx 0.3\ V$，输出 $u_O = u_{CE} = U_{CES} \approx 0.3\ V$。晶体管的这种工作状态称为饱和状态。其等效电路如图 9.1.6(b) 所示。若忽略 b-e 和 c-e 间压降，理想的等效电路如图 9.1.6(c) 所示。

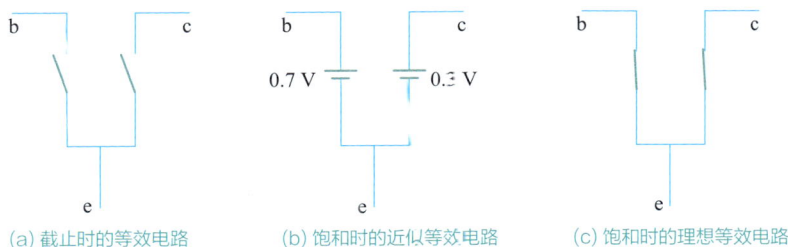

(a) 截止时的等效电路　　(b) 饱和时的近似等效电路　　(c) 饱和时的理想等效电路

图 9.1.6
硅晶体管导通和截止的等效电路

在大多数数字电路中，通过合理选择电路参数，可以使晶体管只工作在饱和状态和截止状态，放大状态只是一个过渡状态。当然，要做到这一点，对输入电压的变化范围是有限制的，否则可能会使晶体管工作在放大区。

2. 晶体管的动态特性

晶体管的开关过程与二极管相似。晶体管从饱和到截止和从截止到饱和都是需要时间的。晶体管从截止到饱和所需要的时间称为开通时间，用 t_{on} 表示；晶体管从饱和到截止所需要的时间称为关断时间，用 t_{off} 表示。

晶体管的动态过程如图 9.1.7 所示。

当输入电压 u_I 由 $-U_2$ 跳变到 U_1 时，晶体管不能立即导通，而是要先经过 t_d 时间，集电极电流 i_C 上升至最大值 I_{Cmax} 的 0.1 倍，再经过 t_r 时间，集电极电流 i_C 上升至最大值 I_{Cmax} 的 0.9 倍，之后集电极电流才接近最大值，晶体管进入饱和状态。因此开通时间 $t_{on} = t_d + t_r$。其中 t_d 称为延迟时间，t_r 称为上升时间。

当输入电压 u_I 由 U_1 跳变到 $-U_2$ 时，晶体管不能立即截止，而是要先经过 t_s 时间，集电极电流 i_C 下降至 $0.9 I_{Cmax}$，再经过 t_f 时间，集电极电流 i_C 下降至 $0.1 I_{Cmax}$，之后集电极电流才接近于 0，晶体管进入截止状态。因此关断时间 $t_{off} = t_s + t_f$。其中 t_s 称为存储时间，t_f 称为下降时间。

晶体管的开通时间 t_{on} 和关断时间 t_{off} 一般在纳秒（ns）数量级。通常 $t_{off} > t_{on}$，$t_s > t_f$，因此 t_s 的大小是影响晶体管速度的最主要因素。

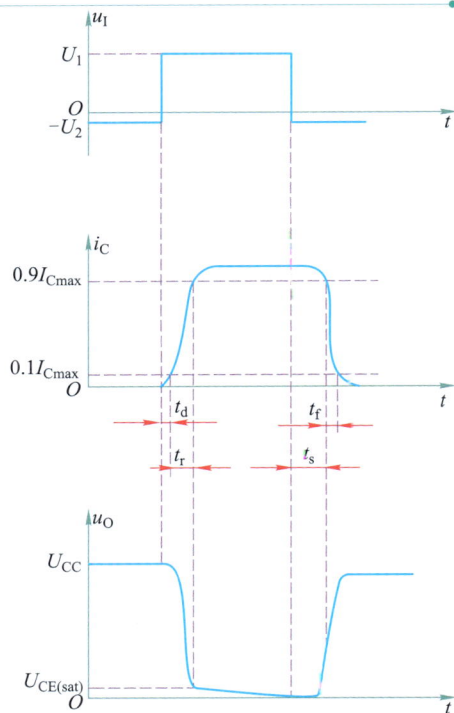

图 9.1.7
开关晶体管的动态特性

9.2 基本逻辑门电路

对于数字电路的初学者来说，从分立元件的角度来认识门电路到底怎样实现与、或、非运算是非常直观和易于理解的。因此首先从分立元件构成的逻辑门电路谈起。

教学课件：
基本逻辑门
电路

9.2.1　分立元件构成的门电路

1. 二极管与门电路

二极管**与**门电路的原理图如图 9.2.1 所示。图中 A、B 代表与门的输入，F 代表与门的输出。假定二极管工作在理想开关状态。那么：

当 A=0 V、B=0 V 时，VD1、VD2 均导通，输出 F=0 V。

当 A=5 V、B=5 V 时，VD1、VD2 均截止，输出 F=5 V。

当 A=0 V、B=5 V 时，VD1 导通、VD2 截止，输出 F=0 V。

当 A=5 V、B=0 V 时，VD1 截止、VD2 导通，输出 F=0 V。

如果约定 +5 V 电压代表逻辑 **1**，0 V 电压代表逻辑 **0**，图 9.2.1 所示电路的输入输出关系如表 9.2.1 所示。该电路实现了**与**运算，称为**与门**。其输出与输入之间的逻辑关系为

$$F=AB$$

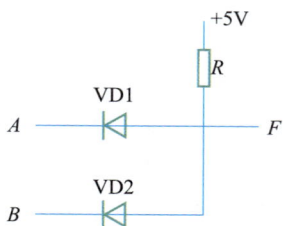

图 9.2.1
二极管与门电路

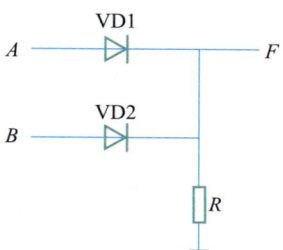

表 9.2.1　二极管与门电路输入输出关系

	逻辑值（电压）	逻辑值（电压）	逻辑值（电压）	逻辑值（电压）
A	**0**(0 V)	**1**(+5 V)	**0**(0 V)	**1**(+5 V)
B	**0**(0 V)	**0**(0 V)	**1**(+5 V)	**1**(+5 V)
F	**0**(0 V)	**0**(0 V)	**0**(0 V)	**1**(+5 V)

2. 二极管或门电路

二极管**或**门电路的原理图如图 9.2.2 所示。该电路的输入输出关系如表 9.2.2 所示。其输出与输入之间的逻辑关系为

$$F=A+B$$

图 9.2.2
二极管或门电路

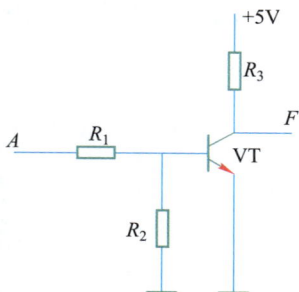

表 9.2.2　二极管或门电路输入输出关系

	逻辑值（电压）	逻辑值（电压）	逻辑值（电压）	逻辑值（电压）
A	**0**(0 V)	**1**(+5 V)	**0**(0 V)	**1**(+5 V)
B	**0**(0 V)	**0**(0 V)	**1**(+5 V)	**1**(+5 V)
F	**0**(0 V)	**1**(+5 V)	**1**(+5 V)	**1**(+5 V)

故该电路实现了**或**运算，称为**或门**。

3. 晶体管非门电路

非门也称反相器。由晶体管构成的非门电路如图 9.2.3 所示。

通过设计合理的参数，使晶体管只工作在饱和区和截止区。故当输入 A 为高电平（A=+5 V）时，晶体管饱和导通，输出 F 为低电平（F=0 V）；当输入 A 为低电平（A=0 V）时，晶体管截止，输出 F 为高电平（F=+5 V）。其输入输出关系见表 9.2.3。

图 9.2.3
晶体管非门电路

表 9.2.3　晶体管非门电路输入输出关系

	逻辑值（电压）	逻辑值（电压）
A	**0**(0 V)	**1**(+5 V)
F	**1**(+5 V)	**0**(0 V)

可见该电路可以实现非运算，称为非门。其输出与输入之间的逻辑关系为

$$F=\overline{A}$$

上面介绍的三种数字电路，分别用二极管、晶体管实现了**与**、**或**、**非**运算，实际上实现这些逻辑运算的电路可以是多种多样的，门电路还可以由二极管、晶体管共同构成，这里就不一一介绍了。

在以上各电路中，我们都是用电平的高低代表逻辑值，即规定 +5 V（高电平）代表逻辑 **1**，0 V（低电平）代表逻辑 **0**，这种逻辑称为正逻辑。当然我们也可以规定 +5 V（高电平）代表逻辑 **0**，0 V（低电平）代表逻辑 **1**，这样的逻辑称为负逻辑。

一般地说，同一个门电路，在正逻辑情况下如果是**与**门，则在负逻辑情况下就是**或**门；反之，在正逻辑情况下如果是**或**门，则在负逻辑情况下就是**与**门。

习惯上，我们采用正逻辑。在后续章节中，也均采用正逻辑。

在实际电路中，允许电平在一定范围内变化，一般高电平可以在 3 ~ 5 V 波动，低电平可以在 0 ~ 0.4 V 波动。各种实际电路都规定了高电平下限和低电平上限的大小，在实际使用中应注意保证高电平大于或等于高电平下限，低电平应小于或等于低电平上限。否则就会破坏电路的逻辑功能。

此外，上述电路都将高电平规定为 +5 V，低电平规定为 0 V，这种电平称为 TTL 电平。当然，也可以采用其他电平标准，如 RS-232 标准（**0**——+3 V ~ +15 V，**1**——−3 V ~ −15 V）或 CMOS 电平（**0**——0 V，**1**——3 ~ 15 V）等。

9.2.2　常用基本逻辑门电路及其符号

常用基本逻辑门电路输入输出关系及其表示符号如下。

1. 与门

与门的逻辑关系为　　　　　　　　　$F=ABC$

与门的输入变量可以是多个，与门的意义是："有 **0** 为 **0**，全 **1** 为 **1**"。

与门的符号如图 9.2.4 所示。

2. 或门

或门的逻辑关系为　　　　　　　　　$F=A+B+C$

或门的输入变量可以是多个，或门的意义是："有 **1** 为 **1**，全 **0** 为 **0**"。

或门的符号如图 9.2.5 所示。

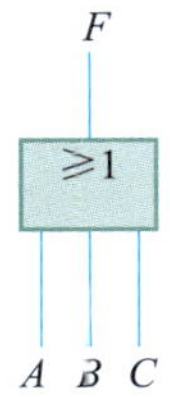

3. 非门

非门的逻辑关系为　　　　　　　　　$F=\overline{A}$

非门的输入变量只有一个，非门的意义是："入 **1** 出 **0**，入 **0** 出 **1**"。

非门的符号如图 9.2.6 所示。

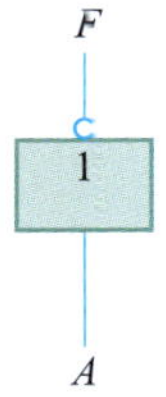

4. 与非门

与非门的逻辑关系为　　　　　　　　$F=\overline{ABC}$

图 9.2.4
与门符号

图 9.2.5
或门符号

图 9.2.6
非门符号

图 9.2.7
与非门符号

与非门的输入变量可以是多个，与非门的意义是："有 **0** 出 **1**，全 **1** 出 **0**"。

与非门的符号如图 9.2.7 所示。

5. 或非门

或非门的逻辑关系为
$$F=\overline{A+B+C}$$

或非门的输入变量可以是多个，或非门的意义是："有 **1** 出 **0**，全 **0** 出 **1**"。

或非门的符号如图 9.2.8 所示。

图 9.2.8
或非门符号

6. 异或门

异或门的逻辑关系为
$$F=A \oplus B$$

异或门的输入变量是两个，异或门的真值表见表 9.2.4。从表中可以看出，异或门的意义是："相异为 **1**，相同为 **0**"。

异或门的符号如图 9.2.9 所示。

表 9.2.4 异或门的真值表

A	B	F
0	0	0
0	1	1
1	0	1
1	1	0

图 9.2.9
异或门符号

7. 与或非门

与或非门的逻辑关系为
$$F=\overline{AB+CD}$$

与或非门的输入变量可以是多个。

与或非门的符号如图 9.2.10 所示。

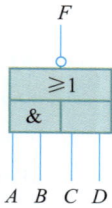

图 9.2.10
与或非门符号

例 9.2.1 对应图 9.2.11(a) 所示电路，输入波形如图 9.2.11(b) 所示，画出输出 F 的波形。

由图可以看出，输出 $F=F_1+F_2=AB+CD$，根据与逻辑和或逻辑的性质，画出输出 F 的波形图如图 9.2.11(c) 所示。

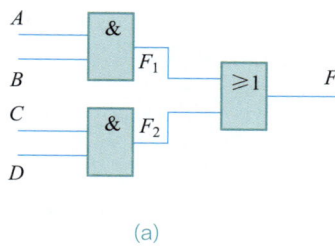

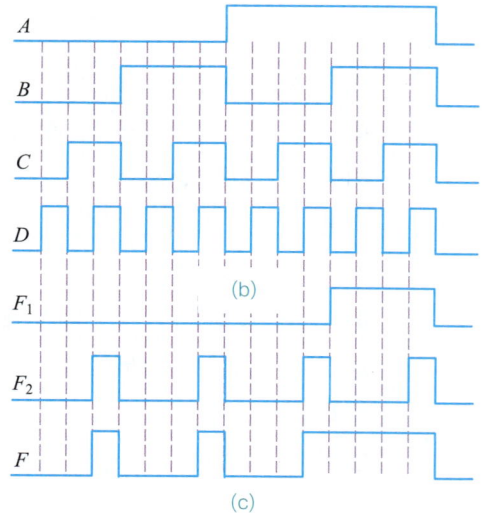

图 9.2.11
例 9.2.1 图

(a)

(b)

(c)

9.3　集成门电路及其芯片

上面介绍了用分立元件构成的逻辑门电路。如果把这些电路中的全部元件和连线都制造在一块半导体材料的芯片上，再把这个芯片封装在一个壳体中，就构成了一个集成门电路，一般称为集成电路 (Integrated Circuit)。与分立元件电路相比，集成电路有许多显著的优点，如体积小、耗电少、重量轻、可靠性高等。所以集成电路受到了人们极大的重视并得到了广泛应用。

自从 1959 年世界上第一块集成电路诞生以来，半导体技术取得了飞速发展，根据在一块芯片上含有门电路数目的多少（又称集成度），集成电路可分为小规模集成电路 (SSI)、中规模集成电路 (MSI)、大规模集成电路 (LSI) 和超大规模集成电路 (VLSI)。虽然这几种集成电路所含门电路的数目并无严格规定，但大体上可划分如下：

小规模数字集成电路 (SSI)————100 个门以下，包括门电路、触发器等。

中规模数字集成电路 (MSI)————100～1000 个门，包括计数器、寄存器、译码器、比较器等。

大规模数字集成电路 (LSI)————1000～10000 个门，包括各类专用的存储器，各类 ASIC 芯片等。

超大规模数字集成电路 (VLSI)————10000 个门以上，包括各类 CPU 等。

目前构成集成电路的半导体器件按材料不同主要有两大类：一种是双极型器件，一种是单极型器件。

（1）双极型器件有：

TTL（晶体管 - 晶体管逻辑电路），这是一种最"古老"的半导体。虽然 TTL 得到广泛的应用，但在高速、高抗干扰和高集成度方面还远远不能满足需要，因而出现了其他类型的双极型集成电路。

ECL（射极耦合逻辑电路），是一种新型的高速数字集成电路。

HTL（高阈值集成电路），是一种噪声容限比较大，抗干扰能力较强的数字集成电路。

I^2L（集成注入逻辑电路），可以构成集成度很高的数字电路。

（2）单极型器件有：

NMOS、PMOS、CMOS 集成电路等。CMOS 集成电路因具有功耗低，输入阻抗高，噪声容限高，工作温度范围宽，电源电压范围宽和输出幅度接近于电源电压等优点，得到飞速发展，从普通的 CMOS 发展到高速 CMOS 和超高速 CMOS。

除此之外，自 1970 年以来发展起来的电荷耦合器件 (CCD) 是一种新型 MOS 器件，它能存储大量信息。

下面对它们分别加以介绍。

9.3.1　TTL 门电路

TTL 集成电路是双极型集成电路的典型代表。这种电路在结构上采用半导体晶体管器件，

教学课件：
集成门电路
及其芯片

笔　记

笔 记

我们先看一看 TTL 集成与非门电路。

1. TTL 与非门

图 9.3.1 是一个小规模 TTL 与非门集成电路原理图。该电路由三部分组成。第一部分是由多发射极晶体管 VT1 构成的输入与逻辑，第二部分是 VT2 构成的反相放大器，第三部分是由 VT3、VT4、VT5 组成的推拉式输出电路，用以提高输出的负载能力和抗干扰能力。

该电路是这样工作的：

只要输入有一个为低电平 (0 V)，VT1 就饱和导通，VT2、VT5 截止，VT3、VT4 导通，输出高电平 (+5 V)。

如果输入全为高电平 (+5 V)，由于是复合管，具有很大的电流驱动能力，VT1 倒置，使 VT1 的集电极变为发射极，发射极变为集电极，VT2、VT5 导通，VT3、VT4 截止，输出低电平 (0 V)。

可见，这是一个与非门。

同样的，也可用类似的结构构成 TTL 与门、或门、或非门、异或门、与或非门等，这里就不再一一介绍了。集成门电路的符号与分立元件门电路完全相同。

2. 集电极开路 OC 门

在 TTL 门电路的使用中有一个禁忌，普通 TTL 门电路的输出端不能并联相接，即不能把两个或两个以上这样的门电路的输出端接在一起。因为电路特性不允许，这样做容易损坏器件。

但是对图 9.3.1 所示的 TTL 与非门电路，如果将其 VT3 和 VT4 省去，并将其输出管 VT5 的集电极开路，就变成了集电极开路门，也称 OC 门，如图 9.3.2 所示。OC 门在使用时需外接负载电阻 R_L，使开路的集电极与 +5 V 电源接通，它的功能与图 9.3.1 所示的 TTL 与非门电路是一样的，都可完成与非运算。

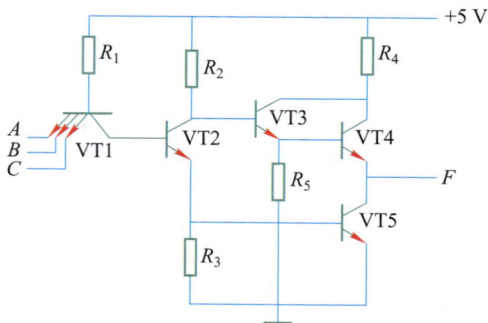

图 9.3.1
TTL 与非门电路原理图

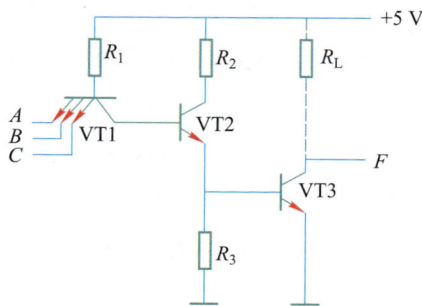

图 9.3.2
集电极开路与非门

用同样的方法，可以做成集电极开路与门、或门、或非门等各种 OC 门。OC 门的符号是在普通门的符号上加◇或打斜杠。例如图 9.3.3 所示是集电极开路与非门的符号。

OC 门与普通 TTL 门的不同之处是，多个 OC 门的输出可以直接接在一起，如图 9.3.4 所示。

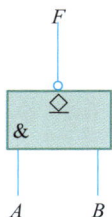

图 9.3.3
集电极开路与非门符号

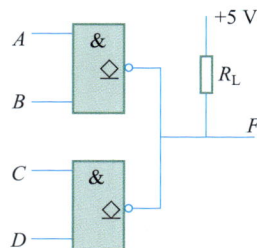

图 9.3.4
OC 门的线与

当两个OC门的输出都是高电平时，总输出F为高电平；只要有一个OC门的输出是低电平，总输出F就为低电平。这体现了**与逻辑关系**，因此称为**线与**，即用线连接成与。图9.3.4所示电路输出与输入关系为

$$F=\overline{AB}\cdot\overline{CD}=\overline{AB+CD}$$

OC 门除了具有**线与**功能外，它还常用于一些专门场合，如数据传输总线，电平转换及对电感性元件的驱动等。图 9.3.5 是用 OC 门实现电平转换的例子。

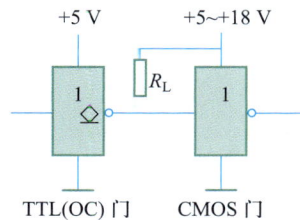

图 9.3.5
用 OC 门实现电平转换

3. 三态门

三态门与普通门电路不同。普通门电路的输出只有两种状态：高电平或低电平，即**1**或**0**；而三态门输出有三种状态：高电平、低电平、高阻态。其中高阻态也称悬浮态，以图9.3.1所示的TTL与非门为例，如果设法使VT3、VT4、VT5都截止，输出端就会呈现出极大的电阻，称这种状态为高阻态。高阻态时，输出端就像一根悬空的导线，其电压值可浮动在0~5V的任意值上。

三态门除了具有一般门电路的输入输出端外，还具有一个控制端及相应的控制电路。通过控制端逻辑电平的变化实现三态门的控制。与 OC 门一样，有各种具有不同逻辑功能的三态门，诸如三态与门、三态非门等。图 9.3.6 是三态非门的逻辑符号。其真值表见表 9.3.1。

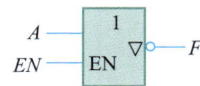

图 9.3.6
高电平控制的三态非门符号

表 9.3.1　高电平控制的三态非门

E	A	F
0	0	高阻
	1	高阻
1	0	1
	1	0

可见，当控制端 E=**1** 时，该电路与普通非门一样工作；当 E=**0** 时，输出处于高阻态。

还有一种三态非门，其控制端 E=**0** 时，该电路与普通非门一样工作；当 E=**1** 时，输出处于高阻态。这种电路的符号如图 9.3.7 所示，真值表见表 9.3.2。

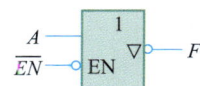

图 9.3.7
低电平控制的三态非门符号

表 9.3.2　低电平控制的三态非门

E	A	F
1	0	高阻
	1	高阻
0	0	1
	1	0

图 9.3.8
高电平控制的三态门

另一种常见三态门符号及真值表分别如图 9.3.8 和表 9.3.3 所示。

笔 记

表 9.3.3　高电平控制的三态门

E	A	F
0	0	高阻
	1	高阻
1	0	0
	1	1

　　当三态门输出端处于高阻态时，该门电路表面上仍与整个电路系统相连，但实际上与整个电路系统是断开的，如同没把它们接入一样。利用三态门的这种性质可以实现不同设备与总线之间的连接控制，这在计算机系统中尤为重要。

　　如图 9.3.9 所示，有四个设备 A、B、C、D 共用一条数据总线 (BUS)，在任一时刻，只要使其中一个设备的控制信号为 **1**，其他所有设备的控制信号为 **0**，即可使其他设备与总线间呈高阻态，而只使该设备在逻辑上与总线相连，即将该设备的输出送入总线。当然，任一时刻，只能有一个设备的控制信号为 **1**，否则总线上的信号将发生混乱。

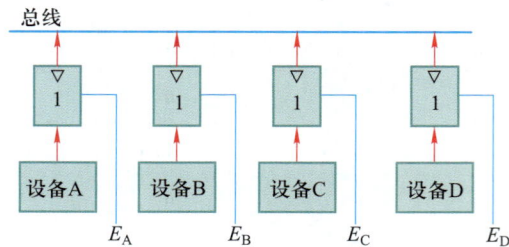

图 9.3.9
逻辑示意图

　　利用三态门也可以方便地实现双向信息的传输控制，如图 9.3.10 所示。它有两个控制端，当 E_{IN}=**1** 且 E_{OUT}=**0** 时，信号由 $B_1 \rightarrow B_2$；当 E_{IN}=**0** 且 E_{OUT}=**1** 时，信号由 $B_2 \rightarrow B_1$；当 E_{IN}=**0** 且 E_{OUT}=**0** 时，B_2 与 B_1 高阻。当然，E_{IN} 与 E_{OUT} 不能同时为 **1**。

　　如果让图 9.3.9 所示的每个设备都使用这种双向三态门，则可实现总线与设备间的双向信息传送，如图 9.3.11 所示。同样，任一时刻只能有一条控制线为 **1**。

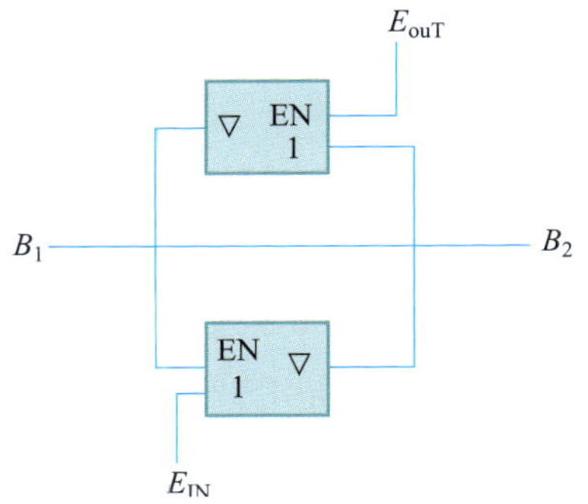

图 9.3.10
双向三态门符号

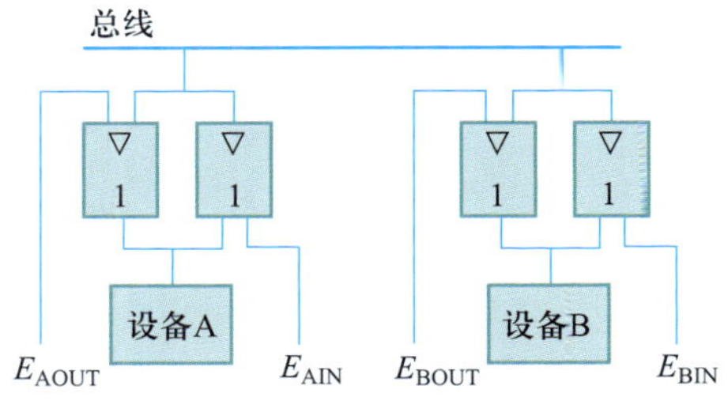

图 9.3.11
双向控制逻辑示意图

4. ECL 门

在前面讨论的 TTL 门电路，它的两种逻辑电平是用晶体管截止状态和饱和状态来表示的。这种类型的逻辑电路可靠性高，抗干扰能力较强。缺点是晶体管进入饱和和退出饱和所产生的存储延迟严重地影响了电路速度的提高。

为了进一步提高门电路的工作速度，缩短平均延时，人们又研制了另一类使晶体管器件根本不进入饱和状态的逻辑电路，称为发射极耦合逻辑电路简称 ECL 电路。ECL 电路仍属双极型半导体器件。

ECL 门电路中的晶体管只工作在放大态和截止态，根本不进入饱和状态。所以它的突出优点是速度快。它的缺点是功耗较大，由于晶体管工作在放大态时容易将输入的干扰信号也相应放大，因而电路的抗干扰性能降低了。

ECL 门电路一般应用于要求速度较高，对功耗不作主要考虑，并且抗干扰措施较好的场合。某些高速大型计算机采用 ECL 逻辑电路。

除了 ECL 门电路外，双极型数字集成电路中还有 HTL（高阈值）集成电路、I^2L（集成注入）逻辑电路等，分别用于不同的场合。这里就不一一介绍了。

9.3.2　MOS 门电路

在半导体集成电路中，除了采用前面介绍的双极型晶体管，还可采用单极型晶体管，即所谓场效应晶体管 (FET)。场效应晶体管分结型场效应晶体管和绝缘栅型场效应晶体管两种类型。特别是绝缘栅型场效应晶体管简称 MOS 管。按其沟道中载流子的性质可分为 N 沟道 MOS 管和 P 沟道 MOS 管两类。简称 NMOS 管和 PMOS 管。此外还有将 NMOS 管和 PMOS 管同时制造在一块晶片上的所谓互补器件，称为 CMOS 电路。

如果让 MOS 管只工作在截止区和饱和区，那么就可以将 MOS 管作为开关器件使用。以 MOS 管作为开关器件的电路均称为 MOS 门电路。同双极型集成逻辑门电路一样，采用 MOS 器件也可以制造成各种各样的集成逻辑门电路，如与门、或门、与非门、或非门、三态门等。就逻辑功能而言，它们与 TTL 门电路并无区别，符号表示也相同。下面不再举例说明。

笔 记

9.3.3   常用集成电路芯片

现在我们已经知道了集成电路按照其使用的结构可分为 TTL 集成电路，ECL 集成电路和 CMOS 集成电路等。常用的集成电路系列如下：

TTL 集成电路系列有：74，74H，74S，74AS，74LS，74ALS，74FAST 等。

ECL 集成电路系列有：ECL 10 K，ECL 100 K。

CMOS 集成电路系列有：标准 CMOS，4000B 系列，4500B 系列，高速 CMOS，40H 系列。

新型高速型 CMOS 有：74HC 系列（与 74LS 系列功能引脚兼容），74HC4000 系列，74HC4500 系列，74HCT 系列（输入输出与 TTL 电平兼容）。

超高速 CMOS 有：74AC 系列，74ACT 系列。

上述系列的通用集成电路一般都包括了数字电路的基本部件：各类门电路，各类触发器以及其他数字部件包括运算器、计数器、寄存器等。它们都可以作为一个部件选用，或扩展组成更复杂的数字电路。

1. 常用 TTL 集成电路

TTL 数字集成电路族中，54/74 族已是标准化、商品化、使用最广泛的系列产品。其中 54 族为军品（工作温度 −55~125℃），74 族为民品（工作温度 0~70 ℃），由美国 Texas 仪器公司最早开发，现已形成系列。

TTL 系列产品及特性对照见表 9.3.4。

表 9.3.4   TTL 系列产品及特性对照

系列	特点
74 系列	最早产品，中速器件，目前仍在使用
74H 系列	74 系列改进型，功耗较大，目前已不太使用
74S 系列	速度较高，品种较 74LS 少
74LS 系列	低功耗，品种及生产厂家很多，价格很低，为目前集成电路中主要应用产品系列
74ALS 系列	74LS 后继产品，速度功耗有较大改进，但目前价格品种还赶不上 74LS 系列
74AS 系列	74S 的后继产品，速度功耗有改进
74F 系列	与 74ALS 及 74AS 类似，属高速型，目前产品较少

74 族产品还在不断向着两个方向发展，其一是沿着 74 → 74H → 74S → 74AS →⋯路线向高速发展，其二是沿着 74 → 74LS → 74ALS →⋯路线向低功耗发展。

国际上 54/74 族集成电路命名的规则，按以下四部分规定：

① 厂家器件型号前缀；② 54/74 系列号；③ 系列规格；④ 集成电路的功能编号。

其中，"厂家器件型号前缀"由厂家给定。如：

SN   表示美国 Texas 器件型号前缀

HD　表示日本 HITACHI 器件型号前缀

"54/74 族号"用 54 或 74 表示；"系列规格"用 H、S、LS、AS、ALS、F 中的一个表示，如果不选，表示 74 系列；"集成电路编号"，从 00 开始。

一般根据②～④，即可知集成电路的类型。

例如，74LS00、74ALS00、74AS00、74S00、74H00、7400，它们的逻辑功能均相同，都是四 2 输入端**与非门**。但在电路的速度及功耗上存在明显差别。这一点在使用时要特别注意。

国产 TTL 系列数字集成电路与国际 TTL 系列集成电路命名对应关系见表 9.3.5。

表 9.3.5　国内外系列集成电路对应表

名称	国产系列	国际对应系列
通用标准系列	CT1000(CT54/74)	54/74
高速系列	CT2000(CT54/74H)	54H/74H
肖特基系列	CT3000(CT54/74S)	54S/74S
低功耗肖特基系列	CT4000(CT54/74LS)	54LS/74LS

2. 常用 CMOS 集成电路

CMOS 数字集成电路由于其内在的品质，诸如输入阻抗高，低功耗，抗干扰能力强，集成度高等优点，而得到广泛的应用，并已形成系列和国际标准。下面对其做简要介绍。

在 CMOS 集成电路系列中，比较典型的产品有美国 RCA 公司开发的 4000 系列和 Motorola 公司开发的 4500 系列。在 4000/4500 系列中，分 A、B 两类。其中 B 类已形成了市场的主流。

4000/4500 系列集成电路的命名规则，由以下四部分组成：

① 厂家器件型号前缀；② 系列号；③ 集成电路功能编号；④ 类号。

其中，"厂家器件型号前缀"由厂家给定。如：

MC　表示美国 Motorola 公司器件型号前缀

CD　表示美国 RCA 公司器件型号前缀

"系列号"用 40 或 50 表示，只有美国 Motorola 公司的产品用 140 或 145 表示；"集成电路功能编号"，从 00 开始；"类号"为 A 或 B。

一般根据②～④，即可知集成电路的类型。

国产 CMOS 系列数字集成电路与国际 CMOS 系列集成电路命名对应关系见表 9.3.6。

注意：4000/4500 系列中同编号的器件并不表示具有相同逻辑功能。如 4000B 与 4500B 的逻辑功能就不同，4000B 是双 3 输入**或非门**加反相器，而 4500B 是一位微处理器。这一点与前面讲到的 54/74 族集成电路不同。

表 9.3.6　国内外系列集成电路对应表

国产系列	国际对应系列
CC4000	CD4000/MC14000
CC4500	CD4500/MC14500

9.4　集成电路使用中的实际问题

集成电路可以实现各种逻辑功能，为使用者提供了方便。虽然用户不必了解集成电路内部的具体构造情况，只需按逻辑功能选用所需要的集成电路，但是为了正确有效地使用集成电路，必须了解各类集成电路的主要参数及特性以及有关使用问题。下面对之加以介绍。

9.4.1　有关集成电路的主要参数及其特性曲线

TTL 和 CMOS 数字集成电路的主要性能体现在如下电气参数里，如图 9.4.1 所示。

U_{CC}/U_{DD}：集成电路电源正极 (TTL 电源正极用 U_{CC} 表示，CMOS 电源正极用 U_{DD} 表示)。

GND/U_{SS}：集成电路电源负极 (TTL 电源负极用 GND 表示，CMOS 电源负极用 U_{SS} 表示)。

$U_{IH}(min)$：输入高电平的最小值 (下限)。

$U_{IL}(max)$：输入低电平的最大值 (上限)。

$I_{IH}(max)$：输入高电平时，输入端电流的最大值。

$I_{IL}(max)$：输入低电平时，输入端电流的最大值。

$U_{OH}(min)$：输出高电平的最小值 (下限)。

$U_{OL}(max)$：输出低电平的最大值 (上限)。

$I_{OH}(max)$：输出高电平时，输出端电流的最大值。

$I_{OL}(max)$：输出低电平时，输出端电流的最大值。

N_O：扇出系数。

N_I：扇入系数。

t_{pd}：传输延迟时间。

f_{cp}：最高工作频率。

上述集成电路电气参数，可以综合地反映 TTL、CMOS 集成电路的工作特性，抗干扰能力及工作的可靠性。各类数字集成电路的典型电气参数列在表 9.4.1 中，供参考。

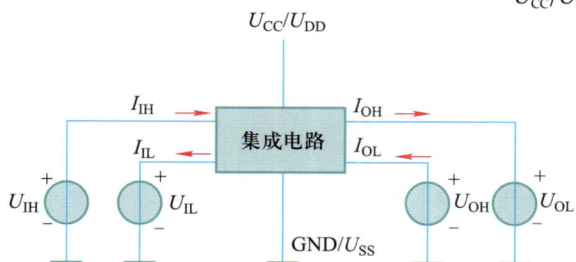

图 9.4.1
电气参数示意图

笔 记

表 9.4.1　TTL 和 CMOS 系列电气参数表

性能参数	TTL 系列					CMOS 系列	
	74	74H	74L	74S	74LS	4000/4500	74HC
$U_{IH}(min)/V$	2.0	2.0	2.0	2.0	2.0	$2/3U_{DD}$	3.5
$U_{IL}(max)/V$	0.8	0.8	0.8	0.8	0.8	$1/3U_{DD}$	1.0
$U_{OH}(min)/V$	2.4	2.4	2.4	2.7	2.7	$U_{DD}-0.01$	4.5
$U_{OL}(max)/V$	0.4	0.4	0.4	0.5	0.5	0.01	0.5
$I_{IH}(max)/mA$	0.04	0.05	0.01	0.05	0.02	0.01	0.001
$I_{IL}(max)/mA$	−1.6	−2.0	−0.18	−2.0	−0.4	0.01	−0.001

性能参数	TTL 系列					CMOS 系列	
	74	74H	74L	74S	74LS	4000/4500	74HC
$I_{OH}(max)/mA$	−0.4	−0.5	−0.2	−1.0	−0.4	−16	−4
$I_{OL}(max)/mA$	16	20	3.6	20	8	0.4	4
$U_{CC}/U_{DD}/V$	5±5%	5±5%	5±5%	5=5%	5±5%	3~18	2~6
$N_O/$ 个	10	10	20	10	20	40	400
t_{pd}/ns	10	6	33	3	9.5	100~150	10
f_{CP}/MHz	25	50	3	80	33	7	32

下面对这些主要参数进行介绍。

1. 工作电压

各类数字集成电路，要正常工作除需提供数字信号外，还必须提供工作电压，否则数字集成电路不能工作。各类数字集成电路的电源电压均有一定的工作范围，不允许超出其范围，否则会影响集成电路的正常工作或损坏集成电路。

TTL系列数字集成电路的工作电压范围为4.75～5.25 V，4000/4500 CMOS系列数字集成电路的工作电压范围是3～18 V。74HC CMOS系列数字集成电路的工作电压范围为2～6 V。工作电压的正负极不能接反，使用时一定要注意。

2. 集成电路的输入输出高低电平

在实际电路中，高低电平的大小是允许在一定范围内变化的。输入输出高低电平的范围由 $U_{IH}(min)$、$U_{IL}(max)$、$U_{OH}(min)$、$U_{OL}(max)$ 参数决定。$U_{IH}(min)$ 是输入高电平下限，$U_{IL}(max)$ 是输入低电平上限；$U_{OH}(min)$ 是输出高电平下限，$U_{OL}(max)$ 是输出低电平上限。

3. 输入电流

输入电流的大小可以用 $I_{IL}(max)$、$I_{IH}(max)$ 两个参数表达。$I_{IH}(max)$ 表示输入高电平时，输入端电流的最大值。$I_{IL}(max)$ 表示输入低电平时，输入端电流的最大值。习惯上规定流入门电路的电流方向为正，流出门电路的电流方向为负。

4. 输出电流

输出电流的大小可以用 $I_{OL}(max)$、$I_{OH}(max)$ 两个参数表达。$I_{OH}(max)$ 表示输出高电平时，输出端电流的最大值。$I_{OL}(max)$ 表示输出低电平时，输出端电流的最大值。输出电流方向的规定与输入电流相同。

当输出高电平时，电流从集成电路输出端流向负载，也可以认为是负载从输出端拉走电流，故高电平输出电流也称为拉电流。

当输出低电平时，电流从负载流向集成电路输出端，也可以认为是负载向集成电路的输出端灌入电流，故低电平输出电流也称为灌电流。

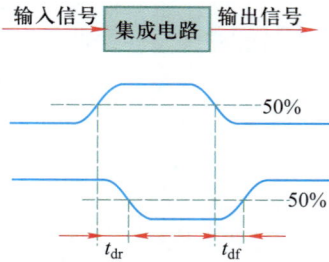

图 9.4.2
与非门的波形曲线

5. 动态特性

对于任意的数字集成电路，从信号输入到信号输出之间总有一定的延迟时间，这是由器件的物理特性决定的。以**与非门**为例，它的输入信号与输出信号时间上的关系如图 9.4.2 所示。其中，t_{dr} 为前沿延迟时间，t_{df} 为后沿延迟时间，平均延迟时间

$$t_{pd} = \frac{t_{dr} + t_{df}}{2}$$

对一般集成电路，其延迟时间用平均延迟时间衡量，单位是 ns。它反映了集成电路的工作速度。

对于由多块集成电路串联组成的系统，系统输入到输出的总延迟是各个集成电路延迟之和。对于具有时钟控制的数字集成电路，还有最高工作频率 f_{cp} 这一指标，当电路输入时钟频率超过该指标时，数字集成电路将不能工作。

6. 驱动能力

在图 9.4.3 中，集成电路 A 为集成电路 B 的驱动部件，B 为 A 的负载部件。

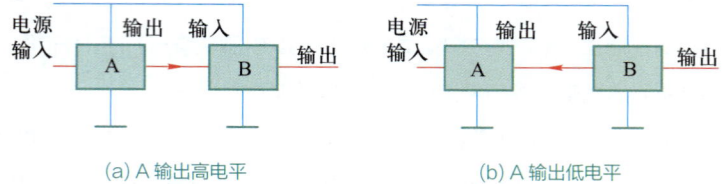

图 9.4.3
驱动示意

(a) A 输出高电平　　　(b) A 输出低电平

当 A 输出高电平时，设 A 输出高电平为 U_{OHA}，输出电流为 I_{OLA}；B 输入高电平为 U_{IHB}，输入电流为 I_{IHB}，电流由 A 流向 B，即 A 向 B 提供拉电流。要使 A 驱动 B，必须满足

$$U_{OHA} \geq U_{IHB} \quad |I_{OHA}| \geq |I_{IHB}|$$

当 A 输出低电平时，设 A 输出低电平为 U_{OLA}，输出电流为 I_{OLA}，B 输入低电平为 U_{ILB}，输入电流为 I_{ILB}，电流由 B 流向 A，即 B 向 A 灌入电流。要使 A 驱动 B，必须满足

$$U_{OLA} \leq U_{ILB} \quad |I_{OLA}| \geq |I_{ILB}|$$

由上面的讨论可知，输出电流反映了集成电路某输出端的电流驱动能力，输入电流反映了集成电路某输入端的电流负载能力。I_{OH}、I_{OL} 越大，驱动能力（带负载能力）越强；I_{IH}、I_{IL} 越小，负载能力越强。

当 A 驱动 n 个 B 时，除电压条件不变外，电流应满足

$$|I_{OHA}| \geq n|I_{IHB}| \quad |I_{OLA}| \geq n|I_{ILB}|$$

为考虑问题方便，定义

$$N_{OL} = \frac{|I_{OLA(max)}|}{|I_{ILB(max)}|}$$

N_{OL} 为输出低电平时的扇出系数。它反映了集成电路的驱动能力。

当然也可以定义输出高电平时的扇出系数 N_{OH}

$$N_{OH} = \frac{|I_{OHA(max)}|}{|I_{IHB(max)}|}$$

笔 记

但一般采用 N_{OL}，并记为 N_O。

例 9.4.1 已知 74LS 系列 $I_{OL(max)}$=8 mA，$I_{IL(max)}$= − 0.4 mA，所以 74LS 系列驱动 74LS 系列的扇出系数是 $N_{OL}=\dfrac{|I_{OLA(max)}|}{|I_{ILB(max)}|}=\dfrac{|8|}{|-0.4|}=20$ 个

7. 抗干扰能力

U_{OHA}、U_{OLA} 反映了集成电路 A 某输出端的电平输出。U_{IHB}、U_{ILB} 反映了集成电路 B 某输入端的电平输入。它们的关系如图 9.4.4 所示。

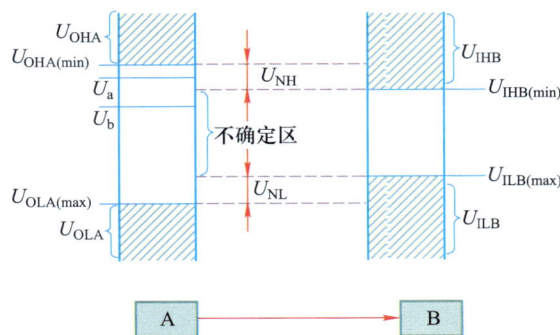

为了使 A 输出的电平在 B 的输入端得到反映，必须满足

$$U_{OHA}\geqslant U_{IHB}\qquad U_{OLA}\leqslant U_{ILB}$$

在图 9.4.4 中，当 U_{OH} 变为 U_a 时，B 集成电路仍然认为是接收了有效的高电平，当 U_{OH} 变为 U_b 时，集成电路 B 才认为是不能认定的电平。U_a 变化的范围，可由下列公式定义

$$U_{NH}=U_{OHA(min)}-U_{IHB(min)}$$

U_{NH} 越大，表示 U_a 变化的范围越大，也就是抗干扰能力越强。所以 U_N 反映了高电平的噪声容限。同理，可以定义低电平的噪声容限

$$U_{NL}=U_{ILB(max)}-U_{OLA(max)}$$

U_{NL} 越大，表示低电平抗干扰的能力越强。

图 9.4.4
输入 / 输出电平示意图

9.4.2　集成电路使用中应该注意的问题

集成电路使用时除了须接上额定的工作电压，注意保证其工作参数（输入输出电压、输入输出电流、工作频率、延迟时间等）在规定的范围外，还应注意以下一些问题。

1. TTL 集成电路使用中需注意的问题

（1）TTL 输出端

TTL 电路（OC 门和三态门除外）的输出端不允许并联使用，也不允许直接与 + 5 V 电源或地线相连，否则，将会使电路的逻辑混乱并损坏器件。

（2）TTL 输入端

TTL 电路输入端外接电阻要慎重，对外接电阻的阻值有特别要求，否则会影响电路的正常工作。

（3）多余输入端的处理

或门、或非门等 TTL 电路的多余输入端不能悬空，只能接地。

与门、与非门等 TTL 电路的多余输入端可以做如下处理：

① 悬空。相当于接高电平，但因悬空时对地呈现的阻抗很高，容易受到外界干扰。

② 与其他输入端并联使用。这样可以增加电路的可靠性，但与其他输入端并联时，对信号的驱动电流要求增加了。

③ 直接或通过电阻(100 Ω ~ 10 kΩ)与电源 U_{cc} 相接以获得高电平输入；直接接地以获得低电平输入。这样不仅不会造成对前级门电路的负载能力的影响，而且还可以抑制来自

笔 记

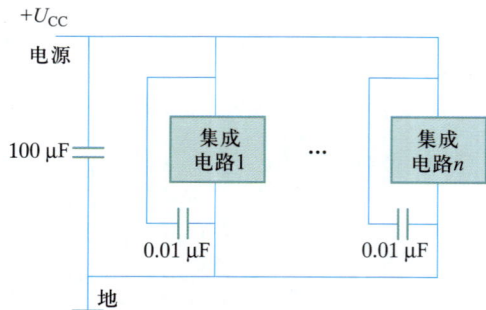

图 9.4.5
电源滤波示意图

✍ 笔 记

....
....
....
....
....
....
....
....
....
....
....
....
....
....
....
....

电源的干扰。

（4）电源滤波

TTL器件的高速切换，将产生电流跳变，其幅度为4～5 mA，该电流在公共走线上的压降会引起噪声干扰，因此要尽量缩短地线减少干扰。一般可在电源输入端并接1个100 μF的电容作为低频滤波，在每块集成电路电源的输入端接一个0.01～0.1 μF的电容作为高频滤波，如图9.4.5电源滤波示意图。

（5）严禁带电操作

要在电路切断电源的时候，插拔和焊接集成电路块，否则容易引起集成电路块的损坏。

2. CMOS 集成电路使用中还应注意的问题

（1）防静电

存放、运输、高温老化过程中，器件应藏于接触良好的金属屏蔽盒内或用金属铝箔纸包装，防止外来感应电动势将栅极击穿。

（2）焊接

焊接时不能使用 25 W 以上的电烙铁，且电烙铁外壳必须接地良好。通常采用 20 W 内热式电烙铁，不要使用焊油膏，最好用带松香的焊锡丝，焊接时间不宜过长，焊锡量不可过多。

（3）输入输出端

CMOS 电路不用的输入端，不允许悬空，必须按逻辑要求接 U_{DD} 或 U_{SS}。否则不仅会造成逻辑混乱，而且容易损坏器件。这与 TTL 电路是有区别的。

输出端不允许直接与 U_{DD} 或 U_{SS} 连接，否则将导致器件损坏。

（4）电源

U_{DD} 接电源正极，U_{SS} 接电源负极（通常接地），不允许反接，在装接电路、插拔电路器件时，必须切断电源，严禁带电操作。

（5）输入信号

器件的输入信号U_I不允许超出电源电压范围($U_{DD}\sim U_{SS}$)或者说输入端的电流不得超过 ± 10 mA，若不能保证这一点，必须在输入端串联限流电阻起保护作用。CMOS电路的电源电压应先接通，然后再输入信号，否则会破坏输入端的结构。关断电源电压之前，应先去掉输入信号，若信号源与电路板使用两组电源供电，开机时应先接通电路板电源，再接通信号源，关机时先断开信号源后断开电路电源。

（6）接地

所有测试仪器，外壳必须良好接地。若信号源需要换挡，最好先将其输出幅度减到最小。寻找故障时，若需将 CMOS 电路的输入端与前级输出端脱开。也应用 50 ～ 100 kΩ 的电阻将输入端与地或电源相连。

总之，对各类集成电路的操作要按有关规范进行，要认真仔细，并要保护好集成电路的引脚。

3. 器件的非在线检测

集成电路器件的非在线检测是指器件安装在印制电路板之前的检测，其目的是为了检验该集成电路是否工作正常。检测的手段可以多种多样，可以用专用的测试仪，也可以自己设计专用的测试仪，甚至直接通过万用表 测试集成电路引脚的正反向内阻。下面介绍几种常用的检测数字集成电路的方法。

（1）利用 PLD 通用编程器

一般 PLD 通用编程器都附带有检测 74TTL、4000 系列、74HC 系列数字集成电路的功能，所以可以利用该功能对有关的数字集成电路进行测试。

（2）利用万用表测试集成电路各引脚的正反向内阻

先选择一块好的集成电路，测试它的各个引脚的内部正反向电阻，然后将所测得的结果列成表格，供测试其他同类型的集成电路参照，如果数值完全符合，则说明该集成电路是完好的，否则，说明是有问题的。

例如 74LS00 数字集成电路在正常的情况下，其各引脚的内阻，见表 9.4.2。以后测试其他 74LS00 数字集成电路，对照此表，就可以判别该集成电路的好坏。实践证明这是一种简便易行的方法。

表 9.4.2 74LS00 各引脚正反向电阻

引脚号		1	2	3	4	5	6	7
内阻 kΩ	红笔接地	∞	∞	50.0	∞	∞	50.0	地
	黑笔接地	4.1	4.1	6.2	4.1	4.1	6.2	地
引脚号		8	9	10	11	12	13	14
内阻 kΩ	红笔接地	50.0	∞	∞	50.0	∞	∞	14.2
	黑笔接地	6.2	4.1	4.1	6.2	4.1	4.1	5.5

（3）通过搭建简易电路的非在线检测

可以搭建专用的测试电路对特定的数字集成电路进行专门的非在线功能测试。

4. 数字集成电路的查找方法

在设计数字电路的时候需要了解有关器件的技术参数；在分析数字电路的时候需要了解有关器件的功能；在维修数字电路的时候需要寻找有关的替换器件……总之需要获取数字电路的各种信息。所以我们必须具备查阅器件手册、器件说明书的能力。随着 Internet 的普及，我们也应逐步学会在网上获取器件的有关信息。

能熟练查阅器件手册，并经常阅读一些新的器件及其应用的书报杂志，不断了解这些器件所具备的新功能和新特点，往往可以给我们不少启迪，并将这些新知识用于实际电路中，解决一些过去无法解决的问题，促使我们的业务水平更上新台阶。

下面就介绍一下查找数字集成电路中常用的方法。

（1）使用 D.A.T.A.DIGEST

数字电路中的器件变化万千，新的器件层出不穷，因而器件的淘汰率是很高的，全世界生产的器件种类是很多的，那么哪一种器件手册是最新、最全的呢？这就是要介绍的 D.A.T.A.DIGEST。

笔 记

笔记

D.A.T.A.DIGEST 创刊于 1956 年，原名 D.A.T.A.BOOK，专门收集和提供世界各国生产的，有商品供应的各类电子器件的功能特性、电气特性和物理特性的数据资料，电路图和外形图等图纸以及生产厂的有关资料，每年以期刊形式出版各个分册，分册品种逐年增加，整套 D.A.T.A.DIGEST 具有资料累积性，一般不必作回溯性检索，原则上应使用最新的版本。D.A.T.A.DIGEST 由美国 D.A.T.A. 公司以英文出版，初通英语的电子科技人员，只要掌握该资料的检索方式，均可以查到要找的电子器件。

（2）使用一些权威电子器件手册

除了上面讲的 D.A.T.A.DIGEST 外，国内还有两套很有权威的电子器件手册：一套是国防工业出版社出版的《中国集成电路大全》，另一套是电子工业出版社出版的《电子工作手册系列》。这两套手册都包含数本分册，给出了集成电路的功能、引脚定义以及电气参数等。

（3）经常阅读一些电子技术期刊、报纸

有很多电子技术期刊及报纸可供大家阅读，诸如《无线电》、《电子世界》、《现代通信》等杂志，《电子报》等报刊。它们也可以成为你查阅电子器件、开拓思路的信息库。

（4）网上获取

有很多专业网站可供参考，也可以通过搜索引擎来查找相关资料。

习题

9.1 什么叫逻辑门电路？什么叫正逻辑？什么叫负逻辑？

9.2 二极管、晶体管用于数字电路中与用于模拟电路有什么不同？

9.3 试举例说明分立元件构成的**与门**、**或门**、**非门**的原理。

9.4 试画出题9.4图的输出波形，其中二极管的正向压降忽略不计。

9.5 按正逻辑写出题9.5图(a)，(b)电路Y_1和Y_2的逻辑表达式。

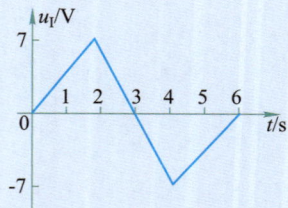

题 9.4 图

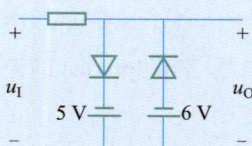

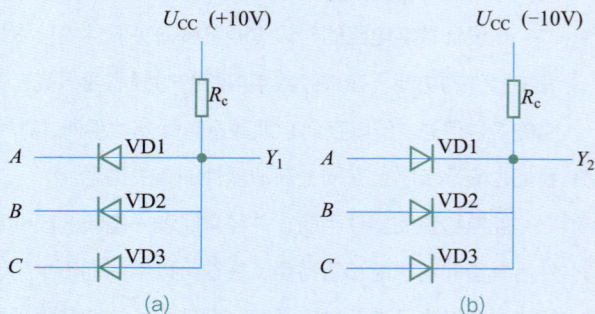

题 9.5 图

9.6 画出**与门**、**或门**、**非门**、**与非门**、**或非门**、**异或门**、**与或非门**的符号，写出真值表及输出表达式。

9.7 若**与非门**的输入为A_1、A_2、A_3，当其中的任意一个输入电平确定之后，能否决定其输出？对于**或非门**，情况又如何？

9.8　已知门电路及输入信号的电压波形如题9.8图所示，试画出$F_1 \sim F_6$的波形。

9.9　如题9.9图与非电路，输入为A、B，输出为F。B端为连续的矩形脉冲信号，若希望B端每输入5个脉冲，与非门就关闭一次，A端应给何种信号？

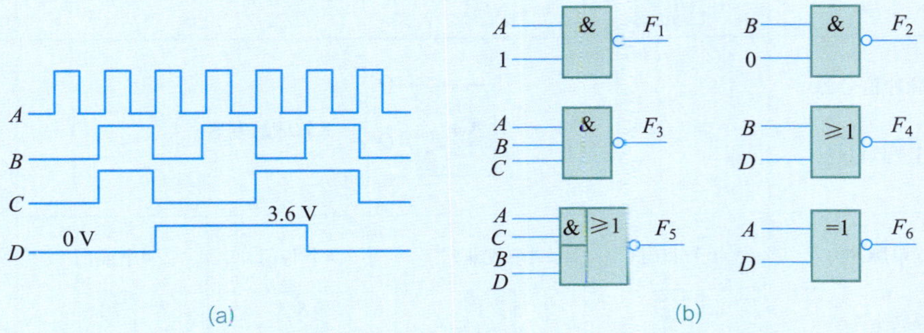

(a)　　　　(b)

题 9.8 图

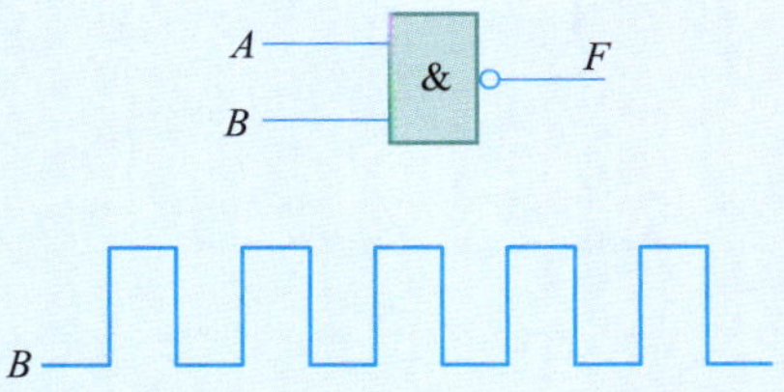

题 9.9 图

9.10　双极型器件构成的集成电路主要有哪些？单极型器件构成的集成电路主要有哪些？

9.11　说明集成TTL与非门的工作原理。

9.12　说明集电极开路OC门及三态门的特点及用途。画出集电极开路与非门和三态非门的符号，写出真值表。

9.13　TTL集成电路和CMOS集成电路使用时输出端、输入端、多余输入端应如何处理？有什么区别？

实验与技能操作训练

笔 记

实验　门电路及其特性认识

一、实验目的

熟悉门电路特性并用实验的方法确定具体电路的真值表。

二、实验设备

数字学习包。

三、数字学习包简介

数字学习包结构如图 E9.1 所示。

① 电位转换开关：8 个，每个开关控制一个输出。要注意对应不要搞错，左 **0** 右 **1**。

② 脉冲信号源：

　　a. 时钟脉冲：它是由一个多谐振荡器组成，输出一个脉冲串，频率可调。

　　b. 单脉冲：有正负两种，手动按一下发一个脉冲。

③ 状态指示灯：8 个，显示电路输出状态，亮为 **1**，不亮为 **0**。

④ 训练电路：共 8 种：**与或非**、2 输入端**与非**、4 输入端**与非**、*JK* 触发器、**非门**、**或非门**、**与门**、**或门**。

✎ 笔 记

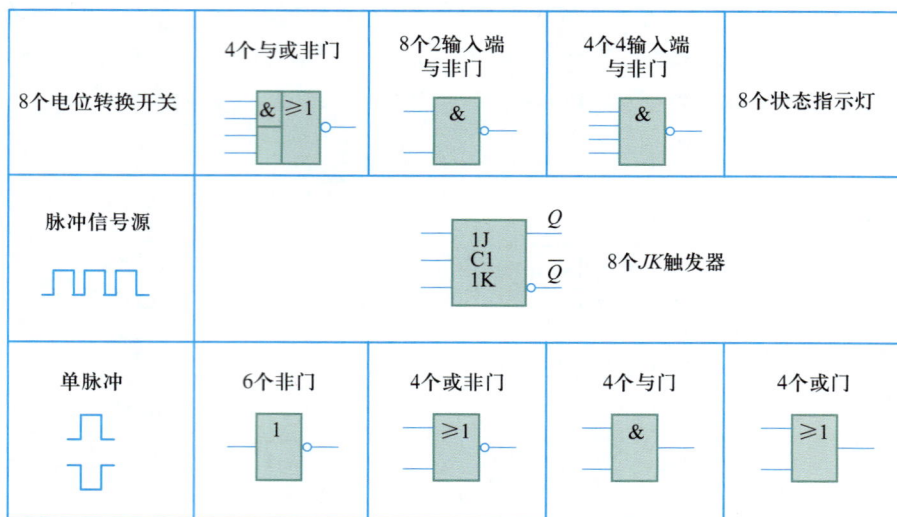

图 E9.1
数字学习包结构

⑤ 电源 + 5 V：由直流稳压电源输出，注意正负极不要接错。

⑥ 跳线：连接训练电路用，插入时用手拿住端部插入电路的小孔中。注意拆线时不要大把一起拽，要一根一根地拆。

⑦ 双孔：作用相同的两个点。

四、实验电路的连接

实验电路框图如图 E9.2 所示。

实际电路举例：**与门连接电路**（如图 E9.3 所示）。

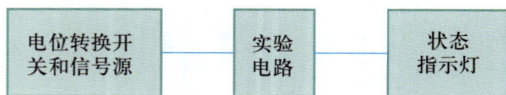

图 E9.2
实验电路框图

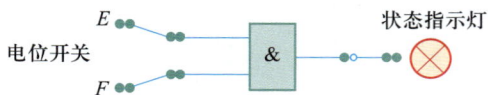

图 E9.3
与门连接电路

五、实验电路

1. 分别连接**或**门、**与**门、**非**门、**或非**门、**与非**门、**与或非**门电路。

2. 按表中内容给出各门电路输入，测试其输出。

3. 将测试结果填入表 E9.1 中。

表 E9.1　测 试 结 果

或　门

A	B	Y
0	0	
0	1	
1	0	
1	1	

与　门

A	B	Y
0	0	
0	1	
1	0	
1	1	

非　门

A	Y
0	
1	

或 非 门

A	B	Y
0	0	
0	1	
1	0	
1	1	

与 非 门

A	B	Y
0	0	
0	1	
1	0	
1	1	

与 或 非 门

序号	A	B	C	D	Y	序号	A	B	C	D	Y
0	0	0	0	0		8	1	0	0	0	
1	0	0	0	1		9	1	0	0	1	
2	0	0	1	0		10	1	0	1	0	
3	0	0	1	1		11	1	0	1	1	
4	0	1	0	0		12	1	1	0	0	
5	0	1	0	1		13	1	1	0	1	
6	0	1	1	0		14	1	1	1	0	
7	0	1	1	1		15	1	1	1	1	

4 输入与非门

序号	A	B	C	D	Y	序号	A	B	C	D	Y
0	0	0	0	0		8	1	0	0	0	
1	0	0	0	1		9	1	0	0	1	
2	0	0	1	0		10	1	0	1	0	
3	0	0	1	1		11	1	0	1	1	
4	0	1	0	0		12	1	1	0	0	
5	0	1	0	1		13	1	1	0	1	
6	0	1	1	0		14	1	1	1	0	
7	0	1	1	1		15	1	1	1	1	

笔 记

EDA 仿真实验：
异或门和同或门

数字电路可分为两种类型：一类是组合逻辑电路，另一类是时序逻辑电路。组合逻辑电路任何时刻的输出只与该时刻的输入状态有关，而与先前的输入状态无关。时序逻辑电路则不同，时序逻辑电路在任何时刻的输出不仅与该时刻的输入状态有关，还与先前的输入状态有关。

前面所讨论的逻辑电路都属于组合逻辑电路。常用的组合逻辑电路有：全加器、编码器、译码器、比较器、多路选择器等。

本章主要介绍组合逻辑电路的分析与设计方法、常用组合逻辑电路芯片及其应用。

10.1　组合逻辑电路的分析与设计

10.1.1　组合逻辑电路的分析

组合逻辑电路的分析，就是对给定的组合逻辑电路进行逻辑描述，找出相应的逻辑关系表达式，以确定该电路的功能，或检查和评价该电路设计得是否合理、经济等。

可以说，寻找组合逻辑电路输入、输出关系表达式的过程和方法，就是组合逻辑电路分析的过程和方法。下面举例说明。

例 10.1.1　分析图 10.1.1(a) 所示的组合逻辑电路。

为了分析方便，给每一个门的输出都标以符号，即 Z_1、Z_2、Z_3、Z_4 和 Z，如图 10.1.1 中所示。

逐级写出每个电路的输入、输出关系式，即

$$Z_1=X_1+X_2 \qquad Z_2=\overline{X_2X_3} \qquad Z_3=X_3X_4$$

$$Z_4=Z_2+Z_3 \qquad Z=\overline{Z_1Z_4}$$

依次代入，可得输出 Z 的表达式为

$$Z=\overline{(\overline{X_1+X_2})(Z_2+Z_3)}=\overline{(\overline{X_1+X_2})(\overline{X_2X_3}+X_3X_4)}$$

可用任何一种方法对所得表达式进行化简。下面先用公式法。

$$Z=\overline{\overline{X_1+X_2}}+\overline{\overline{X_2X_3}+X_3X_4}=\overline{X_1}\,\overline{X_2}+X_2X_3\overline{(X_3X_4)}$$
$$=\overline{X_1}\,\overline{X_2}+X_2X_3(\overline{X_3}+\overline{X_4})=\overline{X_1}\,\overline{X_2}+X_2X_3\overline{X_4}$$

公式法有时不容易判断所得结果是否为最简，不妨再用卡诺图检查一下，如图 10.1.1(b) 所示，从卡诺图上可以看出，所得表达式已是最简**与或**表达式了。

例 10.1.2　分析图 10.1.2(a) 所示的组合逻辑电路。

由图容易得出

$$Y_1=\overline{\overline{A}BC},Y_2=\overline{A\overline{B}C}$$

$$Y_3=\overline{\overline{\overline{A}}BC},Y_4=\overline{AB\overline{C}}$$

所以输出 F 的表达式为

$$F=\overline{Y_1Y_2Y_3Y_4}=\overline{Y_1}+\overline{Y_2}+\overline{Y_3}+\overline{Y_4}=\overline{A}BC+A\overline{B}C+\overline{A}B\overline{C}+AB\overline{C}$$

笔 记

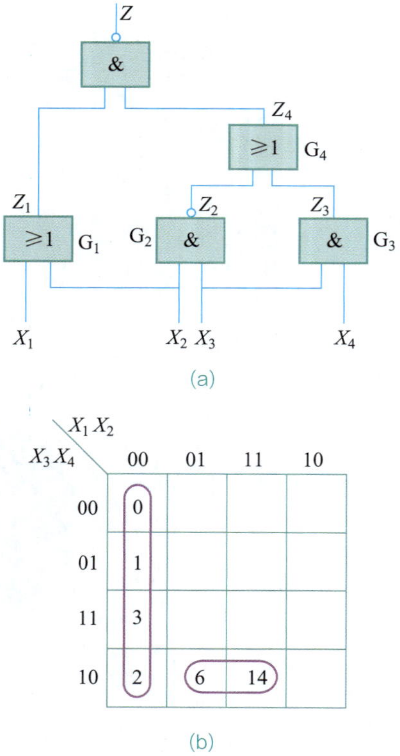

图 10.1.1
例 10.1.1 图

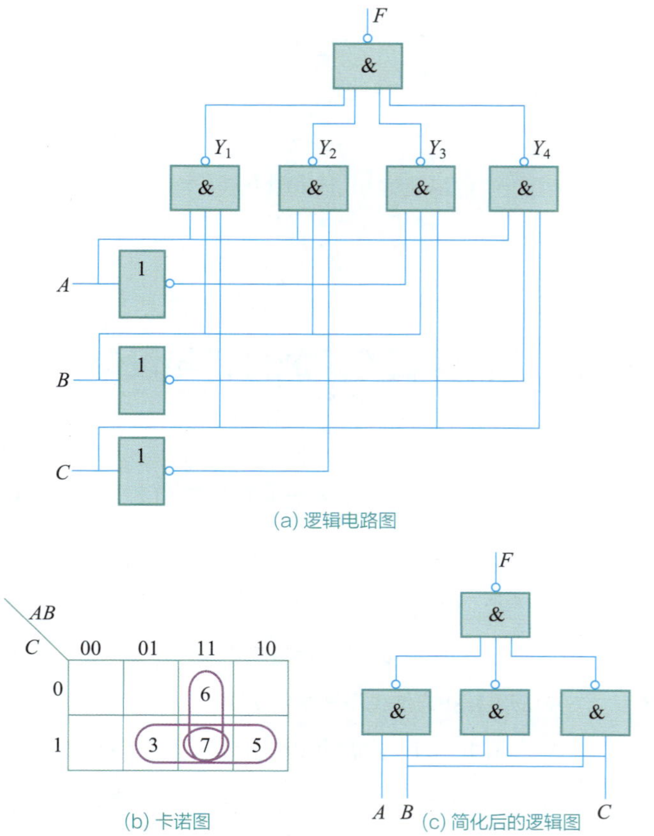

(a) 逻辑电路图

(b) 卡诺图　　(c) 简化后的逻辑图

图 10.1.2
例 10.1.2 图

笔 记

下面分析该电路的结构能否再简化一些。画出 F 的卡诺图，如图 10.1.2(b) 所示。从卡诺图可明显看出，F 可化简为

$$F=AB+AC+BC$$

根据化简后的 F 表达式可画出如图 10.1.2(c) 所示的逻辑电路图。它比图 10.1.2(a) 所示的逻辑电路节省了四个门。

最后，可以归纳组合逻辑电路分析的大致步骤如下：

① 根据给定电路的逻辑结构，逐级写出每个门电路的输入、输出关系式。

② 将关系式依次代入，最后得到整个电路的输入、输出关系式。

③ 可用任意一种方法（公式法、卡诺图法等）化简这个逻辑关系表达式。明确给定电路的逻辑功能或改进方案。

10.1.2　组合逻辑电路的设计

组合逻辑电路的设计与分析相反，它是由给定的逻辑功能或逻辑要求，求得实现这个功能或要求的逻辑电路。它一般可按下述步骤进行：

① 根据设计要求确定逻辑输入变量和逻辑输出变量并赋予逻辑值。

② 列出真值表。

③ 根据真值表，写出逻辑函数的最小项表达式。

④ 化简逻辑函数，并根据可能提供的逻辑电路类型，求出所需要的表达式形式。

⑤ 画出与所得表达式相对应的逻辑电路图。

在实际设计时，也可以根据具体情况灵活采用上述几步。但如果需要实现第一步，则应十分仔细，因为它是实现后面几步的基础。此外，尽量采用集成门电路和现有各种通用集成电路进行电路设计，用通用集成电路构成的逻辑电路无论是在可靠性方面，还是在性能价格比方面都具有许多优势。同时还应指出，由于逻辑函数的表达式不是唯一的，因此实现同一逻辑功能的电路也是多样的。在成本相同的条件下，应尽量采用较少的芯片。下面将通过几个组合逻辑电路的设计实例来说明上述步骤的具体实现过程。

1. 半加器 (Half Adder) 的设计

所谓半加器是实现两个 1 位二进制数相加的逻辑电路。它具有两个输入端和两个输出端：两个输入端分别为被加数与加数 (设为 A 和 B)，两个输出端分别为和数与进位 (设为 S 和 C)。半加器的真值表见表 10.1.1。

① 将设计要求变成真值表，见表 10.1.1。

② 由真值表写出逻辑函数的最小项表达式

$$S = \overline{A}B + A\overline{B} = A \oplus B, \quad C = AB$$

③ 容易判断，上面得到的两个表达式已经是最简约**与或**表达式。所以可以方便地用一个**异或**门产生和数 S，再用一个**与**门产生进位位即可构成半加器。

④ 画出逻辑图。半加器的逻辑图和图形符号如图 10.1.3 所示。

2. 全加器 (Full Adder) 的设计

所谓全加器是实现两个 1 位二进制数相加并考虑低位进位的逻辑电路。它具有三个输入端两个输出端：三个输入端分别是加数 A_i、被加数 B_i 及低位的进位 C_i，两个输出端分别是和数 S_i 及向高位的进位 C_{i+1}。全加器的真值表见表 10.1.2。

① 列真值表，见表 10.1.2。

表 10.1.1　半加器真值表

输入		输出	
A	B	S	C
0	0	0	0
0	1	1	0
1	0	1	0
1	1	0	1

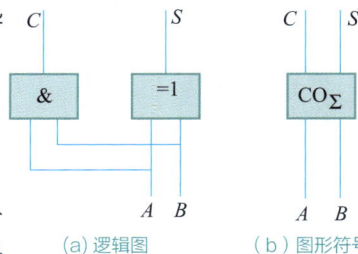

(a) 逻辑图　　　（b）图形符号

图 10.1.3 半加器

表 10.1.2　全加器的真值表

输入			输出		输入			输出	
A_i	B_i	C_i	S_i	C_{i+1}	A	B_i	C_i	S_i	C_{i+1}
0	0	0	0	0	1	0	0	1	0
0	0	1	1	0	1	0	1	0	1
0	1	0	1	0	1	1	0	0	1
0	1	1	0	1	1	1	1	1	1

② 由真值表写出输出函数的最小项表达式

$$S_i=\overline{A_i}\cdot\overline{B_i}\cdot C_i+\overline{A_i}\cdot B_i\cdot\overline{C_i}+A_i\cdot\overline{B_i}\cdot\overline{C_i}+A_i\cdot B_i\cdot C_i=\sum m(1,2,4,7)$$

$$C_{i+1}=\overline{A_i}\cdot B_i\cdot C_i+A_i\cdot\overline{B_i}\cdot C_i+A_i\cdot B_i\cdot\overline{C_i}+A_iB_iC_i=\sum m(3,5,6,7)$$

③ 对上面两式作适当变换，有

$$S_i=(\overline{A_i}\cdot\overline{B_i}+A_i\cdot B_i)C_i+(\overline{A_i}\cdot B_i+A_i\cdot\overline{B_i})\overline{C_i}$$

$$=\overline{A_i\oplus B_i}\cdot C_i+(A_i\oplus B_i)\cdot C_i=(A_i\oplus B_i)\oplus C_i$$

$$C_{i+1}=(\overline{A_i}\cdot B_i+A_i\cdot\overline{B_i})C_i+A_i\cdot B_i(\overline{C_i}+C_i)$$

$$=(A_i\oplus B_i)C_i+A_iB_i$$

④ 根据所得结果，画出全加器逻辑图，如图 10.1.4(a) 所示，其表示符号如图 10.1.4(b) 所示。

由图 10.1.4 可以看出，全加器实际上也可由两个半加器和一个**或**门构成。实际上，由于逻辑函数的表达式不是唯一的，实现同一逻辑功能的电路也可以是多样的。

图 10.1.4
全加器

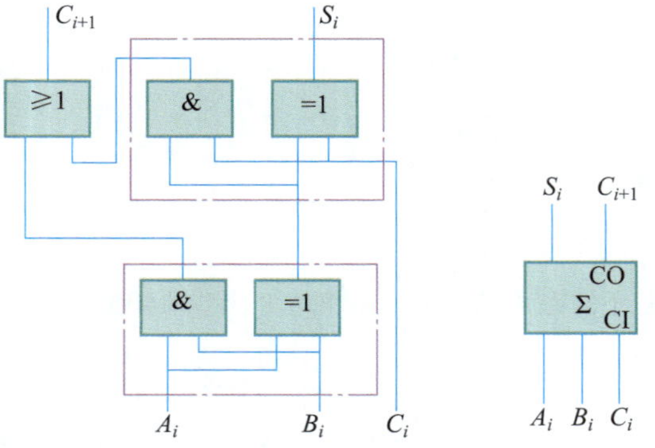

(a) 逻辑电路图　　(b) 图形符号

10.2　常用组合逻辑电路及其芯片

教学课件：
常用组合逻辑电
路及其芯片

在数字系统与计算机中实际使用的组合逻辑电路种类很多，本节将着重介绍其中常用的几种。它们是：加法器、译码器、编码器、多路分配器、多路选择器以及 ROM 等。

10.2.1　加法器与比较器

1. 加法器

加法器 (Adder) 是数字系统中的一种常用逻辑部件，也是计算机运算器的基本单元。它主要由若干位全加器构成。关于全加器的功能及设计在上一节已作了详细介绍，现在只要将 $n+1$ 个全加器串接起来就可构成一个 $n+1$ 位的加法器，能够实现两个 $n+1$ 位的二进制数 $A_n A_{n-1}\cdots A_1 A_0$ 和 $B_n B_{n-1}\cdots B_1 B_0$ 的加法运算，如图 10.2.1 所示。

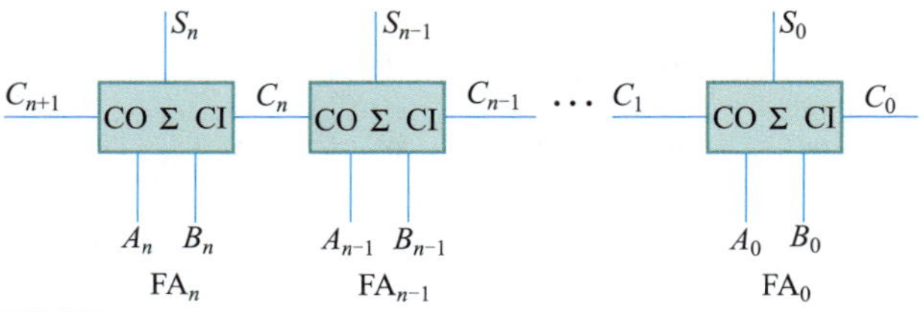

图 10.2.1
$n+1$ 位加法器

图 10.2.1 中，全加器 FA_0 实现两个二进制数的最低位相加，全加器 FA_n 实现两个二进制数的最高位相加。在这里由于 FA_0 的进位 C_0 恒为 0，所以 FA_0 实际上也可以用一个半加器

来代替。

　　整个加法过程与手算实现两个二进制数加法过程类似。首先从最低位 A_0 和 B_0 开始相加，产生最低位的和数 S_0 及进位 C_1；然后从右至左逐位进行，直到实现最高位 A_n 和 B_n 相加，产生最高位的和数 S_n 及进位 C_{n+1}。这种结构的加法器称为串行进位的加法器，或称逐位进位的加法器。对于这种加法器来说相加的二进制位数越多，则进位传播时间越长，加法器的速度也就越慢。

　　为了提高加法运算的速度，人们还设计了其他进位形式的加法器，如："并行进位加法器"，"分组进位的加法器"等，此处不再做专门介绍。

2. 比较器

　　比较两个数码大小的电路称为数码比较器，简称比较器。参与比较的两个数码可以是二进制数，也可以是 BCD 码表示的十进制数或其他类数码。

　　（1）1 位比较器

　　设 A、B 是两个 1 位二进制数，比较结果为 E、H、L。

　　E 表示 $A=B$；H 表示 $A > B$；L 表示 $A < B$。

　　E、H、L 三者同时只能有一个为 **1**。即 E 为 1 时，H 和 L 为 **0**；H 为 **1** 时，E 和 L 为 **0**；L 为 **1** 时，H 和 E 为 **0**。

　　1 位比较器的真值表见表 10.2.1。由真值表可以看出其逻辑关系为

$$E=\overline{A}\overline{B}+AB=\overline{\overline{\overline{A}\overline{B}}\cdot\overline{AB}}=\overline{(A+B)(\overline{A}+\overline{B})}=\overline{A\overline{B}+\overline{A}B}=\overline{A \oplus B}$$

$$H=A\overline{B};\quad L=\overline{A}B。$$

　　图 10.2.2 所示是 1 位二进制比较器电路。

表 10.2.1　1 位比较器真值表

输入	输出		
AB	E	H	L
00	1	0	0
01	0	0	1
10	0	1	0
11	1	0	0

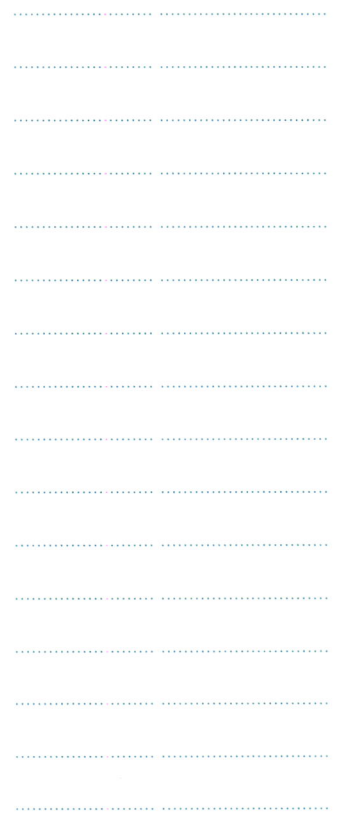

图 10.2.2
1 位二进制比较器电路

　　（2）多位比较器

　　多位比较的规则是从高位到低位逐位比较。

　　若最高位 $A_n > B_n$，则可判定 $A > B$，$H=1$；

　　若 $A_n < B_n$，则 $A < B$，$L=1$；

　　若 $A_n=B_n$，则比较次高位 A_{n-1} 和 B_{n-1}；

笔 记

若 $A_{n-1} > B_{n-1}$，则 $A > B$，$H=1$；

若 $A_{n-1} < B_{n-1}$，则 $A < B$，$L=1$；

若 $A_{n-1}=B_{n-1}$，则比较下一位，……

下面以中规模集成 4 位比较器 ST046 为例。ST046 可以对 4 位二进制数 $A_4 A_3 A_2 A_1$ 和 $B_4 B_3 B_2 B_1$ 进行比较，比较结果为 $H(A > B)$，$L(A < B)$，$E(A=B)$。为了能用于更多位数的比较，ST046 还增加了 H'、L'、E' 3 个控制输入端，称为比较器扩展端。

当 ST046 用于 4 位数码比较时，要将 H'、L' 接地，E' 接 +5 V，即 $H'=L'=0$，$E'=1$。

ST046 的真值表见表 10.2.2，电路用**与或非**门构成。

表 10.2.2　ST046 真值表

比较输入				串联输入			输出		
A_4B_4	A_3B_3	A_2B_2	A_1B_1	H'	L'	E'	H	L	E
$A_4 > B_4$	×	×	×	×	×	×	**1**	**0**	**0**
$A_4 < B_4$	×	×	×	×	×	×	**0**	**1**	**0**
	$A_3 > B_3$	×	×	×	×	×	**1**	**0**	**0**
	$A_3 < B_3$	×	×	×	×	×	**0**	**1**	**0**
		$A_2 > B_2$	×	×	×	×	**1**	**0**	**0**
		$A_2 < B_2$	×	×	×	×	**0**	**1**	**0**
$A_4=B_4$			$A_1 > B_1$	×	×	×	**1**	**0**	**0**
	$A_3=B_3$		$A_1 < B_1$	×	×	×	**0**	**1**	**0**
		$A_2=B_2$		**1**	**0**	**0**	**1**	**0**	**0**
			$A_1=B_1$	**0**	**1**	**0**	**0**	**1**	**0**
				0	**0**	**1**	**0**	**0**	**1**

由真值表可以看出，其逻辑表达式为

$$H=A_4\overline{B_4}+A_3\overline{B_3}C_4+A_2\overline{B_2}C_4C_3+A_1\overline{B_1}C_4C_3C_2+C_4C_3C_2C_1H'$$

$$L=\overline{A_4}B_4+\overline{A_3}B_3C_4+\overline{A_2}B_2C_4C_3+\overline{A_1}B_1C_4C_3C_2+C_4C_3C_2C_1L'$$

$$E=C_4C_3C_2C_1E'$$

其中

$$C_4=\overline{A_4 \oplus B_4} \qquad\qquad C_2=\overline{A_2 \oplus B_2}$$

$$C_3=\overline{A_3 \oplus B_3} \qquad\qquad C_1=\overline{A_1 \oplus B_1}$$

当 ST046 用于位扩展时，H'、L'、E' 三个输入端分别接另一 4 位比较器的输出端 H、L、E。

用两块 ST046 串联而成的 8 位二进制比较器如图 10.2.3 所示。本集成块的输入为待比较数码的高 4 位，另一集成块的输入为待比较数码的低 4 位。

比较器的位扩展也可用并联方式实现，如图 10.2.4 所示，用 5 块 4 位比较器实现 16 位二进制数比较。如果用串联方式，只用 4 块 4 位比较器即可。但并联方式比串联方式速度快。

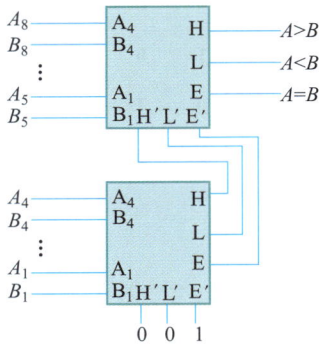

图 10.2.3
串联方式位扩展

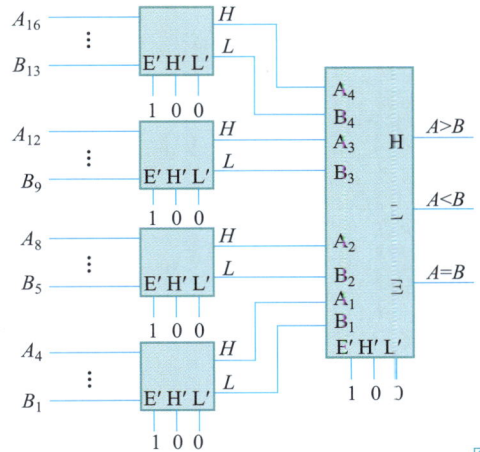

图 10.2.4
并联方式位扩展

10.2.2　编码器

数字系统中，常将具有特定意义的信息（数字或字符）编成若干位代码，这一过程称为编码。例如十进制数 12 在数字电路中可用二进制编码 **1100B** 表示，也可用 BCD 码 **00010010** 表示；再比如计算机键盘，上面的每一个键都对应着一个编码，一旦按下某个键，计算机内部的编码电路就将该键的电平信号转换成对应的编码。实现编码操作的电路称为编码器。它能够形成与输入信号相对应的输出代码。图 10.2.5 所示为 n-m 线编码器的一般结构。其中 n 为待编码对象的个数，m 为输出编码的位数。由于 m 位二进制数，可以表示 2^m 个信号，一般 $n \leqslant 2^m$。

图 10.2.5
编码器框图

数字电路中的编码器有二进制编码器、二－十进制编码器等。

1. 二进制编码器

将信号编为二进制代码的电路称为二进制编码电路。对于 m 位二进制数，可以表示 2^m 个信号。显然 8 线－3 线编码器，由于 $m=3$，可以对八个信号进行编码。图 10.2.6 所示为 8 线－3 线编码电路，下面分析此电路。

由电路可以看出，输入、输出之间存在如下逻辑关系

$$Y_2=\overline{\overline{A_4}\,\overline{A_5}\,\overline{A_6}\,\overline{A_7}} \qquad Y_1=\overline{\overline{A_2}\,\overline{A_3}\,\overline{A_6}\,\overline{A_7}} \qquad Y_0=\overline{\overline{A_1}\,\overline{A_3}\,\overline{A_5}\,\overline{A_7}}$$

根据逻辑关系列出该编码器的真值表，见表 10.2.3。高电平表示有信号输入。

8 个待编码的输入信号 A_0、A_1、$\cdots$、A_7 任何时刻只能有一个为高电平，由编码器真值表可以看出，编码器输出的 3 位二进制编码 $Y_2\,Y_1\,Y_0$，可以反映不同输入信号的状态。

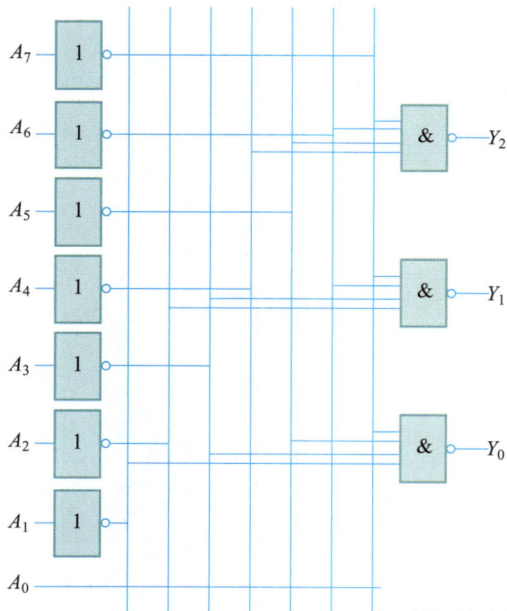

图 10.2.6
8 线 – 3 线编码器

表 10.2.3　8 线 −3 线编码器真值表

A_0	A_1	A_2	A_3	A_4	A_5	A_6	A_7	Y_2	Y_1	Y_0
1	0	0	0	0	0	0	0	0	0	0
0	1	0	0	0	0	0	0	0	0	1
0	0	1	0	0	0	0	0	0	1	0
0	0	0	1	0	0	0	0	0	1	1
0	0	0	0	1	0	0	0	1	0	0
0	0	0	0	0	1	0	0	1	0	1
0	0	0	0	0	0	1	0	1	1	0
0	0	0	0	0	0	0	1	1	1	1

例如输出编码为 **001**(十进制数 1),说明输入状态为第 1 号输入 A_1 为高电平,其余均为低电平;又如输出编码为 **110**(十进制数 6),说明输入状态为第 6 号输入 A_6 为高电平,其余均为低电平。

此电路用 3 位输出实现对 8 位输入的编码,所以称为 8 线 −3 线编码器。实际应用时,可以把 8 个按钮或开关作为 8 个输入 A_0、…、A_7,而把 3 个输出组合分别作为对应 8 个输入状态的编码,实现 8 线 −3 线编码功能。

2. 二 – 十进制编码器

二 – 十进制代码简称 BCD 代码,是以二进制数码表示十进制数,它是兼顾考虑了人对十进制计数的习惯和数字逻辑部件易于处理二进制数的特点。图 10.2.7 所示为 BCD8421 码编码器电路。其中 A_1、…、A_9 为输入端,表示 0、1、…、9 这 10 个十进制数,Y_3、Y_2、Y_1、Y_0 为输出端,代表输入信号的 BCD 编码。

电路的逻辑表达式为

$$Y_0=A_1+A_3+A_5+A_7+A_9$$
$$Y_1=A_2+A_3+A_6+A_7$$
$$Y_2=A_4+A_5+A_6+A_7$$
$$Y_3=A_8+A_9$$

动画:二 – 十进制编码器的工作原理

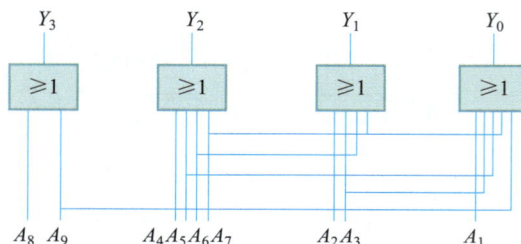

图 10.2.7
BCD8421 码编码器

根据逻辑表达式列出编码表，见表 10.2.4。

表 10.2.4　8421 编码表

输入信号 $A_9A_8A_7A_6A_5A_4A_3A_2A_1$	对应十进制数	输出 $Y_3Y_2Y_1Y_0$	输入信号 $A_9A_8A_7A_6A_5A_4A_3A_2A_1$	对应十进制数	输出 $Y_3Y_2Y_1Y_0$
000000000	0	0000	000010000	5	0101
000000001	1	0001	000100000	6	0110
000000010	2	0010	001000000	7	0111
000000100	3	0011	010000000	8	1000
000001000	4	0100	100000000	9	1001

由编码表可以看出，此电路的输出 Y_3、Y_2、Y_1、Y_0 只有 **0000~1001** 十种组合，正好反映 0~9 这 10 个十进制数，实现从十进制数到二进制数的转换。此电路输出端不会出现 **1010~1111** 六种非 BCD 码的组合状态。

3. 集成编码器

图 10.2.8 所示为集成编码器 T341A 的外部引脚图。

该编码器为 8 线 -3 线编码器，且具有优先编码功能。所谓优先编码，是指输入允许多个信号同时输入，而输出信号则按优先等级次序把编号高（即优先等级高）的输入信号先进行编码输出。此电路可实现对 8 个输入信号按优先级（I_7 最高，I_0 最低）进行编码，以 3 位二进制编码输出，3 个输出值对应 8 个输入信号的状态。

T341 编码器真值表见表 10.2.5。

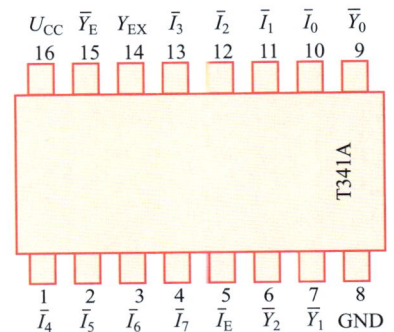

图 10.2.8
集成编码器 T341A 外部引脚图

表 10.2.5　T341 编码器真值表

I_E	I_0	I_1	I_2	I_3	I_4	I_5	I_6	I_7	Y_2	Y_1	Y_0	Y_E	Y_{EX}
1	×	×	×	×	×	×	×	×	1	1	1	1	1
0	1	1	1	1	1	1	1	1	1	1	1	0	1
0	×	×	×	×	×	×	×	0	0	0	0	1	0
0	×	×	×	×	×	×	0	1	0	0	1	1	0
0	×	×	×	×	×	0	1	1	0	1	0	1	0
0	×	×	×	×	0	1	1	1	0	1	1	1	0
0	×	×	×	0	1	1	1	1	1	0	0	1	0
0	×	×	0	1	1	1	1	1	1	0	1	1	0

✒ 笔 记

I_E	I_0	I_1	I_2	I_3	I_4	I_5	I_6	I_7	Y_2	Y_1	Y_0	Y_E	Y_{EX}
0	×	0	1	1	1	1	1	1	1	1	0	1	0
0	0	1	1	1	1	1	1	1	1	1	1	1	0

I_0、$\cdots$、I_7 为 8 个信号输入端，低电平有效，Y_0、Y_1、Y_2 为 3 个输出端。为了扩展此集成编码器的功能，电路在输入端增加了选通输入端 I_E，在输出端增加了选通输出端 Y_E 和扩展端 Y_{EX}。

由真值表看出，当选通输入端 $I_E=0$ 时，各输入端信号有效，编码器正常对输入信号进行编码；当 $I_E=1$ 时，$Y_2=Y_1=Y_0=1$，编码器不工作。

如果所有输入端均无低电平送入时，$Y_E=0$，表示无编码信号输入。

当所有输入端均无低电平送入；或当 $I_E=1$，编码器不对输入信号进行编码时，编码器不工作，$Y_{EX}=1$。

电路输出端的逻辑表达式为

$$Y_2=\overline{\overline{I_E}\,\overline{I_4}+\overline{I_E}\,\overline{I_5}+\overline{I_E}\,\overline{I_6}+\overline{I_E}\,\overline{I_7}}$$
$$Y_1=\overline{\overline{I_E}\,\overline{I_2}I_4I_5+\overline{I_E}\,\overline{I_3}I_4I_5+\overline{I_E}\,\overline{I_6}+\overline{I_E}\,\overline{I_7}}$$
$$Y_0=\overline{\overline{I_E}\,\overline{I_1}I_2I_4I_6+\overline{I_E}\,\overline{I_3}I_4I_6+\overline{I_E}\,\overline{I_5}I_6+\overline{I_E}\,\overline{I_7}}$$

有关 T341 还有几点需要说明：

① 优先编码是对普通编码的一种改进，实际使用时，可以把最重要的输入信号接 I_7，次重要的接 I_6，最不重要的接 I_0。

② 优先的原则是：对某一输入信号编码时，应保证优先等级比它高的信号无效，否则编码器将对优先级比它高的输入信号进行编码。

③ T341 可以多级连接，以扩展输入端和输出端。如用两块 T341 级连，可以构成 16 线 -4 线优先编码器，示意电路如图 10.2.9 所示。

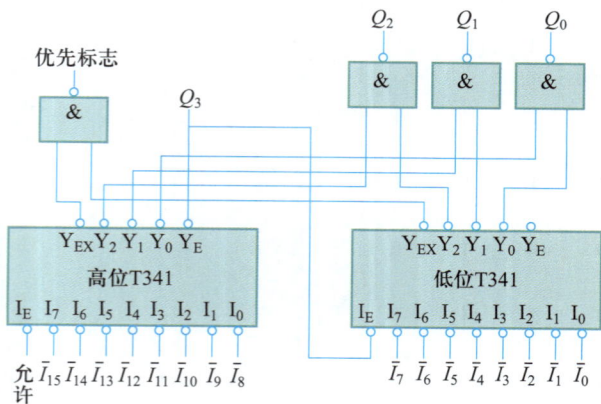

图 10.2.9
两块 T341 的串联方式

10.2.3　译码器

译码是编码的逆过程。把代码的特定含义"翻译"出来的过程称为译码，实现译码操作的电路称为译码器。译码器是数字系统和计算机中常用的一种逻辑部件。例如，计算机中需要将指令的操作码"翻译"成各种操作命令，就要使用指令译码器。存储器的地址译码系统，则要使用地址译码器。LED 显示电路需要七段显示译码器等，一般译码器的符号如图 10.2.10 所示。下面介绍几种常用译码器。

1. 二进制译码器

二进制译码器是将输入的二进制代码转换成特定的输出信号。二进制译码器的逻辑特点是，若输入信号为 n 个，则输出信号有 2^n 个，对应每一种输入组合，只有一个输出为 **1**，其余全为 **0**。所以也称这种译码器为 $n-2^n$ 译码器。目前市场上有多种译码器电路的典型产品，如 74LS139(2 线 -4 线译码器)、74LS138(3 线 -8 线译码器)、74LS154(4 线 -16 线译码器) 等。

以 74LS138 为例。74LS138 译码器真值表见表 10.2.6。引脚图如图 10.2.11 所示。

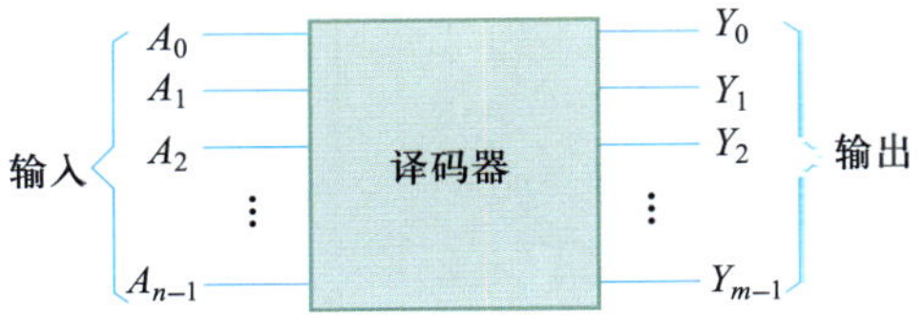

图 10.2.10
二进制译码器一般电路

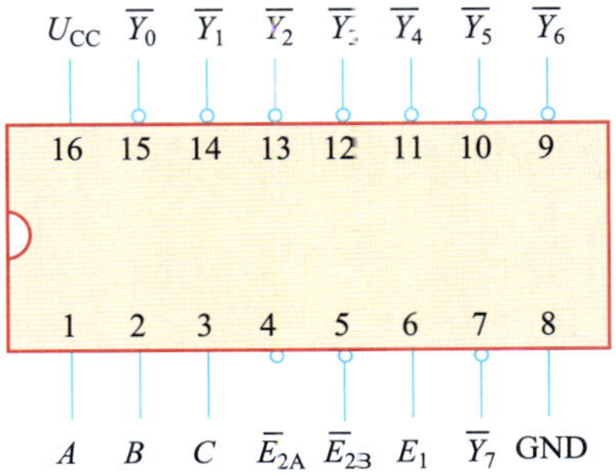

图 10.2.11
74LS138 译码器引脚图

74LS138 有 3 个输入端 C、B、A，8 个输出端 $\overline{Y_0} \sim \overline{Y_7}$。$C$、$B$、$A$ 3 个输入端的 8 种不同组合对应 $\overline{Y_0} \sim \overline{Y_7}$ 的每一路输出，例如 C、B、A 为 **000** 时，$\overline{Y_0}=0$，$\overline{Y_1} \sim \overline{Y_7}=1$。$C$、$B$、$A$ 为 **001** 时，$\overline{Y_1}=0$，依次类推。

表 10.2.6　74LS138 译码器真值表

允许端			输入端			输出端
E_1	$\overline{E_{2A}}$	$\overline{E_{2B}}$	C	B	A	$\overline{Y_0} \sim \overline{Y_7}$
1	0	0	0	0	0	$\overline{Y_0}=0$, 其余为 1
			0	0	1	$\overline{Y_1}=0$, 其余为 1
			0	1	0	$\overline{Y_2}=0$, 其余为 1
			0	1	1	$\overline{Y_3}=0$, 其余为 1
			1	0	0	$\overline{Y_4}=0$, 其余为 1
			1	0	1	$\overline{Y_5}=0$, 其余为 1
			1	1	0	$\overline{Y_6}=0$, 其余为 1
			1	1	1	$\overline{Y_7}=0$, 其余为 1
0	×	×	×	×	×	$\overline{Y_0} \sim \overline{Y_7}$ 全为 1
×	1	×				
×	×	1				

笔 记

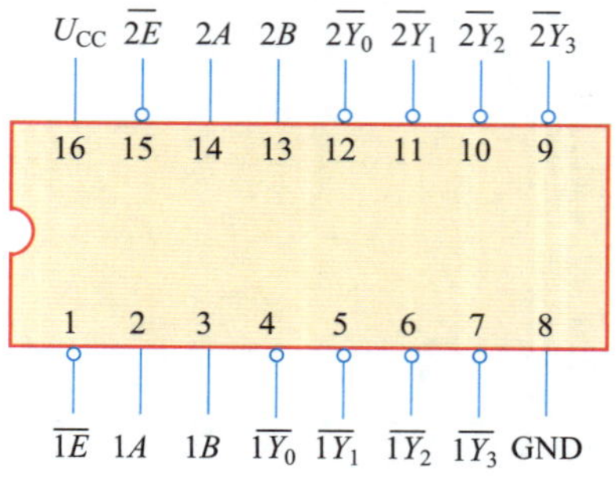

图 10.2.12
74LS139 译码器引脚

74LS138 还有 3 个允许端 E_1、$\overline{E_{2A}}$、$\overline{E_{2B}}$，只有 E_1 端为高电平、$\overline{E_{2A}}$ 和 $\overline{E_{2B}}$ 为低电平时，该译码器才进行译码。

在微机系统中经常使用 3 线 –8 线译码器作地址译码。

74LS139 是 2 线 –4 线译码器，其输入 B、A，输出为 $\overline{Y_0} \sim \overline{Y_3}$，控制端为 $\overline{E}$，当 $\overline{E}=0$ 时，输出对输入进行译码。74LS139 内部有两组 2 线 –4 线译码器，故称为双 2 线 –4 线译码器。139 的真值表见表 10.2.7，引脚如图 10.2.12 所示。

笔 记

表 10.2.7   74LS139 译码器真值表

控制端	输入		输出
$\overline{E}$	B	A	$\overline{Y_0} \sim \overline{Y_7}$
0	0	0	$\overline{Y_0}=0$, 其余为 1
	0	1	$\overline{Y_1}=0$, 其余为 1
	1	0	$\overline{Y_2}=0$, 其余为 1
	1	1	$\overline{Y_3}=0$, 其余为 1
1	×	×	$\overline{Y_0} \sim \overline{Y_3}$ 全为 1

2. 七段显示译码器

在各种电子仪器和设备中，经常需要用显示器将处理和运算结果显示出来，较常采用的显示器有 LED 发光二极管显示器、LCD 液晶显示器和 CRT 阴极射线显示器。以七段 LED 显示器为例，如图 10.2.13(a) 所示，它是由七段笔画所组成，每段笔画实际上就是一个用半导体材料做成的发光二极管 (LED)。这种显示器电路通常有两种接法：一种是将发光二极管的负极全部一起接地，如图 10.2.13(b) 所示，即所谓"共阴极"显示器；另一种是将发光二极管的正极全部一起接到正电压，如图 10.2.13(c) 所示，即所谓"共阳极"显示器，对于共阴极显示器，只要在某个二极管的正极加上逻辑 1 电平，相应的笔段就发亮；对于共阳极显示器，只要在某个二极管的负极加上逻辑 0 电平，相应的笔段就发亮。

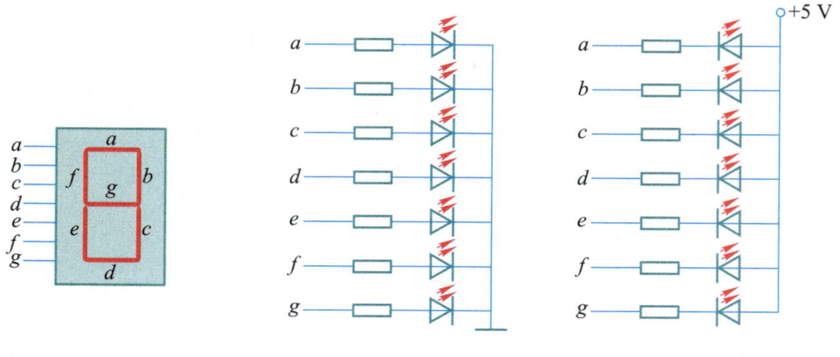

图 10.2.13
七段数字显示器

(a) 七段显示器笔画结构   (b) 共阴极   (c) 共阳极

由图 10.2.13 可见，由显示器亮段的不同组合便可构成一个显示字形。就是说，显示器所显示的字符与其输入二进制代码（又称段码）即 a、b、c、d、e、f、g 7 位代码之间存在一定的对应关系。以共阴极显示器为例，这种对应关系见表 10.2.8 所示。

笔 记

表 10.2.8　共阴极七段 LED 显示字形段码表

显示字符	段码 a	b	c	d	e	f	g	显示字符	段码 a	b	c	d	e	f	g
0	1	1	1	1	1	1	0	8	1	1	1	1	1	1	1
1	0	1	1	0	0	0	0	9	1	1	1	0	0	1	1
2	1	1	0	1	1	0	1	〔	0	0	0	1	1	0	1
3	1	1	1	1	0	0	1	〕	0	1	1	1	0	0	1
4	0	1	1	0	0	1	1	凵	0	1	0	0	0	1	1
5	1	0	1	1	0	1	1	Ｅ	1	0	0	1	1	1	1
6	0	0	1	1	1	1	1	┝	0	0	0	1	1	1	1
7	1	1	1	0	0	0	0	灭	0	0	0	0	0	0	0

一般数字系统中处理和运算结果都是用二进制编码、BCD 码或其他编码表示的，要将最终结果通过 LED 显示器用十进制数显示出来，就需要先用译码器将运算结果转换成段码，当然，要使发光二极管发亮，还需要提供一定的驱动电流。所以这两种显示器也需要有相应的驱动电路，如图 10.2.14 所示。

市场上可买到现成的译码驱动器，如共阳极译码驱动器——74LS47，共阴极译码驱动器——74LS48 等。

74LS47、74LS48 是七段显示译码驱动器，其输入是 BCD 码，输出是七段显示器的段码。使用 74LS47 的译码驱动电路如图 10.2.15 所示。真值表见表 10.2.9。

动画：LED 七段数码显示管的内部结构与工作原理

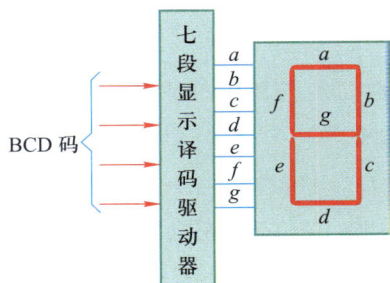

图 10.2.14
七段数字显示译码器

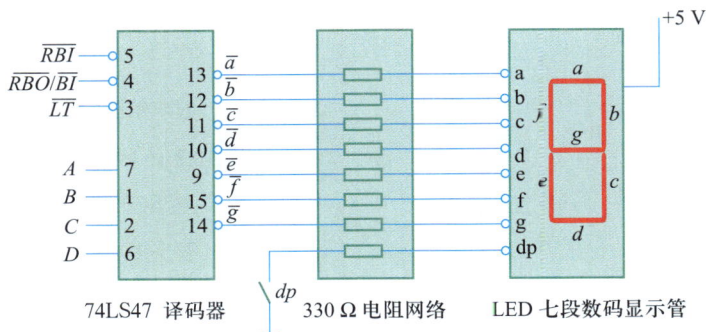

74LS47 译码器　330 Ω 电阻网络　LED 七段数码显示管

图 10.2.15
LED 七段显示译码驱动电路逻辑图

笔 记

表 10.2.9　共阳极七段显示译码器 74LS47 真值表

输入						$\overline{BI}/\overline{RBO}$	输出							显示数字
$\overline{LT}$	$\overline{RBI}$	D	C	B	A		a	b	c	d	e	f	g	
1	1	0	0	0	0	1	0	0	0	0	0	0	1	0
1	×	0	0	0	1	1	1	0	0	1	1	1	1	1
1	×	0	0	1	0	1	0	0	1	0	0	1	0	2
1	×	0	0	1	1	1	0	0	0	0	1	1	0	3
1	×	0	1	0	0	1	1	0	0	1	1	0	0	4
1	×	0	1	0	1	1	0	1	0	0	1	0	0	5
1	×	0	1	1	0	1	1	1	0	0	0	0	0	6
1	×	0	1	1	1	1	0	0	0	1	1	1	1	7
1	×	1	0	0	0	1	0	0	0	0	0	0	0	8
1	×	1	0	0	1	1	0	0	0	1	1	0	0	9
×	×	×	×	×	×	0	1	1	1	1	1	1	1	全灭
1	0	0	0	0	0	0	1	1	1	1	1	1	1	全灭
0	×	×	×	×	×	1	0	0	0	0	0	0	0	全亮

其工作过程是：输入的 BCD 码 (A、B、C、D) 经 74LS47 译码，产生七个低电平输出 (a、b、c、d、e、f、g)，经限流电阻分别接至共阳极显示器对应的七个段，当这七个段有一个或几个为低电平时，该低电平对应的段点亮。dp 为小数点控制端，当 dp 端为低电平时，小数点亮；$\overline{LT}$ 为灯测试信号输入端，可测试所有端的输出信号；$\overline{RBI}$ 为消隐输入端，用来控制发光显示器的亮度或禁止译码器输出；$\overline{BI}/\overline{RBO}$ 为消隐输入或串行消隐输出端，具有自动熄灭所显示的多位数字前后不必要的 **0** 位的功能，在进行灯测试时，$\overline{BI}/\overline{RBO}$ 信号应为高电平。

10.2.4　多路开关

数字系统中经常使用开关电路实现各种功能。多路开关就相当于一个单刀多掷开关，如图 10.2.16 所示，可以在多个信号中进行选择。

按照信号传送的方向，多路开关有两种，一种是"多入一出"，即多个输入，一个输出，要从多个输入中选择一个作为输出，如图 10.2.16(a) 所示，这种多路开关称为多路选择器；另一种是"一入多出"，即一个输入，多个输出，要将输入送入其中的一个输出端，如图 10.2.16(b) 所示，这种多路开关称为多路分配器，或反多路开关，逆多路开关。

按照所传送信号的性质，多路开关分为多路模拟开关和多路数据开关。多路模拟开关传送的是模拟信号；多路数据开关传送的是 **0**、**1** 数字信号。

1. 多路数据开关

（1）多路数据选择器

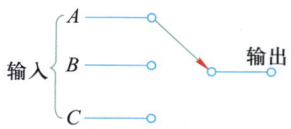

(a) 多路选择器

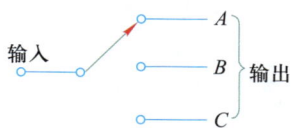

(b) 多路分配器

图 10.2.16
多路开关

多路数据选择器的逻辑功能是从多路输入数字信号中选出一个，并将它传送到输出端。

具有 2^n 个输入和 1 个输出的多路数据选择器，通常有 n 个选择控制端（也称控制字或地址），用来进行信号的选择，并将选择到的输入信号送到输出端。它的一般结构如图 10.2.17 所示。

图 10.2.18 是用**与或非**门构成的 4 选 1 多路数据选择器。表 10.2.10 为该电路真值表。

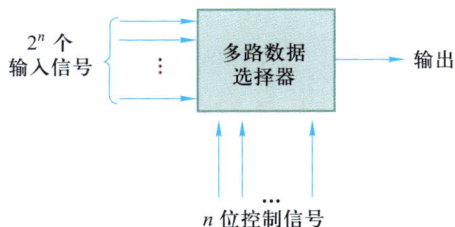

图 10.2.17
多路数据选择器一般结构

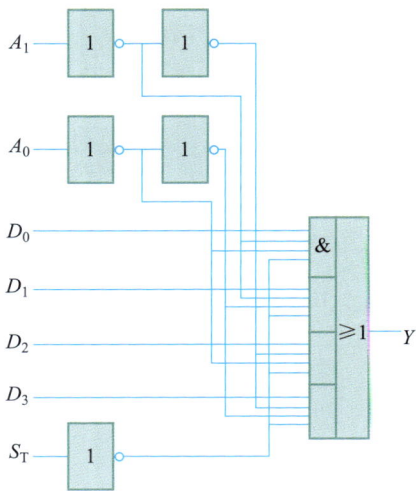

图 10.2.18
4 选 1 多路数据选择器逻辑图

表 10.2.10　4 选 1 多路数据选择器真值表

输入							输出	输入							输出
A_1	A_0	D_0	D_1	D_2	D_3	S_T	Y	A_1	A_0	D_0	D_1	D_2	D_3	S_T	Y
×	×	×	×	×	×	1	0	1	0	×	×	0	×	0	0
0	0	0	×	×	×	0	0	1	0	×	×	1	×	0	1
0	0	1	×	×	×	0	1	1	1	×	×	×	0	0	0
0	1	×	0	×	×	0	0	1	1	×	×	×	1	0	1
0	1	×	1	×	×	0	1								

笔 记

输入信号有 4 个，它们是 D_0、D_1、D_2、D_3，选择控制信号 2 个，分别为 A_1、A_0，输出信号 1 个，为 Y，此外还有 1 个输出控制信号 S_T。输出 Y 的逻辑表达式为

$$Y=\overline{S_T}\left[D_0\left(\overline{A_1}\,\overline{A_0}\right)+D_1\left(\overline{A_1}A_0\right)+D_2\left(A_1\overline{A_0}\right)+D_3\left(A_1A_0\right)\right]$$

当 $S_T=\mathbf{0}$ 时，有　　　　　　　　$A_1A_0=\mathbf{00}$，$Y=D_0$

$$A_1A_0=\mathbf{01}，Y=D_1$$
$$A_1A_0=\mathbf{10}，Y=D_2$$
$$A_1A_0=\mathbf{11}，Y=D_3$$

当 $S_T=\mathbf{1}$ 时，Y 恒为 **0**。

常用的多路数据选择器有 74LS151(8 选 1)、74LS150(16 选 1)、74153(双 4 输入多路选择器)等。74LS151 原理图如图 10.2.19 所示，引脚图如图 10.2.20 所示，逻辑功能表见表 10.2.11。

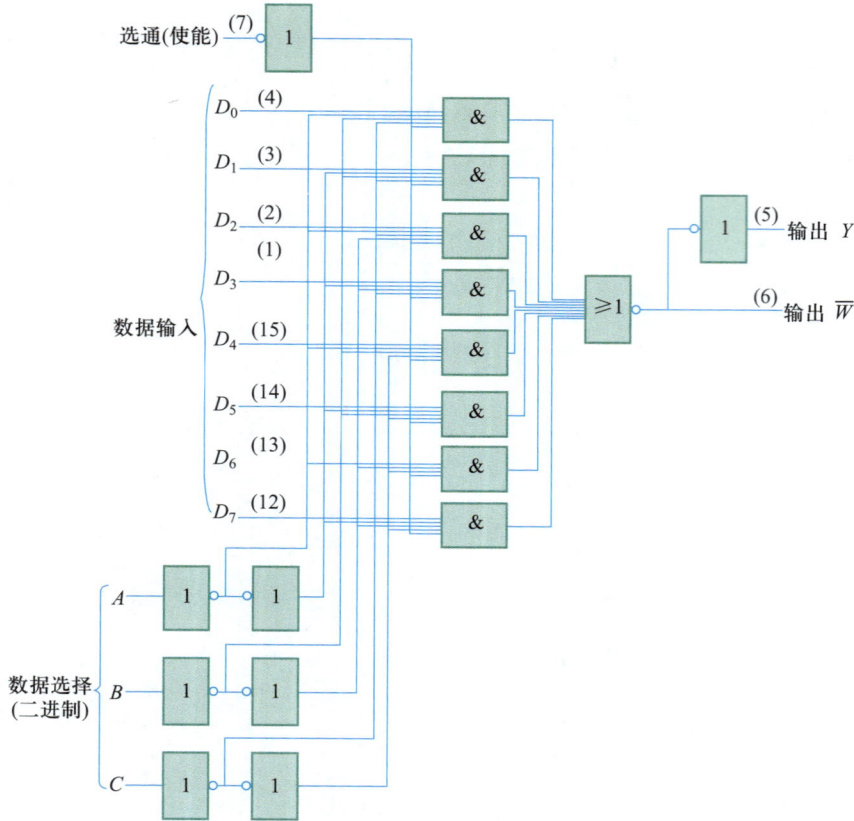

图 10.2.19
多路数据选择器 74LS151 原理图

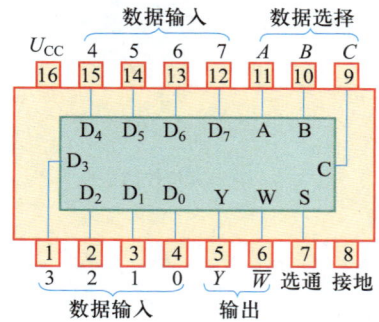

图 10.2.20
多路数据选择器 74LS151 引脚图

✒ **笔 记**

表 10.2.11　74LS151 逻辑功能表

输入				输出		输入				输出	
选择控制			选通	Y	W	选择控制			选通	Y	W
C	B	A	S			C	B	A	S		
×	×	×	1	0	1	1	0	0	0	D_4	$\overline{D_4}$
0	0	0	0	D_0	$\overline{D_0}$	1	0	1	0	D_5	$\overline{D_5}$
0	0	1	0	D_1	$\overline{D_1}$	1	1	0	0	D_6	$\overline{D_6}$
0	1	0	0	D_2	$\overline{D_2}$	1	1	1	0	D_7	$\overline{D_7}$
0	1	1	0	D_3	$\overline{D_3}$						

　　74LS151 有 8 个数据输入端 ($D_0 \sim D_7$)，2 个互补的数据输出端 (Y、W)，3 个数据选择控制端 (C、B、A)，以及选通信号 S。当 $S=0$ 时，通过 C、B、A 的不同组合，选择不同的通道。

　　（2）多路数据分配器

　　多路数据分配器的逻辑功能与多路数据选择器恰好相反，多路数据选择器是在多个输入信号中选择一个送到输出；而多路数据分配器则是把一个输入信号分配到多路输出的其中之一去。因此，也称多路数据分配器为"逆多路数据选择器"或"逆多路数据开关"。

如上所述，多路数据分配器只有一个输入信号源，而信息的分配则由 n 位选择控制信号来决定。多路数据分配器的一般结构如图 10.2.21 所示。

我们可以用 74LS138(3 线 –8 线译码器)作为 1–8 数据分配器。74LS138 作为 1–8 数据分配器使用时的功能表见表 10.2.12。

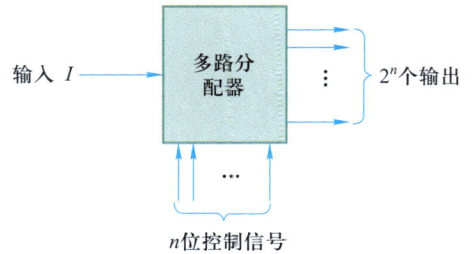

图 10.2.21
多路分配器的一般结构

表 10.2.12　74LS138 作为 1–8 数据分配器用的功能表

输入						输出端	输入						输出端
允许			选择控制				允许			选择控制			
E_1	$\overline{E_{2A}}$	$\overline{E_{2B}}(D)$	C	B	A	$\overline{Y_0} \sim \overline{Y_7}$	E_1	$\overline{E_{2A}}$	$\overline{E_{2B}}(D)$	C	B	A	$\overline{Y_0} \sim \overline{Y_7}$
1	0	0	0	0	0	$\overline{Y_0}$ =0,其余为 1	1	0	0	1	0	1	$\overline{Y_5}$ =0,其余为 1
1	0	0	0	0	1	$\overline{Y_1}$ =0,其余为 1	1	0	0	1	1	0	$\overline{Y_6}$ =0,其余为 1
1	0	0	0	1	0	$\overline{Y_2}$ =0,其余为 1	1	0	0	1	1	1	$\overline{Y_7}$ =0,其余为 1
1	0	0	0	1	1	$\overline{Y_3}$ =0,其余为 1	1	0	1	×	×	×	$\overline{Y_0} \sim \overline{Y_7}$ 全 1
1	0	0	1	0	0	$\overline{Y_4}$ =0,其余为 1							

由表 10.2.12 可以看出，当由允许输入端 $\overline{E_{2B}}$ 输入数据 $D=1$ 时，所有输出端 $\overline{Y_0} \sim \overline{Y_7}$ 全部为高电平 **1**，与选择控制端 C、B、A 无关。只有当输入数据 $D=0$ 时，就由选择控制信号 C、B、A 来决定 8 个输出端中的 1 个，将 $D=0$ 的信息输出。这就实现 1 路输入数据分配到 8 个输出中的 1 个的功能。注意，这种接法只能将输入为 **0** 的数据，分配到 8 路输出中的 1 路。

图 10.2.22 说明了多路数据选择器与多路数据分配器不同的选择转换作用。它告诉我们：如果要在 1 条传输线上分时传送多路信号，可以如图所示那样在该传输线的两端分别接以多路数据选择器和多路数据分配器，在相同的地址输入控制下即可实现，这种分时传送多路数字信号的方法在数字技术中是会经常用到的。

图 10.2.23 所示电路是图 10.2.22 所示电路的具体实现。它采用 74LS151 作为多路数据选择器，74LS138 作为多路数据分配器，将 2 块集成电路的选择控制端连接在一起，由外接控制信号来同时选择输入通道和输出通道。

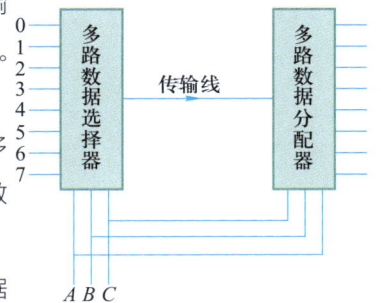

图 10.2.22
多路数据选择器与多路数据分配器的作用

例如 $CBA=\mathbf{100}$ 时，多路数据选择器 74LS151 选中的是输入端 D_4 的输入信号 W_4，其输出 $Y=W_4(W_4$ 可以为 **0**、也可以为 **1**)。

当输入信号 $W_4=\mathbf{0}$ 时，多路数据分配器 74LS138 允许信号 $\overline{E_{2B}}=\mathbf{0}$，选中输出端 $\overline{Y_4}$，输出信号只有 $\overline{Y_4}$ 为 **0**，其余输出为 **1**。

当输入信号 $W_4=\mathbf{1}$ 时，多路数据分配器 74LS138 允许信号 $\overline{E_{2B}}=\mathbf{1}$，输出信号全为 **1**。

可见，图 10.2.22 所示多路信号分时传送电路的特点是：通过选择控制端 C、B、A 的控制，可以将指定通道输入低电平信号，经过多路数据选择器 74LS151 和多路数据分配

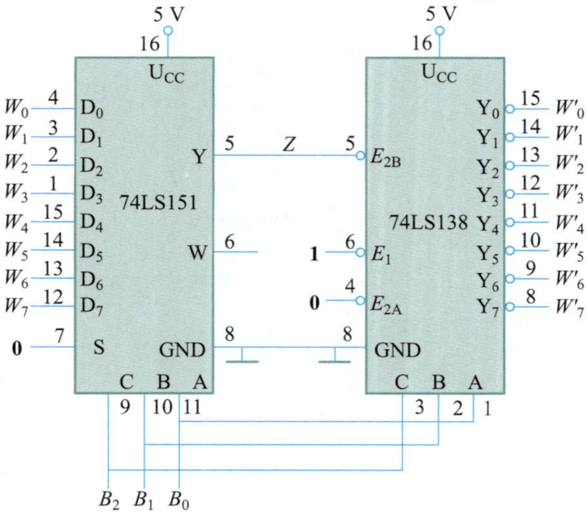

图 10.2.23
多路信号分时传送电路

器 74LS138 从选中的通道输出，但分配器 74LS138 对选择器 74LS151 选中的输入高电平信号不能传送。

2. 光电开关（光电耦合器）

光电耦合开关是一种以光为控制信号的器件，如图 10.2.24 所示。输入端由发光二极管组成，输出端为光电晶体管，因而，在电气上输入和输出是完全隔离的，所以输入信号与输出信号互无影响。

光电耦合器目前已向集成化、小型化方向发展，它把发光器件、光路和光电器件匹配组合在同一封闭的管壳中。发光器件通常用砷化镓红外发光二极管；而光敏器件则可用光电二极管、光电晶体管及复合光电晶体管等。光电耦合器如 4N25 可用于系统与现场的隔离。

大家知道，数字系统要求系统的脉冲信号（数字量）应具有标准高 / 低电平。而现场产生的开关量信号在波形、电平或对地阻抗上不能直接达到标准，为此必须加以适当的整形、隔离和变换。

隔离电路用于隔离现场高电压、大电流或强电干扰噪声的串入。光电耦合器是最常用的隔离电路。它们既隔离了现场的干扰，又把现场接点信号转化为标准高 / 低电平的变化，如图 10.2.25 所示。当现场接点闭合时，光电耦合器的发光二极管接通电源，则光电晶体管导通，R_2 上输出高电平，经 TTL **与非**门产生标准的低电平；反之接点断开，产生标准高电平。所以可直接将现场开关状态转换成数字系统能够接收的高、低电平信号。

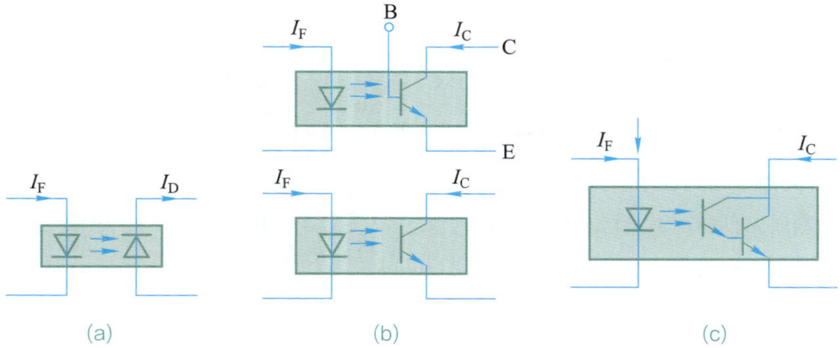

图 10.2.24
光电耦合器件的几种形式

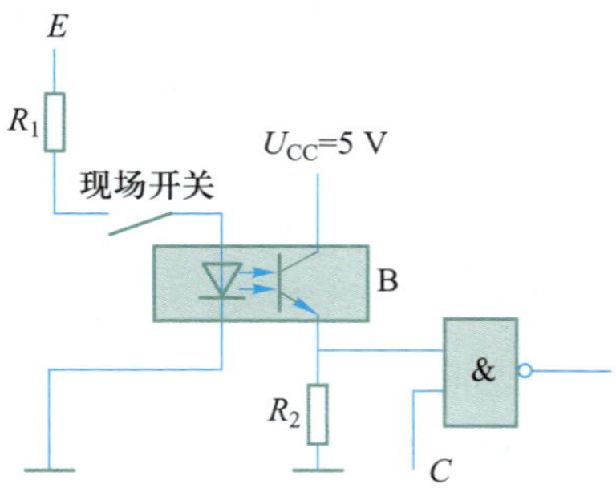

图 10.2.25
光电隔离型开关量输入电路

10.3　组合逻辑电路应用举例——数字钟显示电路

通过 10.1 节和 10.2 节的学习，我们已经掌握了组合逻辑电路的一般分析与设计方法，认识了几种常用组合逻辑电路，下面再通过数字钟显示电路说明组合逻辑电路的应用。

数字钟七段数码显示电路（如图 10.3.1 所示）的设计要求如下：

秒显示数字为 00~59（逢 60 进 1）；分显示数字为 00~59（逢 60 进 1）；时显示数字为

教学课件：
组合逻辑电路应
用举例——数字
钟显示电路

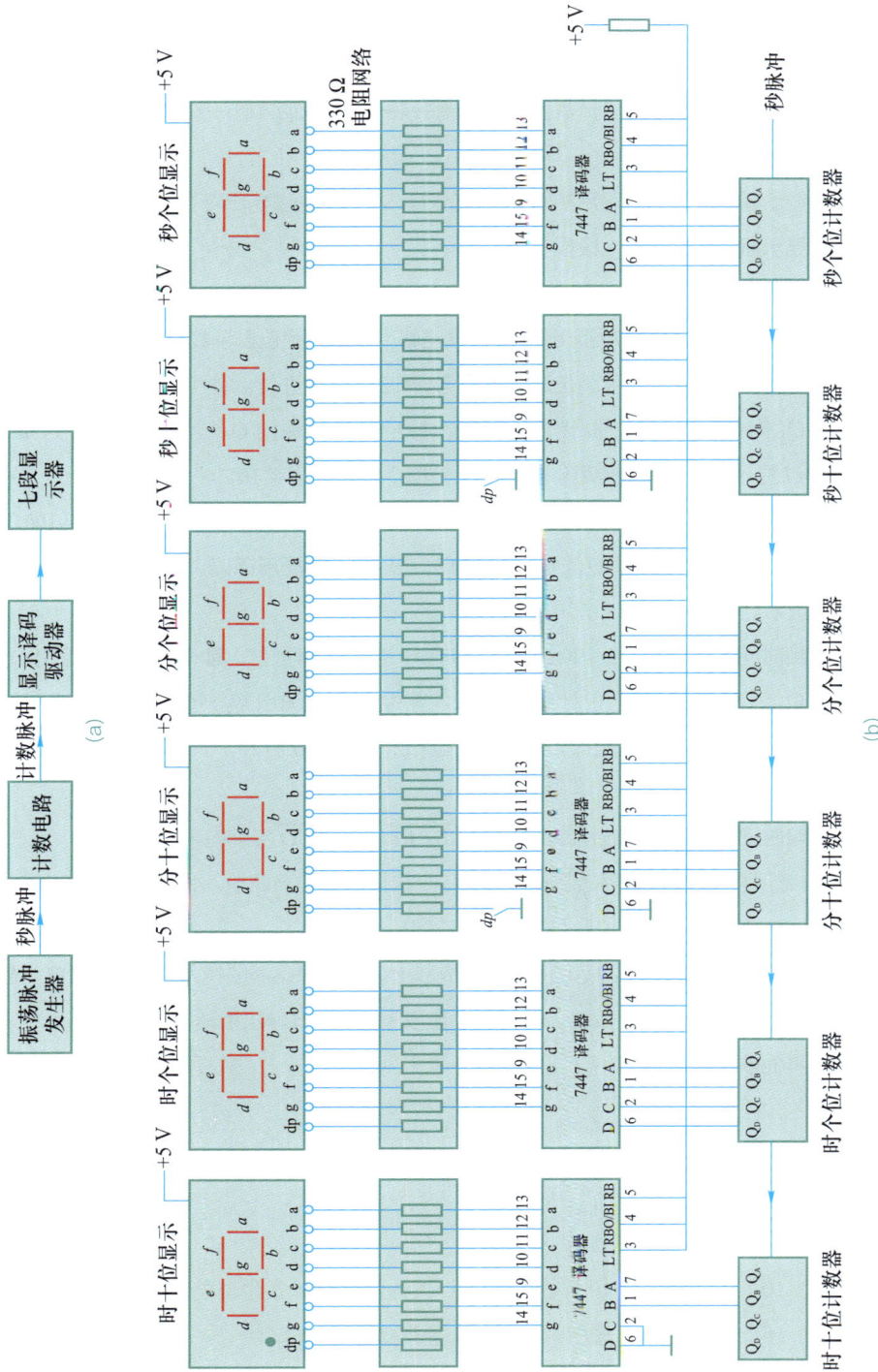

图 10.3.1
数字钟显示电路

振荡脉冲发生器　计数电路　显示译码驱动器　七段显示器
秒脉冲　计数脉冲
(a)

(b)

笔 记

00~23(逢 24 进 1)。

整个电路由振荡脉冲发生器、计数电路、显示译码 / 驱动器和七段显示器组成。

振荡脉冲发生器用来产生秒脉冲。

计数电路由秒个位计数器、秒十位计数器、分个位计数器、分十位计数器、时个位计数器、时十位计数器组成。计数器的功能是每来一个输入脉冲计一个数。关于计数器的具体内容将在第 11 章中介绍。

显示译码 / 驱动器采用前面介绍过的 74LS47 共阴极显示译码器。

显示器采用共阴极七段显示器。

当时间 $t=0$~9s 时，秒个位计数器对秒脉冲计数，输出 Q_D、Q_C、Q_B、Q_A 为 **0000~1001B**，经 74LS47 显示译码 / 驱动电路，驱动秒个位显示数字 0~9。

当时间 $t=10$s 时，秒个位计数器向秒十位计数器进位。秒个位计数器输出 Q_D、Q_C、Q_B、Q_A 为 **0000B**，秒十位计数器对输入脉冲计数，输出 Q_D、Q_C、Q_B、Q_A 为 **0001B**，经 74LS47 显示译码 / 驱动电路，驱动秒十位和个位显示数字 10。

当时间 $10\text{s} < t \leqslant 19\text{s}$ 时，秒个位计数器输出 Q_D、Q_C、Q_B、Q_A 为 **0001~1001B**，秒十位计数器输出 Q_D、Q_C、Q_B、Q_A 为 **0001B**，经 74LS47 显示译码 / 驱动电路，驱动秒十位和个位显示数字 11~19。

当时间 $t=20$s 时，秒个位计数器又向秒十位计数器进位。秒个位计数器输出 Q_D、Q_C、Q_B、Q_A 为 **0000B**，秒十位计数器对输入脉冲计数，输出 Q_D、Q_C、Q_B、Q_A 为 **0010B**，经 74LS47 显示译码 / 驱动电路，驱动秒十位和个位显示数字 20。

其他依次类推。

电路正常工作时，应使 74LS47 的 $\overline{LT}$、$\overline{RBI}$、$\overline{BI}/\overline{RBO}$ 接高电平。

由于秒个位显示数字范围是 0~9，秒个位显示译码器的输入为 **0000~1001**，其 4 个输入端 D、C、B、A 与秒个位计数器的 4 个输出相连。

而秒十位数字显示的范围是 0~5，故秒十位显示译码器的输入为 **0000~0101**，最高位总是低电平，因此将 D 端接地，C、B、A 与秒十位计数器输出相连。

其他依次类推。

习题

10.1 试分析如题 10.1 图所示电路，写出其真值表及逻辑表达式。

10.2 写出题 10.2 图所示电路的真值表及逻辑表达式。

10.3 设计一个组合逻辑电路，其输入 $ABCD$ 表示 1 位 8421 码十进制数，输出为 Z。当输入的十进制数能被 3 整除时，Z 为 **1**，否则为 **0**。

10.4 简述译码器和编码器的功能。

10.5 优先权编码器是怎样实现优先编码的？

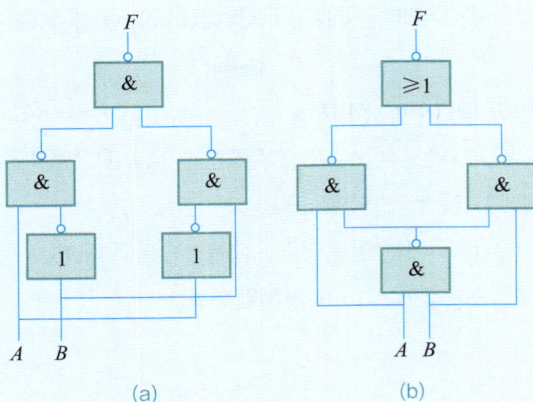

题 10.1 图

10.6 全加器和半加器的区别是什么? 分别用在什么场合?

10.7 比较器的功能? 多位数字量比较, 是怎样实现的?

10.8 简述多路数据分配器和多路数据选择器的功能。

10.9 如题 10.9 图所示电路, A、B 是数据输入端, K 是控制输入端, 试分析电路输入和输出的逻辑关系, 并讨论不同的 K 时, 电路实现的逻辑功能。

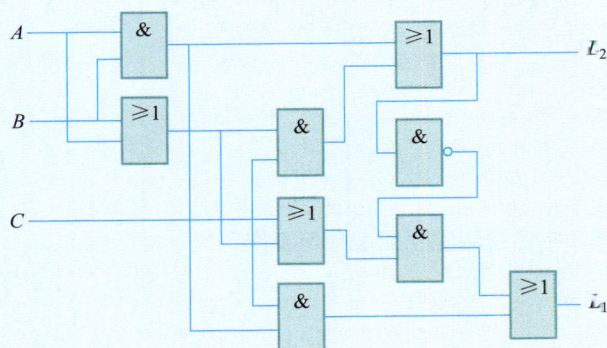

题 10.2 图

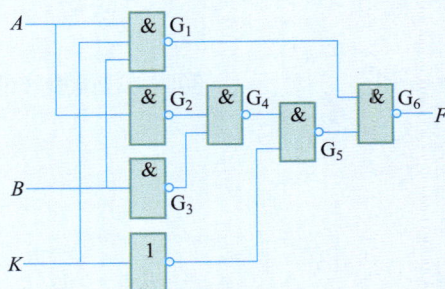

题 10.9 图

10.10 用多路数据选择器实现下列逻辑函数。

(1) $F = \sum m(0,3,12,13,14)$ (2) $F = \sum m(2,3,4,5,8,9,10,11,14,15)$

10.11 设计一个路灯控制电路 (一盏灯), 要求在 3 个不同地方都能独立地控制灯的亮灭。

10.12 用 3 线 -8 线译码器实现以下逻辑功能:

$$F = AB\bar{C} + A\bar{B}C + \bar{A}B$$

10.13 分别用与非门实现如下逻辑功能:

(1) 4 变量的多数表决电路 (4 个输入变量中, 3 个或 4 个为 1 时, 输出为 1)。

(2) 3 变量的判奇电路 (3 个输入变量中, 1 的个数为奇数时, 输出为 1)。

(3) 4 变量的判偶电路 (4 个输入变量中, 1 的个数为偶数时, 输出为 1)。

(4) 3 变量的一致电路 (当 3 个输入变量全部相同时, 输出为 1)。

题 10.15 图

10.14　分别用**与非门**实现如下逻辑表达式，要求电路尽量简单，**与非门输入端的**数目不限。

(1) $F=(B+D)\cdot(\overline{A}+\overline{C})+A\cdot D$　　　　(2) $F=\overline{A}+B\cdot\overline{C}+B\cdot C\cdot\overline{D}$

10.15　已知输入信号 A、B、C 与输出信号 L 的逻辑关系如题 10.15 图波形所示，用最少的**与非门**，设计一个电路，满足波形要求。

10.16　设计一个组合逻辑电路，它有 2 个输入端 A、B；3 个控制端 K_1、K_2、K_3 和 1 个输出端 F，要求实现题 10.16 表逻辑功能。

题 10.16 表

K_1	K_2	K_3	F	K_1	K_2	K_3	F
0	0	0	1	1	0	0	$\overline{A}\oplus\overline{B}$
0	0	1	$A+B$	1	0	1	$A\cdot B$
0	1	0	$\overline{A\cdot B}$	1	1	0	$\overline{A+B}$
0	1	1	$A\oplus B$	1	1	1	0

实验与技能操作训练

✒ 笔记

实验 1　组合逻辑电路的设计与制作

一、训练目的

1. 学会根据给定要求设计组合逻辑电路。

2. 会查找、选择所需器件，或根据现有器件进行设计。

3. 会按设计图在实验板上接电路，排除故障，测试性能。

4. 会设计印制电路板，焊接器件，测试性能。

二、训练内容

1. 设计制作 1 个**异或门**电路，其真值表见表 E10.1。

2. 设计制作 1 个**同或门**电路，其真值表见表 E10.2。

表 E10.1　异或门电路真值表

A	B	Y	A	B	Y
0	0	0	1	0	1
0	1	1	1	1	0

表 E10.2　同或门电路真值表

A	B	Y	A	B	Y
0	0	1	1	0	0
0	1	0	1	1	1

3. 设计制作一个三人表决电路，两人或两人以上赞成则通过。

4. 设计制作一供电系统检测控制逻辑电路。设有 A、B、C 三个电源，共同向某一重要负载供电，在正常情况下，至少有两个电源处在正常状态，否则发出报警信号（报警时，$F=1$，灯亮）。要求用与非门实现。

5. 设计制作一个优先权排队电路。输入为 A、B、C，输出为 F_a、F_b、F_c。$A=1$，表示 A 有请求；$F_a=1$，表示能够为 A 服务。同样 $B=1$，表示 B 有请求；$F_b=1$，表示能够为 B 服务，……A、B、C 的排队顺序是：

$A=1$，最高优先级

$B=1$，次优先级

$C=1$，普通优先级

要求：输出端最多只能有一端为 1，即只能为优先级较高的请求服务。

三、设计制作过程

1. 根据设计要求画出原理图。

2. 选择器件。

3. 画接线图。

4. 对所选器件逻辑功能进行测试。具体方法为：

(1) 按引脚定义接好电源、地及其他信号线（注意 OC 门电源线需外接电阻）。

(2) 按照真值表分别设置各输入线电平，测试输出，判断是否满足逻辑关系。

(3) 如有必要，还需进行器件的性能测试，具体方法视测试内容定。

5. 按接线图在实验板上接好电路。

6. 测试电路性能，查错及修改。

7. 设计印制电路板。

8. 焊接元件。

9. 测试性能，查错及修改。

实验 2 编 码 器

一、训练目的

1. 通过实验进一步理解编码器的工作原理。

2. 掌握集成编码器的使用及测试方法。

二、训练内容

1. 设计并制作一个编码器，将 Z_0、Z_1、Z_2、Z_3、Z_4、Z_5、Z_6、Z_7 八个输入编为二进制代码，用与非门实现。过程同实验 1。

2. 测试集成编码器 T341 的引脚功能。

测试方法用实验 1。

3. 设计制作一个键盘编码电路，各按键分别代表输入 0~F 的十六进制数，编码输出 A_3、A_2、A_1、A_0 为 8421 码。过程同实验 1。

笔 记

实验 3　译　码　器

一、训练目的

1. 理解 74LS138 译码器工作原理。

2. 了解 74LS138 译码器引脚定义。

3. 学会 74LS138 译码器的使用方法。

4. 会使用译码器设计制作电路。

二、训练内容

1. 测试 74LS138 引脚功能。方法同实验 1。

2. 用 74LS138 译码器设计制作一个电路。要求：

(1) 输入信号：3 根地址输入线 A_2、A_1、A_0，两根信号输入线 D_1、D_0。

(2) 输出信号：Y。

(3) 当输入地址 $A_2A_1A_0=\textbf{000}$ 时，$Y=D_0+D_1$。

(4) 当输入地址 $A_2A_1A_0=\textbf{101}$ 时，$Y=D_0 \cdot D_1$。

设计制作过程同实验 1。

实验 4　七段数码管译码显示电路

一、训练目的

1. 熟悉七段 LED 数码管结构原理及使用方法。

2. 熟悉 74LS48 BCD 七段 LED 译码驱动电路原理及使用方法。

二、训练内容

1. 七段 LED 功能检查

以共阳极为例，检查电路如图 E10.1 所示。

公共端接地，其他端分别通过电阻与 +5 V 电源相连，注意选择电阻的大小以满足显示器的驱动电流要求。观察各段是否发光。

2. 74LS48——七段译码驱动器功能检查

检查电路如图 E10.2 所示。

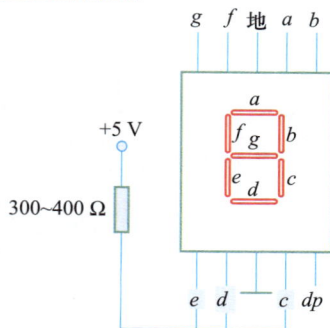

图 E10.1
七段 LED 数码管功能检查电路

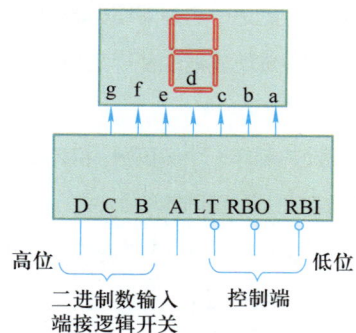

图 E10.2
74LS48 译码驱动器功能检查电路

按照真值表（表 10.2.9）测试控制端功能和显示结果。

实验 5　数字比较器

一、训练目的

1. 理解数字比较器的原理。

2. 会设计制作 1 位二进制比较器。

3. 掌握集成数字比较器 ST046 的使用和测试方法。

二、训练内容

1. 设计制作一个 1 位二进制比较器。设计制作过程参考实验 1。

2. 测试集成 4 位比较器的引脚功能。测试方法参考实验 2。

3. 用两片 ST046 构成 8 位二进制比较器。设计制作过程参考实验 1。

实验 6　加　法　器

一、训练目的

1. 掌握半加器和全加器的逻辑功能和测试方法。

2. 会使用集成全加器 74LS283。

3. 用集成全加器 74LS283 构成 8 位二进制加法电路。

二、训练内容

1. 设计制作 1 位半加器电路。过程同实验 1。

2. 设计制作 1 位全加器电路。过程同实验 1。

3. 测试集成 4 位二进制全加器 74LS283 逻辑功能。

(1) 74LS283 是集成 4 位二进制全加器，其引脚定义如图 E10.3 所示，其逻辑功能为：$S_4\,S_3\,S_2\,S_1 = A_4\,A_3\,A_2\,A_1 + B_4\,B_3\,B_2\,B_1$。

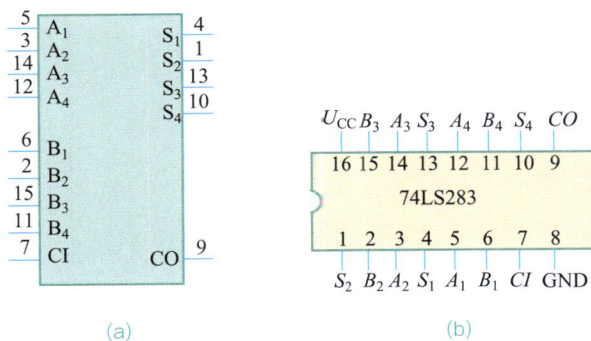

图 E10.3
74LS283 的引脚

(2) 接好电路后，试做下面的算式：

① **1011+1001=10100**　　　② **1011+0111=10010**

4. 用两片 74LS283 设计制作一个 8 位二进制全加器，如图 E10.4 所示。并进行如下计算：

① DDH+58H=135H ② 35H+6AH=9FH

接灯

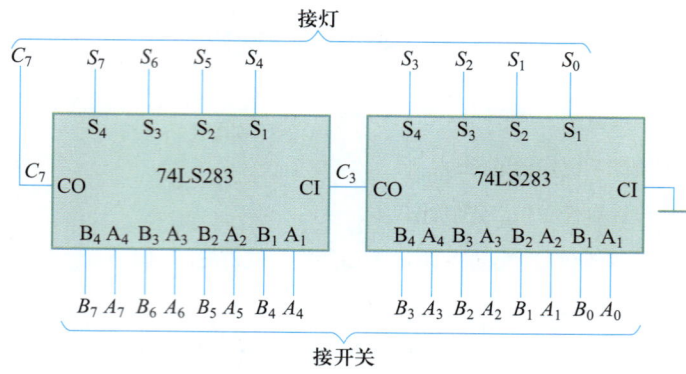

图 E 10.4
用 74LS283 设计 8 位二进制全加器

EDA 仿真实验：
组合逻辑电路的
测试

第 10 章介绍的由与门、或门、非门等基本逻辑门组成的逻辑电路是没有记忆功能的，而本章所介绍的时序逻辑电路是由具有记忆功能的触发器组成的，它的输出状态不但与当前输入有关，还与原来所处的状态有关。最基本的时序逻辑电路有集成寄存器、集成计数器等。

11.1 触发器

触发器是数字逻辑电路的基本单元电路，它有两个稳态输出（双稳态触发器），具有记忆功能，可用于存储二进制数据、记忆信息等。

从结构上来看，触发器由逻辑门电路组成，有一个或几个输入端，两个互补输出端，通常标记为 Q 和 $\overline{Q}$。触发器的输出有两种状态，即 **0** 态 ($Q=0$、$\overline{Q}=1$) 和 **1** 态 ($Q=1$、$\overline{Q}=0$)。触发器的这两种状态都为相对稳定状态，只有在一定的外加信号触发作用下，才可从一种稳态转变到另一种稳态。

触发器的种类很多，大致可按以下几种方式进行分类：

根据是否有时钟脉冲输入端，可将触发器分为基本触发器和钟控触发器。

根据逻辑功能的不同，可将触发器分为 RS 触发器、D 触发器、JK 触发器、T 和 T' 触发器。

根据电路结构的不同，可将触发器分为基本触发器、同步触发器、主从触发器和边沿触发器。

根据触发方式的不同，可将触发器分为电平触发、主从触发、边沿触发。

触发器的逻辑功能可用功能表（特性表）、特性方程、状态图（状态转换图）和时序图（时序波形图）来描述。

11.1.1 RS 触发器及芯片

1. 基本 RS 触发器

RS 触发器的基本结构是由两个与非门的输入、输出端交叉连接而成，如图 11.1.1 所示。它的两个输入端 $\overline{R}$ 和 $\overline{S}$ 分别称为直接置 0 端和直接置 1 端；它有两个输出端 Q 和 $\overline{Q}$。一般规定触发器 Q 端的状态作为触发器的状态，即当 $Q=0$、$\overline{Q}=1$ 时，称触发器处于 0 状态；当 $Q=1$、$\overline{Q}=0$ 时，称触发器处于 1 状态。可见触发器有两个稳定的工作状态，即 0 和 1 态，在一定的外加信号作用下，可进行状态转换。

由图 11.1.1 可看出，$\overline{R}$ 端和 $\overline{S}$ 端分别是与非门两个输入端的其中一端，若二者均为 1，则两个与非门的状态只能取决于对应的交叉耦合端的状态。如 $Q=1$、$\overline{Q}=0$，与非门 G_2 则由于 $\overline{Q}=0$ 而保持为 1，而与非门 G_1 则由于 $Q=1$ 而继续为 0，可看出，这时触发器是维持状态

笔记

教学课件：
触发器

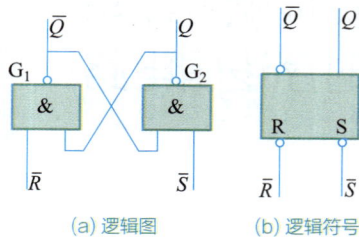

图 11.1.1
基本 RS 触发器

仿真演示:
基本 RS 触发器

图 11.1.2
基本 RS 触发器工作波形

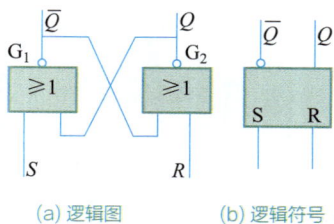

仿真演示:
基于 RS 触发器
的工作波形

图 11.1.3
用或非门组成的基本 RS 触发器

不变的,若想使触发器按要求进行状态转换,可使工作在如下两种状态:

（1）令 $\overline{R}=0(\overline{S}=1)$

这时,$\overline{R}=0$ 使 $\overline{Q}=1 \xrightarrow{\overline{S}=1} Q=0$,触发器被置为 **0** 态。

（2）令 $\overline{S}=0(\overline{R}=1)$

这时,$\overline{S}=0$ 使 $Q=1 \xrightarrow{\overline{R}=1} \overline{Q}=0$,触发器被置为 **1** 态。

可见,在 $\overline{R}$ 端加有效输入信号 (低电位 **0**),触发器为 **0** 态,在 $\overline{S}$ 端加有效输入信号 (低电位 **0**) 触发器为 **1** 态。

如果触发器置 **0**(或置 **1**) 后,输入端恢复到全高状态,则根据前面所得,触发器仍能保持 **0** 态 (或 **1** 态) 不变。

若 $\overline{R}$ 端和 $\overline{S}$ 端同时为 **0**,则此时由于两个与非门都是低电平输入而使 Q 端和 $\overline{Q}$ 端同时为 **1**,这对于触发器来说,是一种不正常状态。此后,如果 $\overline{R}$ 和 $\overline{S}$ 又同时为 **1**,则新状态会由于两个门延迟时间的不同,当时所受外界干扰不同因素而无法判定,即会出现不定状态,这是不允许的,应尽量避免。若将接收信号之前触发器的输出状态称为现态,用 Q^n 表示;接收信号之后触发器的输出状态称为次态,用 Q^{n+1} 表示,则根据基本 RS 触发器的逻辑图可直接写出其特性方程 (即输出函数表达式) 为

$$\left.\begin{array}{l} Q^{n+1}= \overline{\overline{S}\,\overline{\overline{R}\,Q^n}}=S+\overline{R}Q^n \\ \overline{R}+\overline{S}=1(\text{约束条件}) \end{array}\right\} \tag{11.1.1}$$

式中,$\overline{R}+\overline{S}=1$,是因为 $\overline{R}=\overline{S}=0$ 这种输入状态是不允许的,是应该禁止的,所以输入状态必须约束在 $\overline{R}+\overline{S}=1$,故称它为约束条件。基本 RS 触发器的特性表 (即真值表,在时序电路中称为特性表) 见表 11.1.1。图 11.1.2 所示是基本 RS 触发器的工作波形 (设初始状态 $Q^n=0$)。

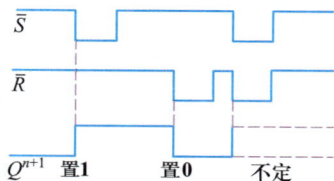

表 11.1.1　基本 RS 触发器特性表

Q^n	$\overline{R}$	$\overline{S}$	Q^{n+1}	说明
	0	1	0	触发器置 0
×	1	0	1	触发器置 1
	0	0	1	$\overline{R}$,$\overline{S}$ 的 0 同时消失后,Q^{n+1} 状态不定
1 0	1	1	$\left.\begin{array}{c}1\\0\end{array}\right\}Q^n$	触发器状态不变

由或非门组成的基本 RS 触发器逻辑图及逻辑符号如图 11.1.3 所示,由图可知,用或非门代替了与非门,R 和 S 端仍为置 **0** 端和置 **1** 端,但由或非门逻辑功能决定了它们是高电平有效,即当它们同时为 **0** 时,触发器为保持状态。而若使触发器改变状态 (称为触发器翻转),则必须在相应端加高电位。具体功能表见表 11.1.2。

表 11.1.2 用或非门组成的基本 RS 触发器特性表

Q^n	R	S	Q^{n+1}	说明
	0	1	1	触发器置 **1**
×	1	0	0	触发器置 **0**
	1	1	0	R, S 的 **1** 同时消失后,Q^{n+1} 状态不定
1 **0**	0	0	$\left.\begin{matrix} \mathbf{1} \\ \mathbf{0} \end{matrix}\right\} Q^n$	触发器状态不变

仿真演示:
用或非门组成的
基本 RS 触发器

2. 同步 RS 触发器

在由**与非门**组成的基本 RS 触发器基础上,增加两个控制门 G_3 和 G_4,并加入时钟脉冲输入端 CP,便组成了同步 RS 触发器,图 11.1.4 所示为其逻辑图和逻辑符号。

仿真演示:
同步 RS 触发器

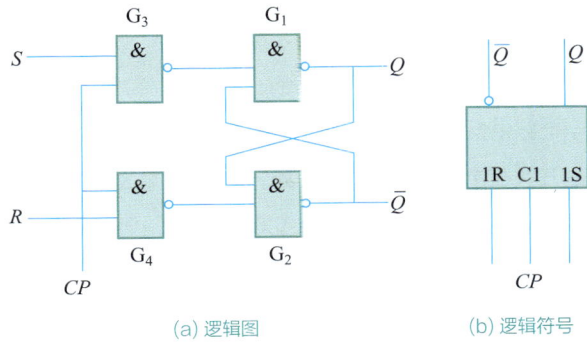

(a) 逻辑图　　　　(b) 逻辑符号

图 11.1.4
同步 RS 触发器

由图中可见,G_3 和 G_4 两个**与非门**被时钟脉冲 CP 所控制,即只有当 CP 高电位时,才允许 RS 输入,而当 CP 低电位时,G_3 和 G_4 输出为 **1**,使触发器处于保持状态。当 $CP=\mathbf{1}$ 时,根据逻辑图,可得出同步 RS 触发器功能表见表 11.1.3。即

仿真演示:
同步 RS 触发器
波形图

表 11.1.3 同步 RS 触发器功能表

R	S	Q^{n+1}	R	S	Q^{n+1}
0	0	Q^n 不变	1	0	0
0	1	1	1	1	不定

$R=S=\mathbf{0}, Q^{n+1}=Q^n$　　　　状态不变

$R=\mathbf{0}, S=\mathbf{1}, Q^{n+1}=\mathbf{1}$　　　　置 **1**

$R=\mathbf{1}, S=\mathbf{0}, Q^{n+1}=\mathbf{0}$　　　　置 **0**

$R=S=\mathbf{1}$　　　　　　　　状态不定

触发器的特性方程是指触发器状态 Q^{n+1} 与输入及现态 Q^n 之间的逻辑关系表达式,由图

11.1.4 可得出如下表达式　　　　　$Q^{n+1}=\overline{\overline{S}\cdot\overline{Q^n}}$

将 $\overline{Q^n} = \overline{\overline{R} \cdot Q^n}$ 代入上式得　　　　　$Q^{n+1}=S+\overline{R}Q^n$

因 R 和 S 不能同时为 **1**（否则出现不定状态），所以在特性方程中加入约束条件，即 $RS=0$，则 RS 触发器特性方程为

$$\begin{cases} Q^{n+1}=S+\overline{R}Q^n \\ RS=0 \text{（约束条件）} \end{cases}$$

RS 触发器存在着当 $R=S=1$ 时状态不定情况，这在使用中是极其不便的，所以对其进行改进，演变成 D 和 JK 触发器。

3. 典型芯片及应用

通用的集成基本 RS 触发器目前有 74LS279、CC4044 和 CC4043 等几种型号。下面以 74LS279 为例来讨论基本 RS 触发器的应用情况。图 11.1.5 所示是 74LS279 型四 RS 触发器的引脚排列图。

基本 RS 触发器，在开关去抖及键盘输入电路中得到应用。在图 11.1.6 所示电路中，当开关 S 接通时，由于机械开关的接触可能出现抖动，即可能要经过几次抖动后电路才处于稳定；同理，在断开开关时，也可能要经过几次抖动后才彻底断开，从其工作波形可见，这种波形在数字电路中是不允许的。若采用图 11.1.6(c) 所示的加有一级 RS 触发器的防抖开关，则即使机械开关在接通或断开中有抖动，但因 RS 触发器的作用，使机械开关的抖动不能反映到输出端，即在开关第一次接通（或第一次断开）时，触发器就处于稳定的工作状态，有效地克服了开关抖动带来的影响。

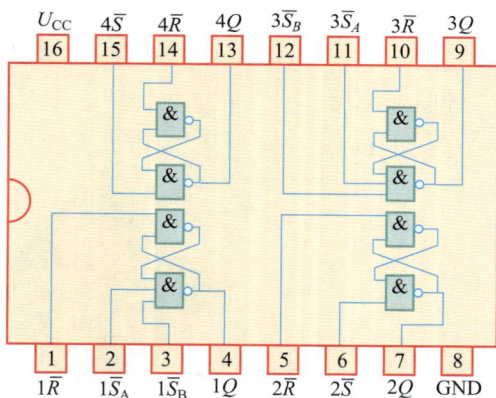

图 11.1.5
74LS279 型四 RS 触发器的引脚排列图

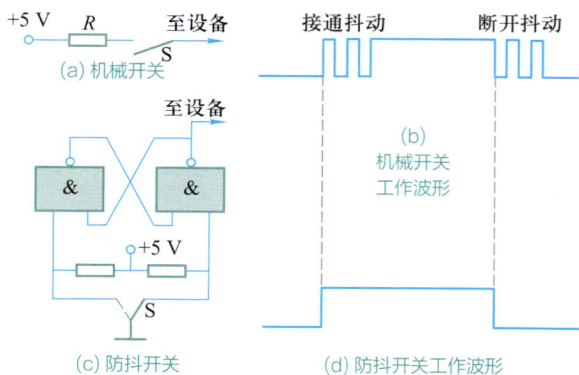

图 11.1.6
开关及工作波形

同步 RS 触发器虽然有 CP 控制端，但它仍然存在一个不定的工作状态，而且在同一个 CP 脉冲作用期间（即 $CP=1$ 期间），若输入端 R、S 状态发生变化，会引起 Q、$\overline{Q}$ 状态也发生变化，产生空翻现象，即在一个 CP 期间，可能会引起触发器多次翻转，所以单独的同步 RS 触发器没有形成产品的价值。

11.1.2　D 触发器及芯片

在同步 RS 触发器前加一个**非**门，使 $S=\overline{R}$ 便构成了同步 D 触发器，而原来的 S 端改称

为 D 端。同步 D 触发器的逻辑图及逻辑符号如图 11.1.7 所示。

令 $D=S=\bar{R}$，带入 RS 触发器特性方程 (11.1.1) 中可得 D 触发器特性方程为

$$Q_{n+} =D \tag{11.1.2}$$

由于 $S=\bar{R}(S \neq R)$，所以原 RS 触发器的不定状态自然也就不存在了。D 触发器的功能表见表 11.1.4。

从功能表和特性方程可看出，D 触发器的次态总是与输入端 D 保持一致，即状态 Q^{n+1} 仅取决于控制输入 D，而与现态 Q^n 无关。D 触发器广泛用于数据存储，所以也称为数据触发器。

以上讨论的同步触发器虽然结构简单，但由于在 CP 脉冲作用期间，触发器会随时接受输入信号而产生翻转，从而可能产生空翻现象。为避免触发器在实际使用中出现空翻，在实际的触发器产品中是通过维持阻塞型、主从型、边沿型等几种结构类型限制触发器的翻转时刻，使触发器的翻转时刻限定在 CP 脉冲的上升沿或下降沿。

维持阻塞 D 触发器的逻辑图和逻辑符号如图 11.1.8 所示。该触发器由六个与非门组成，其中 G_1 和 G_2 构成基本 RS 触发器，通过 $\bar{R}_D$ 和 $\bar{S}_D$ 端可进行直接复位和置位操作。G_3、G_4、G_5、G_6 构成维持阻塞结构，以确保触发器仅在 CP 脉冲由低电平上跳到高电平这一上升沿时刻接收信号产生翻转，因此，在一个 CP 脉冲作用下，触发器只能翻转一次，不能空翻。维持阻塞 D 触发器的逻辑功能与同步型相同。

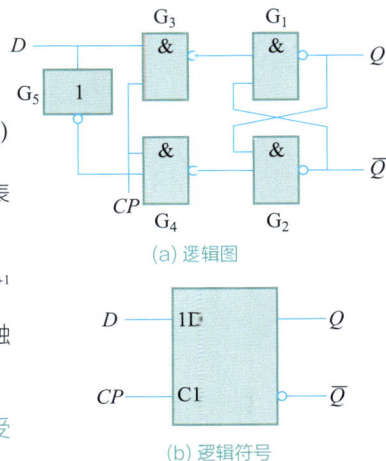

(a) 逻辑图

(b) 逻辑符号

图 11.1.7
同步 D 触发器

表 11.1.4 D 触发器功能表

D	Q^{n+1}
0	0
1	1

(a) 逻辑图

(b) 逻辑符号

图 11.1.8
维持阻塞 D 触发器

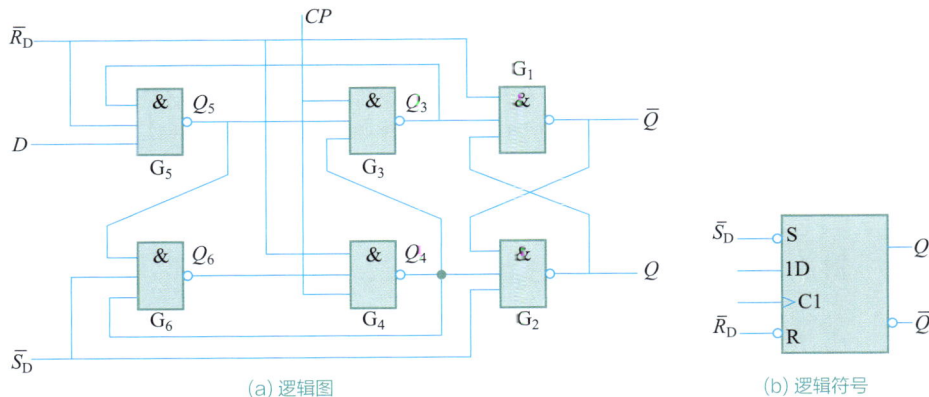

动画：同步 D 触发器

例 11.1.1　维持阻塞 D 触发器的 CP 脉冲和输入信号 D 的波形如图 11.1.9 所示，画出 Q 端的波形。

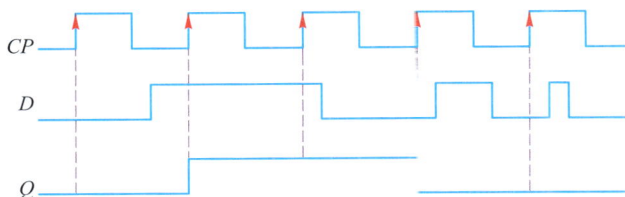

仿真演示：
D 触发器工作波形

图 11.1.9
例 11.1.1 波形图

解　触发器输出 Q 的变化波形取决于 CP 脉冲及输入信号 D，由于维持阻塞 D 触发器是上升沿触发，故作图时首先找出各 CP 脉冲的上升沿，再根据当时的输入信号 D 得出输出 Q，作出波形。由图 11.1.9 可得出上升沿触发器输出 Q 的变化规律：仅在 CP 脉冲的上升沿有可能翻转，如何翻转取决于当时的输入信号 D。

集成 D 触发器的典型品种是 74LS74，它是 TTL 维持阻塞结构。该芯片内含两个 D 触发器，它们具有各自独立的时钟触发端 (CP) 及置位 $(\bar{S}_D)$、复位 $(\bar{R}_D)$ 端，图 11.1.10 示出了 74LS74 的逻辑符号及引脚图，表 11.1.5 给出了功能表。

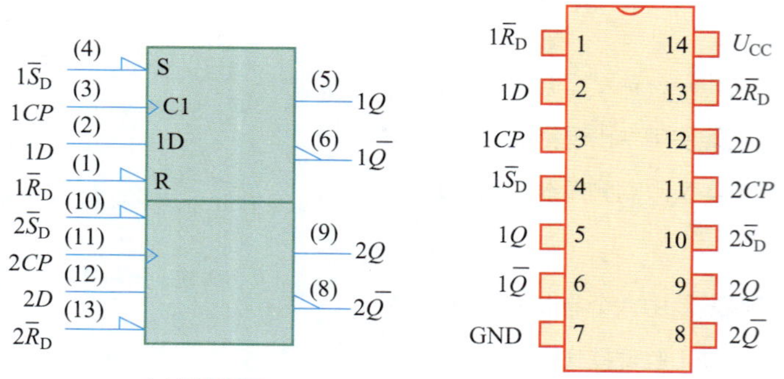

(a) 逻辑符号 (b) 引脚图

图 11.1.10
74LS74 双上升沿 D 触发器

表 11.1.5　74LS74 功能表

输入				输出	
$\bar{S}_D$	$\bar{R}_D$	CP	D	Q	$\bar{Q}$
L	H	×	×	H	L
H	L	×	×	L	H
L	L	×	×	—	—
H	H	↑	H	H	L
H	H	↑	L	L	H
H	H	L	×	Q_0	$\bar{Q}_0$

笔 记

分析功能表得出，前两行是异步置位（置 **1**）和复位（清 **0**）工作状态，它们无需在 CP 脉冲的同步下而异步工作。其中，$\bar{S}_D$、$\bar{R}_D$ 均为低电平有效。第三行为异步输入禁止状态。第四、五行为触发器同步数据输入状态，在置位端和复位端均为高电平的前提下，触发器在 CP 脉冲上升沿的触发下将输入数据 D 读入。最后一行无 CP 上升沿触发，为保持状态。

11.1.3　JK 触发器及芯片

JK 触发器的系列品种较多，可分为两大类型：主从型和边沿型。早期生产的集成 JK 触发器大多数是主从型的，但由于主从型工作方式的 JK 触发器工作速度慢，容易受噪声干扰，尤其是要求在 $CP=$**1** 的期间不允许 J、K 端的信号发生变化，否则会产生逻辑混乱。所以我国目前只保留有 CT2072、CT1111 两个品种的主从型 JK 触发器。随着工艺的发展，JK 触发器大都采用边沿触发工作方式，其具有抗干扰能力强，速度快，对输入信号的时间配合要求不高等优点。下面以 74HC112 为例介绍 JK 触发器的工作原理。

在集成 D 触发器的基础上，加三个逻辑门 $G_1 \sim G_3$，如图 11.1.11(a) 所示，就构成集成 JK 触发器。图 11.1.11(b) 所示是 JK 触发器的逻辑符号。

在图 11.1.11 中的点画线框中，D 的表达为

$$D= \overline{\overline{Q^n+J}+KQ^n}=\overline{(Q^n+J)}\cdot\overline{KQ^n}=(J+Q^n)(\bar{K}+\bar{Q^n})=J\bar{Q^n}+\bar{K}Q^n \tag{11.1.3}$$

即可得

$$Q^{n+1}=D=J\overline{Q^n}+\overline{K}Q^n\ (CP\downarrow有效)$$

其中，在 CP 上端有一个小"○"，表示 $CP\downarrow$ 有效。需要特别说明的是，D 和 JK 触发器都有 $CP\uparrow$ 和 $CP\downarrow$ 有效的品种，只不过大部分 D 触发器是在 $CP\uparrow$ 有效，而大部分 JK 触发器是在 $CP\downarrow$ 有效。表 11.1.6 是 JK 触发器的简化真值表，图 11.1.12 是 JK 触发器工作波形。

(a) 电路结构　　　　　　　　(b) 逻辑符号

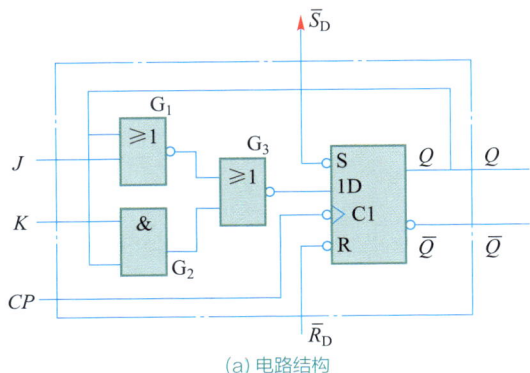

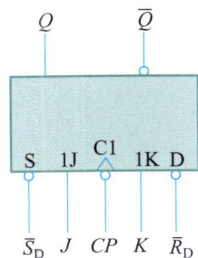

图 11.1.11
JK 触发器

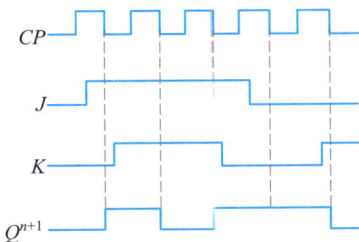

图 11.1.12
JK 触发器工作波形

表 11.1.6　JK 触发器真值表

J	K	Q^{n+1}	J	K	Q^{n+1}
0	**0**	Q^n(不变)	**1**	**0**	**1**
0	**1**	**0**	**1**	**1**	$\overline{Q^n}$（翻转）

仿真演示：
JK 触发器工作波形

74HC112 内含两个独立的下降沿触发的 JK 触发器，每个触发器有数据输入 (J、K)、置位输入 ($\overline{S}_D$)、复位输入 ($\overline{R}_D$)，时钟输入 ($\overline{CP}$) 和数据输出 (Q、$\overline{Q}$)。$\overline{S}_D$ 或 $\overline{R}_D$ 的低电平使输出预置或清除，而与其他输入端的电平无关。

例 11.1.2　负边沿 JK 触发器的 CP 脉冲和输入信号 J、K 的波形如图 11.1.13 所示，试画出 Q 端的波形。

解　由于负边沿 JK 触发器是下降沿触发，故作图时首先找出各 CP 脉冲的下降沿，再根据当时的输入信号 J、K 得出输出 Q，作出波形。由图 11.1.13 可得出下降沿触发器输出 Q 的变化规律：仅在 CP 脉冲的下降沿有可能翻转，如何翻转取决于当时的输入信号 J 和 K。

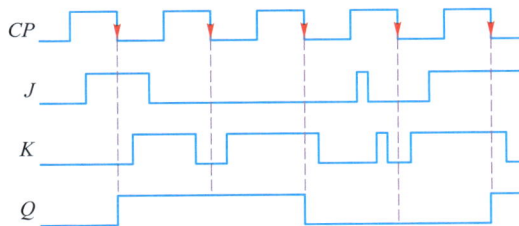

图 11.1.13
例 11.1.2 波形图

11.1.4　T 触发器

在中、大规模集成电路内部，有一种称为 T 触发器的电路，它的逻辑功能是 $J=K=1$ 时 JK 触发器，或将 $\overline{Q}$ 端与 D 端相连的 D 触发器。将 $J=K=1$ 代入 JK 触发器的特性方程，或将 $D=\overline{Q^n}$ 代入 D 触发器的特性方程，都可得 T 触发器的特性方程为 $Q^{n+1}=T\overline{Q^n}+\overline{T}Q^n$，即每来一个 CP 脉冲的有效沿时触发器就要翻转一次，具有计数功能，如果将 T 触发器的 T 端接高电平，即成为 T' 触发器。它的逻辑功能为次态是现态的反，即此时的特性方程为

$$Q^{n+1}= \overline{Q^n} \tag{11.1.4}$$

T' 触发器也称为翻转触发器。

这两种结构在 CMOS 集成计数器中被广泛应用，但并无单独的 T 触发器产品。

11.2   寄存器

教学课件：
寄存器

寄存器是数字电路中的一个重要数字部件，具有接收、存放及传送数码的功能，其中移位寄存器还具有移位功能。寄存器属于计算机技术中的存储器的范畴，但与存储器相比，又有些不同，如存储器一般用于存储运算结果，存储时间长，容量大，而寄存器一般只用来暂存中间运算结果，存储时间短，存储容量小，一般只有几位。

11.2.1   数据寄存器

在数字系统中，用以暂存数码的数字部件称为数码寄存器。由前面讨论的触发器可知，触发器具有 2 种稳态，可分别代表 **0** 和 **1**，所以，一个触发器便可存放 1 位二进制数，用 N 个触发器便可组成 N 位二进制寄存器。现以集成 4 位数码寄存器 74LS175 来说明数码寄存器的电路结构及功能。

74LS175 是用维持 - 阻塞触发器组成的 4 位寄存器，它的逻辑图如图 11.2.1 所示。

由图看出它是由 4 个 D 触发器组成，2 个非门分别作清零和寄存数码控制门。$D_0 \sim D_3$ 是数据输入端，$Q_0 \sim Q_3$ 是数据输出端，$\overline{Q_0} \sim \overline{Q_3}$ 是反码输出端。74LS175 的功能表见表 11.2.1。

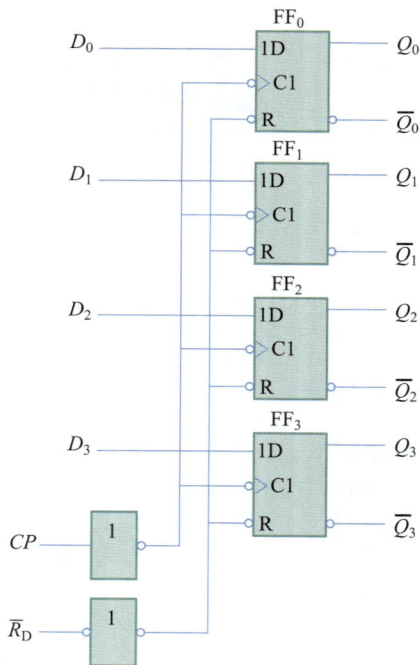

图 11.2.1
74LS175 的逻辑图

表 11.2.1   74LS175 的功能表

输入			输出		输入			输出	
$\overline{R_D}$	CP	D	Q^{n+1}	$\overline{Q^{n+1}}$	$\overline{R_D}$	CP	D	Q^{n+1}	$\overline{Q^{n+1}}$
0	×	×	**0**	**1**	**1**	↑	**0**	**0**	**1**
1	↑	**1**	**1**	**0**	**1**	**0**	×	Q^n	$\overline{Q^n}$

其功能如下：

（1）异步清零

在 $\overline{R_D}$ 端加负脉冲，各触发器异步清零。清零后，应将 $\overline{R_D}$ 接高电平，以不妨碍数码的寄存。

（2）并行数据输入

在 $\overline{R_D}=\mathbf{1}$ 的前提下，将所要存入的数据 D 依次加到数据输入端，在 CP 脉冲上升沿的作用下，数据将被并行存入。

（3）记忆保持

在 $\bar{R}_D=1$，CP 无上升沿（通常接低电平）时，则各触发器保持原状态不变，寄存器处在记忆保持状态。

（4）并行输出

此功能使触发器可同时并行取出已存入的数码及它们的反码。

笔 记

11.2.2　移位寄存器

移位寄存器除了具有存储代码的功能以外，还具有移位功能，即寄存器里存储的代码能在移位脉冲的作用下依次左移或右移。所以，移位寄存器不但可以用来寄存代码，还可以用来实现数据的串行与并行转换、数值的运算以及数据处理等。

图 11.2.2 所示电路是由边沿触发结构的 D 触发器组成的 4 位移位寄存器。其中触发器 FF_0 的输入端接收输入信号，其余的每个触发器输入端均与前边一个触发器的 Q 端相连。

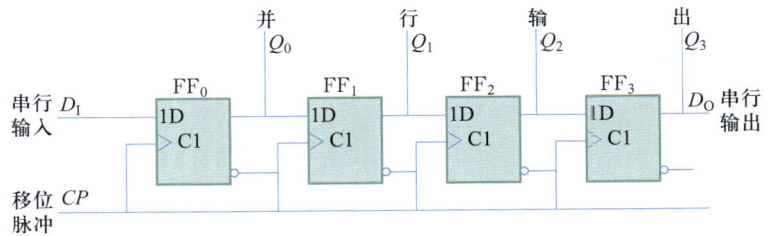

图 11.2.2
用 D 触发器构成的移位寄存器

11.2.3　集成寄存器芯片

集成寄存器又叫锁存器，用来暂存中间运算结果，如仪器、仪表中的数据暂存，用以防止显示器闪烁等。本节将介绍常用的两种寄存器芯片。

1. 74LS373 锁存器

图 11.2.3 所示是八 D 锁存器 74LS373 的逻辑图，它采用 8 个 D 触发器作 8 位寄存单元，具有三态输出结构，G_1 是输出控制门，G_2 是锁存允许控制门，$1D\sim8D$ 是 8 个数据输入端，$1Q\sim8Q$ 是 8 个输出端。

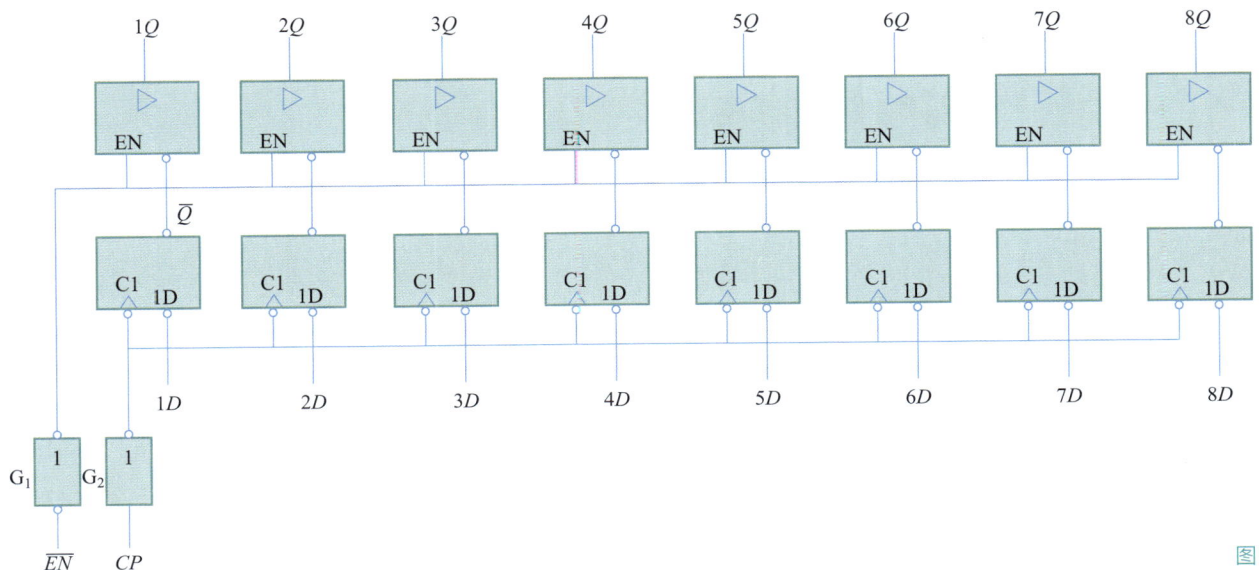

图 11.2.3
八 D 锁存器 74LS373 逻辑图

笔 记

锁存数据的过程是：先将要锁存的数据传入各 D 端，再使 $CP=1$，则 D 端数据就被存入各触发器。当 $CP=0$ 时，数据被锁存在各触发器中。要使被锁存的数据输出，可使 $\overline{EN}=0$，数据将通过三态门输出。在 $\overline{EN}=1$ 时，三态门处于高阻状态。由此可得其功能表见表 11.2.2。

表 11.2.2   74HC373 锁存器功能表

$\overline{EN}$	CP	D	Q^{n+1}	说明
1	×	×	Z	高阻
0	0	×	Q^n	保持
	1	D	D	寄存

2. 74LS164 移位寄存器

图 11.2.4 所示为 8 位移位寄存器 74LS164 的逻辑图。其中 8 个 D 触发器作为 8 位移位寄存单元，G_1 是清 0 控制门，G_2 是 CP 脉冲控制门，G_3 是串行数据输入端，$Q_0 \sim Q_7$ 是 8 位并行输出端。

① 清零。令 $\overline{CR}=0$，则 $Q_0 \sim Q_7$ 皆为 0；清 0 后应使 $\overline{CR}=1$，才能正常寄存。

② 寄存和移位。两个数据输入端 D_{SA} 和 D_{SB} 是与的关系，在 $CP \uparrow$ 将数据存入 FF_0，FF_0 中的数据移至 FF_1，FF_1 中原来的数据移至 FF_2，依次类推，实现移位寄存，若用逻辑门控制数据的移动方向，就可实现左移或右移的双向移位寄存功能。

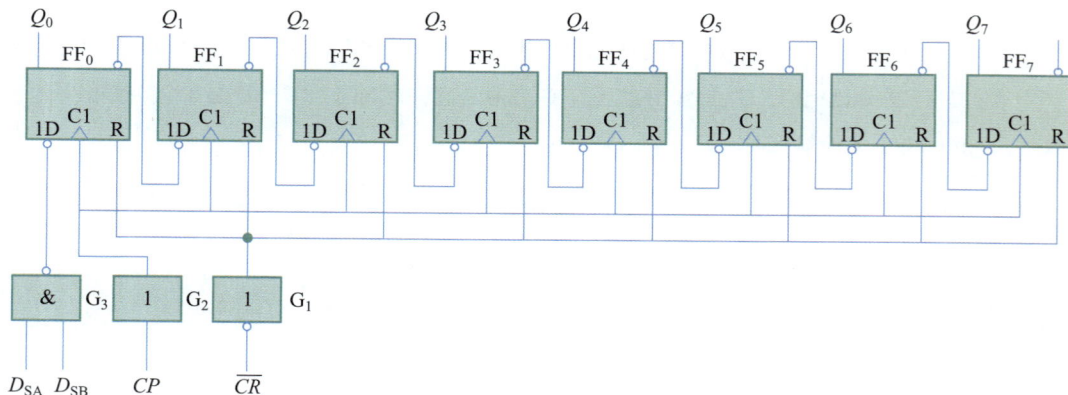

图 11.2.4
8 位串行移位寄存器 74LS164

11.3   计数器

教学课件：
计数器

具有计数功能的逻辑器件称为计数器，计数器内部的基本计数单元是由触发器组成的。

集成计数器的品种系列很多，目前用得最多、性能较好的还是高速 CMOS 集成计数器，其次为 TTL 计数器。学习集成计数器，要在初步了解其工作原理的基础上，着重注意使用方法。

11.3.1 计数器概述

1. 计数器的分类

计数器的类型较多，它们都是具有记忆功能的触发器作基本计数单元，各触发器的连接方式不同，就构成了各种不同类型的计数器。

计数器按计数步长分，有二进制、十进制和任意进制计数器；按计数增减趋势分，有加计数、减计数和可加可减可逆的计数器，一般所说的计数器均指加计数器；按触发器的 CP 脉冲分，有同步和异步计数器；按内部器件分，有 TTL 和 CMOS 计数器等。

2. 计数器的基本原理

（1）异步二进制加法计数器

图 11.3.1 是 4 位二进制异步加法计数器的原理电路，它由 4 个下降沿的 JK 触发器作 4 位计数单元。图中，$J=K=1$，每一个 CP 脉冲的下降沿时触发器就翻一次，低位触发器的输出作高位触发器的 CP 脉冲，这种连接称为异步工作方式，各触发器的清零端受清零信号的控制。

由 JK 触发器的逻辑功能可见，一开始 4 位触发器被清零后，由于 CP 脉冲加于 FF_0 的 CP 端，所以 FF_0 的输出是见 CP 的下降沿就翻转一次，得 Q_0 的波形，而 Q_0 输出又作为 FF_1 的 CP 脉冲，FF_1 的输出是见 Q_0 的下降沿就翻转一次，得 Q_1 的波形，依次类推，可得此计数器的工作波形如图 11.3.1(b) 所示，这就是 4 位二进制加法计数器的工作波形，因为每个触发器都是每输入两个脉冲输出一个脉冲，是"逢二进一"，符合二进制加法计数器的规律。

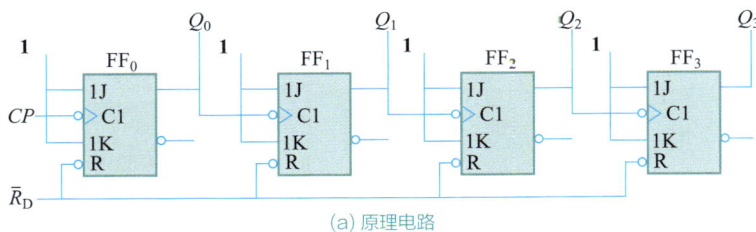

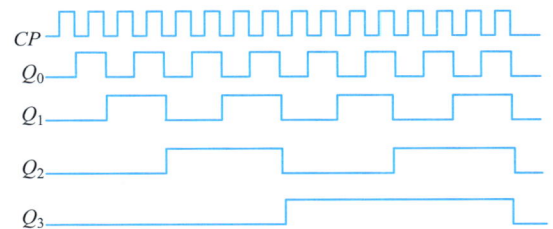

(a) 原理电路　　(b) 工作波形

图 11.3.1
二进制异步加法计数器原理图

（2）异步二进制减法计数器

将图 11.3.1(a) 的各 Q 端输出作下一个触发器的 CP 脉冲，改接为用 $\overline{Q}$ 端输出作下一个触发器的 CP 脉冲，得图 11.3.2(a) 所示的电路，这就是一个 4 位二进制减法计数器，其计数工作波形如图 11.3.2(b) 所示，即清零后，在第一个 CP 脉冲作用后，各触发器被翻转为 **1111**，这是一个"置位"动作，以后每来一个 CP 脉冲计数器就减 1，直到 **0000** 为止，符合二进制减法计数器的规律。

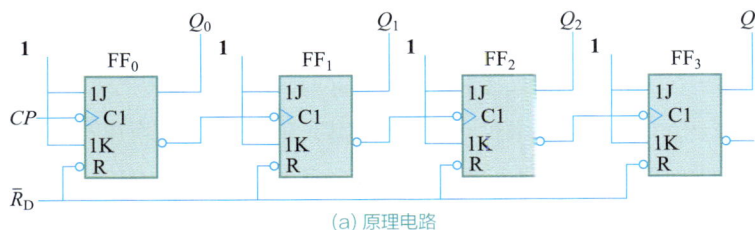

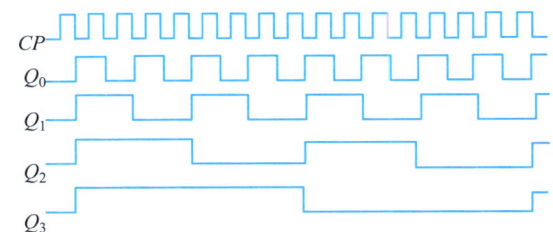

(a) 原理电路　　(b) 工作波形

图 11.3.2
由 JK 触发器组成的二进制异步减法计数器

笔 记

由以上分析不难看出，若用逻辑控制将 Q 端或 $\overline{Q}$ 端输出加给下一个触发器的 CP 端，就可以组成一个可加可减的可逆计数器，实际的可逆计数器正是如此。

由 D 触发器组成的二进制异步计数器如图 11.3.3 所示，它们的工作原理及波形可自行分析。分析时应注意两点：一是触发器在 CP 脉冲的上升沿翻转；二是每个触发器已接成 $D=\overline{Q^n}$ 的"计数"状态。图中清零端未画出。

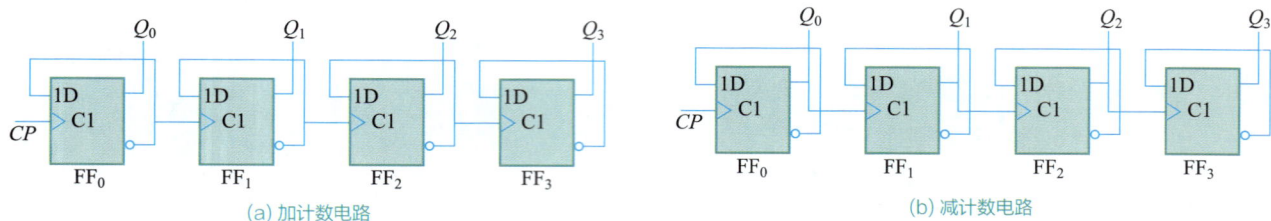

图 11.3.3
由 D 触发器组成的二进制计数器

(a) 加计数电路　　(b) 减计数电路

11.3.2　集成异步计数器及芯片

1. 集成异步二进制计数器

图 11.3.4 所示是 74HC393 双 4 位二进制异步计数器的逻辑图与外引线图。它是由 4 个 T 触发器作为 4 位计数单元，其中 FF_0 是在 T 端信号正边沿有效，而 $FF_1 \sim FF_3$ 是在 T 端信号负边沿有效。G_1 是清零控制门，它用正脉冲清零；G_2 是 CP 脉冲控制门。

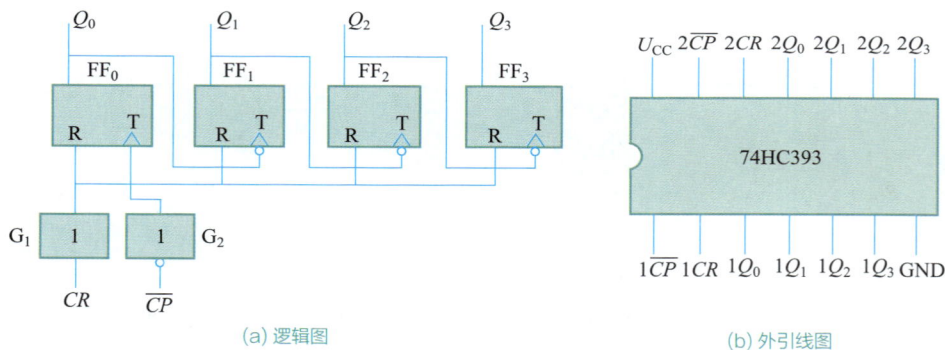

图 11.3.4
74HC393 集成异步二进制计数器

(a) 逻辑图　　(b) 外引线图

此计数器的工作原理如下：

（1）清零。使 $CR=1$（接高电平），则各触发器的清零端 $R=1$，使 $Q_3Q_2Q_1Q_0=0000$；清零后应使 $CR=0$，各触发器才能计数。

（2）计数。设 $\overline{CP}$ 端的计数脉冲如图 11.3.5 中 $\overline{CP}$ 所示，$\overline{CP}$ 经 G_2 反相后，在其上升沿（$\overline{CP}$ 的下降沿）加给 FF_0 的下端，所以 Q_0 是在 $\overline{CP}$ 的每一个下降沿就翻转一次，得 Q_0 波形如图 11.3.5 所示。Q_0 输出又作为 FF_1 的 T 端计数信号，FF_1 在每一个 Q_0 的下降沿翻转一次，得 Q_1 波形，依此类推，可得图 11.3.5 的工作波形，由波形得其真值表见表 11.3.1。综上所述，可得出 74HC393 的功能表见表 11.3.2。

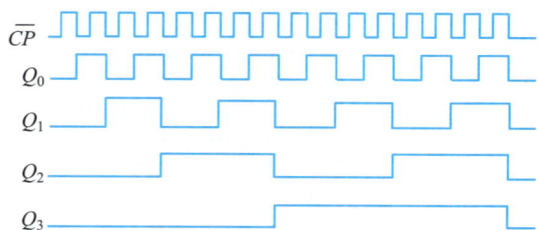

图 11.3.5
74HC393 二进制计数工作波形

表 11.3.1　74HC393 真值表

CP 的顺序	Q_3	Q_2	Q_1	Q_0	CP 的顺序	Q_3	Q_2	Q_1	Q_0
0	0	0	0	0	9	1	0	0	1
1	0	0	0	1	10	1	0	1	0
2	0	0	1	0	11	1	0	1	1
3	0	0	1	1	12	1	1	0	0
4	0	1	0	0	13	1	1	0	1
5	0	1	0	1	14	1	1	1	0
6	0	1	1	0	15	1	1	1	1
7	0	1	1	1	16	0	0	0	0
8	1	0	0	0					

表 11.3.2　74HC393 功能表

CR	$\overline{CP}$	Q_3	Q_2	Q_1	Q_0
1	×	0	0	0	0
0	↓	计数			

笔 记

2. 集成异步十进制计数器

图 11.3.6 是集成异步十进制计数器 74LS290 的逻辑图。它由 4 个负边沿 JK 触发器组成 1 位十进制计数单元。$\overline{CP}_A$ 和 $\overline{CP}_B$ 均为计数输入端，$R_{0(1)}$ 和 $R_{0(2)}$ 为置零控制端，$S_{9(1)}$ 和 $S_{9(2)}$ 为置 9 控制端。

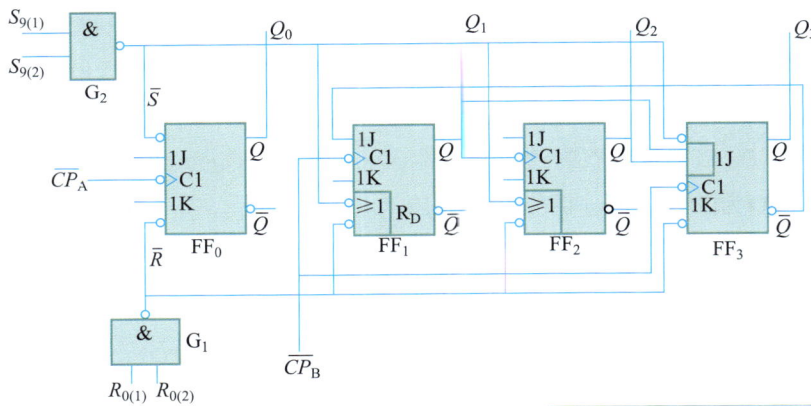

图 11.3.6
74LS290 十进制计数器逻辑图

当信号从 $\overline{CP}_A$ 端输入，从 Q_0 端输出时，它是 1 个二分频电路，即 1 位二进制计数器。当信号从 $\overline{CP}_B$ 端输入、从 Q_3 端输出时，它是 1 个五分频电路，即五进制计数器。当信号从 $\overline{CP}_A$ 端输入，并将 Q_0 与 $\overline{CP}_B$ 相连，从 Q_0、Q_1、Q_2、Q_3 输出时，就是 1 个 8421BCD 码的十进制计数器，所以 74LS290 也称为二 – 五 – 十进制计数器。其功能见表 11.3.3。

表 11.3.3　74LS290 功能表

输入					输出			
$R_{0(1)}$	$R_{0(2)}$	$S_{9(1)}$	$S_{9(2)}$	$\overline{CP}$	Q_3	Q_2	Q_1	Q_0
1	1	0	×	×	0	0	0	0
1	1	×	0	×	0	0	0	0
×	×	1	1	×	1	0	0	1
×	0	×	0	↓	计数			
0	×	0	×	↓	计数			
0	×	×	0	↓	计数			
×	0	0	×	↓	计数			

（1）异步置 9

当 $S_{9(1)}=S_{9(2)}=1$ 时，计数器置 9。即 $Q_3Q_2Q_1Q_0=1001$。此项不需要 CP 配合的异步操作。

（2）异步清零

在 $S_{9(1)} \cdot S_{9(2)}=0$ 状态下，当 $R_{0(1)}=R_{0(2)}=1$ 时，计数器异步清零。

（3）计数

在 $S_{9(1)}S_{9(2)}=0$ 和 $R_{0(1)} \cdot R_{0(2)}=0$ 同时满足的前提下，在 CP 下降沿可进行计数。若在 $\overline{CP}_A$ 端输入脉冲，则 Q_1 实现二进制计数；若在 $\overline{CP}_B$ 端输入脉冲，则 $Q_3Q_2Q_1$ 从 $000~100$ 构成五进制计数器；若将 Q_0 端与 $\overline{CP}_B$ 端相连，在 $\overline{CP}_A$ 端输入脉冲，则 $Q_3Q_2Q_1Q_0$ 从 $0000~1001$ 构成 8421BCD 十进制计数器。

11.3.3　集成同步计数器及芯片

同步计数就是计数器中各触发器在同一个 CP 脉冲作用下，同时翻转到各自确定的状态。为了同时翻转，需要用很多门来控制，所以同步计数器的电路复杂，但计数速度快，多用在计算机中；而异步计数电路简单，但计数速度慢，多用于仪器、仪表中。

集成同步计数器种类繁多，常见的集成同步计数器见表 11.3.4。

下面以集成二进制同步计数器 74161 为例作介绍。如图 11.3.7 所示，它由四个 JK 触发器作 4 位计数单元，其中，$\overline{R}_D$ 是异步清零端，$\overline{LD}$ 是预置数控制端，CP 是计数脉冲输入端，A、B、C、D 是四个并行数据输入端，Q_A、Q_B、Q_C、Q_D 为输出端，EP 和 ET 是计数使能端，RCO 为进位输出端，供芯片扩展使用。

表 11.3.4　同步计数器芯片

型号	功能
74LS160	4 位十进制同步计数器（异步清除）
74LS161	4 位二进制同步计数器（异步清除）
74LS162	4 位十进制同步计数器（同步清除）
74LS163	4 位二进制同步计数器（同步清除）
74LS190	4 位十进制加 / 减同步计数器
74LS191	4 位二进制加 / 减同步计数器
74LS192	4 位十进制加 / 减同步计数器（双时钟）
74LS193	4 位二进制加 / 减同步计数器（双时钟）

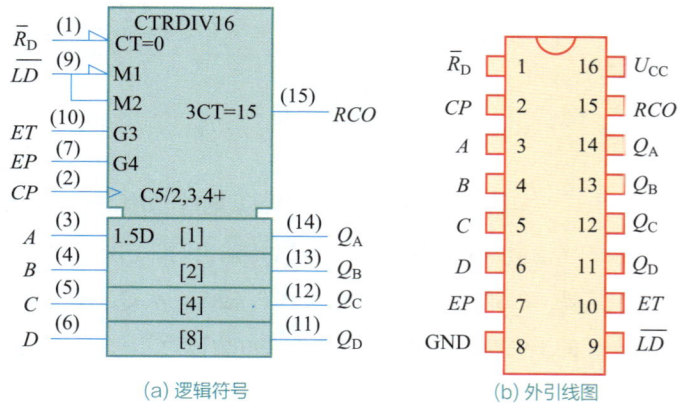

图 11.3.7
同步二进制计数器 74161

74161 为 4 位同步二进制计数器，其功能见表 11.3.5。

（1）异步清零

当 $\overline{R}_D=0$ 时，无论其他输入端如何，均可实现四个触发器全部清零。清零后，$\overline{R}_D$ 端应接高电平，以不妨碍计数器正常计数工作。

（2）同步并行置数

74161 具有并行输入数据功能，这项功能是由 $\overline{LD}$ 端控制的。当 $\overline{LD}=0$ 时，在 CP 上

表 11.3.5　74161 功能表

输入					输出
CP	$\overline{LD}$	$\overline{R}_D$	EP	ET	Q
×	×	L	×	×	全 "L"
↑	L	H	×	×	预置数据
↑	H	H	H	H	计数
×	H	H	L	×	保持
×	H	H	×	L	保持

升沿的作用下，四个触发器同时接收并行数据输入信号，使 $Q_DQ_CQ_BQ_A=DCBA$，计数器置入初始数值，此项操作必须有 CP 上升沿配合，并与 CP 上升沿同步，所以称为同步置数功能。

（3）同步二进制加法计数

在 $\overline{R}_D=\overline{LD}=1$ 状态下，若计数控制端 $EP=ET=1$，则在 CP 上升沿的作用下，计数器实现同步 4 位二进制加法计数，若初始状态为 **0000**，则在此基础上加法计数到 **1111** 状态，若已置数 $DCBA$，则在置数基础上加法计数到 **1111** 状态。

（4）保持

在 $\overline{R}_D=\overline{LD}=1$ 状态下，若 EP 与 ET 中有一个为 **0**，则计数器处于保持状态。此外，74161 有超前进位功能。其进位输出端 $RCO=ET \cdot Q_A \cdot Q_B \cdot Q_C \cdot Q_D$，即当计数器状态达到最高 **1111** 并且计数控制端 $ET=1$ 时，$RCO=1$，发出进位信号。

综上所述，74161 是有异步清零，同步置数的 4 位同步二进制计数器。

74LS161 在内部电路结构形式上与 74161 有些区别，但外引线的配置、排列以及功能都与 74161 相同。此外，有些同步计数器（例如 74LS162、74LS163）是采用同步置零方式的，应注意与异步置零方式的区别。在同步置零的计数器电路中，$\overline{R}_D$ 出现低电平后要等 CP 信号到达时才能将触发器置零。而在异步置零的计数器电路中，只要 $\overline{R}_D$ 出现低电平，触发器立即被置零，不受 CP 的控制。

在集成同步二进制计数器中，还有一种双时钟加 / 减计数器应用广泛。下面以同步 4 位二进制加 / 减计数器 74HC193 为例，表 11.3.6 为其功能表，图 11.3.8 为其外引线图。现将其外引线和功能表结合起来看，可得：

笔 记

动画：同步 4 位二进制计数器 74LS161

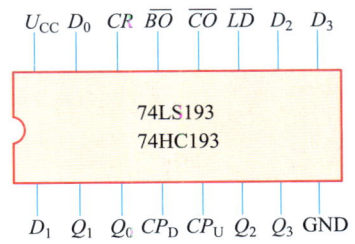

表 11.3.6　74HC193 功能表

	输入				输出
CR	$\overline{LD}$	CP_UCP_D	$D_3D_2D_1D_0$	$Q_3Q_2Q_1Q_0$	
1	×	× ×	× × × ×	**0000**	
0	0	× ×	$d_3d_2d_1d_0$	$d_3d_2d_1d_0$	
	1	↑ 1	× × × ×	加计数	
		1 ↑	× × × ×	减计数	

图 11.3.8
74HC193 外引线图

（1）清零控制

CR 清零端，当 $CR=1$ 时，输出 $Q_3Q_2Q_1Q_0=0000$；平时 CR 应接低电平，以不妨碍计数。

（2）置数控制

$\overline{LD}$ 是置数控制端，当 $\overline{LD}=0$ 时，输入数据 $d_3 \sim d_0$ 对应置入计数器，使 $Q_3Q_2Q_1Q_0=d_3d_2d_1d_0$，此种工作方式又称为并行送数。

（3）加 / 减控制

CP_U 是串行加计数输入端，当 CP_U 端有计数脉冲输入时，计数器做加法计数；CP_D 是串

笔 记

行减计数输入端，当 CP_D 端有计数脉冲输入时，计数器做减法计数。加到 CP_U 和 CP_D 上的计数脉冲在时间上应该错开。

（4）进位 / 借位输出

$\overline{CO}$ 是进位输出端，$\overline{BO}$ 是借位输出端，它们可供级联使用。

11.3.4   任意进制计数器

在集成计数器中，只有二进制和十进制计数器两大系列，但常要用到七进制、十二进制、二十四进制和六十进制计数等。一般将二进制和十进制以外的进制统称为任意进制。要实现任意进制计数，只有利用集成二进制或十进制计数器，采用反馈归零或反馈置数法来实现所需的任意进制计数。

要实现任意进制计数器，必须选择使用一些集成二进制或十进制计数器的芯片。

假设已有 N 进制计数器，而需要得到的是 M 进制计数器。这时有 $M<N$ 和 $M>N$ 两种可能的情况。下面分别讨论两种情况下构成任意一种进制计数器的方法。

1. $M<N$ 的情况

在 N 进制计数器的顺序计数过程中，设法跳越 $N-M$ 个状态，就可以得到 M 进制计数器了。实现跳跃的方法有置零和置数法两种。

置零法适用于有异步置零输入端的计数器。它的工作原理为：设原有的计数器为 N 进制，当它从全零状态 S_0 开始计数并接收了 M 个计数脉冲后，电路进入 S_M 状态。如果将 S_M 状态译码产生一个置零信号加到计数器的异步置零输入端，则计数器将立刻返回 S_0 状态，这样就可以跳过 $N-M$ 个状态而得到 M 进制计数器。图 11.3.9 所示为获得任意进制计数器的两种。

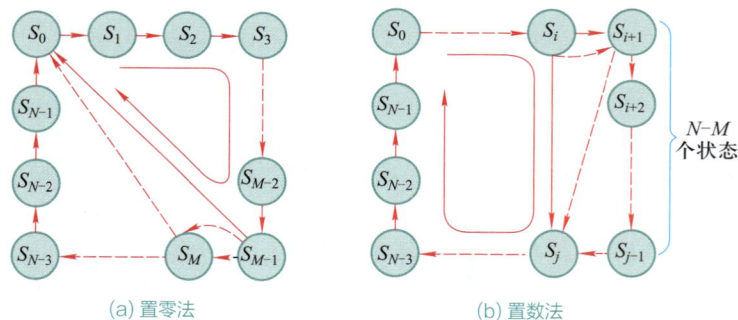

图 11.3.9
获得任意进制计数器的两种方法

(a) 置零法   (b) 置数法

由于电路一进入 S_M 状态后立即又被置成 S_0 状态，所以 S_M 状态仅在极短的瞬时出现，在稳定的状态循环中不包括 S_M 状态。

置数法和置零法不同，它通过给计数器重复置入某个数值的方法跳越 $N-M$ 个状态，从而获得 M 进制计数器。置数操作可以在电路的任何一个状态下进行。这种方法适用于有预置数功能的计数器电路。

例 11.3.1   试利用同步十进制计数器 74160 接成同步六进制计数器。

解   因为 74160 兼有异步置零和预置数功能，所以置零法和置数法均可采用。

图 11.3.10 所示电路是采用异步置零法接成的六进制计数器。当计数器记成 $Q_3Q_2Q_1Q_0$=**0110** 状态时，担任译码器的门 G 输出低电平信号给 $\overline{R_D}$ 端，将计数器置零，回到 **0000** 状态。

采用置数法时可以从循环中的任何一个状态置入适当的数值而跳越 $N-M$ 个状态，得到 M 进制计数器。图 11.3.11 所示电路给出两个不同的方案。其中图 (a) 的接法是用 $Q_3Q_2Q_1Q_0=0101$ 状态译码器产生 $\overline{LD}=0$ 信号，下一个 CP 信号到达时置入 0000 状态，从而跳过 $0110\sim1001$ 这 4 个状态，得到六进制计数器。图 (b) 是用 0100 状态译码产生 $\overline{LD}=0$ 信号，下个 CP 信号到来时置入 1001，从而跳过 $0101\sim1000$ 这 4 个状态，得到六进制计数器。

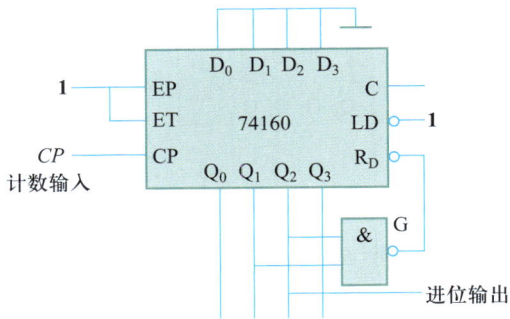

图 11.3.10
用置零法将 74LS160 接成六进制计数器

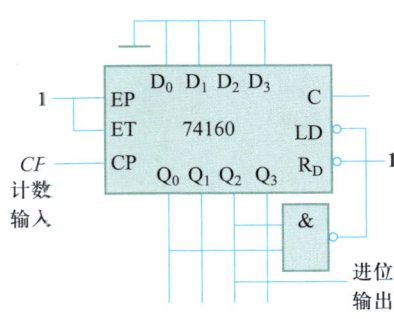

(a) 置入 0000

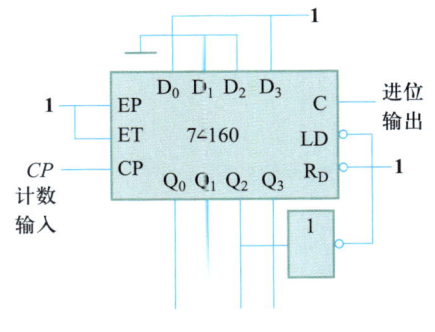

(b) 置入 1001

图 11.3.11
用置数法将 74160 接成六进制计数器

例 11.3.2 试用 74161 构成十进制加法计数器。

解 利用 74161 的异步清零 $\overline{R}_D$，强行中止其计数趋势，如设初态为 0，则在前 9 个计数脉冲作用下，计数器按 4 位二进制规律正常计数，而当第 10 个计数脉冲到来后，计数器状态为 1010，这时，通过与非门强行将 $\overline{R}_D$ 变为 0，借助异步清零功能，使计数器变 0，从而实现十进制计数器。连接方式如图 11.3.12 所示。在此电路工作中，1010 状态会瞬间出现，但并不属于有效循环。照此方法，可用 74161 方便地构成任何模小于 16 的计数器。

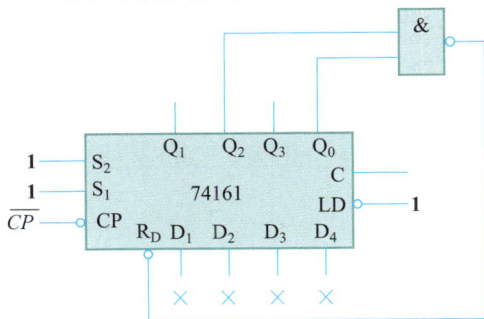

图 11.3.12
例 11.3.2 图

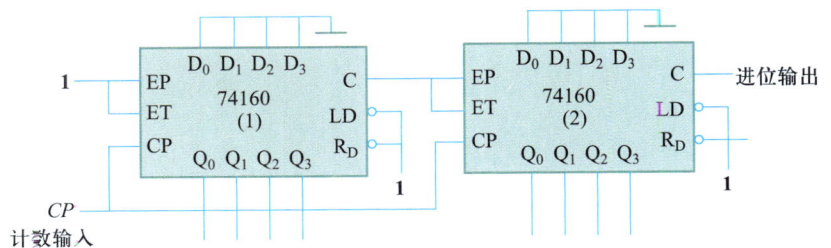

图 11.3.13
例 11.3.3 电路的并行进位方式

2. M>N 的情况

这时必须用多片 N 进制计数器组合起来，才能构成 M 进制计数器。各片之间的连接方式可分为串行进位方式、并行进位方式、整体置零方式和整体置数方式几种。下面仅以两片之间的连接为例加以说明。

例 11.3.3 试用两片同步十进制计数器连成百进制计数器。

解 图 11.3.13 所示电路是并行进位方式的接法。以第 1 片的进位输出 C 作为第 2 片的 EP 和 ET 输入，每当第 1 片成 9(1001) 时 C 变为 1，下个 CP 信号到达时第 2 片为计数工作状态，计入 1，而第 1 片计成 0(0000)，它的 C 端回到低电平。第 1 片的工作状态控制端 EP 和 ET 恒为 1 使计数器始终处在计数工作状态。

图 11.3.14 所示电路是串行进位方式的连接方式。两片的 EP 和 ET 恒为 **1**，都工作在计数状态。当第 1 片计到 9(**1001**) 时 C 端输出变为高电平，经反相器后使第 2 片的 CP 端为低电平。下个计数输入脉冲到达后，第 1 片计成 0(**0000**) 状态，C 端跳回低电平，经反相后使第 2 片的输入端产生一个正跳变，于是第 2 片计入 **1**。

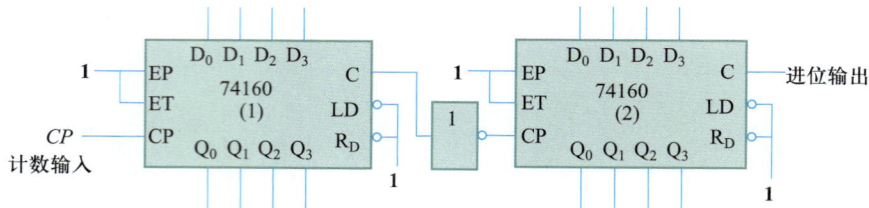

图 11.3.14
例 11.3.3 所示电路的串行进位方式

笔 记

例 11.3.4 用集成计数器实现六十进位制计数。

解 六十进位制计数，要有两位，其中个位是十位制计数，十位是六进制计数器，合起来就构成六十进制计数电路。

图 11.3.15 所示为用 74HC390 接成六十进制计数器的原理接线图。图 11.3.15(a) 为 74HC390 的引脚图，它是双十进制计数器，其内部每个十进制计数电路与前面讲过的 74LS290 相类似。$\overline{CP}_A$ 是第一个触发器的计数脉冲输入端，$\overline{CP}_B$ 是作五进制计数时脉冲输入端。将图中 $1Q_0$ 接 $1\overline{CP}_B$，$2Q_0$ 接 $2\overline{CP}_B$ 正是将它们首先接成十进制计数。然后在第二个计数器出现 **0110** 状态时来控制清零信号，实现六进制计数，这样构成六十进制计数器。

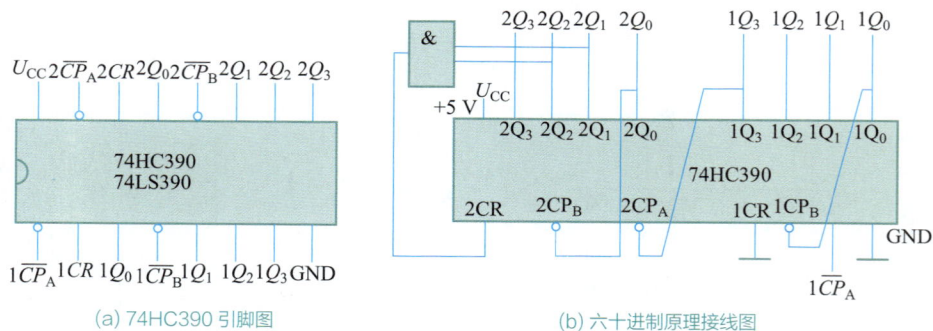

(a) 74HC390 引脚图   (b) 六十进制原理接线图

图 11.3.15
用 74HC390 接成的六十进制接线图

11.4 时序逻辑电路的分析方法

教学课件：
时序逻辑电路
的分析方法

11.4.1 时序逻辑电路的分类及状态描述

通过前面讨论知道，在组合逻辑电路中，任何一个给定时刻的稳定输出仅仅取决于该时刻的输入，而与以前各时刻的输入无关。而在时序逻辑电路中，某一给定时刻的输出不仅取决于该时刻的输入，而且还取决于该时刻电路所处的状态。故时序电路是一种有记忆电路。组合逻辑电路由基本逻辑门构成，而时序逻辑电路是由组合逻辑电路和存储电路构成。图

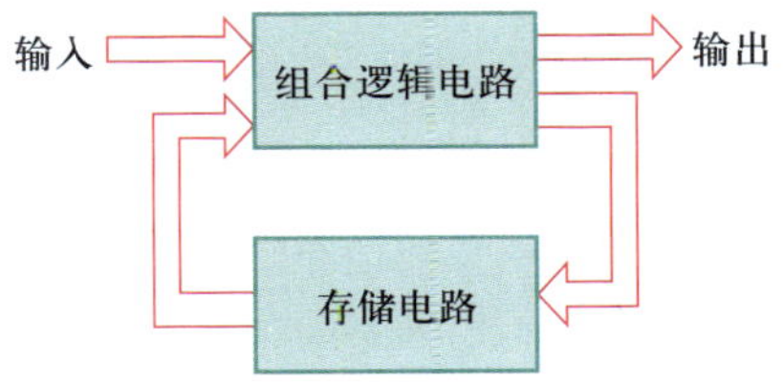

11.4.1 是时序逻辑电路方框图。由图中看到，电路某一时刻的输出状态，通过存储电路记忆下来，并与电路现时刻的输入共同作用产生一个新的输出。由于有了有记忆的存储电路，使时序逻辑电路每时每刻的输出必须考虑电路的前一个状态。时序逻辑电路中有记忆功能的存储电路通常由触发器担任。

图 11.4.1
时序逻辑电路方框图

时序逻辑电路按其触发器翻转的次序可分为同步时序逻辑电路和异步时序逻辑电路。在同步时序逻辑电路中，所有触发器的时钟端均连在一起由同一个时钟脉冲触发，使之状态的变化都与输入时钟脉冲同步。在异步时序逻辑电路中，只有部分触发器的时钟端与输入时钟脉冲相连而被触发，而其他触发器则靠时序电路内部产生的脉冲触发，故其状态变化不同步。

时序逻辑电路的基本功能电路是计数器和寄存器，讨论时序逻辑电路主要是根据逻辑图得出电路的状态转换规律，从而掌握其逻辑功能。时序逻辑电路的输出状态可通过状态表、状态图及时序图来表示。

同步时序电路的工作速度高于异步时序电路，但其电路结构往往比异步时序电路复杂。

笔记

11.4.2　时序逻辑电路的分析步骤

1. 确定时序电路工作方式

时序电路有同步电路和异步电路之分，同步电路中各触发器的时钟端均与总的时钟相连，即 $CP_1=CP_2=\cdots=CP$，这样在分析电路时每一个触发器所受时钟控制是相同的，可总体考虑，而异步电路中各触发器的时钟脉冲是不完全相同的，故在分析电路时必须分别考虑，以确定触发器的翻转条件。

2. 写驱动方程

驱动方程即为各触发器控制输入端的逻辑表达式，它们决定着触发器的未来状态，驱动方程必须根据逻辑图的连线得出。

3. 确定状态方程

状态方程也称为次态方程，它表示了触发器次态与现态之间的逻辑关系。状态方程是将各触发器的驱动方程代入特性方程而得到的。

4. 写输出方程

若电路有外部输出，如计数器的进位输出，则要写出这些输出的逻辑表达式，即输出方程。

5. 列状态表

状态表即状态转换真值表，它是将电路所有现态依次列举出来，分别代入各触发器的状态方程中求出相应的次态并列成表。通过状态表可分析出时序电路的转换规律。

6. 状态图和时序图

状态图和时序图是描述时序电路逻辑功能的另外两种方法。状态图是将状态表变成了图形的形式，而时序图即为电路的时序波形图，为了分析直观，这两种形式也是必不可少的。

11.4.3　时序逻辑电路的分析举例

1. 同步时序电路分析举例

例 11.4.1　分析图 11.4.2 所示逻辑电路的逻辑功能。

解　① 电路工作方式

该电路由三个 JK 触发器和三个**与**门构成。时钟脉冲 CP 分别连接到每个触发器的时钟脉冲输入端，此电路是一个同步时序逻辑电路。所以

$$CP_0=CP_1=CP_2=CP$$

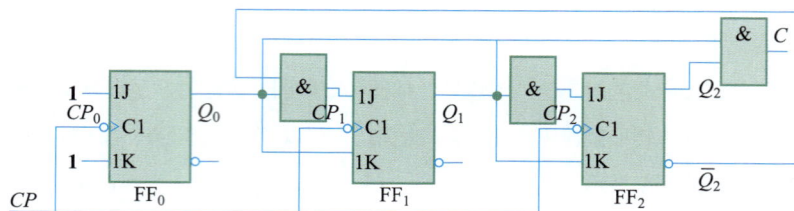

图 11.4.2
例 11.4.1 逻辑电路

② 驱动方程

$$J_0=1 \qquad J_1=\overline{Q_2^n}\,Q_0^n \qquad J_2=Q_1^nQ_0^n$$

$$K_0=1 \qquad K_1=Q_0^n \qquad K_2=Q_0^n$$

③ 状态方程

将上述驱动方程代入 JK 触发器的特性方程 $Q^{n+1}=J\,\overline{Q^n}+\overline{K}Q^n$，得此电路的状态方程为

$$Q_0^{n+1}=\overline{Q_0^n}$$

$$Q_1^{n+1}=\overline{Q_2^n}\,\overline{Q_1^n}\,Q_0^n+Q_1^n\,\overline{Q_0^n}$$

$$Q_2^{n+1}=\overline{Q_2^n}\,Q_1^nQ_0^n+Q_2^n\,\overline{Q_0^n}$$

④ 输出方程　　　　　　　　　　　$C=Q_2^nQ_0^n$

⑤ 状态表

列状态表是分析过程的关键，其方法是依次设定电路现态 $Q_2^nQ_1^nQ_0^n$，代入状态方程及输出方程，得出相应的次态 $Q_2^{n+1}Q_1^{n+1}Q_0^{n+1}$ 及输出 C，见表 11.4.1。

表 11.4.1　例 11.4.1 状态表

现态			次态			输出
Q_2^n	Q_1^n	Q_0^n	Q_2^{n+1}	Q_1^{n+1}	Q_0^{n+1}	C
0	0	0	0	0	1	0
0	0	1	0	1	0	0
0	1	0	0	1	1	0
0	1	1	1	0	0	0
1	0	0	1	0	1	0
1	0	1	0	0	0	1
1	1	0	1	1	1	0
1	1	1	0	0	0	1

通常在列表时首先假定电路的现态 $Q_2^nQ_1^nQ_0^n$ 为 **000**，得出电路的次态 $Q_2^{n+1}Q_1^{n+1}Q_0^{n+1}$ 为

001，再以此态作为现态求出下一个次态 **010**，如此反复进行，即可列出所分析电路的状态表（如遇状态重复，可重新设定现态，见表 11.4.1 中后两行）。

⑥ 状态图

根据状态表可画出状态图，如图 11.4.3 所示。图中圈内数为电路的状态，箭头所指方向为状态转换方向，斜线右方的数为电路的输出参数 C。

⑦ 时序图

设电路的初始状态 $Q_2^n Q_1^n Q_0^n$ 为 **000**，根据状态表和状态图，可画出时序图如图 11.4.4 所示。

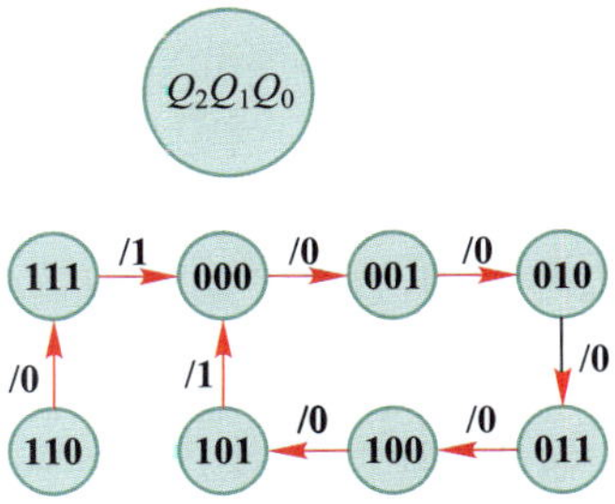

图 11.4.3
例 11.4.1 状态图

图 11.4.4
例 11.4.1 时序图

⑧ 逻辑功能分析

由状态表、状态图和时序图均可看出，此电路有 6 个有效工作状态，在时钟脉冲 CP 的作用下，电路状态有 **000~101** 反复循环。同时输出端 C 配合输出进位信号，所以此电路为同步六进制计数器。分析中发现还有 **110** 和 **111** 两个状态不在有效状态之内，正常工作时是不出现的，故称为无效状态。如果由于某种原因使电路进入到无效状态中，则此电路只有在时钟脉冲的作用下可自动过渡到有效工作状态中（见表 11.4.1 后两行），故称此电路可以自启动。

2. 异步时序电路分析举例

异步时序电路的分析与同步时序电路的分析基本相同，但由于在异步时序电路中并不是所有的触发器的 CP 端均与总的时钟脉冲相连，所以在分析时要特别注意每个触发器的时钟脉冲的连接方式，这样才能正确确定触发器的翻转情况。

例 11.4.2　图 11.4.5 所示是 74LS290 中的主体部分电路，试分析这部分电路的逻辑功能。

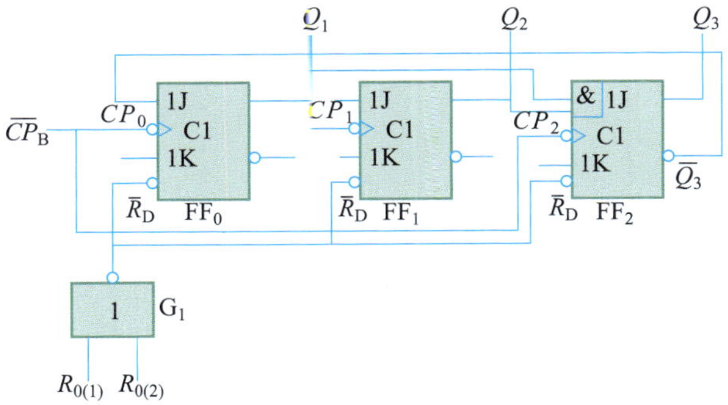

图 11.4.5
例 11.4.2 图

解　① 逻辑图

观察此逻辑图，它的 CP 端不是同一个信号，所以是异步工作的，其输出端为 $Q_3 Q_2 Q_1$；$\overline{R}_D$ 是清零端，用低电平清 **0**。

笔　记

笔 记

② 驱动方程

计数器各触发器输入端的逻辑函数式（又称为驱动方程、激励方程），它们决定了触发器次态的去向。由图可知其各触发器的驱动方程为

$$\begin{cases} J_1=\overline{Q_3^n} \\ K_1=1 \end{cases} \quad \begin{cases} J_2=1 \\ K_2=1 \end{cases} \quad \begin{cases} J_3=Q_2^nQ_1^n \\ K_3=1 \end{cases}$$

③ 状态方程

各触发器的次态方程称为状态方程。将各位触发器的驱动方程代入触发器的特征方程中，可得触发器的状态方程为

$$Q_1^{n+1}=J_1\overline{Q_1^n}+\overline{K_1}Q_1^n=\overline{Q_3^n}\,\overline{Q_1^n} \quad (CP_B \downarrow 有效)$$

$$Q_2^{n+1}=J_2\overline{Q_2^n}+\overline{K_2}Q_2^n=\overline{Q_2^n} \quad (Q_1 \downarrow 有效)$$

$$Q_3^{n+1}=J_3\overline{Q_3^n}+\overline{K_3}Q_3^n=\overline{Q_3^n}Q_2^nQ_1^n \quad (\overline{CP_B} \downarrow 有效)$$

④ 状态表

将计数器所有现态依次列举出来，再分别代入状态方程中，求出相应的次态并列成表格，这种表格就称为状态转换真值表，简称状态表，如表 11.4.2 所示。其中清 0 后各触发器现态为 **000**，下一个状态即其次态为 **001**，它就是在下一个状态的"现态"，依次类推，得出表 11.4.2。由表已经可以看出，这是一个五进制计数器，有 **000~100** 五种工作状态，称模数为五。

表 11.4.2　例 11.4.2 状态表

Q_2^n	Q_1^n	Q_3^{n+1}	Q_2^{n+1}	Q_1^{n+1}
0	0	0	0	1
0	1	0	1	0
1	0	0	1	1
1	1	1	0	0
0	0	0	0	0

⑤ 状态图

将计数器状态转换用图形方式来描述，这种图形称作状态图，如图 11.4.6(a) 所示。图中箭头示出转换方向。3 个触发器有 8(即 2^3) 种工作状态，现在只用了 5 种，**000~100** 形成的循环称为有效循环，还有 3 种状态 **101**、**110**、**111** 未被利用，称为无效状态。

⑥ 时序图（工作波形）

将计数器中各触发器的输出状态用波形来表示，这种波形就是时序图，它形象地表示了输入输出信号在时间上的对应关系。此计数器的工作波形如图 11.4.6(b) 所示。

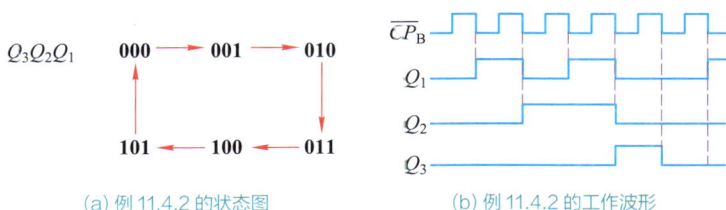

(a) 例 11.4.2 的状态图　　　　(b) 例 11.4.2 的工作波形

图 11.4.6
例 11.4.2 的状态图和工作波形

11.5　同步时序逻辑电路的设计方法

前面介绍了时序逻辑电路的分析方法，时序逻辑电路的设计与分析是相反的过程，它是根据给定的逻辑要求，通过设计，得到满足要求的时序逻辑电路。本节讨论同步时序逻辑电路的设计方法。

1. 同步时序逻辑电路设计步骤

① 设定状态图

根据设计要求，确定原始状态转换图，设所需设计电路有 N 个状态，则根据 $2^{n-1} < N \le 2^n$ 确定触发器个数 n，并得出状态转换图。

② 确定触发器类型

③ 得出状态卡诺图

④ 求出状态方程和输出方程

⑤ 检查能否自启动

⑥ 写出驱动方程

⑦ 画出逻辑图

2. 设计举例

例 11.5.1　设计一个同步六进制计数器。

解　① 设定状态图

根据题意 $N=6$，则选择 3 位触发器，即 $n=3$，设状态转换如图 11.5.1 所示。

② 确定触发器类型

可选用 JK 触发器，它有 2 个输入端，设计比较灵活。

③ 列出状态卡诺图

状态卡诺图是以现态作变量、次态作为函数列出的卡诺图，如现态为 **000**，则卡诺图中应填放相应的次态为 **001** 等，由此可得此计数器的卡诺图如图 11.5.2 所示。

④ 写出状态方程和输出方程

根据状态卡诺图，对其化简，可写出状态方程和输出方程，写方程时要以与 JK 触发器的特性方程相对应的形式来写，以便写驱动方程时对照。各触发器方程如下：

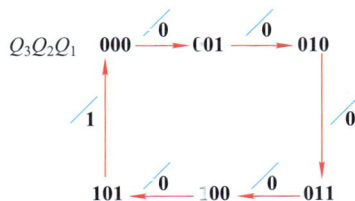

图 11.5.1
例 11.5.1 状态图

笔 记

$$Q_1^{n+1}=\overline{Q_1^n}=\mathbf{1}\overline{Q_1^n}+\overline{\mathbf{1}}Q_1^n$$

$$Q_2^{n+1}=Q_1^n\overline{Q_3^n}\,\overline{Q_2^n}+\overline{Q_1^n}Q_2^n$$

$$Q_3^{n+1}=Q_1^nQ_2^n\overline{Q_3^n}+\overline{Q_1^n}Q_3^n$$

$$C=Q_3^nQ_1^n$$

⑤ 检查能否自启动

本例中除列状态图时使用了 6 个有效状态外，还有 2 个未被利用的无效状态 **110**、**111**，所以必须检查能否自启动。检查时将无效状态依次代入状态方程和输出方程进行计算，看其次态能否进入有效状态。若不能，则在用卡诺图化简时要重新组合，甚至要重新选取状态图，以修改无效循环中的转换关系，切断无效循环，使之能够进入有效循环中。本例无效状态转换为

$$110\xrightarrow{/0}111\xrightarrow{/1}000$$

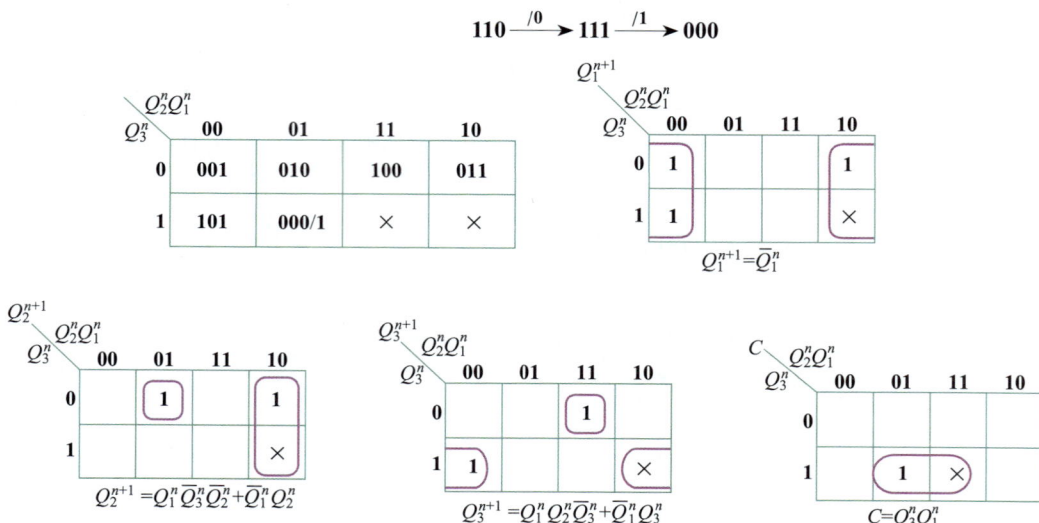

图 11.5.2
例 11.5.1 状态卡诺图

均能进入 **000** 有效状态，故能自启动。

⑥ 写出驱动方程

将计数器的状态方程对照所用触发器的特性方程，即可写出触发器的驱动方程。本例选用的 JK 触发器的特性方程为

$$Q^{n+1}=J\overline{Q^n}+\overline{K}Q^n$$

则得出各触发器驱动方程为

$$J_1=\mathbf{1}\qquad\qquad J_2=Q_1^n\,\overline{Q_3^n}\qquad\qquad J_3=Q_1^nQ_2^n$$

$$K_1=\mathbf{1}\qquad\qquad K_2=Q_1^n\qquad\qquad K_3=Q_1^n$$

⑦ 画出逻辑图

根据各触发器的驱动方程和输出方程，将 CP 采用同步连接，即可画出此计数器的逻辑图如图 11.5.3 所示，这样即完成了本题的设计工作。

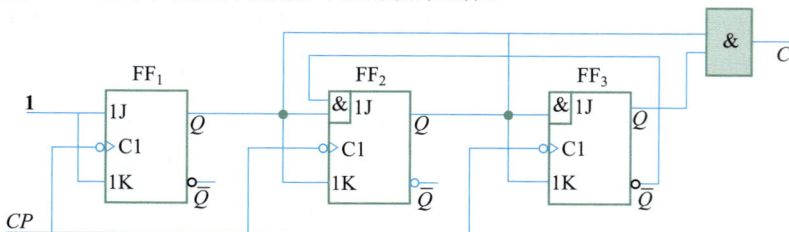

图 11.5.3
例 11.5.1 逻辑图

习题

11.1　在由**与非**门组成的基本 RS 触发器的 R 和 S 端分别加上如题 11.1 图所示的触发信号，画出输出端 Q 的波形（设初态 $Q=0$）。

11.2　同步 RS 触发器的 R、S、CP 端波形如题 11.2 图所示，画出输出端 Q 的波形（设初态 $Q=0$）。

11.3　上升沿触发 D 触发器波形如题 11.3 图所示，试画出 Q 端的波形（设初态 $Q=0$）。

11.4　负边沿 JK 触发器波形如题 11.4 图所示，试画出 Q 端的波形（设初态 $Q=0$）。

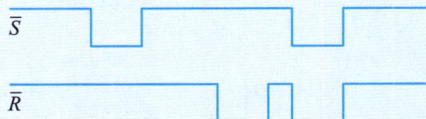

题 11.1 图

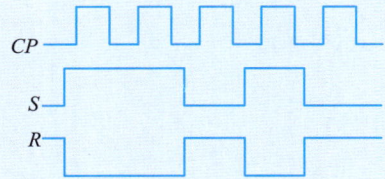

题 11.2 图

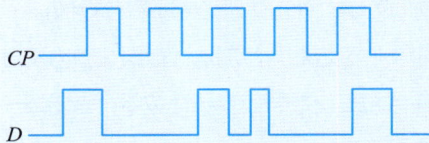

题 11.3 图

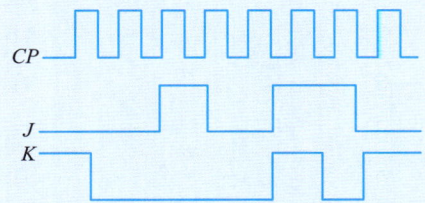

题 11.4 图

11.5　由 D 触发器和**与非**门组成的电路如题 11.5 图所示，试画出 Q 端的波形（设初态 $Q=0$）。

11.6　在题 11.6 图电路中，将两个方波信号加在输入端，试根据下列几种情况分析 LED 工作情况，画出 Q 端波形。(1) u_{I1} 与 u_{I2} 相位相同；(2) u_{I1} 与 u_{I2} 相位不同；(3) u_{I1} 与 u_{I2} 频率不同。

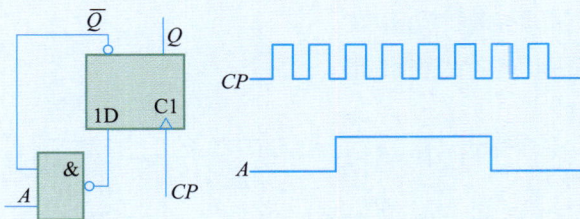

题 11.5 图

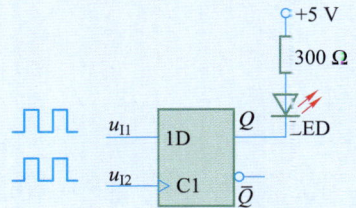

题 11.6 图

11.7　由两个 D 触发器组成电路如题 11.7 图，试画出 Q_1、Q_2 端的波形。

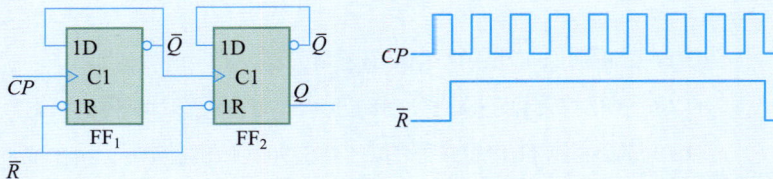

题 11.7 图

11.8 试画出题 11.8 图所示电路的 Q_1、Q_2 端的波形 (设初态 $Q_1=Q_2=0$)。

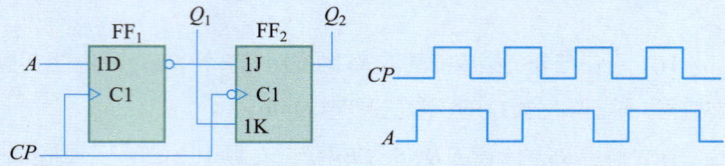

题 11.8 图

11.9 试画出题 11.9 图所示各触发器 Q 端波形 (设初态 $Q=0$)。

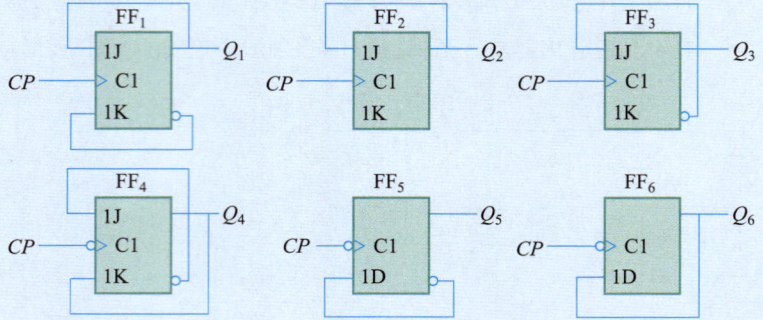

题 11.9 图

11.10 试画出题 11.10 图所示电路 Q、$\overline{Q}$、A、B 各端波形 (设初态 $Q=0$)。

11.11 试用上升沿 D 触发器组成一个 4 位二进制异步加法计数器，画出波形图。

11.12 试用上升沿 D 触发器组成一个 4 位二进制异步减法计数器，画出波形图。

11.13 分析题 11.13 图所示电路的逻辑功能。

11.14 分析题 11.14 图所示电路的逻辑功能。

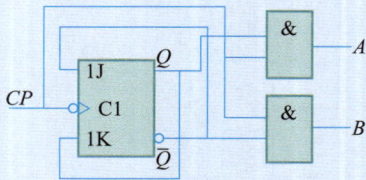

题 11.10 图

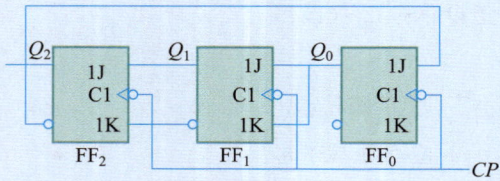

题 11.13 图

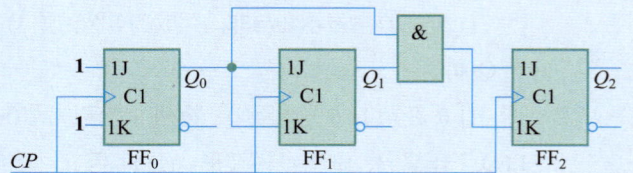

题 11.14 图

11.15 分析题 11.15 图所示电路的逻辑功能。

11.16 分析题 11.16 图所示电路的逻辑功能。

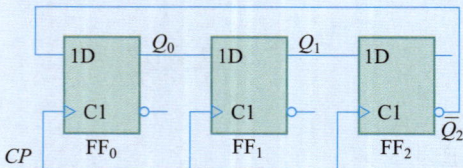

题 11.15 图

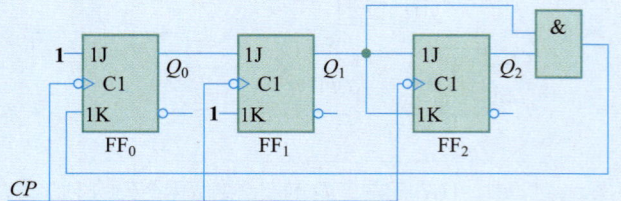

题 11.16 图

11.17 分析题 11.17 图所示电路的逻辑功能。

11.18 已知计数器波形如题 11.18 图所示，试确定该计数器的模。

11.19 试分析题 11.19 图所示的由 74LS290 构成的各电路分别组成几进制计数器。

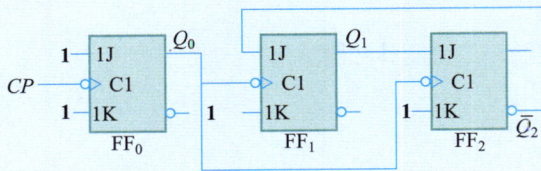

题 11.17 图

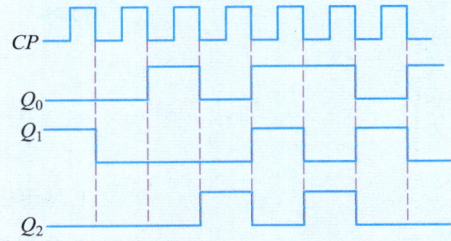

题 11.18 图

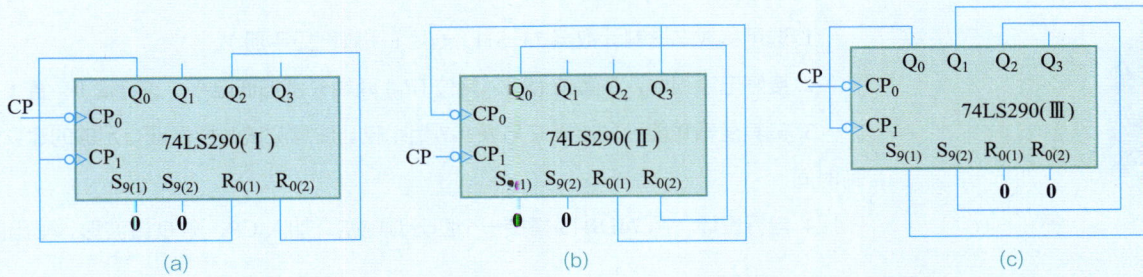

(a)　　　　(b)　　　　(c)

题 11.19 图

11.20 试分析题 11.20 图所示的由 74LS290 构成的电路组成几进制计数器。

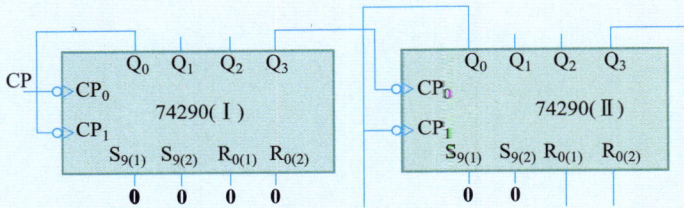

题 11.20 图

11.21 试分析题 11.21 图所示的由 74LS161 构成的电路组成几进制计数器。

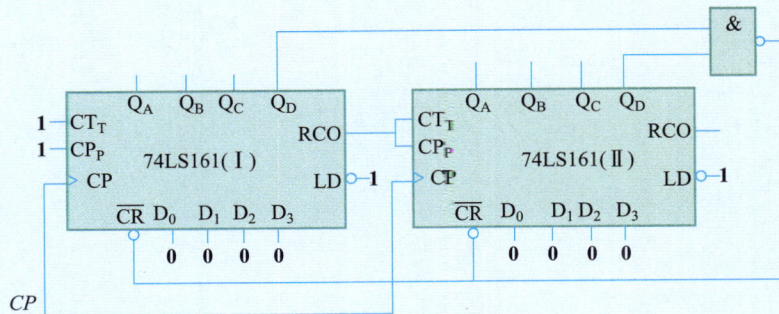

题 11.21 图

11.22 试用 74LS290 构成九进制计数器。

11.23 试用 74LS161 构成九进制计数器。

11.24 试用 74LS290 构成八十六进制计数器。

11.25 试用 74LS161 构成八十二进制计数器。

实验与技能操作训练

实验 二进制计数器

一、技能要求

1. 熟悉集成二进制计数器芯片。

2. 会测试并理解逻辑功能。

3. 熟悉简单应用。

二、实训内容

1. 选用集成二进制计数器 74LS113 一片（引脚图见手册）。

2. 接好电源和地，在置位 ($\overline{S}_\text{D}$)、复位 ($\overline{R}_\text{D}$) 两端分别加低电平，进行清 **0**，置 **1** 操作。

3. 测其逻辑功能，列出表并与表 9-7 相比较。注意测试时要保证有足够的建立时间和保持时间。

4. 自行设计，用 74LS113 搭接一个四分频电路，加入 CP，测 Q 端波形，画出波形图。

EDA仿真实验：
RS 和 D 触发器

由前面讨论可知，数字系统中所面对的都是离散的脉冲数字信号，这些脉冲信号有的是依靠脉冲信号源直接产生的，有的是利用各种整形电路对已有的脉冲信号进行波形变换得来的。能够产生脉冲波形和对其进行整形、变换的电路称为脉冲电路，主要包括用于产生脉冲信号的多谐振荡器，用于波形整形、变换的单稳态触发器和施密特触发器。这些电路分别由分立元件、集成逻辑门电路和集成电路来实现。本章主要讨论由集成逻辑门、集成电路及 555 定时器组成的多谐振荡器、单稳态触发器和施密特触发器的原理及应用。

12.1　石英晶体多谐振荡器

多谐振荡器是一种矩形波发生器，它无须外加输入信号，便可自动产生一定频率的具有高、低电平的矩形波形，它内含丰富的高次谐波分量，故称为多谐振荡器。由于多谐振荡器产生的矩形脉冲一直在高、低电平间相互转换，没有稳定状态，所以也称为无稳态电路。以下只介绍石英晶体多谐振荡器。

由于 CMOS 门电路输入阻抗高，无须大电容就能获得较大的时间常数，而且 CMOS 门电路的阈值电压稳定，所以常用来构成低频多谐振荡器。但是由于多谐振荡器频率稳定性较差，当电源电压波动、温度变化、RC 参数变化时，频率均要随其波动。在对频率稳定性要求比较高的设备中，则可采用由石英晶体组成的振荡器——石英晶体振荡器。

石英晶体特殊的物质结构使其具有如图 12.1.1 所示石英晶体阻抗频率特性。

在石英晶体两端加不同频率的电压信号，它表现出不同的阻抗特性，f_s 为等效串联谐振频率（也称为固有频率），它只与晶体的几何尺寸有关。石英晶体对频率特别敏感，频率超过或小于 f_s 时，其阻抗会迅速增大，而在 f_s 处其等效阻抗近似为零。利用石英晶体组成的多谐振荡器如图 12.1.2 所示。

教学课件：
石英晶体
多谐振荡器

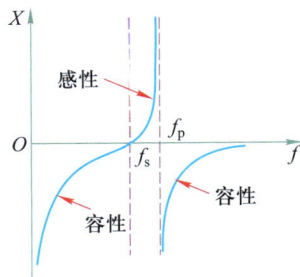

图 12.1.1
阻抗频率特性

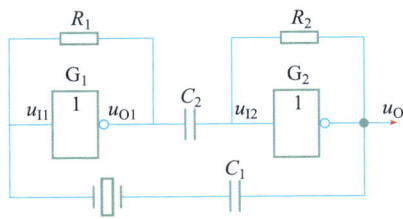

图 12.1.2
石英晶体多谐振荡器

在图 12.1.2 中，两个反相器 G_1 和 G_2 均并接了电阻 R_1 和 R_2，用以确定反相器的工作状态，使其工作在传输特性的折线上，反相器工作在线性放大区。石英晶体组成反馈支路，当电路中的信号频率为石英晶体的谐振频率 f_s 时，整个电路形成正反馈，产生多谐振荡。电路中 C_1 及 C_2 为耦合电容，同时可通过 C_1 来微调振荡频率。

12.2 单稳态触发器

单稳态触发器是输出有一个稳态和一个暂稳态的电路,它既不同于多谐振荡器的无稳态,也不同于触发器的双稳态。单稳态触发器在无外加触发信号时,电路处于稳态。在外加触发信号的作用下,电路从稳态进入到暂稳态,经过一段时间后,电路又会自动返回到稳态。暂稳态维持时间的长短取决于电路本身的参数,与触发信号无关。单稳态触发器在触发信号的作用下能产生一定宽度的矩形脉冲,广泛用于数字系统中的整形、延时和定时。

12.2.1 集成单稳态触发器

单稳态触发器应用较广,电路形式也较多。其中集成单稳态触发器由于外接元件少,工作稳定、使用灵活方便而更为实用。

集成单稳态触发器根据工作状态不同可分为不可重复触发和可重复触发两种。其主要区别在于:不可重复触发单稳态触发器在暂稳态期间不受触发脉冲影响,只有暂稳态结束触发脉冲才会再起作用。可重复触发单稳态触发器在暂稳态期间还可接收触发信号,电路被重新触发,当然,暂稳态时间也会顺延。图 12.2.1 所示是两种单稳态触发器的工作波形。

74121、74221、74LS221 都是不可重复触发的单稳态触发器,而 74122、74LS122、74123、74LS123 等属于可重复触发的触发器。读者可以参考网站和有关资料。

12.2.2 单稳态触发器的应用

1. 脉冲定时

用较小宽度的脉冲去触发,可以获得确定宽度的脉冲输出,实现定时控制,如图 12.2.2 所示。

2. 脉冲延迟

在某些电路中,要求输入信号出现后,电路不应立即工作,而是延迟一段时间后再工作。图 12.2.3 所示是单稳脉冲延迟波形,将输入信号 u_{11} 加入第一级单稳电路,再用第一级单稳输出作第二级单稳的输入,从第二级单稳的输出就获得了延迟 t_W 时间脉冲输出。

3. 脉冲整形

将外形不规则的脉冲作触发脉冲,经单稳输出,可获得规则的脉冲波形输出,如图 12.2.4 所示。

在前面的讲述中,多次讲述过高速 CMOS 系列芯片,即 54HC/74HC 系列,在这里说明一下 54HC/74HC 系列的逻辑功能,引脚排列与 54LS/74LS 系列相一致;其工作速度与 54LS/74LS 相似,而功耗低于 CMOS4000 系列。54HC/74HC 的所有输入和输出均有内部保护线路,以减小由于静电感应而损坏器件的可能性。54HC/74HC 具有高抗噪声度和驱动负载的能力。

教学课件:
单稳态触发器

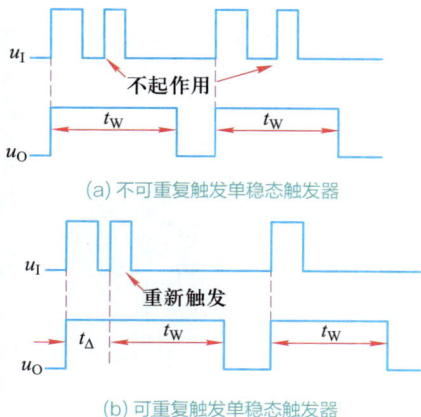

图 12.2.1
两种单稳态触发器的工作波形

(a) 不可重复触发单稳态触发器

(b) 可重复触发单稳态触发器

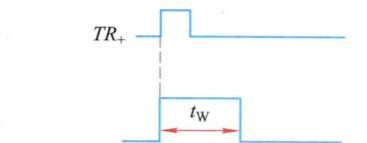

图 12.2.2
单稳脉冲定时(TR_+ ↑触发)

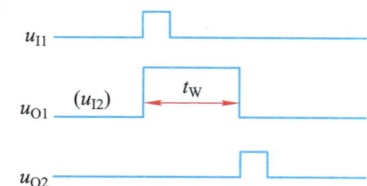

图 12.2.3
单稳脉冲延迟

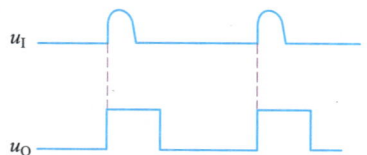

图 12.2.4
单稳定脉冲整形

12.3 施密特触发器

施密特触发器是输出具有两个相对稳态的电路，所谓相对是指输出的两个高低电平状态必须依靠输入信号来维持，这一点它更像是门电路，只不过它的输入阈值电压有两个不同值。

教学课件：施密特触发器

12.3.1 施密特触发器的功能

施密特触发器可以看成是具有不同输入阈值电压的逻辑门电路，它既有门电路的逻辑功能，又有滞后电压传输特性。图 12.3.1 所示是施密特触发器的逻辑符号和电压传输特性。

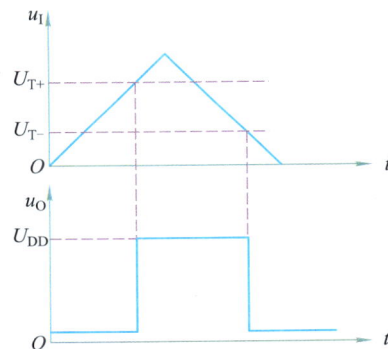

在图 12.3.1 中，U_{T+} 为正向阈值电压，U_{T-} 为负向阈值电压。作用为：当 $u_I \geq U_{T+}$ 时电路处于开门状态，当 $u_I \leq U_{T-}$ 时电路处于关门状态，当 $U_{T-} \leq u_I \leq U_{T+}$ 时电路处于保持状态。U_H 为滞后电压或回差电压，$U_H = U_{T+} - U_{T-}$。图 12.3.2 是施密特触发器的工作波形。

(a) 施密特触发器的逻辑符号

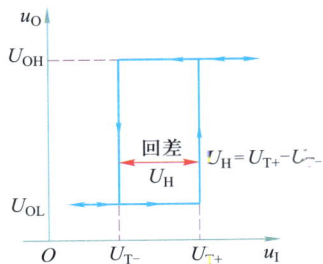

(b) 电压传输特性

图 12.3.1 施密特触发器的逻辑符号和电压传输特性

图 12.3.2 施密特触发器的工作波形

12.3.2 集成施密特触发器

施密特触发器的滞后特性具有非常重要的实际价值，所以在很多逻辑电路中都加入了施密特功能，组成施密特式集成电路，如 7413 是带有施密特触发的双四输入与非门，7414 是带有施密特触发的六反相器，而前面介绍的 74121 是有施密特触发器的单稳态触发器。图 12.3.3 所示是 74LS14 逻辑符号及引脚图。

74LS14 片内有六个带施密特触发的反相器，正向阈值电压 U_{T+} 为 1.6 V，负向阈值电压 U_{T-} 为 0.8 V，回差电压 U_H 为 0.8 V。电路的逻辑关系为

$$Y = \overline{A}$$

图 12.3.4 所示是 74LS14 的电压传输特性。

笔记

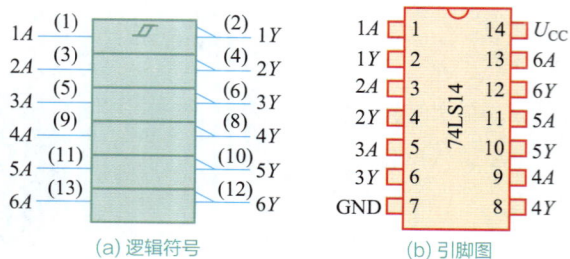

图 12.3.3
集成施密特触发器 74LS14

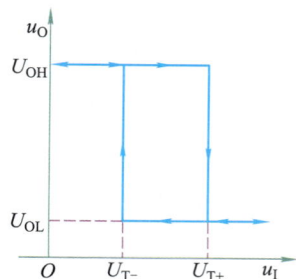

(a) 逻辑符号 (b) 引脚图

图 12.3.4
74LS14 电压传输特性

12.3.3　施密特触发器的应用

施密特触发器应用非常广泛，可用于波形的变换、整形，幅度鉴别，构成多谐振荡器、单稳态触发器等。

1. 波形的变换与整形

施密特触发器可将正弦波等其他波形变换成矩形波，如图 12.3.5 所示。

施密特触发器可将受干扰的脉冲波形整形成标准波形，如图 12.3.6 所示。

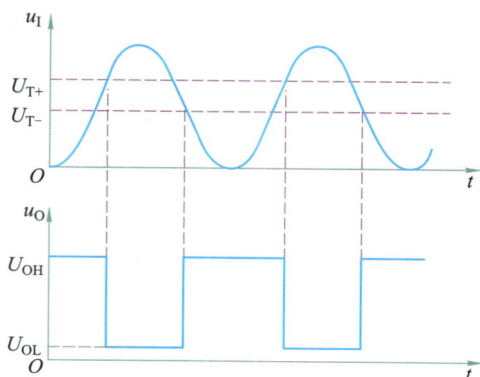

图 12.3.5
波形变换

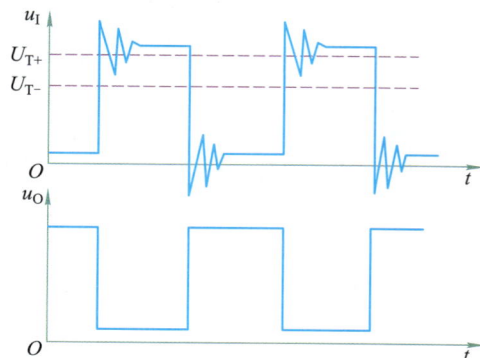

图 12.3.6
波形整形

笔 记

2. 幅度鉴别

利用施密特触发器可对一串脉冲进行幅度鉴别，如图 12.3.7 所示，将幅度较小的去除，保留幅度较大的脉冲。

3. 构成多谐振荡器

利用施密特触发器可构成多谐振荡器，图 12.3.8 是这种多谐振荡器的电路及波形图。它的原理是用电容端电压控制施密特触发器导通翻转，通过 u_O 电压的高低对电容进行充放电。

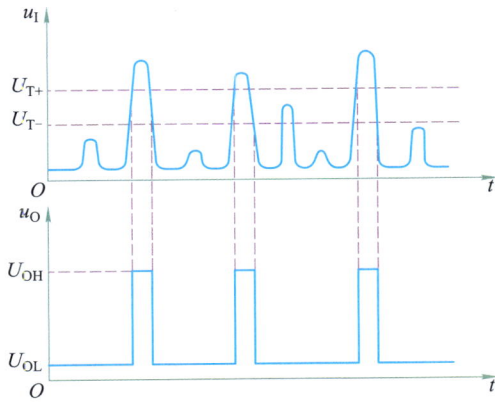

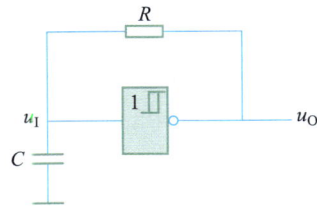

(a) 电路图

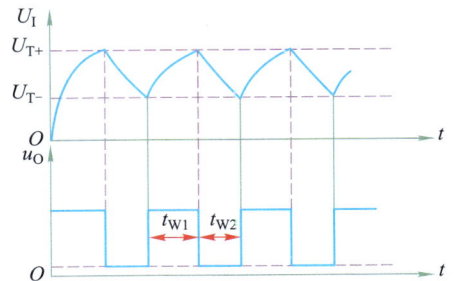

(b) 波形图

图 12.3.7
幅度鉴别

图 12.3.8
用施密特触发器构成多谐振荡器的电
路及波形图

12.4　555 定时器及应用

555 定时器，是一种模拟电路和数字电路相结合的集成电路，它可以用来产生脉冲、脉冲整形、脉冲展宽、脉冲调制等多种功能。它的应用十分广泛，基本应用有多谐振荡器、施密特触发器和单稳态触发器三种类型。

555 定时器可分为 TTL 电路和 CMOS 电路两种类型，TTL 电路标号为 555 和 556（双），电源电压为 5~16 V，输出最大负载电流为 200 mA；CMOS 电路标号为 7555 和 7556（双），电源电压为 3~18 V，输出最大负载电流为 4 mA。

12.4.1　555 电路组成

555 定时器电路如图 12.4.1 所示，它由分压器（由 3 个 5 kΩ 电阻组成，555 由此而得名）、A_1 和 A_2 两个电压比较器、基本 RS 触发器、放电管 VT 和输出缓冲门 G 等组成。

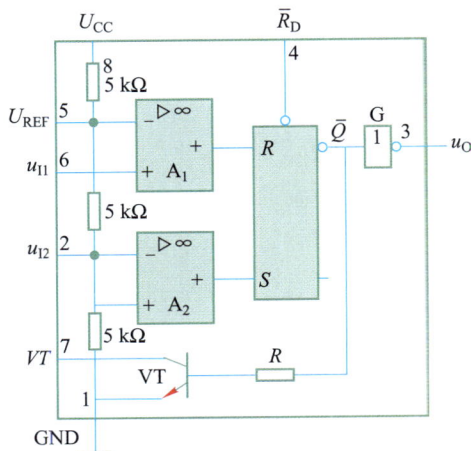

(a) 原理电路

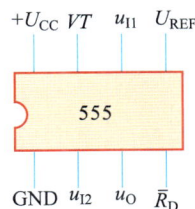

(b) 引脚排列

图 12.4.1
555 定时器电路

教学课件：
555 定时器及应用

动画：555 定时器的结构

12.4.2　工作原理

555 定时器的功能，主要取决于电压比较器的工作情况。U_{CC} 电源电压经过 3 个 5 kΩ 电阻分压后，以 $\frac{1}{3} U_{CC}$ 作为 A_2 比较器同相输入端的参考电压，以 $\frac{2}{3} U_{CC}$ 作为 A_1 比较器反相输入端的参考电压。当 A_2 反相输入端的触发电压 $u_{I2} < \frac{1}{3} U_{CC}$ 时，A_2 输出为 **1**，给 RS 触发器一个置 **1** 信号，使 $\overline{Q}=0$、$Q=1$，输出端 3 为高电平，同时放电管 VT 截止；当 A_1 的同相输入端的电压 $u_{I1} > \frac{2}{3} U_{CC}$ 时，A_1 输出为 **1**，给 RS 触发器一个置 **0** 信号，使 $\overline{Q}=1$、$Q=0$，输出端 3 为低电平，同时放电管 VT 导通。

除上述基本控制关系外，在 RS 触发器上还有一个优先置零端 4，只要在该端加上低电平，则不管比较器输出状态如何，RS 触发器均被强迫置 **0**，所以优先置零端平时应接高电平。5 端为控制电压输入端，此端外加控制电压（数值在 0 ~ U_{CC} 之间），则比较器的参考电压也将随之而变化。根据图 12.4.1 所示电路及上述分析，可得 555 定时器的功能表见表 12.4.1。

表 12.4.1　555 定时器功能表

$\overline{R}_D$	u_{I1}	u_{I2}	R	S	$\overline{Q}$	u_O	VT
0	×	×	×	×	**1**	**0**	导通
1	$< \frac{2}{3} U_{CC}$	$< \frac{1}{3} U_{CC}$	**0**	**1**	**0**	**1**	截止
	$> \frac{2}{3} U_{CC}$	$> \frac{1}{3} U_{CC}$	**1**	**0**	**1**	**0**	导通
	$< \frac{2}{3} U_{CC}$	$> \frac{1}{3} U_{CC}$	**0**	**0**	保持	保持	保持

12.4.3　555 定时器的典型应用

1. 多谐振荡器

多谐振荡器又称为方波振荡器。图 12.4.2 所示是用 555 定时器构成多谐振荡器的电路及工作波形。图中，C 是外接定时电容，R_1、R_2 是充电电阻，R_2 又是放电电阻。5 端电容 C_1 用于防干扰，可外接 0.01 μF 电容，大部分情况下可不接。

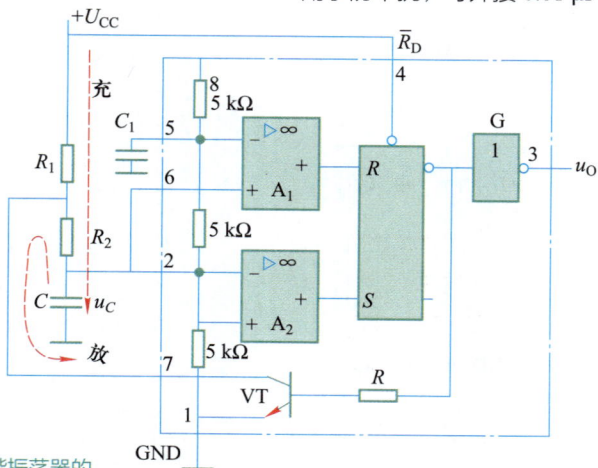

图 12.4.2
用 555 构成多谐振荡器的电路及工作波形

(a) 电路图

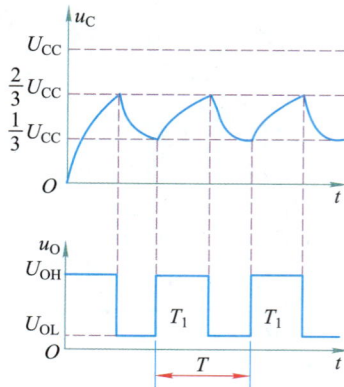

(b) 工作波形

当接通电源后，U_{CC} 要通过 R_1、R_2 对 C 充电，充至电容电压 $u_C = \frac{2}{3}U_{CC}$ 时，A_1 输出为 **1**，RS 触发器被置 **0**，使输出端 u_O 为低电平 同时放电管 VT 导通，电容 C 又要通过 R_2、VT 放电，u_C 下降，当 u_C 下降至 $\frac{1}{3}U_{CC}$ 时，A_2 输出为 **1**，RS 触发器被置 **1**，u_O 为高电平，VT 截止，C 又重新充电，以后重复以上过程，获得图 12.4.2(b) 所示方波输出，其振荡周期为

$$T = T_1 + T_2 \approx 0.7(R_1+R_2)C + 0.7R_2C = 0.7(R_1+2R_2)C$$

2. 施密特触发器

施密特触发器具有两个稳定的工作状态。当输入信号很小时，处于第 I 稳定状态；当输入信号电压增至一定数值时，触发器翻转到第 II 稳态，但输入电压必须减小至比刚才发生翻转时更小，才能返回到第 I 稳态。

图 12.4.3(a) 所示是用 555 定时器组成的施密特触发器，其工作原理如下：

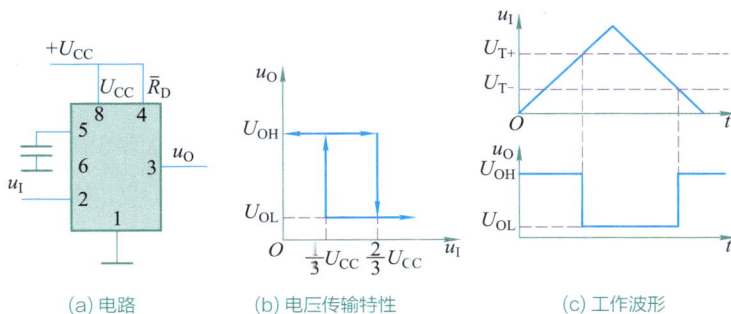

(a) 电路　　(b) 电压传输特性　　(c) 工作波形

图 12.4.3
555 组成的施密特触发器

当 u_I 很小，在 $u_I < U_{CC}/3$ 时，A_2 输出为 **1**，RS 触发器被置 **1**，输出端为高电平，电路处于第 I 稳态，在 $U_{CC}/3 < u_I < 2U_{CC}/3$ 时，A_1A_2 输出均为 **0**，电路保持第 I 稳态。

当 u_I 增加至 $u_I > 2U_{CC}/3$ 时，A_1 输出为 **1**，RS 触发器被置 **0**，输出端为低电平，触发器处于第 II 稳态，在 $U_{CC}/3 < u_I < 2U_{CC}/3$ 时，电路保持第 II 稳态。

当 u_I 减小至 $u_I < U_{CC}/3$ 时，A_2 输出为 **1**，RS 触发器被置 **1**，输出端为高电平，电路恢复到第 I 稳态。

将以上叙述用曲线描绘出来，就得到施密特触发器的电压传输特性如图 12.4.3(b) 所示。若在电路的输入端加上三角波（或正弦波），则可得此电路的工作波形如图 12.4.3(c) 所示，图中，U_{T+} 称为上限阈值电压，U_{T-} 称为下限阈值电压，$\Delta U_T = U_{T+} - U_{T-}$ 称为回差电压，显然，这种电路的回差电压 $\Delta U_T = \frac{2}{3}U_{CC} - \frac{1}{3}U_{CC} = \frac{1}{3}U_{CC}$。

3. 单稳态触发器

单稳态触发器具有一个稳态，一个暂稳态。在 u_I 的触发下电路由稳态进入暂稳态，然后由暂稳态自动返回稳态。图 12.4 4(a) 所示是用 555 定时器组成的单稳态触发器。图中 R、C 是外接的定时元件，C_1 是旁路电容器。

稳态时，u_I 为高电平，A_1 输出为 **1**，RS 触发器被置 **0**，放电管 VT 导通，输出端 u_O 为低电平。当输入 u_I 为低电平时，A_2 输出为 **1**，RS 触发器被置 **1**，VT 截止，输出 u_O 为高电平，电路处于暂稳态，此时电源 U_{CC} 通过 R 对 C 充电，充至电容电压 $u_C \geq 2U_{CC}/3$ 时，A_1 输出为 **1**，RS 触发器被置 **0**，VT 导通，C 放电，输出为低电平，电路返回到稳态，其工作波形

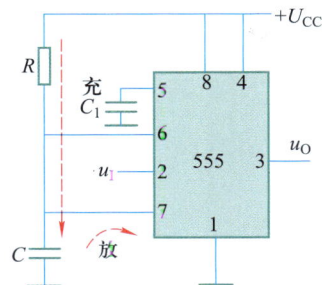

(a) 原理电路

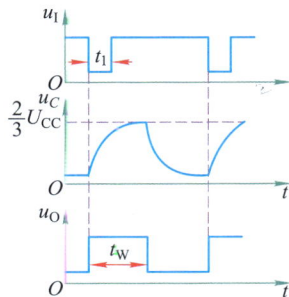

(b) 工作波形

图 12.4.4
555 定时器组成的单稳态触发器

如图 12.4.4(b) 所示，其输出脉冲宽度（即暂稳维持时间）为

$$t_W \approx RC\ln3 \approx 1.1RC$$

由上分析可知，电路要求 u_I 脉冲宽度一定要小于 t_W，触发时应 $u_I < \frac{1}{3}U_{CC}$，否则电路无法工作。

555 定时器成本低，功能强，使用灵活方便，是非常重要的集成电路器件。由它组成的各种应用电路变化无穷。

习题

12.1 要获得题 12.1 图所示各输出波形，应在方框中设置什么电路？

题 12.1 图

12.2 某一音频振荡电路如题 12.2 图所示，试定性分析其工作原理。

12.3 在题 12.3 图所示电路中，已知 $U_{DD}=5$ V，$U_{T+}=3$ V，$U_{T-}=1.5$ V，$R_1=4.7$ kΩ，$R_2=7.5$ kΩ，$C=0.01$ μF。

(1) 分析电路工作原理，画出 u_C 和 u_O 的波形。

(2) 计算电路的振荡频率和占空比。

12.4 题 12.4 图 (a) 是具有施密特功能的 **TTL 与非门**，如输入 A、B 端加入题 12.4 图 (b) 所示波形，试画出输出 u_O 波形。

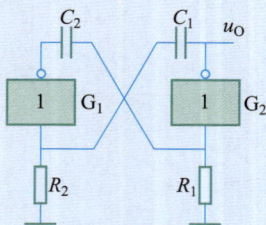

题 12.2 图

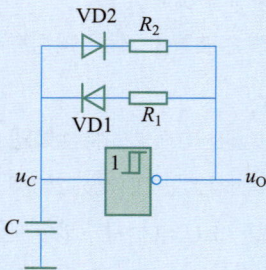

题 12.3 图

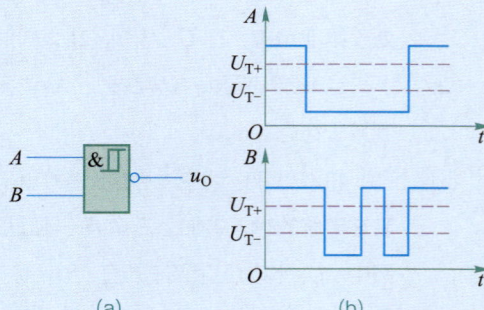

题 12.4 图

12.5 题 12.5 图 (a) 所示为用 74121 集成的单稳态触发器。如外接电容 $C_{ext}=0.01$ μF，输出脉冲宽度的调节范围为 10 μs~1 ms，试求外接电阻 R_{ext} 的调节范围为多少？ 555 定时器连接如题 12.5 图 (b) 所示，试根据题 12.5 图 (c) 所示输入波形确定输出波形，并说明该电路相当于什么器件。

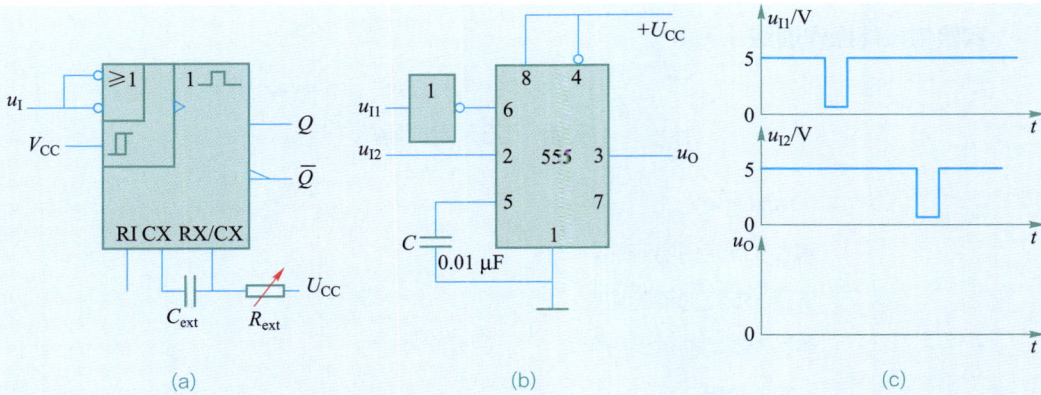

(a)　　　　　　　　　(b)　　　　　　　　　(c)　　　　　　　　　题 12.5 图

12.6 555 定时器连接如题 12.6 图 (a) 所示,试根据题 12.6 图 (b) 所示输入波形确定输出波形。

12.7 555 定时器连接如题 12.7 图 (a) 所示,试根据题 12.7 图 (b) 所示输入波形确定输出波形。

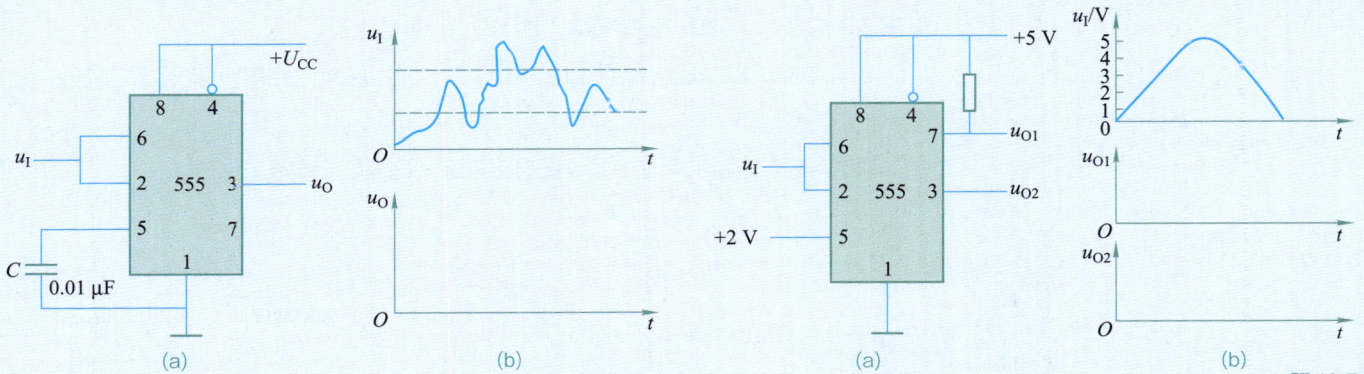

(a)　　　　　　　　　(b)
题 12.6 图

(a)　　　　　　　　　(b)
题 12.7 图

12.8 题 12.8 图所示为过电压监视电路。当电压 U_X 超过一定值时发光二极管会发出闪光报警信号。(1) 试分析其工作原理;(2) 计算出闪光频率(设电阻器在中间位置)。

12.9 题 12.9 图所示为 555 定时器组成的 "叮 – 咚" 门铃 电路,试分析电路工作原理。

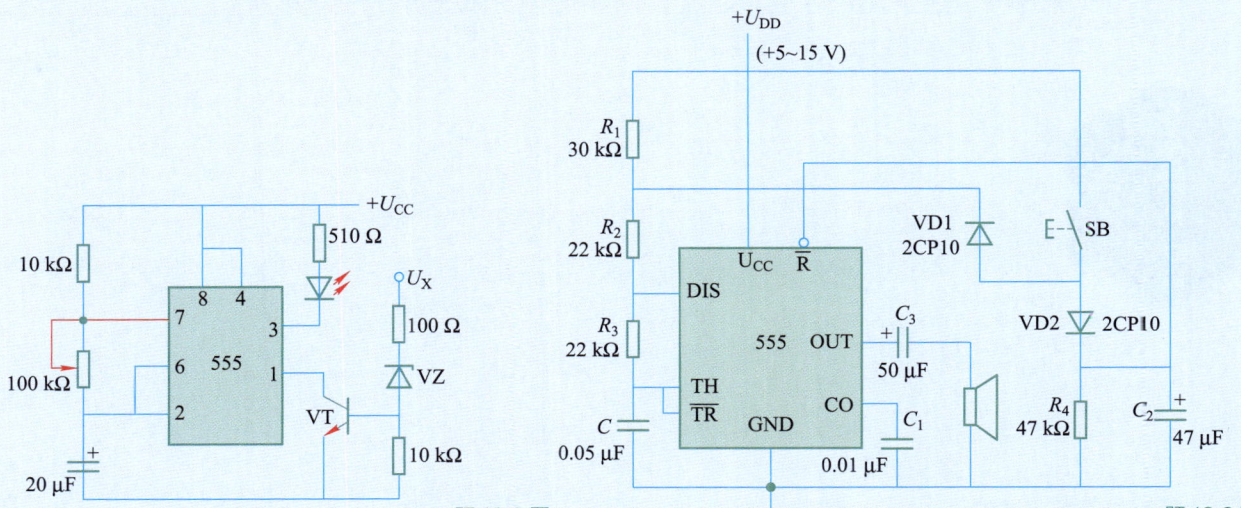

题 12.8 图

题 12.9 图

笔 记

实验与技能操作训练

实验　555 定时器

一、技能要求

1. 熟悉 555 定时器芯片。

2. 掌握 555 定时器的功能。

3. 熟悉 555 定时器的应用。

二、实训内容

1. 选用 555 定时器 NE555 一片（引脚如图 12.4.1 所示）。

2. 基本功能测试。将 4 脚、8 脚接电源，1 脚接地，5 脚接 0.01 μF 电容。在 2 脚、6 脚分别加输入电压，测试其功能。

3. 搭接成多谐振荡器如图 E12.1 所示。通电，用示波器观察各点波形。调整电位器，观察波形的变化。测算出振荡频率，并与理论计算值比较。

4. 搭接成单稳态触发器如图 E12.2 所示。加入触发脉冲，观察输出波形。调整电位器，观察波形的变化。

根据习题中的题 12.8 图、12.9 图搭接电路，观察工作情况。

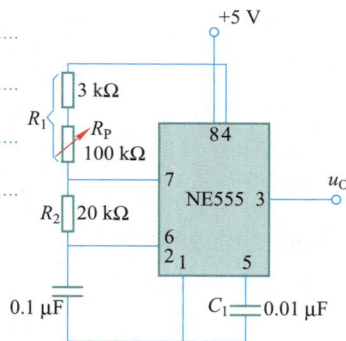

图 E12.1
555 定时器接成多谐振荡器

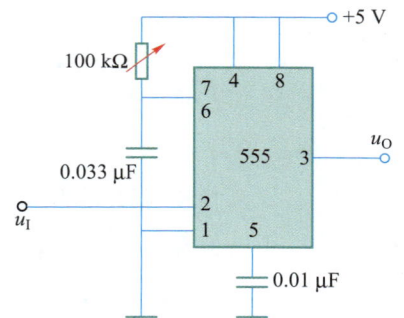

图 E12.2
555 定时器接成单稳态触发器

EDA 仿真实验：
单稳态触发器和
多谐振荡器

第 13 章
半导体存储器与可编程逻辑器件

本章包括半导体存储器和可编程逻辑器件两大部分，半导体存储器是电子计算机中的重要部件，而可编程逻辑器件是在此基础上发展而成的独立系列的大规模集成器件。

13.1 随机存储器

半导体存储器可分为易失性存储器和非易失性存储器两大类。所谓易失性和非易失性是指存储器在断电后所储存数据是否丢失。随机存储器 (Random Access Memory，RAM) 是一种广泛用于存储数据和程序的易失性半导体存储器，它使用方便，可随时进行数据的读（从 RAM 中调用数据）/ 写（向 RAM 中存储数据）操作，故 RAM 又称为读 / 写存储器，但一旦断电，RAM 中所存内容立即丢失。

13.1.1 RAM 的基本结构

RAM 的基本结构由存储矩阵、地址译码器和输入 / 输出控制电路等三个部分组成。图 13.1.1 所示是 RAM 的基本组成结构。

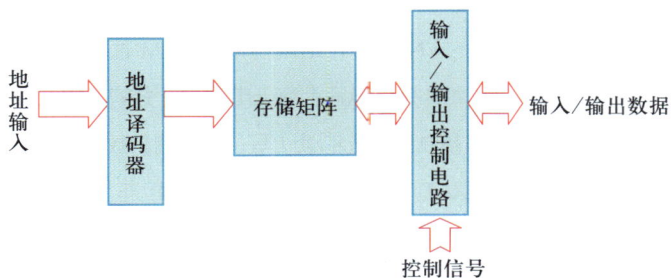

图 13.1.1 RAM 的基本组成结构

1. 存储矩阵

存储矩阵是由许多存储单元组成的阵列，每个存储单元可存放 1 位二进制数，存储器中所存数据通常以字为单位，1 个字含有若干个存储单元，即含有若干位，其位数也称为字长。存储器的容量通常以字数和字长的乘积表示，如 1 024×4 存储器表示有 1 024 个字，每个字 4 位，有 4 096 个存储单元（容量）。

2. 地址译码器

地址译码器是将外部给出的地址信号进行译码，找到对应的存储单元。通常根据存储单元所排列的矩阵形式，将地址译码器分成行译码器和列译码器。

3. 输入 / 输出控制电路

输入 / 输出控制电路也称读 / 写控制电路，是数据读取和写入的指令控制电路，它和输入／输出缓冲器完成数据的读／写操作。

13.1.2　RAM 的存储单元

RAM 的存储单元结构有双极型、NMOS 型和 CMOS 型。双极型速度快，但功耗大，集成度不高。大容量的 RAM 一般都采用 MOS 型。MOS 型 RAM 的基本存储单元有静态 RAM(SRAM) 和动态 RAM(DRAM) 两种。

1. 静态 RAM(SRAM)

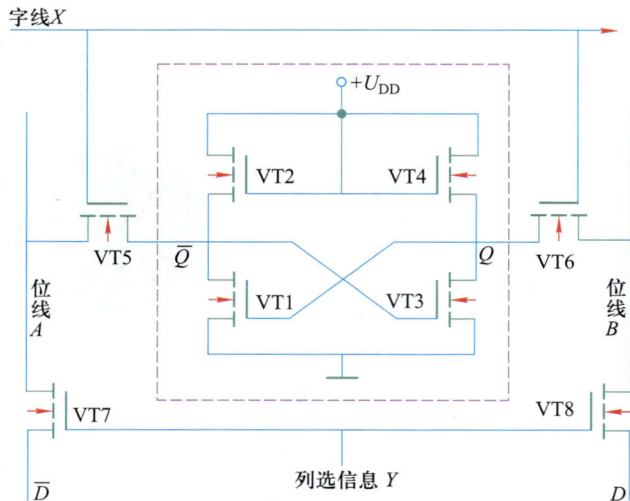

图 13.1.2
NMOS 静态存储单元

图 13.1.2 为由 MOS 管触发器组成的存储单元图。其中 MOS 管为 NMOS，VT1、VT2，VT3、VT4 组成的两个反相器交叉耦合构成基本 RS 触发器作基本存储单元，VT5、VT6 为门控管，由行译码器输出字线 X 控制其导通或截止；VT7、VT8 为门控管，由列译码器输出列选信号 Y 控制其导通或截止，也是数据存入或读出的控制通路。

读／写操作时，$X=1$，$Y=1$；VT5、VT6、VT7、VT8 均导通，触发器的状态与位线上的数据一致。

当 $X=0$ 时，VT5、VT6 截止，触发器的输出端与位线断开，保持状态不变。

当 $Y=0$ 时，VT7、VT8 截止，不进行读写操作。

SRAM 一般用于小于 64 KB 数据存储器的小系统或作为大系统中高速缓冲存储器，有时还用于需要用电池作为后备电源进行数据保护的系统中。

2. 动态 RAM(DRAM)

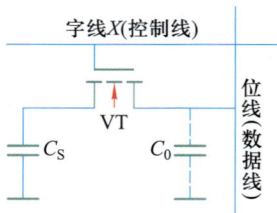

图 13.1.3
单管动态存储单元

图 13.1.3 所示是用一只 NMOS 管组成的动态 RAM 基本存储单元，MOS 电容 C_S 用于存储二进制信息，数据 1 和 0 是以电容上有无电荷来区分的，NMOS 管 VT 是读／写控制门，以控制信息的进出。字线控制该单元的读／写；位线控制数据的输入／输出。

读／写操作时，字线 $X=1$，使 MOS 电容 C_S 与位线相连。写入时，数据从位线存入 C_S 中；写 1 充电，写 0 放电。读出时，数据从 C_S 中传至位线。

DRAM 利用 MOS 存储单元分布电容上的电荷来存储一个数据位。由于电容电荷会泄漏，为了保持信息不丢失，DRAM 需要不断地、周期性地进行刷新。DRAM 存储单元所用 MOS 管少，因此 DRAM 集成度高，功耗低。DRAM 常用于大于 64 KB 的系统。

13.2　只读存储器

教学课件：
只读存储器

只读存储器 (ROM) 是属于非易失性存储器，它预先将信息写入存储器中，在操作时只能读出，不能写入。它结构简单，断电后信息不丢失，常用来存放固定的资料及程序。ROM 器件按制造工艺的不同可分为二极管、双极型和 MOS 型三种；按存储内容存入方式的不同可分为固定 ROM 和可编程 ROM。可编程 ROM 又分为一次可编程 ROM(PROM)、紫外线擦除可编程 ROM(EPROM)、电擦除可编程 ROM(E2ROM) 和快闪存 ROM(Flash Memory)。

13.2.1　固定 ROM

固定 ROM 是指所存储的信息是由生产厂在制造芯片时，采用掩模工艺固化在芯片中，使用者只能读取数据而不能改变芯片中数据内容。它又称为掩模 ROM。图 13.2.1 所示为二极管掩模 ROM 结构图。

图 13.2.1 中采用一个 2 线 -4 线地址译码器将两个地址码 A_0、A_1 译成四个地址 W_0~W_3。存储单元是由二极管组成的 4×4 存储矩阵，其中 **1** 或 **0** 代码是用二极管有无来设置的。即当译码器输出所对应的 W（字线）为高时，在线上的二极管导通，将相应的 D（位线）与 W 相连使 D 为 **1**，无二极管的 D 为 **0**，如图中所存的信息为：

W_0: **0101**；W_1: **1110**；W_2: **0011**；W_3: **1010**。

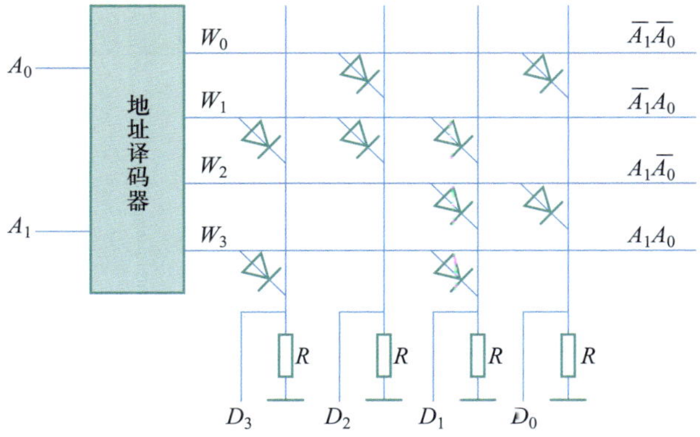

掩模 ROM 除二极管掩模外，还有 TTLROM 和 MOSROM 等，它们虽然工艺不同，但原理相似，在此不详细介绍。

图 13.2.1
二极管掩漠 ROM 结构图

13.2.2　可编程 ROM

掩模 ROM 里的程序是由厂商运用照相掩模技术使硅模感光而设计的。它的开发时间比较长，并且费用较高。在实际应用中，用户常需要自己编程写入数据，由此而产生了可编程 ROM，这极大地缩短了开发时间且费用较低，改正程序错误和更新产品也容易得多。

笔 记

1. 一次性编程 ROM(PROM)

可编程 ROM(Programmable ROM，PROM) 的基本原理如图 13.2.2 所示，这是一个简单的 16 位 PROM(4×4)，它与前面一节中所讨论的二极管掩模 ROM 相似。从图 13.2.2(a) 中可以看到，每一个存储单元有一个二极管和一个有效的熔断器，即每一个存储单元包含一个逻辑 **1**，这是 PROM 在写入程序前的状态。图 13.2.2(b) 中所示的是一个已经写入了数据的 PROM，为了对 PROM 写入程序或烧程序，图中所示的细熔丝必须被烧断。在此种情况下，烧断的熔丝和二极管不相连接，这意味着一个逻辑 **0** 被永久地存储在存储单元中。烧断熔丝是通过加大电流完成的，熔丝一旦被烧断，将不再恢复，所以，PROM 存储单元中的程序不能被重写，只能是一次性编程芯片，即当用个人开发器对 PROM 进行写入程序（或烧程序）时。普通的 PROM 只能写一次程序。

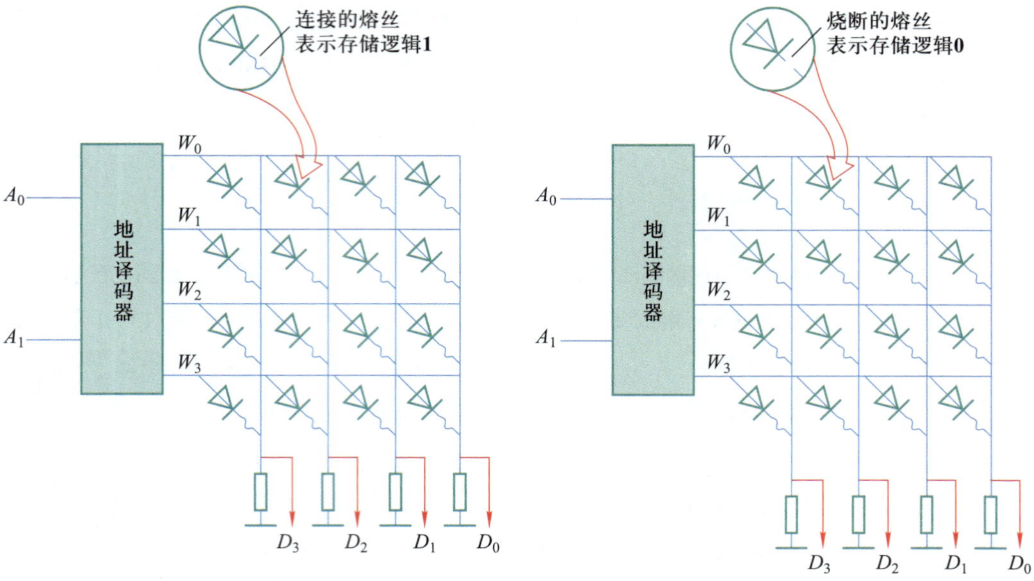

图 13.2.2
可编程 ROM(PROM)

(a) 编程前

(b) 编程后

2. 紫外线可擦除 ROM(EPROM)

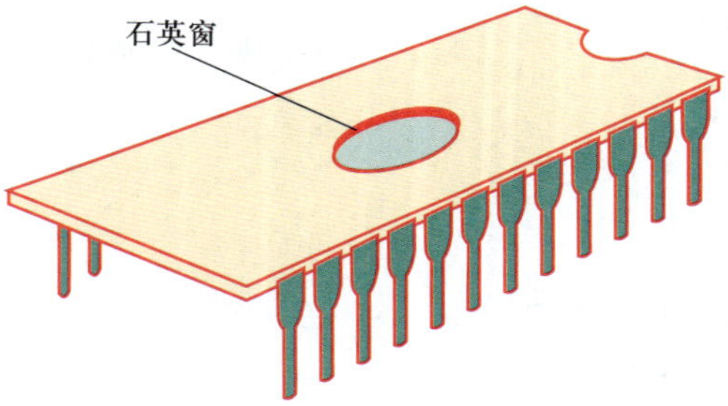

PROM 的一次性编程给实际使用带来许多不便，在实际使用中更需要可重复编程的芯片。EPROM(Erasable PROM) 是一种可擦写的 PROM，它采用了 N 沟道增强型浮置栅 MOS 管作为存储单元。用户只需用个人 EPROM 编程器（写入器）就可对 EPROM 编程或写入程序。如果要对 EPROM 重复使用或重复编程，可以使用 IC 顶部的特设石英窗口，将紫外光 (UV) 直接照射到 EPROM 芯片上窗口下面大约 5 min，通过紫外光把所有的存储单元设置为逻辑 1 来擦除 EPROM，此后，可对 EPROM 重新写入程序。图 13.2.3 所示的是一个典型的 24 引脚的 EPROM 存储器芯片。

石英窗

图 13.2.3
EPROM

3. 电可擦除 ROM(Electrically Erasable PROM，EEPROM)

EEPROM(Electrically Erasable PROM) 是电可擦除 PROM，也称为 E^2PROM，EEPROM 可以用电的形式擦除，当把它放在电路板上时，能对它进行擦除或重新写入程序，这对于 PROM 或 EPROM 是不可能的。另外，还可以对 EEPROM 芯片上的部分程序代码进行重写，一次 1 字节。EEPROM 的存储单元有两种结构：一种为双层栅介质 MOS 管，另一种为浮栅隧道氧化层 MOS 管。其擦写次数可达 1 万次以上。

4. 快速闪存 EPROM(Flash Memory)

闪存 EPROM 与 EEPROM 非常相似，因为它也可以在电路板上被重写程序。但是闪存 EPROM 与 EEPROM 的不同在于，闪存 EPROM 是整个芯片被擦除和重写程序。相对于 EEPROM，闪存 EPROM 的优点是：它有一个较简单的存储单元，因此在单个芯片上能够存储更多的位。另外，闪存 EPROM 被擦除和重写程序的速度远大于 EEPROM。闪存 EPROM 的缺点是：对其进行程序重写的电压为 12~12.75 V 且不能像 EEPROM 那样对其单个字节进行重写。

闪存自 1988 年推出以来，以其高集成度、大容量、低成本和使用方便等特点得到广泛的应用。随着存储容量不断加大，工作速度不断加快，闪存将会逐渐取代磁盘等存储器在计算机及其他数字领域广泛应用。

笔　记

13.3　可编程逻辑器件

13.3.1　PLD 简介

可编程逻辑器件 (Programmable Logic Device，PLD) 是在 20 世纪 70 年代发展起来的一种大规模集成器件，随着集成电路技术和计算机技术的不断发展，可编程逻辑器件日渐成熟并在现代电子系统中起着重要的作用。如图 13.3.1 所示 PLD 的使用环境。

1. PLD 的基本结构

我们知道，任何一组合逻辑函数均有其**与或**表达式，可用**与**门和**或**门来搭接电路，实现其逻辑功能。这是我们在组合逻辑电路中讨论的问题。与之相似，PLD 作为专用集成逻辑器件，其基本结构是由**与**逻辑阵列和**或**逻辑阵列组成的，图 13.3.2 是 PLD 的基本结构框图。其中，**与**阵列是多个输入**与**门，**或**阵列是多个输入**或**门　输入缓冲电路可产生输入变量的原变量和反变量，输出电路通过三态门控制数据直接输出或反馈到输入端。在实际使用中，可通过编程来选择使用几个门及每个门都用哪些输入端，实现所需要的逻辑功能。这相当于用门电路实现逻辑功能的选件及接线。

教学课件：
可编程逻辑
器件

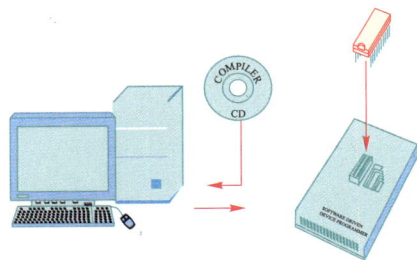

图 13.3.1
PLD 的使用环境

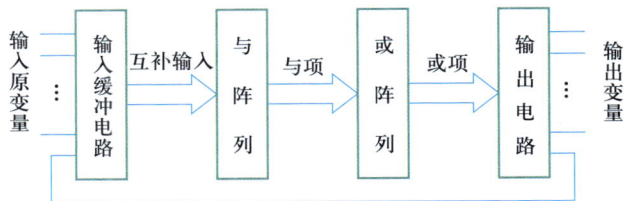

图 13.3.2
PLD 的基本结构框图

2. PLD 的分类

可编程逻辑器件自产生到现在，已出现很多种类型。其各种类型的结构、性能及命名均据不同厂商所提供的器件而不同，通常将 PLD 按其集成度分为低密度和高密度可编程逻辑器件。

（1）低密度 PLD

低密度 PLD 主要是**与、或**阵列结构，按各阵列的编程方式及输出电路方式可划分成可编程只读存储器 (PROM)、可编程逻辑阵列 (PLA-Programmable Logic Array)、可编程阵列逻辑 (PAL-Programmable Array Logic) 和通用阵列逻辑 (GAL-Generic Array Logic) 四类。PROM 是最早期也是最简单的 PLD，它的**与**阵列是产生全部最小项的全译码器，不可编程，**或**阵列可编程。

在 20 世纪 80 年代初期由 Lattice 公司推出的一种低密度可编程逻辑器件 GAL。它在 PAL 的基础上对输出结构作了改进，增加了输出逻辑宏单元。另外，采用 EEPROM 工艺，实现电可擦除重复编程。GAL 的绝大多数主流产品**与**阵列可编程，**或**阵列固定，个别型号**或**阵列也可编程。

笔 记

（2）高密度 PLD

高密度 PLD 的典型品种是复杂可编程器件 (CPLD-Complex Programmable Logic Device) 和现场可编程门阵列 (FPGA-Field Programmable Gate Array)。

CPLD 是 20 世纪 90 年代初由 GAL 器件发展而来的，是一种高密度、高速度和低功耗的可编程逻辑器件。其主体仍是与－或阵列，因而称之为阵列型高密度 PLD。典型的 CPLD 器件有 Lattice 公司的 PLS/ispLSI 系列器件、Xilinx 公司的 7000 和 9000 系列器件、Altera 公司的 MAX7000 和 MAX9000 系列器件以及 AMD 公司的 MACH 系列器件。

1985 年由 Xilinx 公司推出了一种在电路结构形式与以前的 PLD 完全不同的可编程逻辑器件，现场可编程门阵列 (FPGA)。它由若干独立的可编程逻辑模块排列成阵列组成，通过可编程的内部连线连接这些模块来实现一定的逻辑功能，因而也称之为单元型高密度 PLD。

13.3.2　通用阵列逻辑器件

可编程通用阵列逻辑器件 GAL 具有与－或阵列结构，采用电可擦除 CMOS(E2CMOS) 工艺，具有低功耗、电擦除反复编程、速度快等特点，另外在输出部分采用了输出逻辑宏单元 OLMC(Output Logic Macro Cell) 结构。通过编程可使输出处于不同工作状态，增加了器件的通用性。

GAL 器件没有独立的或阵列结构，而是将各个或门放在各自的"输出逻辑宏单元"(OLMC) 中。

13.3.3　复杂可编程逻辑器件

1. CPLD 的结构

随着 PLD 集成规模的增大，其输入 / 输出端（I/O 端）和内部触发器的数目也相应增大。如果仍然像 GAL 那样只有一个总的与阵列，则其与阵列的规模必然急剧增加。这在实际使用中往往因利用率不高而造成硅片浪费；另一方面，路径很长将使电路的传输延迟增加，从而限制了电路的使用频率。所以，CPLD 采用了分区结构，一个分区称为一个逻辑单元块。CPLD 即将整个芯片分成多个逻辑单元块，每个逻辑单元块有自己的与阵列及 I/O 端和输入端，相当于一个 GAL。这些逻辑单元块可通过编程将其相互连接，实现更大的逻辑功能。当然，CPLD 并不是简单地将多个 GAL 合并而成，它的结构还有如下特点。

（1）宏单元功能强大

CPLD 的输出逻辑宏单元的功能比 GAL 要强大得多，许多优点都反映在其宏单元上，主要特点是：多触发器结构，各触发器的时钟可以异步工作，触发器可以异步清零和异步预置，I/O 端可重复使用，或门间的与项可以共享。

（2）I/O 独立单元

CPLD 为增加其灵活性通常只有少数几个专用输入端（作时钟输入等），大部分端口皆是 I/O 端。而系统输入信号有时需要锁存，故而 CPLD 的 I/O 口常常作为一个独立单元处理。

（3）高密度

随着集成工艺的发展，CPLD 的集成规模越来越大，主要体现在：集成度高，10 000
门 / 片的 CPLD 已不鲜见；输入 / 输出端数多，I /O 端数最高可达 256；内含的触发器多达 772 个，
如此巨大的规模，完全有可能将一个数字系统装在一片 CPLD 中，从而使制成的设备体积小、
重量轻、成本低、生产过程简单、维修方便。

2. ispLSI 1016 简介

ispLSI 1016 是美国 Lattice 公司生产的 CPLD1000 系列之一，ispLSI 1000 为基本系列，
适用于高速编码、总线管理、LAN 和 DMA 控制等。

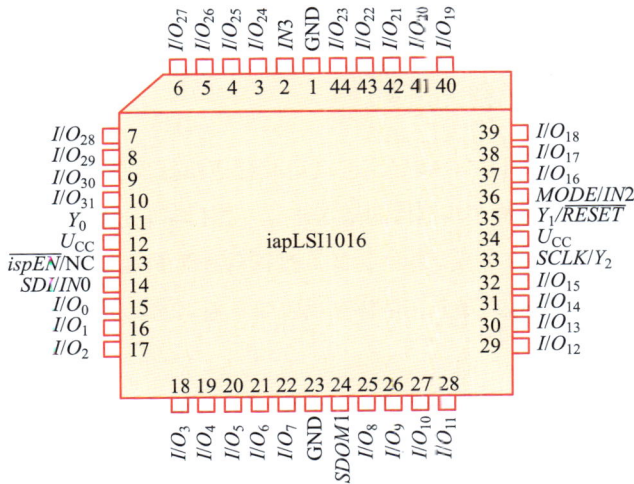

(a) 引脚图

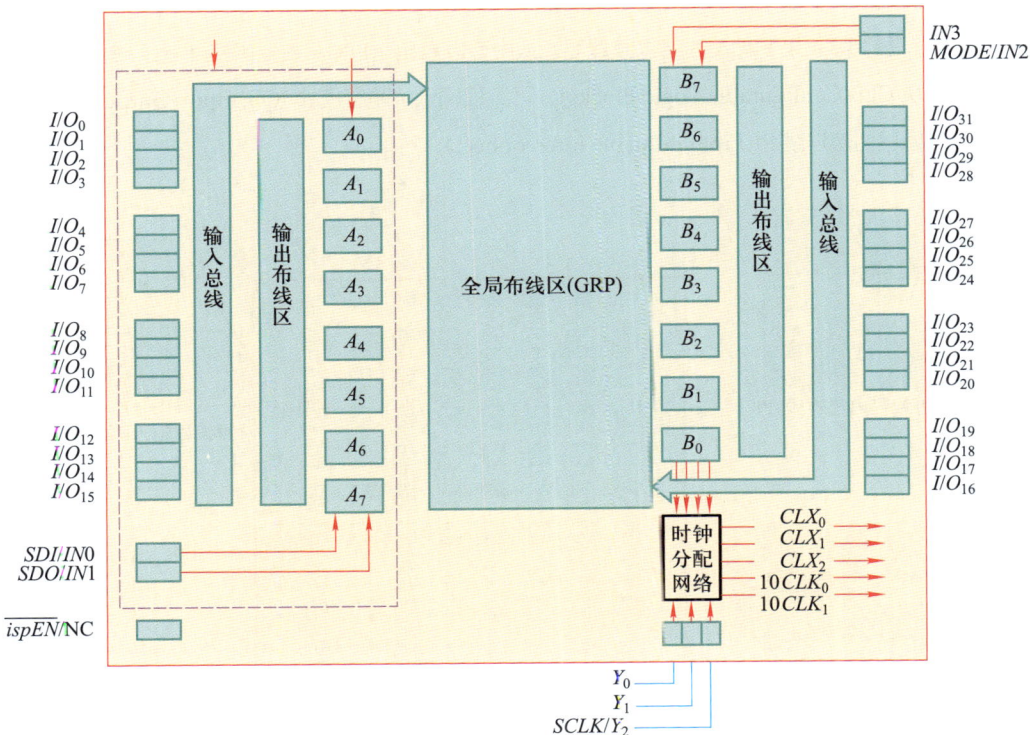

(b) 组成框图

图 13.3.3
ispLSI 1016

笔 记

笔 记

ispLSI 1016 是电可擦 CMOS(E2CMOS) 器件，其芯片有 44 个引脚，其中 32 个是 I/O 引脚，4 个是专用输入引脚，集成密度为 2 000 等效门，每片含 64 个触发器和 32 个锁存器，Pin-to-Pin 延迟为 10 ns，系统工作频率可达 110 MHz。

isp(In-System Programmability) 的含义是在系统可编程，是指通过计算机的并口和专用编程电缆对焊接在电路板上的 isp 器件进行编程，不需要专用的编程器。

图 13.3.3 是 ispLSI 1016 的功能框图和引脚图（PLCC 封装）。该器件结构分为 6 部分：全局布线区 GRP(Global Routing Pool)，万能逻辑块 GLB(Generic Logic Block)，输入输出单元 IOC(Input Output Cell)，输出布线区 ORP(Output Routing Pool)，输入总线，时钟分配网络 CDN(Clock Distribution Network)。

13.3.4 现场可编程门阵列

现场可编程门阵列 (FPGA) 是高密度可编程逻辑器件的另一类产品。前面我们介绍的 GAL、CPLD 等可编程逻辑器件的基本结构都是由**与**阵列和**或**阵列组成，依靠可编程的与、或运算来完成逻辑关系，称之为阵列型器件。而 FPGA 则是另外一种结构，它的基本结构是含有多个查找表单元，依靠查找表单元提供的逻辑运算关系来组合所需的逻辑关系。

现场可编程门阵列 FPGA(Field Programmable Gate Array)，是 20 世纪 80 年代中期，由美国 Xilinx 公司首先推出的大规模可编程逻辑器件。由于 FPGA 器件采用标准化结构，体积小、集成度高、功耗低、速度快，可无限次反复编程，已成为开发电子产品的首选器件。本节以 Xilinx 公司的 FPGA 器件为例，介绍 FPGA 的结构和编程原理。

图 13.3.4 是 FPGA 的结构原理图。从中可以看出，FPGA 主要由三部分组成：可编程逻辑块 CLB(Configurable Logic Blocks)、可编程输入 / 输出模块 IOB(Input/Output Block) 和可编程内部连线 PI(Programmable Interconnect)。

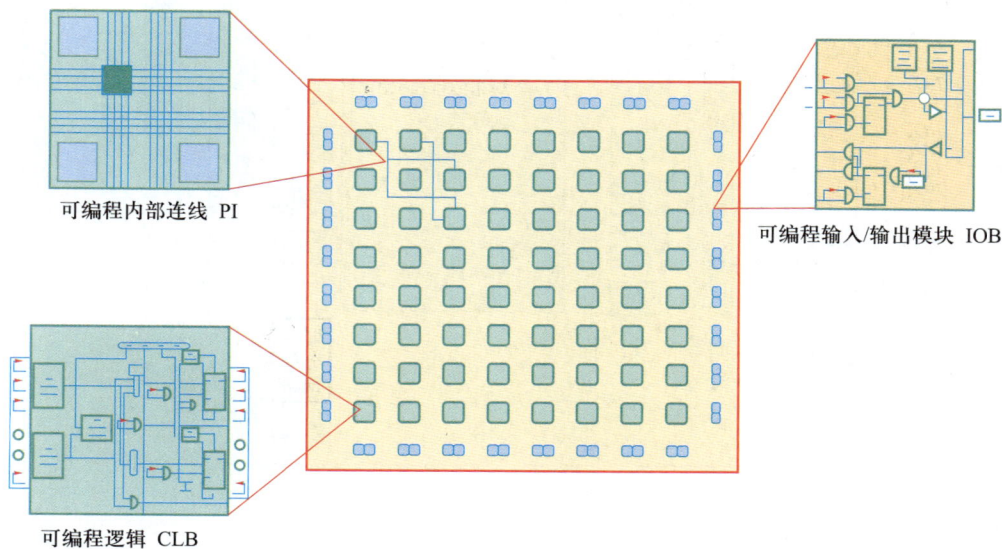

可编程内部连线 PI

可编程输入/输出模块 IOB

可编程逻辑 CLB

图 13.3.4
FPGA 结构原理图

（1）可编程逻辑块 CLB

CLB 是 FPGA 的基本逻辑单元，其内部又可以分为组合逻辑、寄存器两部分。其中，组合逻辑电路实际上是一个多变量输入的 PROM 阵列，可以实现多变量任意函数，而寄存器电路是由多个触发器及可编程输入、输出和时钟端组成。

在 FPGA 中所有的逻辑功能都是在 CLB 中完成。

（2）可编程输入、输出模块 IOB

IOB 为芯片内部逻辑和芯片外部的输入端 / 输出端提供接口，可编程为输入、输出和双向 I/O 三种方式。

（3）可编程内部连线 PI

FPGA 依靠对 PI 的编程，将各个 CLB、IOB 有效地组合起来，实现系统的逻辑功能。

FPGA 的这种所谓的逻辑单元阵列（LCA）结构，具有门阵列和可编程逻辑器件的双重特征，既像门阵列，通过内部可编程连线将 CLB 按设计要求连接在一起，又具有可编程器件的特点，每个单元都可以编程。

同时，FPGA 芯片的逻辑功能基于内部阵列分布 SRAM 原理，即通过对分布 SRAM（静态存储器，Static RAM）不同的加电配置，来决定各个部分的逻辑定义，从而实现 FPGA 器件的编程。加载不同的配置数据，芯片可以不断更新且反复使用。

此外，FPGA 还有一个用于存放编程数据的静态存储器 SRAM，由于 SRAM 的易失性，使得 FPGA 需要在上电后必须进行一次配置，即将编程好的数据写入 SRAM。FPGA 的配置方法有使用 PC 并行口，使用专用配置器和使用单片机配置等几种。

随着大规模集成电路技术及计算机技术的不断发展，可编程逻辑器件也必将得到不断地发展并将被广泛应用。

习题

13.1　存储器的地址线与存储容量有什么关系？设某存储器有 6 条地址线，该存储器的容量是多少？

13.2　ROM 和 RAM 有何区别？

13.3　试用 ROM 构成全加器，画出阵列图。

13.4　试用 ROM 实现下列逻辑函数，画出阵列图。

(1) $F = A\bar{B}\bar{C}D + \bar{A}BC\bar{D} + ABCD + A\bar{B}C\bar{D}$

(2) $F = A\bar{B}D + CB\bar{D} + A\bar{C}D + \bar{A}BC$

13.5　试用 2114RAM 构成 1K×16 位存储器。

13.6　试用 2114RAM 构成 2K×8 位存储器。

13.7　GAL 16V8 有几条地址线？能编址多少字节？

13.8　GAL 16V8 的输出逻辑宏单元有几种模式？各是什么意思？

笔 记

实验与技能操作训练

实验 1　可编程逻辑器件的应用

一、技能要求

1. 熟悉可编程逻辑器件的结构

2. 会用其实现组合逻辑的设计

二、实验内容

用 EPROM 实现一全加器。画出点阵示意图，选一芯片练习编程。

实验 2　GAL 的应用

一、技能要求

1. 熟悉 GAL 结构

2. 会进行应用设计

二、实验内容

用 GAL 16V8 设计一 3 人抢答器。画出逻辑图、GAL 点阵图，编程输出逻辑宏单元。

实验 3　随机存储器

一、技能要求

1. 熟悉随机存储器结构。

2. 会进行读 / 写操作。

3. 会进行简单应用。

二、实验内容

1. 选用 2114 静态 RAM。

2. 接好 5 V 电源和地，进行如下操作测试:

3. 置 RAM 处于写模式，先将 $\overline{CS}$ 接为低电平，在 I/O_1、I/O_2、I/O_3 和 I/O_4 端加输入数据信号；再将 $R/\overline{W}$ 接为低电平，将数据写入。

4. 置 RAM 处于读模式，将 $\overline{CS}$ 接为低电平，$R/\overline{W}$ 接为高电平，测试输出数据信号 I/O_1、I/O_2、I/O_3 和 I/O_4，验证输出数据是否为刚写入的数据。

实验 4　可编程逻辑器件的简单应用

一、技能要求

熟悉可编程逻辑器件芯片。

熟悉可编程逻辑器件的简单应用过程。

二、实验内容

选用可编程逻辑器件 ispLSI 1016 一片。

用可编程逻辑器件 ispLSI 1016 实现 8421 码十进制计数器电路。

(1) 8421 码十进制计数器的 ABEL 语言如下：

```
module CNT10
title' 0~9  BCD  COUNTER'
declarations
  EN,EN_CP,CP,CLR  pin;
  Q3..Q0      pin istype' reg';
  CO     pin istype' com';
  COUNT = [Q3..Q0];
equations
  COUNT.CLK=CP;
  COUNT.CE=EN_CP;
  COUNT.CE=!CLR;
  when EN&(COUNT<9)then COUNT:=COUNT+1
  else when(!EN)then COUNT:=COUNT
  else COUNT:=0;
  CO=EN&Q3&Q0;
end
```

(2) 编写测试向量对电路进行功能仿真。

(3) 用 Synario System 编程软件进行布局和在线，生成 JEDEC 文件。

(4) 对 ispLSI 1016 进行在系统编程。

随着数字电子技术的迅速发展，尤其是数字电子计算机的日益普及，用数字电路处理模拟信号的情况越来越多。在计算机用于过程的自动控制时，通常需要对许多参量进行采集、处理和控制。这些参量往往是一些连续变化的物理量，例如温度、压力、速度、位移等，通常称为模拟量。这些物理量经检测元件检测后，常常转换为电信号，如电压、电流等。而这些代表被测量大小的电压、电流也是连续变化的，因而也是模拟信号。为了能够用数字系统处理模拟信号，必须把这些模拟信号转换成相应的数字信号形式，才能为计算机或数字系统所识别和处理；同时，处理结果的数字信号也常常需要转换成模拟信号，才能够直接操纵生产过程中的各种装置，完成自动控制任务。我们把前一种从模拟信号到数字信号的转换称为模 / 数转换，简称 A/D 转换 (Analog to Digital)；把后一种从数字信号到模拟信号的转换称为数 / 模转换，简称 D/A 转换 (Digital to Analog)。实现上述功能的电路分别称为 A/D 转换器 (简称 ADC) 和 D/A 转换器 (简称 DAC)。A/D、D/A 转换器是数字系统中不可缺少的部件，是计算机用于工业控制、数字测量中重要的接口电路。本章将介绍 A/D 转换和 D/A 转换的基本原理及常用 A/D 转换器和 D/A 转换器。

14.1 D/A 转换器

D/A 转换的作用是把数字量转换成模拟电压。我们知道，数字系统是按二进制表示数字的，二进制数的每一位都具有一定的"权"。为了把数字量转化为模拟量，应当把每一位按"权"的大小转换成相应的模拟量，然后将各位的模拟量相加，所得的总和就是与数字量成正比的模拟量。

D/A 转换电路种类很多，这里只介绍最基本的两种。

教学课件：
D/A 转换器

14.1.1 权电阻 D/A 转换器

图 14.1.1 是 4 位权电阻 D/A 转换器原理图，它由权电阻网络、模拟开关、基准电压和运算放大器四部分组成。输入数字量 N(二进制表示为 $b_3b_2b_1b_0$)，输出模拟电压 u_O。

笔记

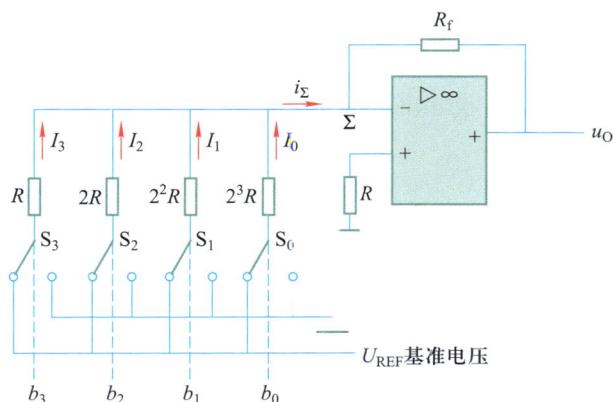

图 14.1.1
4 位权电阻 D/A 转换器原理图

1. 4 个双向电子模拟开关 $S_0 \sim S_3$

它们由晶体管或场效应晶体管构成，每个模拟开关 (S_i) 受输入数字量对应位 (b_i) 的控制。b_i 为 1 时，对应电阻通过模拟开关与基准电压源 U_{REF} 相接；代码为 0 时，对应电阻通过开关接地。

笔 记

2. 权电阻网络 R、$2R$、2^2R、2^3R

电阻网络上四个电阻的阻值分别为 R、$2R$、2^2R、2^3R。容易看出电阻值与二进制数各位的权有关，故称权电阻网络。

当输入代码的某一位 $b_i=0$ 时，开关断开，权电阻网络相应的电阻 R_i 上无电流流过；当 $b_i=1$ 时，开关接通，权电阻网络相应的电阻上有电流流过。流过该电阻的电流大小为

$$I_i = \frac{U_{REF}}{R_i} b_i$$

若 $b_i=0, I_i=0$；若 $b_i=1$，$I_i = \frac{U_{REF}}{R_i}$。

例如 $b_3=1$，S_3 与基准电压源 U_{REF} 相接，流过电阻 R 的电流为 $I_3 = \frac{U_{REF}}{R}$；

若 $b_2=1$，S_2 与基准电压源 U_{REF} 相接，流过电阻 $2R$ 的电流为 $I_2 = \frac{U_{REF}}{2R}$；

若 $b_1=1$，S_1 与基准电压源 U_{REF} 相接，流过电阻 2^2R 的电流为 $I_1 = \frac{U_{REF}}{2^2R} = \frac{U_{REF}}{4R}$；

若 $b_0=1$，S_0 与基准电压源 U_{REF} 相接，流过电阻 2^3R 的电流为 $I_0 = \frac{U_{REF}}{2^3R} = \frac{U_{REF}}{8R}$。

可见，流过各电阻的电流与对应位的权成正比。

流过这些电阻的分电流 (I_0、I_1、I_2、I_3) 在权网络的输出端之处汇总加到运算放大器的反相端，总电流

$$i_{\Sigma} = I_3 + I_2 + I_1 + I_0$$

$$= \frac{U_{REF}}{2^0R} b_3 + \frac{U_{REF}}{2^1R} b_2 + \frac{U_{REF}}{2^2R} b_1 + \frac{U_{REF}}{2^3R} b_0$$

$$= \frac{U_{REF}}{2^3R} (2^3b_3 + 2^2b_2 + 2^1b_1 + 2^0b_0) = \frac{U_{REF}}{2^3R} N$$

因此，i_{Σ} 与输入数字量的大小成正比。

3. 基准电压 U_{REF}

U_{REF} 是一个稳定性较高的恒压源。

4. 运算放大器

运算放大器和权电阻网络构成求和放大电路。输出电压为

$$u_O = -i_{\Sigma} R_f = -\frac{U_{REF}}{2^3R} R_f N$$

u_O 与 i_{Σ} 成正比，也即与输入数字量 N 成正比，因而实现了 D/A 转换。运算放大器还能起缓冲作用，使 u_O 输出端负载变化时不影响 i_{Σ}。调节反馈电阻 R_f 的大小，可以很方便地调节转换系数，使 u_O 的数值符合实际需要。

由此推论，对于 n 位权电阻转换器有

$$i_{\Sigma} = \frac{U_{REF}}{2^{n-1}R} (2^{n-1}b_{n-1} + 2^{n-2}b_{n-2} + \cdots + 2^1b_1 + 2^0b_0) = \frac{U_{REF}}{2^{n-1}R} N$$

$$u_O = -i_{\Sigma} R_f = -\frac{U_{REF}R_f}{2^{n-1}R} N$$

若取 $R_f = \frac{2^{n-1}}{2^n-1} R$ 时　　　　　　　　　　$u_O = -\frac{U_{REF}}{2^n-1} N$

上式表明，输出的模拟电压与二进制数字量的大小成正比，从而实现了 D/A 转换。

当输入数字量 $b_{n-1}b_{n-2}\cdots b_1b_0=00\cdots 00$ 时，输出 $u_O=0\,\text{V}$。

当输入数字量 $b_{n-1}b_{n-2}\cdots b_1b_0=11\cdots 1$ 时，输出 $u_O=-U_R$。

输出电压 u_O 的最大变化范围是 $0\sim -U_R$。

例如，某 8 位 D/A 转换器，$n=8$，基准电源的参考电压 $U_{REF}=10\,\text{V}$，则

输入数字 **00000000**B（$N=0$ D）时，输出电压 $u_O=0\,\text{V}$；

输入数字 **10000000**B（$N=128$ D）时，输出电压 $u_O\approx -5.02\,\text{V}$；

输入数字 **11111111**B（$N=255$ D）时，输出电压 $u_O=-10\,\text{V}$。

若基准电源的参考电压 $U_{REF}=-10\,\text{V}$，则输出电压范围 $0\sim 10\,\text{V}$。

图 14.1.1 所示电路的优点是结构简单；缺点是网络中各电阻阻值差别太大，尤其当输入数字量位数较多时，这种差别就更加突出。例如　输入数字量为 10 位二进制数时，网络中最大电阻阻值与最小电阻阻值之比为 512 : 1。若 $R_{min}=10\,\text{k}\Omega$，则 $R_{max}=5.12\,\text{M}\Omega$。在阻值变化范围如此宽的情况下，实现每个电阻阻值并具有一定的精度是十分困难的。另外，在动态过程中，加到各开关上的阶跃脉冲信号将在输出端产生尖峰脉冲，输出模拟电压的瞬时值可能比稳态值大许多，造成动态误差大。

14.1.2　倒 T 形电阻网络 D/A 转换器

这种电阻网络只有 R 和 $2R$ 两种电阻，接成倒 T 形电阻网络。4 位倒 T 形电阻网络 D/A 转换器如图 14.1.2 所示。

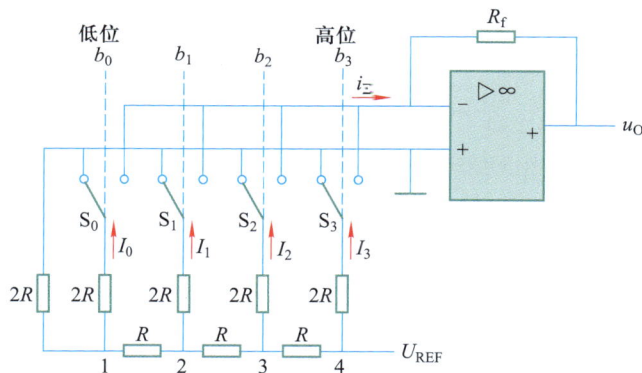

图 14.1.2
4 位倒 T 形电阻网络 D/A 转换器

电路特点是：

① 这种电阻网络只有 R 和 $2R$ 两种电阻。

② 倒 T 形电阻网络 D/A 转换器当输入数字量的任何一个 b_i 为 **1** 时，对应的开关将 $2R$ 电阻支路接到运算放大器的反相端；当 b_i 为 **0** 时，对应开关将 $2R$ 电阻支路接地。因此，无论输入数字信号每一位是 **1** 还是 **0**，$2R$ 电阻要么接地，要么虚地，其中流过的电流保持恒定，这就从根本上消除了产生尖峰脉冲的原因。

③ 从每一节点向左看的等效电阻都是 R。

例如从 1 端向左看的等效电阻 $R_1=2R /\!/ 2R=R$；从 2 端向左看的等效电阻

$R_2 = 2R \mathbin{/\mkern-5mu/} (R+R) = R$；$\cdots$

利用分压原理，求得各节点电压为

$$U_4 = U_{REF} \qquad U_2 = \frac{1}{4} U_{REF}$$

$$U_3 = \frac{1}{2} U_{REF} \qquad U_1 = \frac{1}{8} U_{REF}$$

各支路电流为

$$I_3 = \frac{U_4}{2R} = \frac{U_{REF}}{2R} \qquad I_2 = \frac{U_3}{2R} = \frac{U_{REF}}{4R}$$

$$I_1 = \frac{U_2}{2R} = \frac{U_{REF}}{8R} \qquad I_0 = \frac{U_1}{2R} = \frac{U_{REF}}{16R}$$

因此，流到 $\sum$ 点的总电流为

$$I_\Sigma = I_3 + I_2 + I_1 + I_0$$

$$= \frac{U_{REF}}{2^4 R}(2^3 b_3 + 2^2 b_2 + 2^1 b_1 + 2^0 b_0) = \frac{U_{REF}}{2^4 R} N$$

输出电压为

$$u_O = -i_\Sigma R_f = -\frac{U_{REF} R_f}{2^4 R} N$$

输出模拟电压正比于输入数字信号。对于 n 位倒 T 形电阻网络 D/A 转换器，则可写出

$$u_O = -i_\Sigma R_f = -\frac{U_{REF} R_f}{2^n R}(2^{n-1} b_{n-1} + 2^{n-2} b_{n-2} + \cdots + 2^1 b_1 + 2^0 b_0)$$

$$= -\frac{U_{REF} R_f}{2^n R} N$$

若取 $R_f = \frac{2^n}{2^n - 1} R$，输出电压为 $\qquad u_O = -\frac{U_{REF}}{2^n - 1} N$

倒 T 形电阻网络转换器是 D/A 转换器中速度最快的一种，使用最为广泛。

14.1.3　D/A 转换器的主要技术指标

1. 分辨率

分辨率是指输出电压最小变化量 (U_{LSE}) 与最大输出电压 (U_{MAX}) 即满量程输出电压之比。

例如 3 位 D/A 转换器，$n=3$，基准电源的参考电压 $U_{REF} = -7$ V，因为 $u_O = -\frac{U_{REF}}{2^n - 1} N$，所以

输入数字 **000**B(N=0D) 时，输出电压 $u_O = 0$ V

输入数字 **001**B(N=1D) 时，输出电压 $u_O \approx 1$ V

输入数字 **010**B(N=2D) 时，输出电压 $u_O \approx 2$ V

输入数字 **111**B(N=7D) 时，输出电压 $u_O = 7$ V

……

可见，由于输入数字的最小变化量为 **001**B，输出是阶梯的，如图 14.1.3 所示。输出电

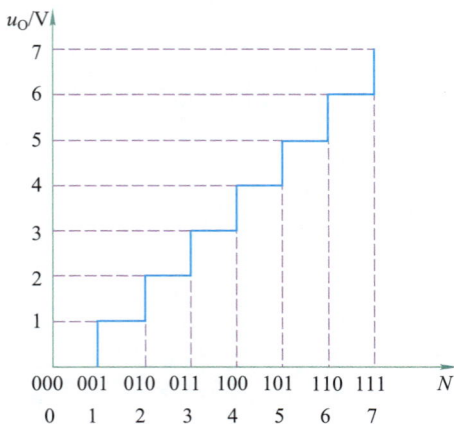

图 14.1.3
D/A 转换输出电压波形

压的最小变化量 $U_{LSE}=1\,V$（称为一个阶梯）；而输出电压的最大值 $U_{MAX}=7\,V$，所以分辨率为

$$1\,V/7\,V \approx 0.143$$

对于 n 位 D/A 转换器

$$U_{LSE}=-\frac{U_{REF}}{2^n-1}N=-\frac{U_{REF}}{2^n-1}\cdot 1=-\frac{U_{REF}}{2^n-1}$$

$$U_{MAX}=-\frac{U_{REF}}{2^n-1}N=-\frac{U_{REF}}{2^n-1}\cdot(2^n-1)=-U_{REF}$$

所以 n 位 D/A 转换器的分辨率等于

$$\frac{U_{LSE}}{U_{MAX}}=\frac{1}{2^n-1}\approx\frac{1}{2^n}$$

例如十位 D/A 转换器，分辨率为

$$\frac{1}{2^{10}-1}\approx\frac{1}{2^{10}}\approx 0.000\,98$$

若参考电源 $U_{REF}=-5\,V$，$U_{MAX}=-U_{REF}=5\,V$，$U_{LSE}=-\frac{U_{REF}}{2^{10}-1}=\frac{5}{2^{10}-1}\,V\approx 4.9\,mV$

由于分辨率的大小只取决于 D/A 转换器的位数，所以分辨率有时直接用位数来表示。如 8 位、10 位等。位数越多，U_{LSE} 的值越小，分辨率越高。

2. 精度

D/A 转换器的精度是指实际输出电压与理论输出电压之间的偏离程度。通常用最大误差与满量程输出电压之比的百分数表示。例如，某 DAC 满量程输出电压是 10 V；如果误差为 1%，就意味着输出电压的最大误差为 ±0.1 V(100 mV)，百分数越小，精度越高。

在一个系统中，分辨率和精度要求应当协调一致，否则会造成浪费或不合理。例如，系统采用分辨率是 1 V、满量程输出电压 7 V 的 D/A 转换器，显然要把该系统做成精度 1%(最大误差 70 mV) 是不可能的。同样，把一个满量程输出电压为 10 V，输入数字信号为 10 位的系统做成精度只有 1% 也是一种浪费，因为输出电压允许的最大误差为 100 mV，但分辨能力却精确到 5 mV，表明输入数字 10 位，是没有必要的。

3. 输出建立时间

从送入数字信号起，到输出电压 (或电流) 到达稳态值所需要的时间，称为输出建立时间。

有时手册上给出输出上升到满刻度的某一百分数所需要的时间作为输出建立时间。输出建立时间一般为几纳秒到几微秒。输出建立时间也称为转换时间。

4. 输出极性及范围

输出信号的极性有单极性和双极性两种。

输出信号的形式有电流输出和电压输出。对电流输出的 DAC，常常需外接运放将电流转换成电压。下面介绍两种电路参考。图 14.1.4(a) 是反相电压输出，$U_{OUT}=-iR_f$；图 14.1.4(b) 是同相电压输出，$U_{OUT}=iR_3(1+R_2/R_1)$。

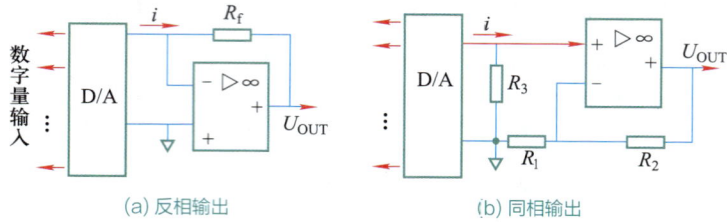

图 14.1.4
D/A 转换输出电路

(a) 反相输出　　　　(b) 同相输出

✎ 笔 记

14.1.4　集成 D/A 转换器芯片 DAC0832 及其应用

DAC0832 是 CMOS 工艺的 8 位 D/A 转换器芯片，其功能示意图和引脚图如图 14.1.5 所示。

DAC0832 主要由两个 8 位寄存器（输入寄存器、DAC 寄存器）和一个 8 位 D/A 转换器组成。输入数据 $DI_0 \sim DI_7$ 经输入寄存器和 DAC 寄存器缓冲，进入 D/A 转换器进行 D/A 转换。使用两个寄存器的优点是可以简化某些应用中的电路设计。DAC0832 是电流输出型，输出端为 I_{OUT1} 和 I_{OUT2}。

图 14.1.5 中，$\overline{LE_1}$ 和 $\overline{LE_2}$ 为寄存器锁存命令。当 $\overline{LE_1}=\mathbf{1}$ 时，输入寄存器输出随输入变化而变化；$\overline{LE_1}=\mathbf{0}$ 时，数据锁存在输入寄存器中，不随输入变化。同样，$\overline{LE_2}=\mathbf{1}$ 时，DAC 寄存器输出随其输入变化而变化；$\overline{LE_2}=\mathbf{0}$ 时，数据锁存在 DAC 寄存器中，不随输入变化。

当 ILE 为高电压，$\overline{CS}$ 与 $\overline{WR_1}$ 同时为低电平时，$\overline{LE_1}=\mathbf{1}$，当 $\overline{WR_1}$ 变为高电平时，$\overline{LE_1}=\mathbf{0}$。

当 $\overline{XFER}$ 与 $\overline{WR_2}$ 同时为低电平时，$\overline{LE_2}=\mathbf{1}$，当 $\overline{WR_2}$ 变为高电平时，$\overline{LE_2}=\mathbf{0}$。

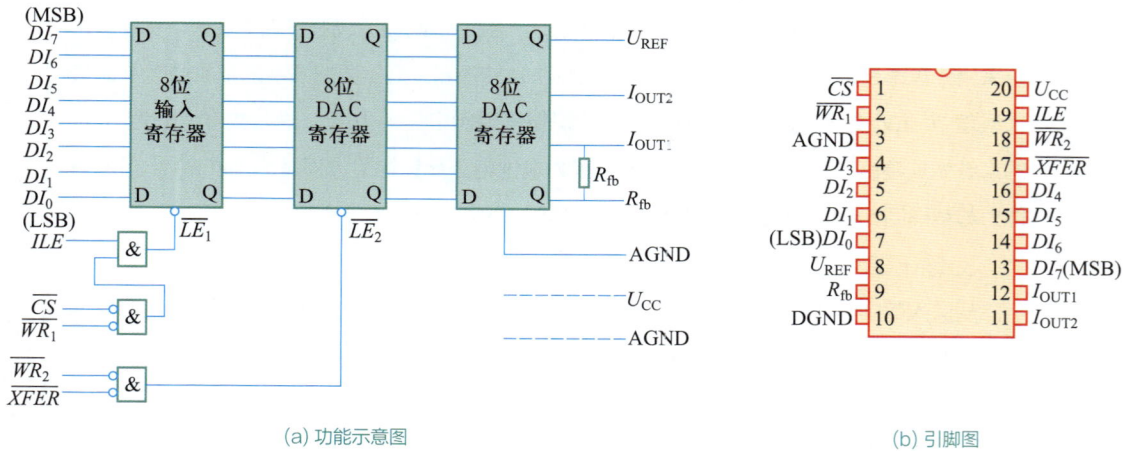

图 14.1.5
DAC0832 原理图及引线图

(a) 功能示意图　　　　(b) 引脚图

要将数字量 $DI_0 \sim DI_7$ 转换为模拟量，只要使 $\overline{WR_2}=\mathbf{0}$、$\overline{XFER}=\mathbf{0}$（即 DAC 寄存器为不锁存状态）、$ILE=\mathbf{1}$，然后在 $\overline{CS}$ 与 $\overline{WR_1}$ 端接负脉冲信号即可完成一次转换；或者使 $\overline{WR_1}=\mathbf{0}$、$\overline{CS}=\mathbf{0}$、$\overline{ILE}=\mathbf{1}$（即输入寄存器为不锁存状态），然后在 $\overline{WR_2}$ 和 $\overline{XFER}$ 端接负脉冲信号，也可达到同样目的。

1. DAC0832 的引线功能

DAC0832 为 20 脚双列直插式封装，各引线含义如下：

$DI_0 \sim DI_7$：数字量输入端。

ILE：数据锁存允许端，高电平有效。

$\overline{CS}$：输入寄存器选择信号，低电平有效。

$\overline{WR}_1$：输入寄存器"写"选通信号，低电平有效。由控制逻辑图可知，当 $\overline{WR}_1$=0、$\overline{CS}$=0 且 ILE=1 时，$\overline{LE}_1$=0，锁存输入数据。当 $\overline{LE}_1$=1 时，输入寄存器输出随输入变化而变化。

$\overline{XFER}$：数据转移控制信号，低电平有效。

$\overline{WR}_2$：DAC 寄存器"写"选通信号，低电平有效。当 $\overline{WR}_2$=0，$\overline{XFER}$=0 时，$\overline{LE}_2$=0，数据锁存在 DAC 寄存器中。$\overline{LE}_2$=1 时，DAC 寄存器输出随其输入变化而变化。

I_{OUT1} 和 I_{OUT2}：电流输出端。DAC0832 是电流输出型 D/A 转换器，I_{OUT1} 与 I_{OUT2} 之和为常数，I_{OUT1} 随 DAC 寄存器内容线性变化。

R_{fb}：反馈信号输入端。当需要电压输出时，要外接运放将电流转换为电压，R_{fb} 是片内电阻，为运放提供反馈电阻，以保证输出电压在合适范围。

U_{REF}：基准电源，允许的参考电压为 −10~+10 V。

U_{CC}：工作电源，允许范围 +5~+15 V。

AGND：模拟地。

DGND：数字地。

D/A 转换器输入为数字信号，输出为模拟信号。输出模拟信号很容易受到电源和数字量等干扰引起波动，为提高输出稳定性和减少误差，模拟信号部分必须采用高精度基准电源 U_{REF} 和独立地线，**一般把模拟地和数字地分开**。模拟地是模拟信号和基准电源的参考地，其余信号地包括工作电源地、数据、地址、控制等数字逻辑地都是数字地。

2. DAC0832 技术特性

由图 14.1.5 可见，DAC0832 采用二次缓冲方式，这样可以在输出的同时，采集下一个数据，从而提高转换速度。更重要的是能够在多个转换器同时工作时，实现多通道 D/A 的同步输出。

主要特性参数如下：

① 分辨率为 8 位。

② 只需在满量程下调整其线性度。

③ 可与单片机或微处理器直接接口，也可单独使用。

④ 电流稳定时间 1 μs。

⑤ 可双缓冲、单缓冲或直通输入。

⑥ 低功耗，200 mW。

⑦ 逻辑电平输入与 TTL 兼容。

⑧ 单电源供电 (+5~+15 V)。

3. DAC0832 的工作方式

DAC0832 有三种工作方式：直通方式、单缓冲方式和双缓冲方式。

（1）直通方式

图 14.1.6 为直通方式的连接方法。$\overline{XFER}$、$\overline{WR}_2$、$\overline{WR}_1$ 接地，ILE 接高电平。若系统中只有一个 0832，可将 $\overline{CS}$ 直接接地（如图所示）；若系统中有几个 0832，可用控制线或地址线与 $\overline{CS}$ 相接，需要哪个 0832 输出时，使其 $\overline{CS}$ 有效，输入数据直接通入 D/A 转换级转换并输出。

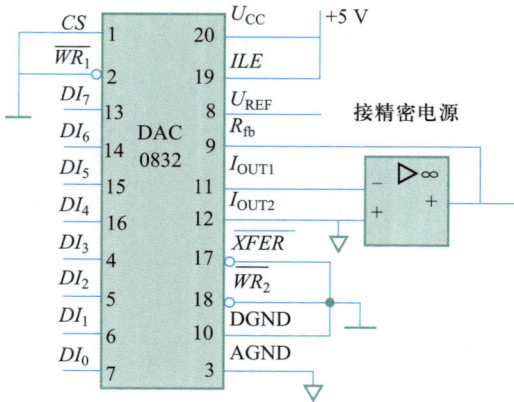

图 14.1.6
DAC0832 工作在直通方式

输入寄存器和 DAC 寄存器工作于不锁存状态。此方式适用于输入数字量变化速度缓慢的场合。

（2）单缓冲方式

当输入数据变化速度较快，或系统中有多个设备共用数据线时，为保证 D/A 转换器工作正常，需要对输入数据进行锁存，单缓冲方式和双缓冲方式都是利用输入寄存器和 DAC 寄存器对输入数据进行锁存。

单缓冲方式适用于只有一路模拟量输出、或几路模拟量不需要同时输出的场合。这种方式下，两级寄存器的控制信号并接，如图 14.1.7 所示，$\overline{XFER}$ 和 $\overline{CS}$ 相接，$\overline{WR_2}$ 和 $\overline{WR_1}$ 相接，ILE 接高电平。若系统中只有一路模拟量输出，可直接将 $\overline{XFER}$ 和 $\overline{CS}$ 接地；若系统中不止一路模拟量输出，可将 $\overline{XFER}$ 和 $\overline{CS}$ 接某一控制信号或地址线。

需要输出时，控制 $\overline{XFER}$ 和 $\overline{CS}$ 为低电平，然后在 $\overline{WR_2}$ 和 $\overline{WR_1}$ 端输入一个负脉冲，如图 14.1.8 所示。$\overline{WR_2}$ 和 $\overline{WR_1}$ 的下降沿将数据打入两级寄存器和 D/A 转换器，$\overline{WR_2}$ 和 $\overline{WR_1}$ 的上升沿使两级寄存器处于锁存状态，保证 8 位 D/A 转换级输入稳定，转换正常。

图 14.1.7 中，U_{REF} 由稳压电路提供。

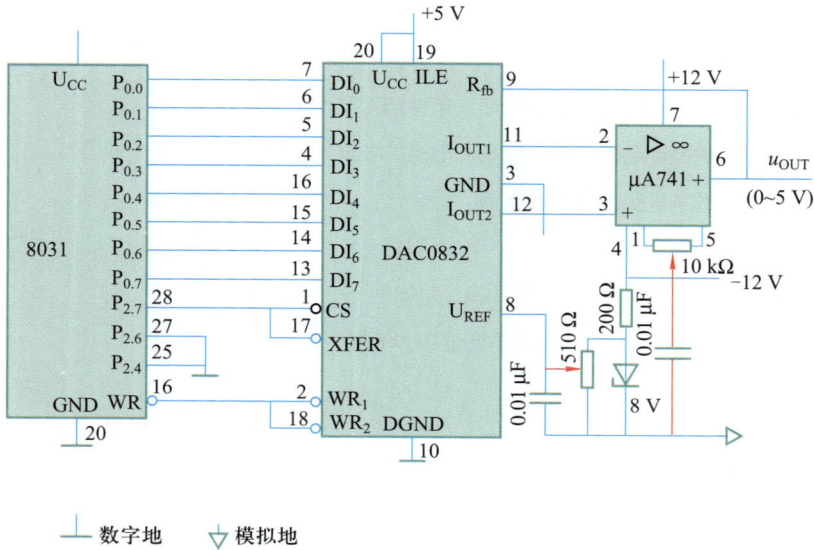

图 14.1.7
单缓冲方式时连接示意

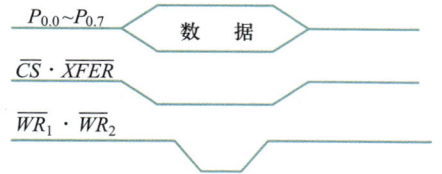

图 14.1.8
DAC0832 时序

（3）双缓冲方式

双缓冲方式用于系统同时使用几个 0832，它们共用数据线，并要求几个 0832 同时输出的场合。

图 14.1.9 为两路模拟信号同时输出的 8031 系统。

两个 0832 的 $\overline{CS}$ 分别接 8031 的 $P_{2.5}$ 和 $P_{2.3}$；它们的 $\overline{XFER}$ 接在一起，与 8031 的 $P_{2.7}$ 相连；$\overline{WR_2}$ 和 $\overline{WR_1}$ 也接在一起，与 8031 的写控制信号 $\overline{WR}$ 相接；待输出数据 X、Y 经 $P_{0.0}$~$P_{0.7}$ 送入 0832 的 DI_0~DI_7，两个 0832 共用数据线。系统工作过程如下：

① 8031 先使 $P_{2.5}$ 为低电平，然后使 $\overline{WR}$ 输出负脉冲，将数据 X 输出到 1*0832 的输入寄存器并锁存起来。

② 8031 先使 $P_{2.3}$ 为低电平，然后使 $\overline{WR}$ 输出负脉冲，将数据 Y 输出到 2*0832 的输入寄存器并锁存起来。

③ 8031 先使 $P_{2.7}$ 为低电平，然后使 $\overline{WR}$ 输出负脉冲，将锁存在两个输入寄存器的数据 X、Y 同时输出到两个 0832 的 DAC 寄存器并锁存，与此同时数据进入 D/A 转换级进行转换。实现了两路模拟信号同步输出。

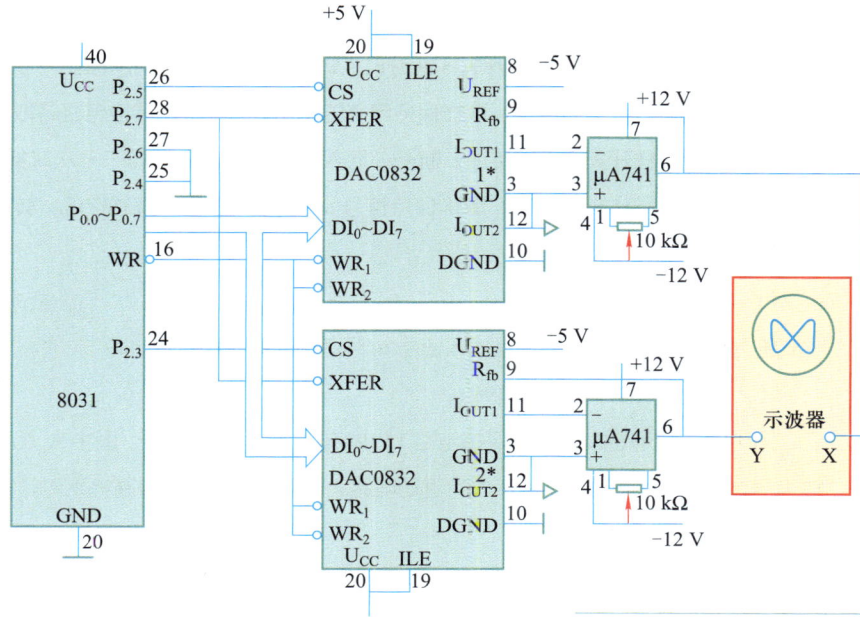

图 14.1.9
双路模拟量输出连线图

14.2 A/D 转换器

14.2.1 A/D 转换器的基本原理

在 A/D 转换器中，输入的模拟量在时间和幅值上都是连续变化的，而输出的数字信号在时间和幅值上都是离散的，将模拟量转换为数字量分四个步骤，即取样、保持、量化、编码。前两个步骤在取样－保持电路中完成，后两个步骤在 A/D 转换电路中完成。图 14.2.1 所示的是 A/D 转换器的工作原理图，下面简要介绍 A/D 转换器的工作原理。

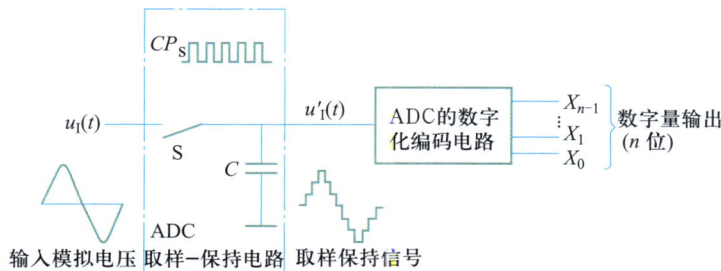

图 14.2.1
A/D 转换器的工作原理

由图 14.2.1 可以看出，A/D 转换器主要由取样保持电路和 A/D 转换电路（数字化编码电路）组成。

笔 记

1. 取样和保持

（1）取样与保持

由于输入信号是连续变化的，而转换总需要一定的时间，为使转换正常进行，每进行一次转换，需要对输入信号进行一次取样，以获得一个确定的输入，并将这个输入保持到转换结束，这个过程称为**取样**和**保持**。取样和保持的原理如图 14.2.1 所示，开关 S 在一个取样脉冲控制下，重复接通、断开，开关 S 接通时，输入模拟信号 u_I 进入取样保持电路并对电容 C 充电，这个过程称为取样。开关 S 断开时，u_I 不能进入取样保持电路，电容 C 上的电压保持不变，这个过程称为保持。取样保持电路的输出 u'_I 送 A/D 转换电路将取样电压转换为数字量，之后取样开关 S 再次接通、断开，取入 u_I，保持 u_I 并进行下一次转换，……

容易看出，取样频率越高，取样保持信号 u'_I 与输入信号 u_I 就越接近，转换误差越小。取样脉冲的频率 f_s 必须满足

$$f_s \geq 2f_{max}$$

上式称为取样定理，其中 f_{max} 是输入信号 u_I 频谱的最高频率分量。

（2）集成取样保持器 LF198

图 14.2.2 所示是集成取样保持电路 LF198 电路原理图及符号。图中 A_1、A_2 是两个运算放大器，S 是电子开关，L 是开关的驱动电路，当取样脉冲 CP 为高电平时，S 闭合；CP 为低电平时，S 断开。

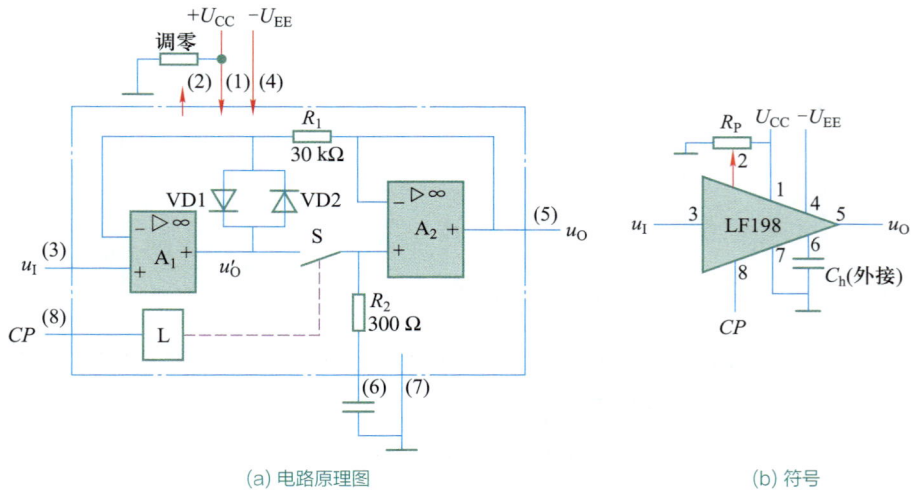

图 14.2.2
集成取样保持电路 LF198 电路原理图及符号

(a) 电路原理图　　(b) 符号

由图 14.2.2(a) 所示，当 S 闭合时，A_1 和 A_2 均工作在电压跟随器状态，所以 $u_O=u'_O=u_I$，电容上的电压 $u_C=u_I$；当 S 断开时，由于 C_h 上的电压不变，所以输出电压 u_O 的数值得以保持不变。

在 S 断开期间，如果 u_I 发生变化，A_1 的输出 u'_O 可能变化非常大，甚至超过开关电路所能承受的电压，因此需要增加 VD1 和 VD2 构成保护电路。当 u'_O 比 u_O 所保持的电压相差一个二极管压降 u_D 时，VD1 或 VD2 导通，从而将 u'_O 限制 $u_I \pm u_D$ 在以内。而在开关 S 闭合的情况下，u'_O 和 u_O 相等，故 VD1、VD2 均不导通，保护电路不起作用。

2. 量化和编码

经过取样，输入模拟信号 u_I 变成了在时间上离散的取样信号 u'_I，如图 14.2.1 所示。但

u'_1 在幅值上仍是连续变化的，还需要进行量化。将取样 - 保持后的电压化为某个规定的最小单位电压整数倍的过程称为**量化**。把量化的数值用二进制代码表示，称为**编码**。编码得到的二进制代码就是 A/D 转换器的输出数字信号。量化所规定的最小单位电压称为量化单位，用 Δ 表示。

例如需要把 0~+7 V 的模拟电压信号转换成 3 位二进制代码，可取量化单位 Δ=1 V，并规定：

凡输入在 0~1 V 之间的模拟电压都量化为 0 × Δ，用二进制数 **000** 表示；

凡输入在 1~2 V 之间的模拟电压都量化为 1 × Δ，用二进制数 **001** 表示；

……

从表 14.2.1(a) 中不难看出，取样电压（输入电压）变化一个量化单位（1 V）时对应的输出数字量变化为 **1**。由于输入模拟电压的幅值是连续的，不一定能被 Δ 整除，因而量化过程中不可避免地会引入误差。这种误差称为**量化误差**。表 14.2.1(a) 所示的这种量化方法最大的量化误差可达 Δ，即 1 V。

为了减少最大量化误差，可以改用表 14.2.1(b) 所示的量化方法。取量化单位 Δ=1 V，并规定输入电压为 0~0.5 V 输出数字量为 **000**，输入电压 0.5~1.5 V 时输出数字量为 **001**，……见表 (b)。量化误差将减少为 Δ/2=0.5 V。这实际就是"四舍五入"的方法。

表 14.2.1　两种量化方法

(a)　　　　　　　　　　　　　　　　(b)

取样电压 /V	量化值 /V	输出二进制编码	取样电压 /V	量化值 /V	输出二进制编码
0 0~1	**0 Δ=0**	**000**	**0** 0~0.5	**0 Δ=0**	**000**
1 1~1.2	**1 Δ=1**	**001**	0.5~1 **1** 1~1.5	**1 Δ=1**	**001**
2 2~3	**2 Δ=2**	**010**	1.5~2 **2** 2~2.5	**2 Δ=2**	**010**
3 3~4	**3 Δ=3**	**011**	2.5~3 **3** 3~3.5	**3 Δ=3**	**011** **011** **100**
4 4~5	**4 Δ=4**	**100**	3.5~4 **4** 4~4.5	**4 Δ=4**	**100**
5 5~6	**5 Δ=5**	**101**	4.5~5 **5** 5~5.5	**5 Δ=5**	**110** **101**
6 6~7	**6 Δ=6**	**110**	5.5~6 **6** 6~6.5	**6 Δ=6**	**110**
7	**7 Δ=7**	**111**	6.5~7 **7**	**7 Δ=7**	**111**

笔记

量化单位 Δ 的大小与输入信号的范围和输出位数有关

$$\Delta = \frac{u_{\mathrm{I}}(\max)}{2^n-1}$$

实现量化和编码的电路很多，应用比较广泛的有逐次比较型 A/D 转换电路和双积分型 A/D 转换电路和 V/F 转换器。

14.2.2　逐次比较型 A/D 转换器

1. 逐次比较型 A/D 转换器的组成

逐次比较型 A/D 转换器的工作原理如图 14.2.3 所示。各部分的功能如下：

（1）D/A 转换器

它将数据寄存器中的数字量转换成相应的模拟电压去与被测电压比较。

（2）数据寄存器

转换开始后，从最高位开始对数据寄存器置 **1**，其他位置 **0**，将该数据经 D/A 转换器转换为模拟量，在比较器中与输入量比较，根据比较结果决定最高位是留下还是清除，然后置次高位为 **1**，转换、比较……所有位比较完毕后统一输出。

（3）比较器

将数据寄存器中数据对应的电压与输入电压比较，输出结果用于修改数据寄存器中的数据。

（4）控制逻辑及时钟

用于实现整机的逻辑控制。

2. 工作过程

下面结合图 14.2.4 所示的 8 位逐次比较型转换器电路，说明其工作过程。

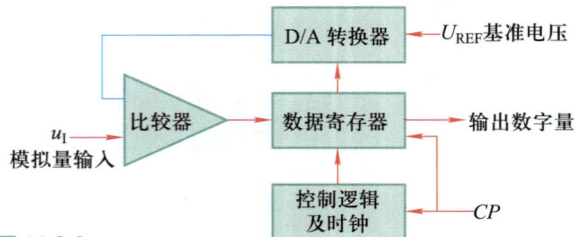

图 14.2.3
逐次比较型 A/D 转换器的工作原理

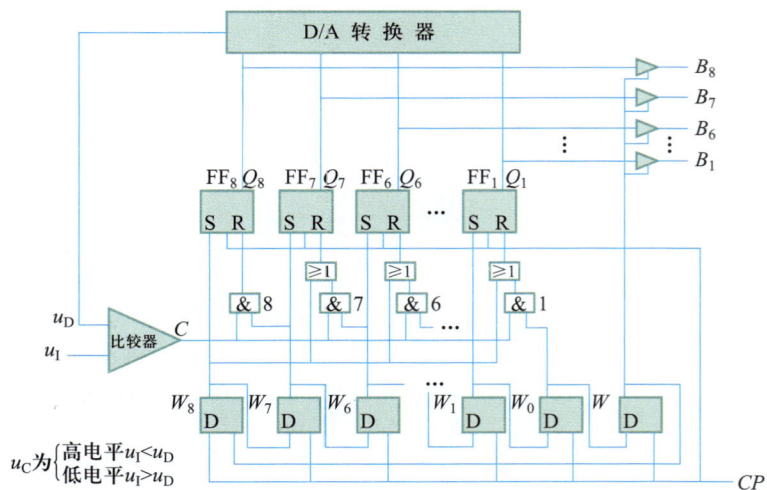

图 14.2.4
8 位逐次比较型转换器电路

FF$_8$~FF$_1$ 组成 8 位数据寄存器，10 个 D 触发器接成环形移位寄存器。转换开始前环形

移位寄存器的输出 $W_8 \sim W$ 为 **0000000001**。$Q_8 \sim Q_1$ 均为 **0**。D/A 转换器输出电压

$$u_D = \frac{U_{REF}}{2^8 - 1} N = \frac{U_{REF}}{255} N$$

为分析问题方便，假定 $U_{REF}=255\,V$，于是有

$$u_D = N$$

若输入电压 u_I 大于 D/A 转换器的输出 u_D，比较器输出 $u_C=\mathbf{0}$；若输入电压 u_I 小于 D/A 转换器的输出 u_D，$u_C=\mathbf{1}$。

假设输入电压 $u_I=149\,V$。

第一个 CP 到来时，$W_8=\mathbf{1}$，其余 W_i 均为 **0**，F_8 被置 **1**，其余数据寄存器处于保持状态，于是数据寄存器的输出 $Q_8 \sim Q_1$ 为 **10000000**，该数据经 D/A 转换器后输出电压

$$u_D = N = 128\,V$$

u_I 与 128 V 比较，$u_C=\mathbf{0}$。

第二个 CP 到来时，$W_7=\mathbf{1}$，其余 W_i 均为 **0**。$W_8=\mathbf{0}$ 使 FF_8 的 $S=\mathbf{0}$，$W_7=\mathbf{1}$，门 8 被打开，由于 $u_C=\mathbf{0}$，门 8 的输出是 **0**，使 FF_8 的 $R=\mathbf{0}$，FF_8 处于保持状态（留下），输出 $Q_8=\mathbf{1}$。由于 $W_7=\mathbf{1}$，FF_7 置 **1**；数据寄存器的状态为 **11000000**，该数据使 $u_D=192\,V$。

U_I 与 192 V 继续比较，使 $u_C=\mathbf{1}$。

第三个 CP 到来时，$W_6=\mathbf{1}$，其余 W_i 均为 **0**。$W_7=\mathbf{0}$ 使 FF_7 的 $S=\mathbf{0}$；$W_6=\mathbf{1}$，门 7 被打开，由于 $u_C=\mathbf{1}$，门 7 的输出是 **1**，于是 FF_7 的 $R=\mathbf{1}$，$S=\mathbf{0}$，FF_7 置 **0**（清除）。由于 $W_6=\mathbf{1}$，FF_6 置 **1**。于是数据寄存器的状态为 **10100000**，该数据使 $u_D=160\,V$。

U_I 与 160 V 继续比较，使 $u_C=\mathbf{1}$。……

如此逐次比较下去，便可以从高位到低位依次确定数据寄存器各位的状态是 **10010101**，这就是 149 V 时相应的二进制编码。

整个逐位比较、逐位取舍的渐进过程可用图 14.2.5 表示。

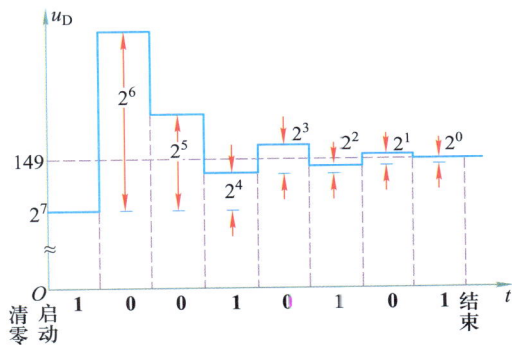

图 14.2.5　8 位逐次比较型转换器电路转换进程

14.2.3　双积分型 A/D 转换器

双积分型 A/D 转换器又称双斜率 A/D 转换器。它的基本原理是对输入模拟电压和基准电压进行两次积分：先将输入模拟电压 u_I 转换成与之大小相对应的时间间隔 T_C，再在此时间间隔内用固定频率的计数器计数，计数器所计的数字量就正比于输入模拟电压；同样也对参考电压进行相同的处理。

由于要两次积分，因此双积分型 A/D 转换器的转换速度较低，但转换数字量位数 n 增加时，电路复杂程度增加不大，易于提高分辨率，通常用在对速度要求不高的场合，如数字万用表等。

双积分型 A/D 转换器的原理如图 14.2.6 所示。

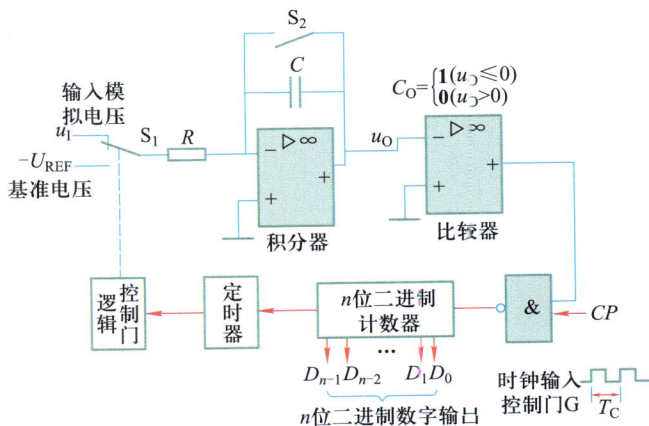

图 14.2.6　双积分型 A/D 转换器原理图

笔 记

图 14.2.6 所示的双积分型 A/D 转换器由基准电压源、积分器、比较器、时钟输入控制门、n 位二进制计数器、定时器和逻辑控制门等组成。

开关 S_1 控制将模拟电压或基准电压送到积分器输入端。

开关 S_2 控制积分器是否处于积分工作状态。

比较器对积分器输出模拟电压的极性进行判断；$u_O \le 0$ 时，比较器输出 $C_O=1$ (高电平)；$u_O > 0$，比较器输出 $C_O=0$ (低电平)。

时钟输入控制门是由比较器的输出 C_O 进行控制：当 $C_O=1$ 时，允许时钟脉冲输入至计数器；当 $C_O=0$ 时，时钟脉冲禁止输入。

计数器对输入时钟脉冲个数进行计数。

定时器在计数器计数计满时（即溢出）就置 **1**。

逻辑控制门控制开关 S_1 的动作，以选择输入模拟信号或基准电压。

逐次比较型和双积分型 A/D 转换都属于并行输出编码的 A/D 转换器，逐次比较型 A/D 转换器是将输入电压与已经编了码的一组已知电压比较，属于多次比较。双积分型是将输入电压和基准电压转换成时间间隔（计数脉冲）进行比较。逐次比较型比双积分型快，双积分型抗工频干扰能力强，对器件的稳定性要求不高，输出二进制数的位数易做得高，因此分辨率及精度较高。

14.2.4　A/D 转换器的主要技术指标

① 分辨率：以输出二进制数的位数 n 表示。位数越多，量化误差越小。量化误差等于量化单位 Δ 或量化单位的 $1/2$，而量化单位 Δ 的大小与输入信号的范围和输出位数有关

$$\Delta = \frac{u_{I(max)}}{2^n-1}$$

例如输入模拟电压为 0~5 V，输出 8 位的 ADC，可分辨的最小输入电压变化量为 $5\text{V} \times \dfrac{1}{2^8-1} \approx 20\text{mV}$；若输出为 10 位，可分辨的最小输入电压变化量为 $5\text{V} \times \dfrac{1}{2^{10}-1} \approx 5\text{mV}$。

② 转换精度：实际输出与理论输出的偏离程度。

③ 转换速度：完成一次转换所需要的时间。具体地说是从接到转换控制信号到输出端得到稳定数字输出的时间。

④ 输入模拟电压范围：通常单极性输入时为 0~5 V，双极性输入时为 −5~5 V。

14.2.5　集成 A/D 转换芯片 ADC0809 及其应用

ADC0809 是 CMOS 工艺，8 位逐次比较型 A/D 转换芯片，28 脚双列直插封装。它具有 8 个通道的模拟量输入，可在程序控制下对任意通道分时进行 A/D 转换。

1. ADC0809 的主要技术指标

工作电压：5~15 V。　　　　　　时钟频率：640 kHz。

分辨率：8 位。　　　　　　　　转换时间：100 ms。

未经调整误差：1/2 LSB 和 1 LSB。　　　　　　功耗：15 mW。

模拟量输入范围：0~5 V。

2. ADC0809 的结构

ADC0809 由 8 位 A/D 转换电路、8 路模拟开关、地址锁存与译码电路及三态输出锁存器组成。其引脚及内部结构如图 14.2.7 所示。

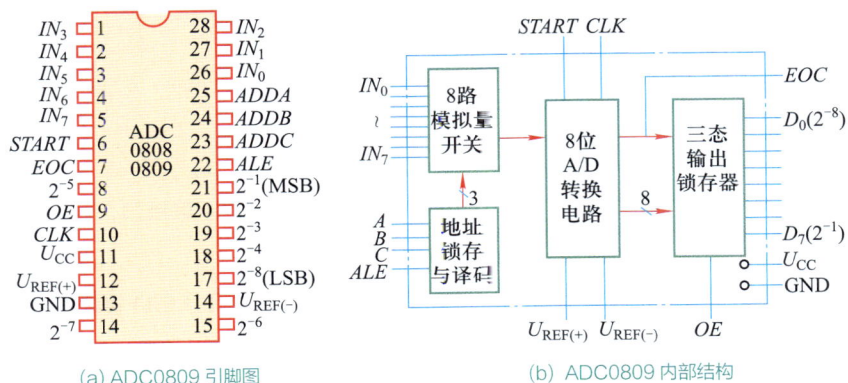

(a) ADC0809 引脚图　　　　　(b) ADC0809 内部结构

图 14.2.7
ADC0809 原理图及接线图

ADC0809 的 8 路模拟量输入通过 IN_0、IN_1、…、IN_7 输入。

内部地址译码器对输入地址码 C、B、A 进行译码，以决定对哪一路输入进行转换。地址译码器真值表见表 14.2.2。例如地址码 $CBA=000$，8 路模拟开关采入 IN_0 通道的模拟电压，送入 A/D 转换电路进行转换。

A/D 转换电路采用逐次比较法，转换结果通过三态输出锁存器从 $D_0(2^{-8})$~$D_7(2^{-1})$ 输出。

表 14.2.2　地址译码器真值表

地址			选通	地址			选通
C	B	A		C	B	A	
0	0	0	IN_0	1	0	0	IN_4
0	0	1	IN_1	1	0	1	IN_5
0	1	0	IN_2	1	1	0	IN_6
0	1	1	IN_3	1	1	1	IN_7

3. 引线功能

IN_0~IN_7：8 通道模拟量输入端。

$D_0(2^{-8})$~$D_7(2^{-1})$：8 位数字量输出端。

C、B、A：地址输入信号，用以决定对哪一通道输入进行转换。

ALE：地址锁存信号，输入。高电平时将地址信号 CBA 送入地址锁存器译码，采入相应通道的模拟量；低电平时锁存地址。

$START$：启动信号，输入。上升沿使 ADC0809 复位，下降沿启动 A/D 转换器开始转换。

CLK：时钟输入端。最高允许值为 640 kHz。

$U_{REF}(+)$，$U_{REF}(-)$：参考电压，输入。

EOC：转换完成信号，输出。当 $START$ 信号启动 A/D 转换后，EOC 变低，转换结束时，EOC 变高。它反映了 A/D 转换器的状态，其他设备可以通过查询 EOC 确定 A/D 转换器的状态，进而决定以后的处理；也可以用 EOC 作为中断请求信号，当转换完成时请求其他设备对转换结果进行处理。

OE：输出允许信号，输入。$OE=1$ 时，转换结果通过三态输出锁存器输出到 $2^{-1} \sim 2^{-8}$；$OE=\mathbf{0}$ 时，输出端高阻。

U_{CC}：工作电源。$+5 \sim +15$ V。

GND：地。

4. ADC0809 的应用

ADC0809 很容易与微处理器 Intel 8080、8086 或 8031 等接口，也可以单独使用。图 14.2.8 所示是只有一路模拟量输入的 ADC0809 测量电路。

输入模拟量 u_1 接 IN_0，因为只有一路输入，地址控制信号 CBA 接地即 $CBA=\mathbf{000}$。

8 个数字量输出端各接了一个发光二极管，对输出进行二进制指示。当然，如果希望十进制指示，也可以接七段显示译码驱动器和显示器或其他显示器件。

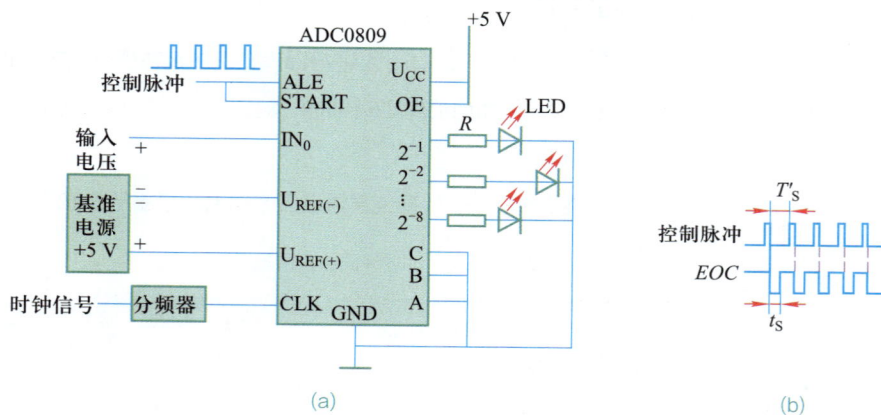

图 14.2.8
ADC0809 应用

(a)   (b)

输入时钟信号经分频器分频，获得 ADC0809 所需 640 kHz 时钟信号。

控制脉冲接 ALE 和 $START$，每来一个脉冲，上升沿复位 ADC0809，选通 IN_0，将 u_1 采入；下降沿启动 A/D，进行一次转换。为保证转换正常进行，控制脉冲的宽度 T'_S 应大于 ADC0809 的转换时间 t_S。

输出允许端 OE 接高电平。

输入模拟电压的地和参考电压的地是模拟地，接在一起；其余地为数字地，接在一起。

习题

14.1 什么是模拟量？什么是数字量？为什么要进行 A/D 转换和 D/A 转换？

14.2 简述权电阻 D/A 转换器的原理及特点。

14.3 简述权倒 T 形电阻网络 D/A 转换器的原理及特点。

14.4　简述逐次比较型 A/D 转换器的原理及特点。

14.5　简述双积分型 A/D 转换器的原理及特点。

14.6　什么是取样？为什么要取样？经过取样后信号与取样前有什么不同？

14.7　什么是取样定理？如何保证取样后信号不失真？

14.8　什么是量化和编码？为什么要对取样信号进行量化和编码？量化的方法有哪些？

14.9　D/A 转换器的技术指标有哪些？各有何意义？

14.10　A/D 转换器的技术指标有哪些？各有何意义？

14.11　如题 14.11 图所示 DAC 中，控制开关的输入码是 **111000**，试问运算放大器的模拟量输出电压 u_O 是多少？

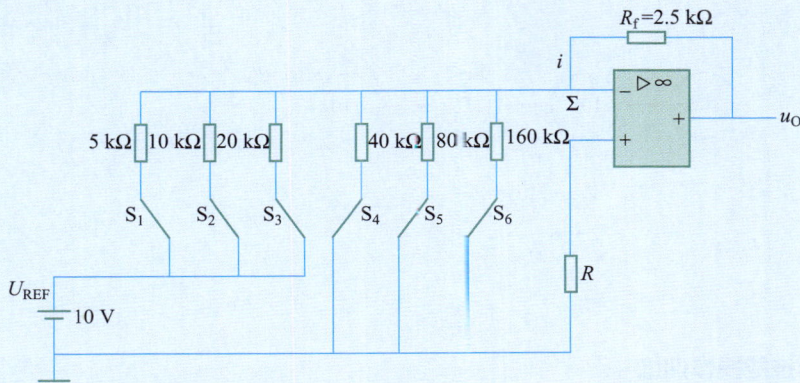

题 14.11 图

14.12　某数字电压表采用双积分型 ADC，其原理示意图如题 14.12 图所示。电压表显示的数字位数为 4 位，计数器由 4 位二 - 十进制计数器组成，最大容量为 9999，若时钟频率为 100 kHz，预定计数到 **10000** 个脉冲时，取样阶段结束。试说明工作过程，并确定取样时间。

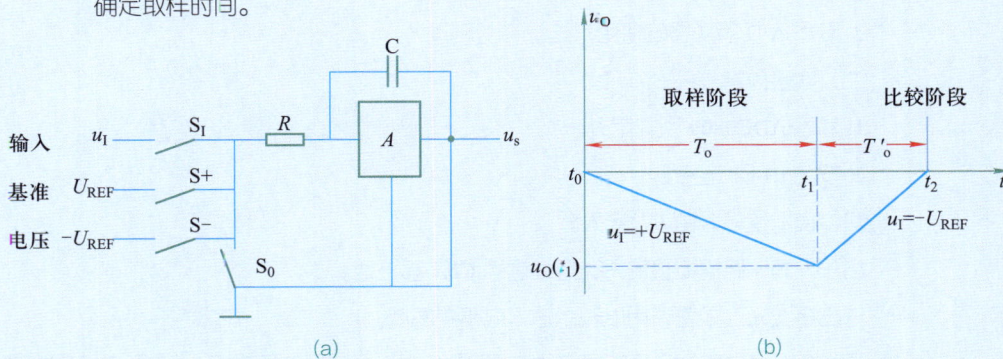

题 14.12 图

14.13　DAC 和计数器组成的电路如题 14.13 图 (a) 所示，DAC 的输出特性如题 14.13 图 (b) 所示，计数器的状态转换图如题 14.13 图 (c) 所示。试画出对应于时钟脉冲 CP 作用下的电路输出波形。

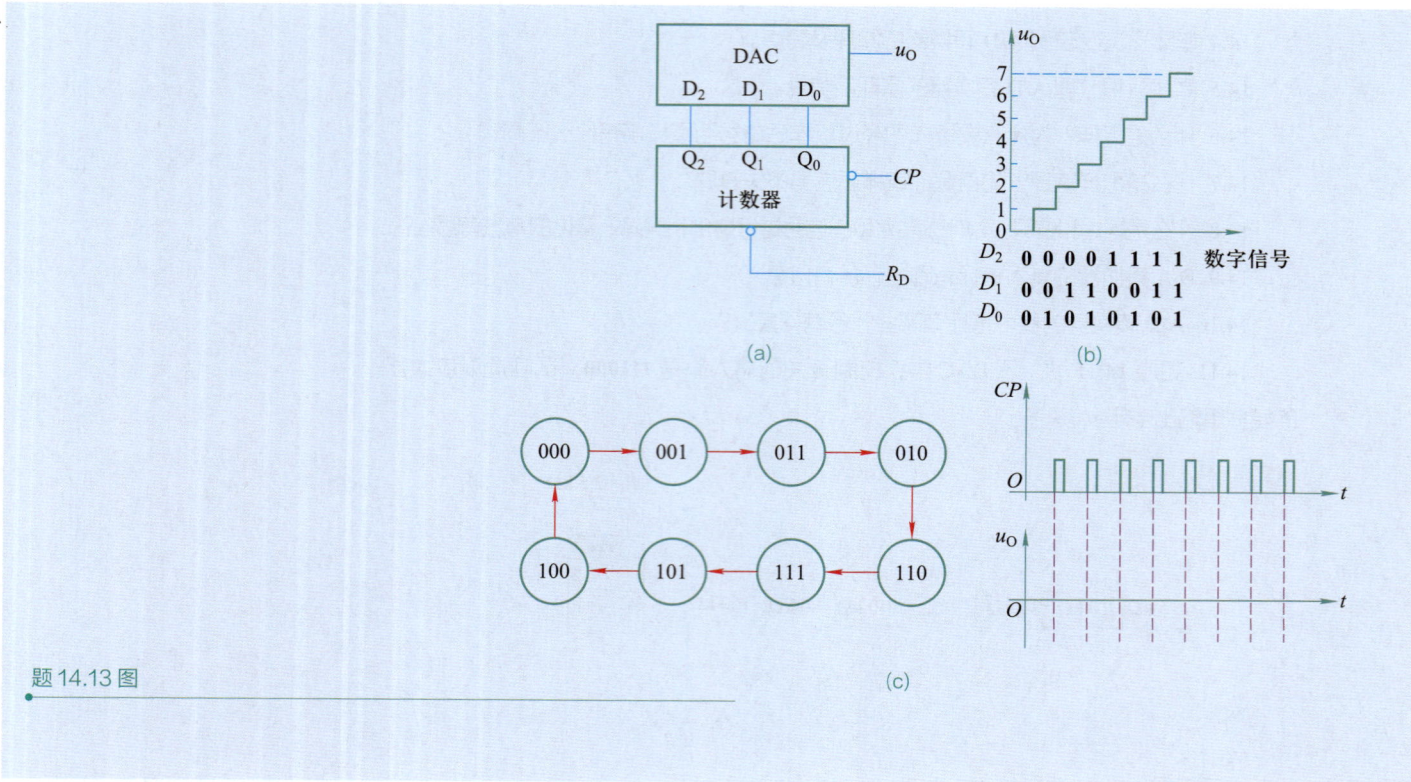

题 14.13 图

实验与技能操作训练

✒ 笔 记

实验 1   ADC0809 A/D 转换器认识与使用

一、实验目的

1. 了解 A/D 转换器的基本结构与性能。

2. 熟悉 A/D 转换器的使用方法。

二、实验内容

1. 熟悉 ADC0809 引线定义。

2. 按图 E14.1 连接。

其中模拟量输入由 IN_0 接入。

由于只有一路模拟量输入，地址信号 CBA 都接地。

输出接发光二极管，用以表示输入电平的高低。

基准电压 $U_{REF}(+)$ 接高精度基准电压源 (+5 V)。若条件不具备，也可直接与电源 U_{CC} 一起接 +5 V，但要注意测试 U_{REF} 电压大小，记下该值。

输出允许 OE 和电源 U_{CC} 接 +5 V。

时钟 CP 接脉冲振荡源。

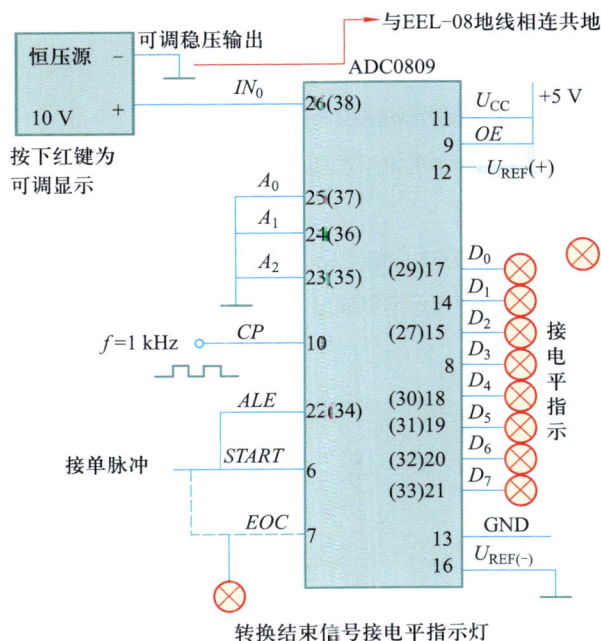

3. 单次转换

由于 ADC0809 的 START 端每来一个正脉冲，启动一次 A/D 转换。因此若将 START 端接单脉冲发生器，每按下单脉冲发生器按钮一次，启动一次转换，故称单次转换。一般将地址锁存允许 ALE 与 START 接在一起。具体测试方法：

(1) 地址锁存允许信号 ALE 和启动信号 START 接单脉冲发生器。

(2) 输入端 IN_0 接地。

(3) 按下单脉冲发生器按钮，启动一次 A/D 转换，测试输出，检验输出是否为 **00000000**。

(4) IN_0 接可调电压源，调节可调电压源输出电压为 +5 V。

(5) 按下单脉冲发生器按钮，再次启动 A/D 转换，测试输出，检验输出是否为 **11111111**。

(6) 调节可调电压源输出电压大小，重复 (5)。测试输出数字量大小。检验输出数字量 D 与输入电压 U_{IN} 是否符合 $\dfrac{U_{REF}}{255} = \dfrac{U_{IN}}{D}$ 规律。

4. 自动转换方式

若将 START 和 ALE 端与转换完成信号 EOC 接在一起，由于 ADC0809 每完成一次转换，EOC 输出一个正脉冲，这样 0809 就可以工作在连续转换状态，随输入模拟量的变化，输出数字量相应变化。

重复调节输入模拟量的大小，测试输出，检验是否符合特性规律。

笔　记

笔 记

实验 2　DAC0832 的认识与使用

一、实验目的

1. 了解 D/A 转换器的基本结构与性能。

2. 熟悉 D/A 转换器的典型应用。

二、实验内容

1. 熟悉 DAC0832 引脚定义。

2. 按图 E14.2 所示电路连接。

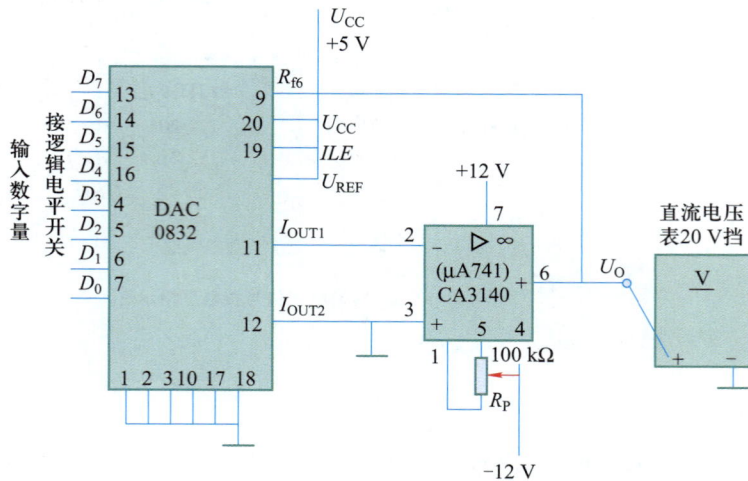

图 E14. 2
DAC0832 引脚

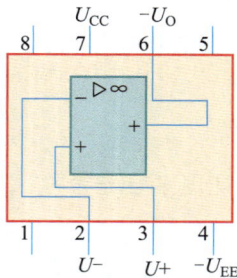

集成运放 CA3140 或 μA741

U–：反相输入端
U+：同相输入端
U_O：输出
+U_{CC}：正电源(+12 V)
–U_{EE}：负电源

图 E14.3
集成运放 CA3140(或 μA741) 引脚

DAC0832 的基准电压 $U_{REF}(+)$ 接高精度基准电压源 (+5 V)。若条件不具备，也可直接与电源 U_{CC} 一起接 +5 V，但要注意测试 U_{REF} 电压大小，记下该值。

集成运放可采用 CA3140 或 μA741。引脚定义如图 E14.3 所示。

3. 调零：

令输入数字量为 $D_7D_6D_5D_4D_3D_2D_1D_0$=**00000000**，调节 R_P，使 U_O=0 V。

4. 调量程：

令输入数字量为 $D_7D_6D_5D_4D_3D_2D_1D_0$=**11111111**，由于

$$\frac{U_{REF}}{255} = \frac{U_O}{D}$$

调节 R_P，使 U_O 等于基准电压 U_{REF}，若达不到，则应在 DAC0832 的 9 脚 R_f 与运放的输出端 6 脚间串一个 100~200 Ω 的电位器，这相当于增大了内部反馈电阻 R_{fo}

5. 改变数字量的大小，测试模拟量输出电压的大小，验证是否符合规律：

$$\frac{U_{REF}}{255} = \frac{U_O}{D}$$

第 15 章
课程设计与制作

15.1 概述

电子技术课程设计，是一门应用性、工艺性很强的工程实践课程。在设计中，要应用到各种分立和集成的电子元器件，要考虑电路的整体设计，要将初步设计出来的电路进行试装和调试等。

电子技术课程设计具有以下特点。

1. 涉及的知识面广

电子技术课程设计，所涉及的知识面较广，如基本的工程计算，电子元器件的使用常识，各种电子装置、电子设备的工作原理，电子产品的结构设计等。

2. 没有绝对固定的答案

完成一种设计，其方案一般都是多种多样的，应从中选择较合理的方案。所谓"合理"，本身也有不同内容，有的从性能上去评价，有的从成本上去评价，有的从元器件来源上去评价，有的从今后的使用维修方便上去评价，等等，所以，"合理"是有倾向性的，应针对具体情况具体对待。

3. 一次工程设计演习

电子技术课程设计，由于受元器件来源、设计经费、设计时间和知识面等诸方面因素的影响，设计出来的样机，与真正可投产和商品化的产品相比，还有一定距离。所以，对所设计的样机性能，不可作过严要求。有的课题是仿真的；有的课题是现有产品的"倒设计"，即从设计的角度出发，去剖析现有电子产品。

4. 实践性极强

电子技术课程设计，其侧重点应是设计，而不是工艺，但要完成一个完整的课题，必然会涉及许多工艺性质的工作，例如，焊接、绘制印制电路图、制作印制电路板，乃至框架、面板、机箱等的结构设计。每个课题的设计都包括"设计→组装→调试"的全过程。在考虑设计方案时，必须从实际出发，从现有条件出发，精打细算；在设计时，每个元件的文字符号、每张图纸，都必须符合国家标准的规定；在调试时，每一步操作都必须按规定去做。

基于电子技术课程设计的特点，本章介绍两个设计项目，分别用来代表模拟电子技术、数字电子技术的应用。

教学课件：概述

笔记

15.2   直流稳压电源的设计

教学课件：
直流稳压电源的
设计

笔 记

15.2.1   课题概述

不同的供电对象，对直流稳压电源技术指标的要求不同，设计时一定要按照供电对象的要求，合理地确定稳压电源的电路形式。直流稳压电源的设计，大体上可分为整流滤波电路和稳压电路两部分。

1. 整流滤波电路的确定

整流电路，有单相半波整流、单相全波整流和单相桥式整流电路。滤波电路有电容滤波、RC 滤波等。作为直流稳压电源使用的整流滤波电路，一般采用单相桥式整流、电容滤波电路，且整流器件多采用硅桥。大多数滤波器都采用大容量的电解电容器和小容量的有机薄膜电容器并联，来构成低、高频滤波电路。

2. 稳压电路

在直流稳压电路的各种形式中，属于使用分立元件组成的，有串联型稳压电路、并联型稳压电路、开关型稳压电路和硅稳压二极管稳压电路等。在这些稳压电路中，除硅稳压二极管稳压电路因电路简单，又有一定稳压效果，在某些要求不高的电子设备中尚有应用外，其他几种分立元件的稳压电路已很少有人去设计。集成稳压器组成的稳压电源，有三端固定式集成稳压器、三端可调式集成稳压器和集成开关电源控制器组成的稳压电源。由于用集成稳压器组成的稳压电源，电路简单、性能好、成本低、故障少，因此，一般在设计直流稳压电源时，多采用集成稳压器去完成。

15.2.2   设计任务和要求

1. 输出电压

（1）U_O=+5 V；

（2）U_O=0~15 V，连续可调。

以上两组直流电源不同时使用。

2. 输出电流

I_O=0~500 mA。

3. 电压调整率

S_u<0.1%。

4. 电流调整率

S_i<1%。

5. 电路保护

要求电路具有过电流、过电压和过热保护功能。

15.2.3 设计指导方案

1. 电路总体构思

根据设计任务和要求，其电压调整率和电流调整率的指标均较高，尤其是要求电路具有过电流、过电压和过热保护功能。若用分立元器件的方案，能满足以上要求的电路一定很复杂；否则，难以满足要求。所以，实际上已排除了使用分立元器件电路的可能性。

使用集成稳压器：据 $U_O=+5$ V，可选用三端固定输出集成稳压器 CW7805；又据 $U_O=0\sim15$ V，但它不与固定 +5 V 电源同时输出（即使用 +5 V 直流电源时，就不用 $0\sim15$ V；同理，若使用 $0\sim15$ V 直流电源时，就不用 +5 V 电源）。因此，可以考虑将上述 CW7805 通过转向开关，接成既可固定输出，又可转换成可调输出的两用直流稳压电源的设计方案。其总体方案如图 15.2.1 所示。

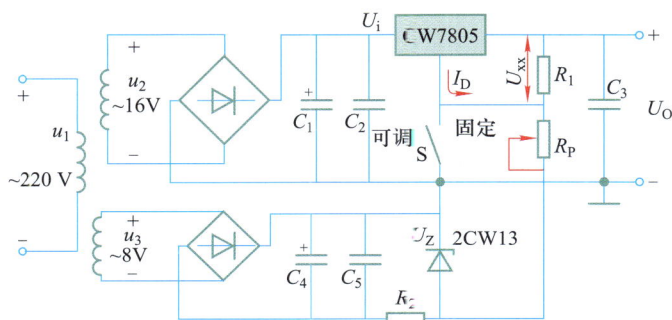

图 15.2.1
固定输出和可调输出两用直流稳压电源

在图 15.2.1 中，当转换开关 S 投向"固定"时，此时稳压电路就是一个输出电压为 +5 V 固定输出的直流稳压电路；当转换开关 S 投向"可调"时，此时输出电压为

$$U_O=U_{xx}+\left(\frac{U_{xx}}{R_1}-I_D\right)R_P-U_Z \tag{15.2.1}$$

式中，U_{xx} 为所用集成器稳压器标称输出电压值，此处为 $U_{xx}=+5$ V；U_Z 为硅稳压二极管辅助 -5 V 稳定电压加稳压二极管的目的是可调输出能从 0 V 开始；I_D 为集成稳压器的静态工作电流；R_1、R_P 为适应固定输出改为可调输出而设置的外接取样电阻和电位器。

在式（15.2.1）中，因 $U_Z=U_{xx}$，故输出电压可改写成

$$U_O=\left(\frac{U_{xx}}{R_1}+I_D\right)R_P \tag{15.2.2}$$

显然 U_O 与 R_P 成正比，即在 $R_P=0$ 时，输出电压 $U_O=0$ V；随着 R_P 阻值增大，输出电压 U_O 亦提高，实现了输出电压从 0 起调的可调电压输出。

2. 元件选择与电路参数计算

（1）选择集成稳压器。三端固定输出集成稳压器 CW7805，其输出电流有 100 mA、500 mA、1 A、1.5 A 和 3 A 以上等电流挡之分。本课题可选用输出电流为 1 A 的塑封三端固定输出集成稳压器 CW7805，其电参数典型规范值为

输入直流电压：$U_I=10$ V   纹波抑制比：$S_R=75$ dB

输出直流电压：U_O=5 V　　　　输入与输出最小电压差：$(U_I-U_O)_{min}$=2.0 V

电压调整率：$S_u(\Delta U\%)$=0.02%　　　最高输入电压：U_{IMAX}=35~40 V

电流调整率：$S_i(\Delta I\%)$=0.3%　　　静态工作电流：I_D=3.2 mA

（2）确定输入电压 U_I。集成稳压器输入电压 U_I 的选取原则是在既满足输出电压要求，稳压器又能正常工作的前提下，U_I 越低越好，这可以从两种最不利的情况去考虑：

当输出电压最低时，加于 CW7805 输入、输出两端之间的电压最高，但不得超过允许值，即 U_I-U_{Omin}<35 V。

当输出电压最高时，加于 CW7805 输入、输出两端之间的电压最低，但仍要 CW7805 能正常工作，即 U_I-U_{Omax}>2 V。

为此，并结合本课题的具体要求，可选取 U_I=18 V。当 U_O=0 V 时，U_I-U_O=18 V，稳压器输入、输出端之间的电压未超过允许值；当 U_O=15 V 时，U_I-U_O=3 V，稳压器能正常工作。

（3）确定变压器二次绕组电压有效值 U_2。若采用硅桥整流、电容滤波电路，则根据桥式整流电容滤波电路的输出电压公式。

$$U_2=1.05U_1 / 1.2=15.75 \text{ V}$$

可得　　　　　　　　　　　$$U_2=(1.05\text{~}1.1)U_1 / 1.2 \tag{15.2.3}$$

取　　　　　　　　　　　　$$U_2=16 \text{ V}$$

在式（15.2.3）中，（1.05~1.1）是电压系数，即系数 5%~10% 是考虑到变压器内阻、整流器压降等电压损失而设置的。

（4）选择硅桥。硅桥的耐压为

$$U_{RM}=\sqrt{2}\ U_2 \approx 1.4 \times 16 \text{ V}=22.4 \text{ V}$$

硅桥的额定电流为

$$I_D=\frac{1}{2} \times I_{omax}=\frac{1}{2} \times 500 \text{ mA}=250 \text{ mA}$$

根据以上两条，可选用 500 mA／50 V 的硅桥。

（5）确定滤波电容 C_1。桥式整流电容滤波电路求滤波电容的公式为

$$R_L C_1 \geqslant (3\text{~}5)\frac{T}{2} \tag{15.2.4}$$

式中，T 为交流电网电压的周期，$T=\frac{1}{f}$ =0.02 s。

若取 $R_L C_1 \geqslant 3 \times \frac{T}{2}$，则有　　　　$C_1 \geqslant 3 \times \frac{T}{2} / R_L$=0.003 F

选取 C_1 为 3 300 μF／25 V 的铝电解电容器。

（6）确定外接采样电阻 R_L。CW7805 接成可调输出使用时，需要外接采样电阻 R_L 和可调电位器 R_P，CW7805 静态工作电流典型值为 I_D=3.2 mA，此电流会随输出电压的变化而稍有变化。为减小 I_D 对输出电压的影响，一般可使采样电流 $I_{R1} \geqslant (3\text{~}5)I_D$。若取 $I_{R1}=3I_D$，则　　　　$$R_1=\frac{U_{xx}}{I_{R1}} = \frac{5}{3 \times 3.2} \text{ k}\Omega \approx 0.521 \text{ k}\Omega$$

取 R_1=510 Ω。

（7）可调电位器 R_P。当 R_P 的下端不接 -5 V 辅助电源而直接接地时，由理论分析可

得

$$U_O = U_{xx} + \left(\frac{U_{xx}}{R_1} + I_D \right) \times R_P \tag{15.2.5}$$

由式（15.2.5）可得

$$R_P = (U_O - U_{zx}) \left/ \left(\frac{U_{xx}}{R_1} + I_D \right) \right. \approx 0.769 \text{ k}\Omega$$

取 R_P 为 1 kΩ 的可调电位器即可。

（8）C_2、C_3 的选取。电路中 C_2、C_3 是为减小纹波，消除自激振荡而设立的，在稳压器远离滤波电路、纹波要求小的场合，必须接入 C_2；在无自激振荡的情况下，亦可不接 C_3。由于电路中的分布参数不易计算，因此 C_2、C_3 的值常由实验来确定，一般选取

$$C_2 = 0.1 \sim 0.33 \text{ μF} \qquad\qquad C_3 = 0.1 \sim 0.33 \text{ μF}$$

（9）-5 V 辅助硅稳压二极管稳压电路的设计。为抵消 $+5$ V 而设置的 -5 V 辅助硅稳压二极管稳压电路的设计。在下限输出电压值可以降低要求的前提下，亦可采用三端可调集成稳压器 CW317 完成设计。

15.2.4　调试方法与步骤

集成稳压电源的调试方法、步骤，一般可分为电路检查和初测、电路性能测试、过载保护功能检查三大步骤去进行。

1. 电路检查和初测

电路组装好以后，要检查一遍接线情况，在确定安装接线无误的情况下，就可进行电路通电初测。初测时，一般先测变压器二次绕组电压 U_2，再测整流滤波电路输出电压，即稳压器的输入电压 U_1，最后测稳压器的输出电压 U_O。如果正常，说明设计组装基本成功，可进行下一步性能鉴定的测试。

2. 电路主要性能的测试

① 输出电压值及输出电压范围的测试。将电压范围转换开关 S 投向"固定"挡，测出输出电压值应符合要求。

再将电压范围转换开关 S 投向"可调"挡，改变电位器 R_P，此时输出电压应满足 0~15 V 的要求。

② 负载能力的测试。在额定输出电压、最大输出电流的情况下，观察稳压器的发热情况。

③ 测试电压调整率 S_u。固定输出电流（即固定外接负载），在稳压器输出额定电压 $+5$ V 的情况下，将稳压器的输入电压变化 $\pm 10\%$，测出与此时相对应的输出电压的变化量。在集成稳压器的器件手册中，有的就用此输出电压的变化量来表征电压调整率的大小，表示为 S_u；也可利用电压调整率的定义公式

$$S_u = \left(\frac{\Delta U_O}{U_O} \left/ \Delta U_1 \right. \right) \times 100\% \tag{15.2.6}$$

来求出电压调整率。

④ 测试电流调整率 S_i。固定输出电压，使 $U_O = 5$ V；在输出电流为零和输出电流为最大的两种情况下，测出输出电压的变化量。在集成稳压器的器件手册中，亦常用此输出电压变

笔 记

化量来表征稳压器的电流调整率，表示为 S_i；也可利用电流调整率的定义公式

$$S_i = \frac{\Delta U_O}{U_O} \times 100\% \tag{15.2.7}$$

来测定其电流调整率。

⑤ 测输出纹波电压 U_O。在额定输出电压和额定输出电流的情况下，用数字电压表的"mV"挡测出稳压器输出端总的交流纹波电压值 U_O；亦可再测出输入端的纹波电压 U_I 值，再根据纹波抑制比的定义

$$S_R = 20 \lg \frac{\widehat{U}_I}{\widehat{U}_O} \tag{15.2.8}$$

求出其纹波抑制比。

⑥ 检查保护功能。CW7805 和 CW317 集成稳压器内部均具有过电流、过电压和过热保护电路。对于 CW7805 而言，当输出电流超过 2 A 时，过电流保护电路起保护作用；当调整管两端压降超过 7 V 时，过电压保护电路起保护作用；当调整管芯温度超过 125℃ 时，过热保护电路起保护作用。在实际使用中，最关心的是输出短路、过电流保护电路的工作情况。

测过电流保护电路功能时，可将稳压器输出端瞬时短路，此时输出电压为零。当输出端的短路线去掉后，输出电压马上自动恢复到正常输出电压值。

15.3   简易数字频率计的设计

教学课件：
简易数字频率计
的设计

频率计是用来测量、显示各种信号频率的一种装置，一般要求它能直接测量方波、尖峰波、正弦波等各种电信号的频率。对于一些非电量"频率"的测量，如电动机的转速、行驶中车辆轮胎的转动速度、自动流水生产线上单位时间内传送装配零件的个数等，通过一定的传感器，如光电传感器，将这些非电量的"频率"转换成电信号的频率，再用频率计显示出来。不过，此时计量频率的装置一般不叫频率计，而叫转速表、里程计、计数器等之类的专用名词，但其实质都是频率计。

本课题所设计制作的频率计，属于简易型，通过此装置的设计，可以了解此类装置的基本工作原理和电路的设计方法。

笔 记

15.3.1   课题概述

数字频率计，是要计量电信号每秒出现的个数，即电信号的频率，因此，对被测电信号要进行取样、计数，并用数码管及时地显示出来，这样才能完成频率测量的任务。完成上述任务，最基本的电路应由如下几部分组成。

1. 输入信号整形电路

由于被测信号波形各异，幅度不同，而且要研究的又仅仅是信号的频率，与信号波形的外形和幅度无关。在各种输入信号波形情况下，为了使电路都能正常工作，首先要对输入信号进行整形。输入信号整形电路一般采用施密特触发器。

除了对输入信号要进行整形外，有时还要对输入幅度过小的信号进行放大；或对输入幅

度过大的信号进行衰减；使之适应施密特触发器对输入信号幅度的要求。

2. 时基电路

因为对被测信号要不断地进行采样，所以就需要有能不断产生持续时间为 1 s 的标准时间信号。产生这种信号的电路就是时基电路。时间标准关系到测量的准确度，所以时基电路一般都采用晶体振荡器，经过若干次分频后获得 1 Hz 的时间标准信号。在不追求很高准确度的情况下，为降低成本，亦可采用 RC 多谐振荡器来获得时基信号。

3. 计数、寄存、译码显示电路

将采样得来的脉冲信号进行计数、寄存，并经译码器译码后，由数码显示器显示出来，这一部分的电路和任务与在数字电子技术课中所讲的内容基本相同。

4. 控制电路

控制电路的任务是：控制什么时间开门开始计数；什么时间关门停止计数，并将计数器的计数结果寄存起来供显示使用（寄存的目的是使显示连续、稳定）；在再次取样前对计数器进行清零，以便于重新从零开始计数等。

由以上课题概述可知，频率计的基本工作波形如图 15.3.1 中的波形 f_i、G、CP、CR、L_a 所示。

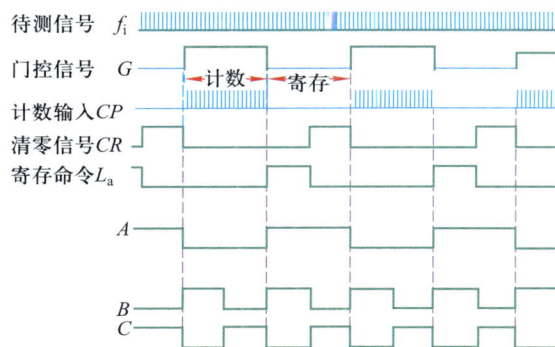

图 15.3.1
频率计的基本工作波形

除上述电路外，有时还需要些附属电路，如量程扩展控制、自校准电路、溢出显示、手动清零计数控制、电源电路等。

15.3.2　设计任务和要求

本课题设计任务和要求：

（1）频率范围为 1~999.9 kHz，分三挡。

① 1~9 999 Hz　　　　② 10~99.9 kHz　　　　③ 100~999 kHz

（2）能测试幅度大于 2 V 的方波、三角波、尖峰波和正弦波的信号频率。

（3）具有供自校准用的标准频率输出。

（4）电路简单，成本低廉，元器件来源广泛。

15.3.3　设计指导方案

1. 输入信号处理电路的设计

笔 记

笔 记

因为输入信号幅度大于2 V，所以可以直接采用集成施密特触发器进行输入信号整形，如采用74LS14六施密特触发器（多余的反相器以后要用）。若要对幅度更小的信号进行测试，可在输入级加1级电压放大器，并使此放大器的输出幅度大于2 V即可；若输入信号幅度过大，可以加入 RC 分压器进行信号衰减。输入信号处理电路框图如图15.3.2所示。

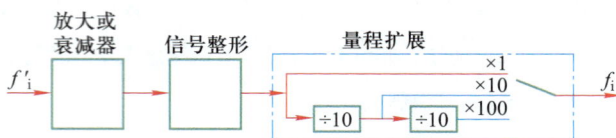

图 15.3.2
输入信号处理电路框图

2. 时基电路的设计

采用 CC4060 和两个电阻 R_S、R_T，一个电容 C_T 组成方波振荡器和 14 级二分频电路，产生 8 192 Hz 的方波信号。从 Q_{13} 和 Q_{14} 端分别输出 1 Hz 和 0.5 Hz 的方波信号；从 Q_4 端输出 512 Hz 的方波可作标准自校信号使用。这部分的电路如图 15.3.3(a) 所示。图中 RC 振荡器的振荡频率近似为

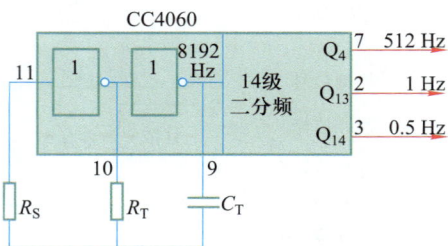

(a)采用 RC 多谐振荡器

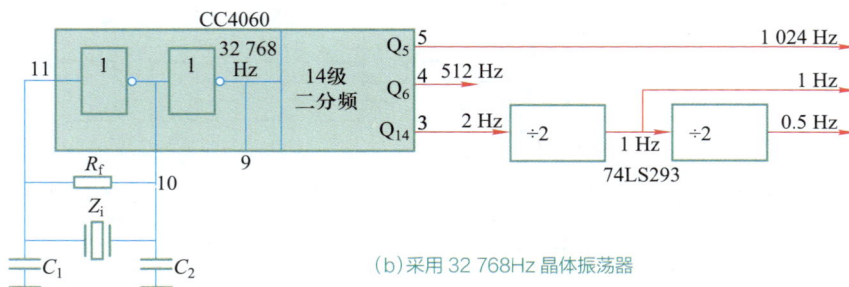

(b)采用 32 768Hz 晶体振荡器

图 15.3.3
时基电路

$$f \approx \frac{1}{2.2 R_T C_T} \qquad (15.3.1)$$

注意，应使 $C_T \geqslant 100$ pF，$R_T > 1$ kΩ，否则不易起振。一般应取 $R_S \gg R_T$。

若采用 32 768 Hz 晶振，用 CC4060 的 14 级二分频器进行 14 级分频，从其 Q_{14} 可获得 2 Hz 的方波。再用 74LS293 进行连续两级二分频，分别获得 1 Hz 和 0.5 Hz 的方波；从 Q_5 输出可获得 1 024 Hz 的标准自校信号。这样得到的时间标准更准确，但电路稍复杂些，成本亦高些，其电路如图 15.3.3(b) 所示。

3. 计数、寄存、译码显示电路的设计

计数、寄存、译码显示电路都采用独立的器件，如双十进制计数器 74LS390、八 D 锁存器 74LS374、驱动共阴数码管的七段显示译码器 74LS49 和共阴极 LED 显示器 LC5011-11 等，

其逻辑电路如图 15.3.4 所示。

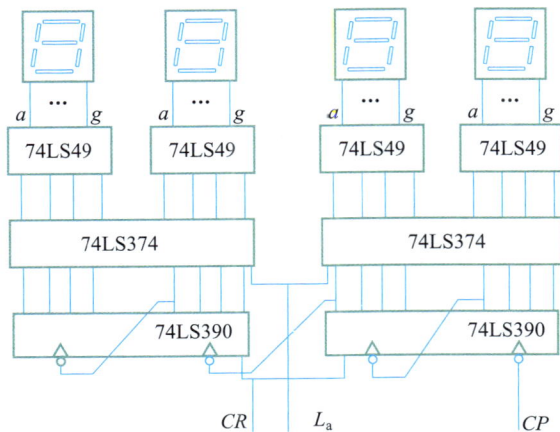

图 15.3.4
计数、寄存、译码、显示等的逻辑电路图

4. 控制电路的设计

控制电路从某种意义上讲，是整机电路设计成败的关键。它的逻辑性强，时序关系配合得当。本频率计的控制电路主要有如下几种。

（1）门控信号 G

让计数器每秒钟取样一次，计数的门控信号可以由时基信号经若干次分频后获得，要求开门时间每次都是 1 s，其工作波形如图 15.3.1 中的 G 波形所示。

（2）清零信号 CR

每次采样计数前，计数器应清零，所以要求清零信号在门控信号的开门前沿刚好清零结束，此后可以开始计数；利用门控信号 G 将其反向得到波形 A，再将 G 二倍频并反相得到波形 C，那么波形 $CR=A \cdot C$ 即可满足清零要求。

（3）寄存命令 L_a

要求在每次取样计数结束后发出寄存命令，所以从门控信号的下降沿开始，波形 $L_a=AB$ 可作寄存命令使用。上述各波形均示于图 15.3.1 中。

（4）其他控制信号

① 溢出信号。为防止过量程，可采用提前发出溢出显示信号。从前 3 位计数器的 Q_D、Q_A 端引出信号至图 15.3.5 所示电路与门 G_1 的输入端，当 4 位计数状态分别为 "**1001、1001、1001、××××**"，即显示端显示为 "999×" 时，此与门 G_1 输出为 **1**，晶体管 VT 导通，发光二极管 LED 燃亮，发出即将溢出信号。溢出显示电路如图 15.3.5 所示，它在图 15.3.6 所示的数字频率计的逻辑电路图中未标出。

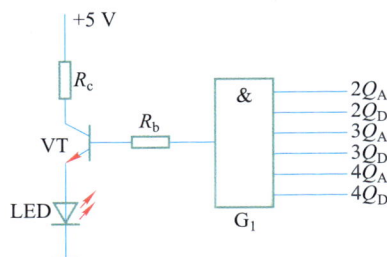

图 15.3.5
溢出显示电路

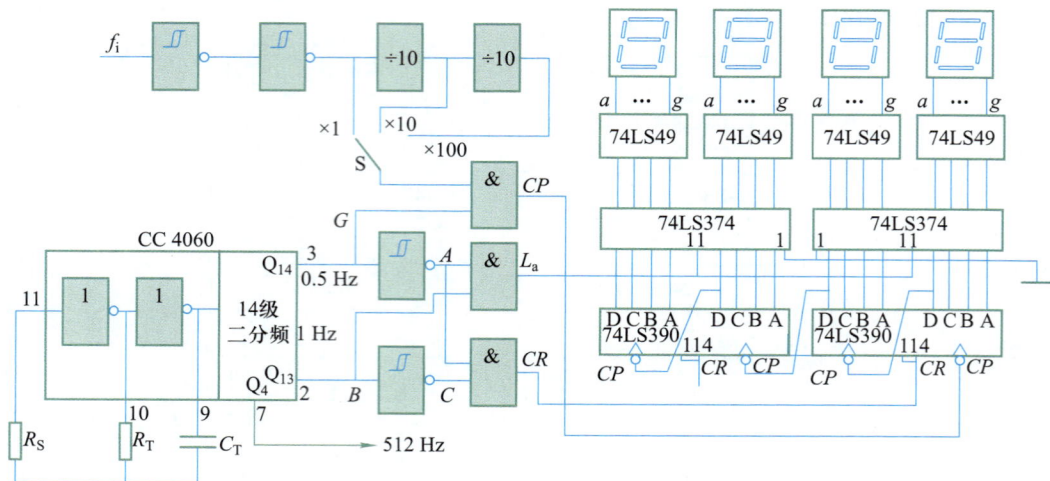

图 15.3.6
数字频率计逻辑电路图

② 频率倍乘控制。将待测信号 f_i 经两次十分频后再分别加入门控端，如图 15.3.6 中的开关 S 所示，则实际信号频率应为显示器的显示数再乘以 10 或乘以 100，达到频率扩展的目的。

③ 自校信号。由时基电路中 CC4060 的 Q_4 端引出标准的 $f=512$ Hz 的校准信号作自校准之用。若用此信号加入准度更高的频率计去测试，就可借此去校正本频率计的时基信号的准确度。

④ 手动清零控制。欲手动清零，只需在图 15.3.6 所示电路的 CR 清零端再增接一个按钮开关，将计数器的清零端通过按钮开关接 +5 V。当按下按钮时，清零端获高电平而使计数器全部清零；当手离开按钮时，计数器又恢复到如图 15.3.6 所示的自动计数状态。

15.3.4   调试方法与步骤

数字频率计的调试，可按时基电路→输入信号处理电路→计数、寄存、译码显示电路的顺序去调试。要求时基电路首先是振荡频率要准，其次是分频关系要正确。在调好时基电路后，就可以利用其输出的自校标准信号作为外来被测信号，去调试输入信号处理电路和计数、寄存译码显示电路。在调试计数、寄存、译码显示电路时，特别要注意特殊功能端的处理是否正确，如：74LS374 的使能端是否接地，寄存命令是否正确；CC4011B 的寄存命令是否恰当；计数器清零信号是否对等。其他关系一般比较好处理。

笔 记

附录 A　半导体器件型号命名方法

半导体分立器件的型号一般由五部分组成，其中场效应晶体管、特殊晶体管、复合管、PIN 二极管和激光二极管的型号命名只有第三、四、五部分（见附表 1）。

附表 1　由第一部分到第五部分组成的器件型号的符号及其意义

第一部分		第二部分		第三部分		第四部分	第五部分
用阿拉伯数字表示器件的电极数目		用汉语拼音字母表示器件的材料和极性		用汉语拼音字母表示器件的类别		用阿拉伯数字表示登记顺序号	用汉语拼音字母表示规格号
符号	意义	符号	意义	符号	意义		
2	二极管	A B C D E	N型，锗材料 P型，锗材料 N型，硅材料 P型，硅材料 化合物或 合金材料	P H V W C Z	小信号管 混频管 检波管 电压调整管和电压基准管 变容管 整流管		
3	晶体管	A B C D E	PNP型，锗材料 NPN型，锗材料 PNP型，硅材料 NPN型，硅材料 化合物或 合金材料	L S K N F X G D A T Y B J	整流堆 隧道管 开关管 噪声管 限幅管 低频小功率晶体管 （$f_c<3$ MHz，$P_c<1$ W） 高频小功率晶体管 （$f_c\geq 3$ MHz，$P_c<1$ W） 低频大功率晶体管 （$f_c<3$ MHz，$P_c\geq 1$ W） 高频大功率晶体管 （$f_c\geq 3$ MHz，$P_c\geq 1$ W） 闸流管 体效应管 雪崩管 阶跃恢复管		
无		无		CS BT FH PIN GJ	场效应晶体管 特殊晶体管 复合管 PIN二极管 激光二极管		

附例 1.1　锗 PNP 型高频小功率晶体管 3AG11C　　附例 1.2　场效应器件 CS2B

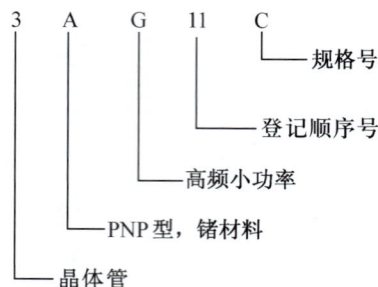

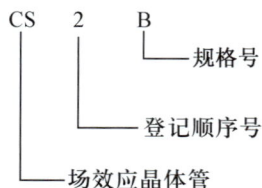

```
3    A    G    11    C
                     └── 规格号
               └────── 登记顺序号
          └─────────── 高频小功率
     └──────────────── PNP型，锗材料
└───────────────────── 晶体管
```

```
CS    2    B
           └── 规格号
      └────── 登记顺序号
└───────────── 场效应晶体管
```

附录 B　国产半导体集成电路型号命名方法

1. 五部分组成

国产半导体集成电路的型号由五部分组成，其中各部分所代表的符号和意义见附表 2。此标准适用于按国家标准规定的半导体集成电路系列和品种所生产的半导体集成电路。

笔记

附　表　2

第 0 部分		第一部分		第二部分	
用字母表示器件符号国家标准		用字母表示器件的类型		用阿拉伯数字表示器件的系列和品种代号	
符号	意义	符号	意义	符号	意义
C	中国制造	T	TTL		
		H	HTL		
		E	ECL		
		C	CMOS		
		F	线性放大器		
		D	音响、视频电路		
		W	稳压器		
		J	接口电路		
		B	非线性电路		
		M	存储器		
		μ	微型机电器		

第三部分		第四部分	
用字母表示器件的工作温度范围		用字母表示器件的封装	
符号	意义	符号	意义
C	0~70℃	W	陶瓷扁平
E	−40~85℃	B	塑料扁平
R	−55~85℃	F	全密封扁平
M	−55~125℃	D	陶瓷直插
…	…	P	塑料直插
		J	黑陶瓷直插
		K	金属菱形
		T	金属圆形

附例 2.1   肖特基 TTL 双 4 输入与非门   CT3020ED

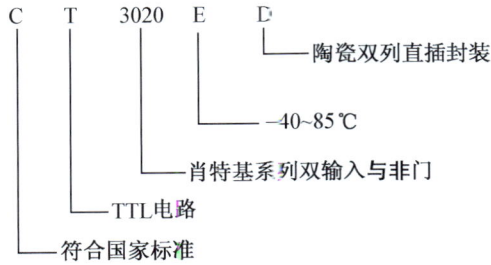

```
      C   T   3020   E   D
                          └── 陶瓷双列直插封装
                      └────── −40~85℃
                 └─────────── 肖特基系列双输入与非门
             └─────────────── TTL电路
         └─────────────────── 符合国家标准
```

附例 2.2   CMOS 8 选 1 数据选择器   CC14512MF

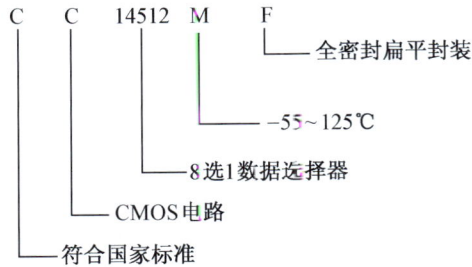

```
      C   C   14512   M   F
                          └── 全密封扁平封装
                      └────── −55~125℃
                 └─────────── 8选1数据选择器
             └─────────────── CMOS电路
         └─────────────────── 符合国家标准
```

附例 2.3   通用型运算放大器   CF0741CT

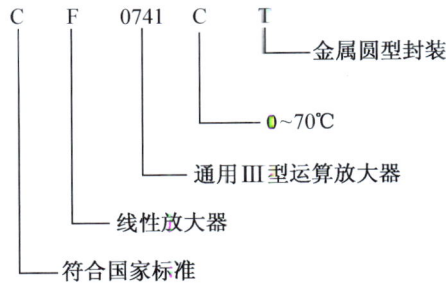

```
      C   F   0741   C   T
                         └── 金属圆型封装
                     └────── 0~70℃
                 └────────── 通用Ⅲ型运算放大器
             └────────────── 线性放大器
         └────────────────── 符合国家标准
```

2. 四部分组成

国产半导体集成电路的型号由四部分成，其符号及各部分的意义见附表 3。

附 表 3

第一部分		第二部分	
电路的类型用汉语拼音字母表示		电路的系列及品种序号用三位阿拉伯字母表示	
符号	意义	符号	意义
T	TTL		由有关工业部门制定的"电路系列和品种"中所规定的电路品种确定
H	HTL		
E	ETL		
I	ITL		
P	PMOS		
N	NMOS		
C	CMOS		
F	线性放大器		由有关工业部门制定的"电路系列和品种"中所规定的电路品种确定
W	集成稳压器		
J	接口电路		

笔 记

第三部分		第四部分	
电路的规格号用汉语拼音字母表示		电路的封装用汉语拼音字母表示	
符号	意义	符号	意义
A B C …	每个电路品种的主要参数分挡	A B C D Y F	陶瓷扁平 塑料扁平 陶瓷双列 塑料双列 金属圆壳 F型

附例 2.4 TTL 中速 4 输入端双与非门　T063AB

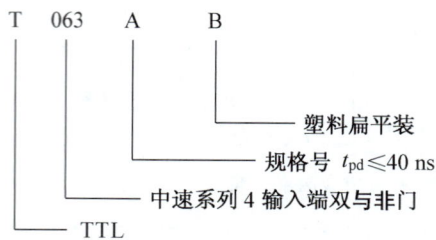

T　063　A　B

塑料扁平装

规格号　$t_{pd} \leqslant 40$ ns

中速系列 4 输入端双与非门

TTL

附例 2.5 CMOS 二－十进制同步加法计数器　C150BC

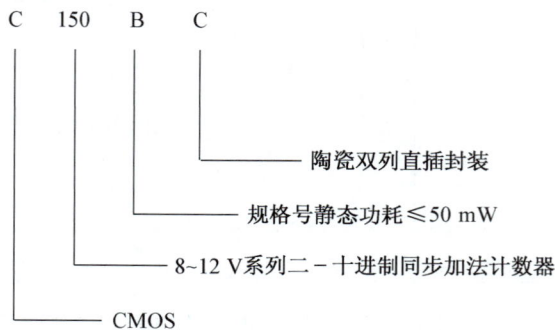

C　150　B　C

陶瓷双列直插封装

规格号静态功耗 $\leqslant 50$ mW

8~12 V系列二－十进制同步加法计数器

CMOS

附例 2.6 低功耗运算放大器　F010CY

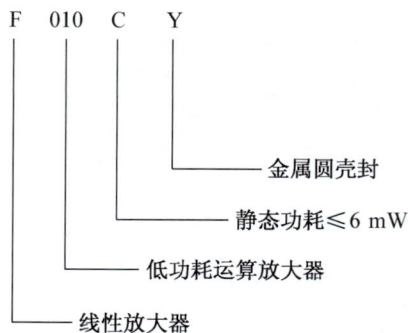

F　010　C　Y

金属圆壳封

静态功耗 $\leqslant 6$ mW

低功耗运算放大器

线性放大器

参考文献

［1］刘全忠. 电子技术. 北京：高等教育出版社，1999.

［2］黄正瑾. 在线系统编程技术及其应用. 南京：东南大学出版社，1997.

［3］清华大学电子学教研组，阎石. 数字电子技术基础. 4版. 北京：高等教育出版社，1998.

［4］熊保. 电子技术基础. 北京：中国电力出版社，1999.

［5］裴国伟. 电子技术基础. 北京：水利电力出版社，1994.

［6］中国集成电路大全编委会. 中国集成电路大全：TTL集成电路. 北京：国防工业出版社，1985.

［7］中国集成电路大全编委会. 中国集成电路大全：CMOS集成电路. 北京：国防工业出版社，1985.

［8］陈光梦. 可编程逻辑器件的原理与应用. 上海　复旦大学出版社，1998.

［9］杨晖，张凤言. 大规模可编程逻辑器件与数字系统设计. 北京：北京航空航天大学出版社，1998.

［10］清华大学电子学教研组编，童诗白，华成英. 模拟电子技术基础. 3版. 北京：高等教育出版社，2001.

［11］庄玉欢，吴之鑫. 模拟电子技术. 成都：电子科技大学出版社，1991.

［12］郝会新. 模拟与数字电路基础（上册）. 北京：高等教育出版社，1992.

［13］戴士弘. 模拟电子技术实验与习题. 北京：电子工业出版社，1998.

［14］莫正康. 半导体变流技术. 2版. 北京：机械工业出版社，1997.

［15］张南. 电子学（少学时）. 北京：高等教育出版社，1996.

［16］宋光乐等. 电子技术（上册）. 海口：南海出版公司，1995.

［17］郭维芹. 模拟电子技术. 北京：科学出版社，1998.

［18］侯大年. 数字电子技术. 北京：电子工业出版社，1999.

［19］范志忠等. 实用数字电子技术. 北京：电子工业出版社，1998.

［20］华中理工大学电子学教研室，康华光，邹寿彬. 电子技术基础，数字部分. 4版. 北京：高等教育出版社，2000.

［21］王克义，李洁. 电子技术与数字电路. 北京：北京大学出版社，1996.

［22］王廷才，赵德申. 电工电子技术EDA仿真实验 北京：机械工业出版社，2003.

郑重声明

高等教育出版社依法对本书享有专有出版权。任何未经许可的复制、销售行为均违反《中华人民共和国著作权法》，其行为人将承担相应的民事责任和行政责任；构成犯罪的，将被依法追究刑事责任。为了维护市场秩序，保护读者的合法权益，避免读者误用盗版书造成不良后果，我社将配合行政执法部门和司法机关对违法犯罪的单位和个人进行严厉打击。社会各界人士如发现上述侵权行为，希望及时举报，我社将奖励举报有功人员。

反盗版举报电话　（010）58581999　58582371

反盗版举报邮箱　dd@hep.com.cn

通信地址　北京市西城区德外大街4号
　　　　　高等教育出版社知识产权与法律事务部

邮政编码　100120

读者意见反馈

为收集对教材的意见建议，进一步完善教材编写并做好服务工作，读者可将对本教材的意见建议通过如下渠道反馈至我社。

咨询电话　400-810-0598

反馈邮箱　gjdzfwb@pub.hep.cn

通信地址　北京市朝阳区惠新东街4号富盛大厦1座
　　　　　高等教育出版社总编辑办公室

邮政编码　100029